Виктор Олегович
ПЕЛЕВИН
1962

Виктор
ПЕЛЕВИН

Желтая стрела

АЗБУКА

Санкт-Петербург

УДК 821.161.1
ББК 84(2Рос-Рус)6-44
П 24

Серийное оформление Вадима Пожидаева

Оформление обложки Валерия Гореликова

Пелевин В.

П 24 Желтая стрела : повести, эссе и психические атаки / Виктор Пелевин. — СПб. : Азбука, Азбука-Аттикус, 2023. — 448 с. — (Азбука-классика).

ISBN 978-5-389-11758-7

В своих повестях, эссе и психических атаках один из самых ярких и загадочных писателей современности выворачивает наизнанку литературные стереотипы, мифы массового сознания и культурные штампы, удивительно смешивает реальность и фантасмагорию, мистику и иронию, с неподражаемым изяществом предлагает альтернативную версию событий, которые никем прежде не ставились под сомнение.

УДК 821.161.1
ББК 84(2Рос-Рус)6-44

ISBN 978-5-389-11758-7

Повести

ОМОН РА

Героям Советского Космоса

1

Омон — имя не особо частое и, может, не самое лучшее, какое бывает. Меня так назвал отец, который всю свою жизнь проработал в милиции и хотел, чтобы я тоже стал милиционером.

— Пойми, Омка, — часто говорил он мне, выпив, — пойдешь в милицию — так с таким именем, да еще если в партию вступишь...

Хоть отцу и приходилось иногда стрелять в людей, он был человек незлой души, по природе веселый и отзывчивый. Меня он очень любил и надеялся, что хотя бы мне удастся то, что не удалось в жизни ему. А хотел он получить участок земли под Москвой и начать выращивать на нем свеклу и огурцы — не для того, чтобы продавать их на рынке или съедать, хотя и это все тоже, а для того, чтобы, раздевшись до пояса, рубить лопатой землю, смотреть, как шевелятся красные черви и другая подземная жизнь, чтобы возить через весь дачный поселок тачки с навозом, останавливаясь у чужих калиток побалагурить. Когда он понял, что ничего из этого у него не выйдет, он стал надеяться, что счастливую жизнь проживет хотя бы один из братьев Кривомазовых (мой старший брат Овир, которого отец хотел сделать дипломатом, умер от менингита в четвертом классе, и я помню только, что на лбу у него была продолговатая большая родинка).

Мне отцовские планы на мой счет особого доверия не внушали — ведь сам он был партийный, имя у него было хорошее — Матвей, но все, что он себе выслужил, это нищую пенсию да одинокое старческое пьянство.

Маму я помню плохо. Осталось в памяти только одно воспоминание — как пьяный папа в форме пытается вытянуть из кобуры пистолет, а она, простоволосая и вся в слезах, хватает его за руки и кричит:

— Матвей, опомнись!

Она умерла, когда я был совсем маленьким, и я вырос у тетки, а отца навещал по выходным. Обычно он был опухший и красный, с косо висящим на засаленной пижамной куртке орденом, которым он очень гордился. В комнате у него нехорошо пахло, а на стене висела репродукция фрески Микеланджело «Сотворение мира», где над лежащим на спине Адамом парит бородатый Бог, простерший свою длань навстречу тонкой человеческой руке. Эта картинка довольно странно действовала на душу отца и, видно, что-то ему напоминала из прошлого. У него в комнате я обычно сидел на полу и играл с маленькой железной дорогой, а он храпел на раздвинутом диване. Иногда он просыпался, некоторое время щурил на меня глаза, а потом, опершись о пол, свешивался с дивана и протягивал мне большую венистую кисть, которую я должен был пожать.

— Фамилия твоя как? — спрашивал он.

— Кривомазов, — отвечал я, подделывая застенчивую улыбку, и он гладил меня по голове и кормил конфетами; все это выходило у него так механически, что мне даже не было противно.

О тетке мне сказать почти нечего — она была ко мне равнодушна и старалась, чтобы я больше времени проводил в разных пионерлагерях и группах продленного дня — кстати сказать, удивительную красоту последнего словосочетания я вижу только сейчас.

Из своего детства я запомнил только то, что было связано, так сказать, с мечтой о небе. Конечно, не с этого началась моя жизнь — еще раньше была длинная светлая комната, полная других детей и больших пластмассовых кубиков, беспорядочно разбросанных по полу; были обледенелые ступени деревянной горки, по которым я торопливо топал вверх; были какие-то потрескавшиеся юные горнисты из крашеного гипса во дворе и много другого. Но вряд ли можно сказать, что все это видел я: в раннем детстве (как, быть может, и после смерти) человек идет сразу во все стороны, поэтому можно считать, что его еще нет; личность возникает позже, когда появляется привязанность к какому-то одному направлению.

Я жил недалеко от кинотеатра «Космос». Над нашим районом господствовала металлическая ракета, стоящая на сужающемся столбе титанового дыма, похожем на воткнутый в землю огромный ятаган. Странно, но как личность я начался не с этой ракеты, а с деревянного самолета на детской площадке у своего дома. Это был не совсем самолет, а скорее домик с двумя окошками, к которому во время ремонта прибили сделанные из досок снесенного забора крылья и хвост, покрыли все это зеленой краской и украсили несколькими большими рыжими звездами. Внутри могло поместиться человека два-три, и еще был небольшой чердачок с глядящим на военкоматовскую стену треугольным окошком — по негласному дворовому соглашению этот чердачок считался пилотской кабиной, и когда самолет сбивали, сначала выпрыгивали те, кто сидел в фюзеляже, и только потом, когда земля уже с ревом неслась к окнам, пилот мог последовать за остальными — если, конечно, успевал. Я всегда старался оказаться пилотом и даже овладел умением видеть небо с облаками и плывущую внизу землю на месте кирпичной стены военкомата, из окон которого безысходно глядели волосатые фиалки и пыльные кактусы.

Я очень любил фильмы про летчиков; с одним из таких фильмов и было связано сильнейшее переживание моего детства. Однажды, в космически черный декабрьский вечер, я включил теткин телевизор и увидел на его экране покачивающий крыльями самолет с пиковым тузом и крестом на фюзеляже. Я наклонился ближе к экрану, и на нем сразу же возник увеличенный фонарь кабины: за его толстыми стеклами улыбалось нечеловеческое лицо в очках вроде горнолыжных и в шлеме с блестящими эбонитовыми наушниками. Пилот поднял ладонь в перчатке с черным раструбом и помахал мне рукой. Потом на экране появился фюзеляж другого самолета, снятый изнутри: за двумя одинаковыми штурвалами сидели два летчика в полушубках и внимательно следили сквозь перехваченный стальными полосами плексиглас за эволюциями вражеского истребителя, летевшего совсем рядом.

— «Ме-сто девять», — сказал один летчик другому. — Сажать будут.

Другой, с красивым испитым лицом, кивнул головой.

— Зла на тебя не держу, — сказал он, видимо продолжая прерванный разговор. — Но запомни: чтоб у тебя это с Варей было на всю жизнь... До могилы.

Тут я перестал воспринимать происходящее на экране — меня поразила одна мысль, даже не мысль, а ее слабо осознанная тень (словно сама мысль проплыла где-то рядом с моей головой и задела ее лишь своим краем), — о том, что если я только что, взглянув на экран, как бы посмотрел на мир из кабины, где сидели два летчика в полушубках, то ничто не мешает мне попадать в эту и любую другую кабину без всякого телевизора, потому что полет сводится к набору ощущений, главные из которых я давно уже научился подделывать, сидя на чердаке краснозвездной крылатой избушки, глядя на заменяющую небо военкоматовскую стену и тихо гудя ртом.

Это неясное понимание так потрясло меня, что остаток фильма я досмотрел не очень внимательно, включаясь в телевизионную реальность только при появлении на экране дымных трасс или набегающего ряда стоящих на земле вражеских самолетов. «Значит, — думал я, — можно глядеть из самого себя, как из самолета, и вообще не важно, откуда глядишь, важно, что при этом видишь...» С тех пор, бредя по какой-нибудь зимней улице, я часто представлял себе, что лечу в самолете над заснеженным полем; поворачивая, я наклонял голову, и мир послушно кренился вправо или влево.

И все же тот человек, которого я с полной уверенностью мог бы назвать собой, сложился позже и постепенно. Первым проблеском своей настоящей личности я считаю ту секунду, когда я понял, что, кроме тонкой голубой пленки неба, можно стремиться еще и в бездонную черноту космоса. Это произошло в ту же зиму, вечером, когда я гулял по ВДНХ. Я шел по пустой и темной заснеженной аллее; вдруг слева донеслось жужжание, похожее на звонок огромного телефона. Я повернулся и увидел *его*.

Откинувшись назад и сидя в пустоте, как в кресле, он медленно плыл вперед, и за ним так же медленно распрямлялись в пространстве шланги. Стекло его шлема было черным, и только треугольный блик горел на нем, но я знал, что он видит меня. Возможно, уже несколько веков он был мертв. Его руки были уверенно протянуты к звездам, а ноги до такой степени не нуждались ни в какой опоре, что я понял раз и на всю жизнь, что подлинную свободу человеку может дать только невесомость — поэтому, кстати, такую скуку вызывали у меня всю жизнь западные радиоголоса и сочинения разных солженицыных; в душе я, конечно, испытывал омерзение к государству, невнятные, но грозные требования которого заставляли любую, даже на несколько секунд возникающую группу людей старательно подражать самому похабному из ее членов, — но, поняв, что мира и свободы на земле не достичь, духом я устремился ввысь, и все, чего потребовал выбранный мною путь, уже не вступало ни в какие противоречия с моей совестью, потому что совесть звала меня в космос и мало интересовалась происходящим на Земле.

Передо мной была просто освещенная прожектором мозаика на стене павильона, изображавшая космонавта в открытом космосе, но она за один миг сказала мне больше, чем десятки книг, которые я прочел к этому дню. Я смотрел на нее долго-долго, а потом вдруг почувствовал, что кто-то смотрит на меня.

Я оглянулся и увидел у себя за спиной мальчика моего возраста, который выглядел довольно необычно — на нем был кожаный шлем с блестящими эбонитовыми наушниками, а на шее у него болтались пластмассовые плавательные очки. Он был выше меня на полголовы и, вероятно, чуть постарше; войдя в освещенную прожектором зону, он поднял ладонь в черной перчатке, растянул губы в холодной улыбке, и перед моими глазами на секунду мелькнул летчик в кабине истребителя с пиковым тузом.

Его звали Митёк. Оказалось, что мы живем совсем рядом, хоть и ходим в разные школы. Митёк сомневался во многих вещах, но одно знал твердо. Он знал, что сначала станет летчиком, а потом полетит на Луну.

2

Есть, видимо, какое-то странное соответствие между общим рисунком жизни и теми мелкими историями, которые постоянно происходят с человеком и которым он не придает значения. Сейчас я ясно вижу, что моя судьба уже вполне четко определилась в то время, когда я еще даже не задумывался всерьез над тем, какой бы я хотел ее видеть, и больше того — уже тогда она была мне показана в несколько упрощенном виде. Может быть, это было эхо будущего. А может быть, то, что мы принимаем за эхо будущего, — на самом деле семя этого будущего, падающее в почву в тот самый момент, который потом, издали, кажется прилетавшим из будущего эхом.

Короче, лето после седьмого класса было жарким и пыльным. Из его первой половины мне запомнились только долгие велосипедные прогулки по одному из подмосковных шоссе. На заднее колесо своего полугоночного «Спорта» я ставил специальную трещотку из куска сложенной в несколько раз плотной бумаги, прикрепленной к раме прищепкой, — когда я ехал, бумага билась о спицы и издавала быстрый тихий треск, похожий на шум авиационного двигателя. Несясь вниз с асфальтовой горы, я много раз становился заходящим на цель истребителем, далеко не всегда советским, но вина тут была не моя, просто в самом начале лета я услышал от кого-то идиотскую песню, в которой были слова: «Мой „Фантом“, как пуля быстрый, в небе голубом и чистом с ревом набирает высоту». Надо сказать, что ее идиотизм, который я достаточно ясно осознавал, не мешал мне трогаться ею до глубины души. Какие еще я помню слова? «Вижу в небе дымную черту... Где-то вдалеке родной Техас». И еще были отец, и мать, и какая-то Мэри, очень реальная из-за того, что в песне упоминалась ее фамилия.

К середине июля я вернулся в Москву, а потом родители Митька достали для нас путевки в пионерлагерь «Ракета». Это был обычный южный лагерь, может быть даже немного лучше других. Я хорошо запомнил только первые дни, которые мы там провели, но именно тогда и случилось все то, что потом стало существенным. В поезде мы с Митьком бегали по вагонам и сбрасывали в унитазы все бутылки, которые мне удавалось найти, — они падали на несущееся под крохотным люком железнодорожное полотно и неслышно лопались; привязавшаяся ко мне песенка придавала этой простой процедуре привкус борьбы за свободу Вьетнама. На следующий день всю смену, ехавшую одним поездом, выгрузили на мокром вокзале южного города, пересчитали и посадили в грузовики. Мы долго ехали по дороге, петлявшей между гор, потом справа появилось море и к нам поплыли разноцветные домики. Нас выгрузили на асфальтовый плац, построили и повели вверх по обрамленной кипарисами лестнице к плоскому стеклянному зданию на вершине холма. Это была столовая, где нас ждал холодный обед, хотя пора было ужинать, — мы приехали на несколько часов позже, чем ожидалось. Обед был довольно невкусный — суп с макаронными звездочками, курица с рисом и компот.

С потолка столовой на нитях, облепленных какой-то липкой на вид кухонной дрянью, свисали картонные космические корабли. Я загляделся на один из них. Неизвестный оформитель потратил на него много фольги и густо исписал его словом «СССР». Корабль висел перед нашим столом, и на его фольге оранжево сияло закатное солнце, которое вдруг показалось мне похожим на прожектор поезда метро, зажигающийся в черной дали тоннеля. Отчего-то мне стало грустно.

Митёк, наоборот, был разговорчив и весел.

— В двадцатых годах были одни космические корабли, — говорил он, тыча вилкой вверх, — в тридцатых — другие, в пятидесятых вообще третьи, и так далее.

— Какие еще в двадцатых годах космические корабли? — вяло спросил я.

Митёк на секунду задумался.

— У Алексея Толстого были такие большие металлические яйца, в которых через крохотные промежутки времени происходили взрывы, дававшие энергию для движения, — сказал он. — Это основной принцип. Ну а вариантов может быть много.

— Так они же никогда на самом деле не летали, — сказал я.

— А эти тоже не летают, — ответил он и показал на предметы нашего разговора, которые чуть качались от сквозняка.

Я понял наконец, что он имел в виду, хотя вряд ли сумел бы четко это выразить в словах. Единственным пространством, где летали звездолеты коммунистического будущего — кстати, встречая слово «звездолет» в фантастических книгах, которые я очень любил, я почему-то считал, что оно связано с красными звездами на бортах советской космической техники, — так вот, единственным местом, где они летали, было сознание советского человека, точно так же как столовая вокруг нас была тем космосом, куда жившие в прошлую смену запустили свои корабли, чтобы те бороздили простор времени над обеденными столами, когда самих создателей картонного флота уже не будет рядом. Эта мысль наложилась на особую непередаваемую тоску, которую всегда вызывал у меня пионерлагерный компот из сухофруктов, и мне пришла в голову странная идея.

— Я раньше очень любил клеить пластмассовые самолеты, — сказал я, — сборные модели. Особенно военные.

— Я тоже, — ответил Митёк, — только давно.

— Гэдээровские наборы мне нравились. А в наших часто не было летчика. Тогда такая лажа получалась. Когда кабина пустая.

— Точно, — сказал Митёк. — А чего это ты об этом заговорил?

— Я вот думаю, — сказал я, показывая вилкой на висящий перед нашим столом картонный звездолет, — есть там внутри кто-нибудь или нет?

— Не знаю, — сказал Митёк. — Действительно, интересно.

Лагерь был расположен на пологом склоне горы; его нижняя часть образовывала что-то вроде парка. Митёк исчез, и я пошел туда один; через несколько минут я оказался в длинной и пустой кипарисовой аллее, где было уже полутемно. Вдоль асфальтовой пешеходной дорожки тянулась длинная проволочная сетка, на которой висели большие фанерные щиты с рисунками. На первом был пионер с простым русским лицом, глядящий вперед и прижимающий к бедру медный горн с флажком. На втором — тот же пионер с барабаном на ремне и палочками в руках. На третьем — он же, так же глядящий вдаль из-под поднятой для салюта руки. А дальше висел щит раза в два шире остальных и очень длинный — метра, наверно, в три. Он был двухцветным: справа, откуда я медленно шел, — красным, а дальше — белым, и делила эти два цвета набегающая на белое поле рваная волна, за которой оставался красный след. Я сначала не понял, что это такое, и, только когда подошел ближе, узнал в переплетении красных и белых пятен лицо Ленина с похожим на таран выступом бороды и открытым ртом; у Ленина не было затылка — было только лицо, вся красная поверхность за которым уже была Лениным; он походил на бесплотного бога, как бы проходящего рябью по поверхности созданного им мира.

Я споткнулся о выбоину в асфальте и перевел взгляд на следующий щит — это был пионер, но уже в космическом костюме, с красным шлемом в руке; на шлеме была надпись «СССР» и острая антенна. Следующий пионер высовывался из летящей ракеты и отдавал честь рукой в тяжелой перчатке. И последним был пионер в скафандре, стоящий на веселой желтой поверхности Луны рядом с космическим кораблем, похожим на картонную ракету из столовой; у него были видны только глаза, абсолютно такие же, как на остальных щитах, но из-за того, что вся остальная часть лица была скрыта шлемом, они казались полными невыразимой тоски.

Сзади долетели быстрые шаги — я обернулся и увидел Митька.

— Точно, — сказал он, подходя.

— Что точно?

— Смотри. — Он протянул ко мне ладонь, на которой было что-то темное. Я разглядел небольшую пластилиновую фигурку, голова которой была облеплена фольгой.

— Там внутри было маленькое картонное кресло, на котором он сидел, — сказал Митёк.

— Ты что, ракету из столовой разобрал? — спросил я.

Он кивнул.

— Когда?

— А только что. Минут десять назад. Самое странное, что там все... — Он скрестил пальцы, образовав из них решетку.

— В столовой?

— Нет, в ракете. Когда ее делали, начали с этого человечка. Слепили, посадили на стул и наглухо обклеили со всех сторон картоном.

Митёк показал мне обрывок картонки. Я взял его и увидел очень тщательно и мелко нарисованные приборы, ручки, кнопки, даже картину на стене.

— Но самое интересное, — задумчиво и как-то подавленно сказал Митёк, — что там не было двери. Снаружи люк нарисован, а изнутри на его месте стена с какими-то циферблатами.

Я еще раз поглядел на обрывок картонки и заметил иллюминатор, в котором голубела маленькая Земля.

— Найти бы того, кто эту ракету склеил, — сказал Митёк, — обязательно бы ему по морде дал.

— А за что? — спросил я.

Митёк не ответил. Вместо этого он размахнулся, чтобы швырнуть человечка за проволочную сетку, но я поймал его за руку и попросил отдать фигурку мне. Он не возражал, и следующие полчаса ушли у меня на то, чтобы отыскать пустую сигаретную пачку под футляр.

Эхо этого странного открытия настигло нас на следующий день, во время тихого часа. Открылась дверь, и Митька позвали; он вышел в коридор. Долетели обрывки разговора, несколько раз прозвучало слово «столовая», и все стало ясно. Я встал и вышел в коридор. Митька зажимали в углу усатый худой вожатый и рыжая низкая вожатая.

— Я тоже там был, — сказал я.

Вожатый одобрительно смерил меня взглядом.

— Вместе хотите ползти или по очереди? — спросил он.

Я увидел у него в руке зеленую сумку с противогазом.

— Ну как же они вместе поползут, Коля, — застенчиво сказала вожатая, — когда у тебя противогаз один. По очереди.

Митёк, чуть оглянувшись на меня, шагнул вперед.

— Надевай, — сказал вожатый.

Митёк надел противогаз.

— Ложись.

Он лег на пол.

— Вперед, — сказал Коля, щелкая секундомером.

Коридор был длиной во весь корпус, поверхность пола была затянута линолеумом, и когда Митёк пополз вперед, линолеум тихо, но неприятно завизжал. Конечно, Митёк не уложился в три минуты, которые назначил вожатый, — он не дополз за них даже в один конец, — но когда он подполз к нам, Коля не заставил его повторить маршрут, потому что до конца тихого часа оставалось всего несколько минут. Митёк снял противогаз. Его лицо было красным, в каплях слез и пота, а на ступнях успели вздуться натертые о линолеум волдыри.

— Теперь ты, — сказал вожатый, передавая мне мокрый противогаз. — Приготовиться...

Загадочно и дивно выглядит коридор, когда смотришь в его затянутую линолеумом даль сквозь запотевшие стекла противогаза. Пол, на котором лежишь, холодит живот и грудь; дальний его край не виден, и бледная лента потолка сходится со стенами почти в точку. Противогаз слегка сжимает лицо, давит на щеки и заставляет губы вытянуться в каком-то полупоцелуе, относящемся, видимо, ко всему, что вокруг. До того как тебя слегка пинают, давая команду ползти, проходит десятка два секунд; они тянутся томительно медленно, и успеваешь многое заметить. Вот пыль; вот несколько прозрачных песчинок в щели на стыке двух линолеумных листов; вот закрашенный сучок на планке, идущей по самому низу стены; вот муравей, ставший после смерти двумя тончайшими лепешечками и оставивший после себя маленький мокрый след в будущем — в полуметре, там, куда нога шедшего по коридору ступила через секунду после катастрофы.

— Вперед! — раздалось над моей головой, и я весело, искренне пополз вперед. Наказание казалось мне скорее шуткой, и я не понимал, чего это вдруг Митёк так скуксился. Первые метров десять я прополз мигом; потом стало труднее. Когда ползешь, в какой-то момент отталкиваешься от пола тыльной частью ступни, а кожа там тонкая и нежная, и если на ногах ничего нет, почти сразу же натираешь мозоли. Линолеум прилипал к телу, и казалось, что сотни мелких насекомых впиваются мне в ноги или что я ползу по свежепроложенному асфальту. Я удивился тому, как медленно тянется время, — в одном месте на стене висела большая пионерская акварель, изображавшая крейсер «Аврору» в Черном море, и я заметил, что уже довольно долго ползу мимо нее, а она все висит на том же месте.

И вдруг все изменилось. То есть все продолжалось по-прежнему — я так же полз по коридору, как и раньше, — но боль и усталость, дойдя до непереносимости, словно выключили что-то во мне. Или, наоборот, включили. Я заметил, что вокруг очень тихо, только под моими локтями скрипит линолеум, словно по коридору катится что-то на ржавых колесиках; за окнами, далеко внизу, шумит море, и где-то еще дальше, словно бы за морем, детскими голосами поет репродуктор:

Прекрасное далеко, не будь ко мне жестоко,
Не будь ко мне жестоко, жестоко не будь...

Жизнь была ласковым зеленым чудом; небо было неподвижным и безоблачным, сияло солнце — и в самом центре этого мира стоял двухэтажный спальный корпус, внутри которого проходил длинный коридор, по которому я полз в противогазе. И это было, с одной стороны, так понятно и естественно, а с другой — настолько обидно и нелепо, что я заплакал под своей резиновой мордой, радуясь, что мое настоящее лицо скрыто от вожатых и особенно от дверных щелей, сквозь которые десятки глаз глядят на мою славу и мой позор. Еще через несколько метров мои слезы иссякли, и я стал лихорадочно искать какую-нибудь мысль, которая дала бы мне силы ползти дальше, потому что одного страха перед вожатым было уже мало. Я закрыл глаза, и настала ночь, бархатную тьму которой изредка пересекали вспыхивающие перед моими глазами звезды. Опять стала слышна далекая песня, и я тихо-тихо, а может быть, и вообще про себя, запел:

От чистого истока в прекрасное далеко,
В прекрасное далеко я начинаю путь.

Над лагерем пронесся светлый латунный звук трубы — это был сигнал подъема. Я остановился и открыл глаза. До конца коридора оставалось метра три. На темно-серой стене передо мной висела полка, а на ней стоял желтый лунный глобус; сквозь запотевшие и забрызганные слезами стекла он выглядел размытым и нечетким; казалось, он не стоит на полке, а висит в сероватой пустоте.

3

Первый раз в жизни я выпил вина зимой, когда мне было четырнадцать лет. Произошло это в гараже, куда меня привел Митёк, — его брат, задумчивый волосатик, обманом избежавший армии, работал там сторожем. Гараж помещался на большой, обнесенной забором территории, заставленной бетонными плитами, и мы с Митьком довольно долго лазили по ним, иногда оказываясь в удивительных местах, полностью отгороженных от всей остальной реальности и похожих на отсеки давно покинутого космического корабля, от которого остался только каркас, странно напоминающий нагромождение бетонных плит. К тому же фонари за косым деревянным забором горели загадочным и неземным светом, а в пустом и чистом небе висело несколько мелких звезд — словом, если бы не бутылки из-под сушняка и заледеневшие потеки мочи, вокруг был бы космос.

Митёк предложил пойти погреться, и мы направились к алюминиевой ребристой полусфере гаража, в которой тоже было что-то космическое. Внутри было темно; смутно виднелись контуры машин, от которых пахло бензином. В углу стояла дощатая будка со стеклянным окном, как бы пристроенная к стене; там горел свет. Мы с Митьком протиснулись внутрь, сели на узкой и неудобной лавке и молча напились чаю из облезлой жестяной кастрюли. Брат Митька курил длинные папиросы, разглядывал старый номер «Техники — молодежи» и совершенно никак не реагировал на наше присутствие. Митёк вытащил из-под лавки бутылку, со стуком поставил ее на цементный пол и спросил:

— Будешь?

Я кивнул, хоть мне и стало не по себе. Митёк до краев наполнил темно-красной жидкостью стакан, из которого я только что пил чай, протянул его мне; словно войдя в ритм какого-то процесса, я подхватил стакан, поднес его ко рту и выпил, удивившись, насколько мало усилий надо приложить для того, чтобы сделать что-то впервые. Пока Митёк с братом допивали остальное, я прислушивался к своим ощущениям, но со мной ничего не происходило. Я взял освободившийся журнал, наугад раскрыл его и попал на разворот с крохотными рисунками летательных аппаратов, названия которых надо было угадать. Один понравился мне больше других — это был американский самолет, крылья которого могли служить пропеллером на время взлета. Еще там была маленькая ракета с кабиной для пилота, но ее я не успел толком рассмотреть, потому что Митьков брат, молча и даже не подняв глаз, вытянул журнал из моих рук. Чтобы не показать обиды, я пересел к столу, на котором стояла банка с торчащим кипятильником и лежали полузасохшие очистки колбасы. Мне вдруг стало противно от мысли, что я сижу в этой маленькой заплеванной каморке, где пахнет помойкой, противно от того, что я только что пил из грязного стакана портвейн, от того, что вся огромная страна, где я живу, — это много-много таких маленьких заплеванных каморок, где воняет помойкой и только что кончили пить портвейн, а самое главное — обидно от того, что именно в этих вонючих чуланчиках и горят те бесчисленные разноцветные огни, от которых у меня по вечерам захватывает дух, когда судьба проносит меня мимо какого-нибудь высоко расположенного над вечерней столицей окна. И особенно обидным мне это показалось по сравнению с красивым американским летательным аппаратом из журнала. Я опустил глаза на газету, которой был застелен стол, — она была в жирных пятнах, в пропалинах от окурков и в круглых следах от стаканов и блюдец. Заголовки статей пугали какой-то ледяной нечеловеческой бодростью и силой — уже давно ведь ничто не стояло у них на пути, а они со страшным размахом все били и били в пустоту, и в этой пустоте спьяну (а я заметил, что уже пьян, но не придал этому значения) легко можно было оказаться и попасть замешкавшейся душой под какую-нибудь главную задачу дней или привет хлопкоробам. Комната вокруг стала совершенно незнакомой; на меня внимательно глядел Митёк. Поймав мой взгляд, он подмигнул и спросил чуть заплетающимся языком:

— Ну что, полетим на Луну?

Я кивнул, и мои глаза остановились на маленькой колонке с названием «Вести с орбиты». Нижняя часть текста была оборвана, и в колонке оставалось только: «Двадцать восьмые сутки...», напечатанное жирным шрифтом. Но и этого было достаточно — я все сразу понял и закрыл глаза. Да, это было так — норы, в которых проходила наша жизнь, действительно были темны и грязны, и сами мы, может быть, были под стать этим норам, — но в синем небе над нашими головами среди реденьких и жидких звезд существовали особые сверкающие точки, искусственные, медленно ползущие среди созвездий, созданные тут, на советской земле, среди блевоты, пустых бутылок и вонючего табачного дыма, — построенные из стали, полупроводников и электричества и теперь летящие в космосе. И каждый из нас — даже синелицый алкоголик, жабой затаившийся в сугробе, мимо которого мы прошли по пути сюда, даже брат Митька, и уж конечно Митёк и я, имел — там, в холодной чистой синеве, свое маленькое посольство.

Я выбежал во двор и, долго-долго глотая слезы, глядел на желто-голубой, неправдоподобно близкий шар Луны в прозрачном зимнем небе.

4

Не помню момента, когда я решил поступать в летное училище. Не помню, наверно, потому, что это решение вызрело в душе и у меня и у Митька задолго до окончания школы. Перед нами на некоторое время встала проблема выбора — летных училищ было много по всей стране, — но мы решили все очень быстро, увидев в журнале «Советская авиация» цветной разворот-вклейку про жизнь Лунного городка при Зарайском Краснознаменном летном училище имени Маресьева. Мы сразу словно оказались в толпе курсантов, среди покрашенных желтой краской фанерных гор и кратеров, узнали будущих себя в стриженых ребятах, кувыркающихся на турнике и обливающихся застывшей на снимке водой из большого эмалированного таза такого нежно-персикового оттенка, что сразу вспоминалось детство, и этот цвет почему-то вызывал больше доверия и желания ехать учиться в Зарайск, чем все помещенные рядом фотографии авиационных тренажеров, похожих на кишащие людьми полуразложившиеся трупы самолетов.

Когда решение было принято, остальное оказалось несложным. Родители Митька, напуганные непонятной судьбой его старшего брата, были рады, что их младший сын окажется при таком уверенном и надежном деле; мой же отец к этому времени окончательно спился и большую часть времени лежал на диване лицом к стене, под ковром с пучеглазым оленем; по-моему, он даже не понял, что я собираюсь в летчики, а тетке было все равно.

Помню город Зарайск. Точнее, нельзя сказать ни что я его помню, ни что я его забыл — настолько в нем мало того, что можно забыть или помнить. В самом его центре высилась белокаменная колокольня, с которой когда-то давно прыгнула на камни княгиня, и хоть прошло уже много веков, ее поступок в городе помнили. Рядом стоял музей истории, а неподалеку от него — отделения связи и милиции.

Когда мы вышли из автобуса, шел неприятный косой дождь и было холодно. Мы забились под навес подвала со словом «Агитпункт» и полчаса ждали, пока дождь пройдет. За дверью, кажется, пили; оттуда долетал густой луковый запах и голоса; кто-то долго предлагал спеть «мерси ку-ку», и наконец немолодые мужские и женские голоса затянули:

Пора-пора-порадуемся на своем веку...

Дождь перестал, мы пошли искать автобус и нашли тот самый, на котором приехали. Оказалось, что нам не надо было выходить и мы могли переждать дождь в салоне, пока водитель обедал. За окнами потянулись маленькие деревянные домики, потом они кончились и начался лес. В этом лесу, уже за городом, и было расположено Зарайское летное училище. До него надо было добираться пешком километров пять от конечной остановки автобуса, называвшейся «Овощной магазин», — магазина рядом не было, а это название осталось, как нам объяснили, с довоенных времен. Мы с Митьком сошли с автобуса и пошли по дороге, присыпанной размокшими осиновыми сережками; она вела все дальше в лес, и когда мы уже стали подумывать, что идем не туда, вдруг увидели сваренные из стальных труб ворота с большими жестяными звездами; по бокам лес упирался в высокий забор из некрашеных серых досок, по верху которого змеилась ржавая колючая проволока. Мы предъявили сонному солдату на проходной направления из райвоенкомата и недавно полученные паспорта, и нас впустили внутрь, велев идти к клубу, где скоро должна была начаться встреча.

Вглубь небольшого поселка вела асфальтовая дорога, справа от которой сразу же начался тот самый Лунный городок, который я видел в журнале, он состоял из нескольких длинных одноэтажных бараков желтого цвета, десятка врытых в землю шин и участка, изображавшего панораму лунной поверхности. Мы прошли мимо и оказались у гарнизонного клуба — там у колонн толпились приехавшие поступать ребята. Вскоре к нам вышел офицер, назначил кого-то старшим и велел зарегистрироваться в приемной комиссии, а потом идти получать инвентарь.

Из-за жары приемная комиссия сидела в решетчатой беседке китайского вида во дворе клуба — это были три офицера, которые пили пиво под негромкую восточную музыку по радио и выдавали картонки с номерами в обмен на документы. Потом нас повели на край стадиона, заросшего высокой, в пояс, травой (видно было, что никто на нем уже лет десять ни во что не играл), и выдали две сложенных общевойсковых палатки — в них нам предстояло жить во время экзаменов. Это были свернутые полотнища тяжелой резины, которые нам пришлось натягивать на врытых в землю деревянных шестах. Мы перезнакомились, таская в палатки койки, которые потом установили внутри в два яруса, — койки были старые, тяжелые, с никелированными шариками, которые можно было накрутить на спинку, если она не соединялась с койкой наверху. Эти шарики нам дали отдельно, в специальном мешочке, и когда экзамены кончились, я тайком свинтил один такой и спрятал его в ту же сигаретную пачку, где хранился пластилиновый пилот с головой из фольги — единственный свидетель далекого и незабываемого южного вечера.

Кажется, мы провели в этих палатках совсем немного времени, но когда их сняли, оказалось, что под резиновым полом успела вырасти отвратительно бесцветная, толстая и густая трава. Самих экзаменов я почти не запомнил. Помню только, что они оказались совсем не сложными, и даже было немного обидно, что не удалось поместить на экзаменационном листе все те формулы и графики, в которые впитались долгие весенние и летние дни, проведенные над раскрытыми учебниками. Мы с Митьком набрали нужные баллы без труда; потом было собеседование, которого все боялись больше всего. Его проводили майор, полковник и какой-то дедок с кривым шрамом на лбу, одетый в потертую техническую форму. Я сказал, что хочу в отряд космонавтов, и полковник спросил меня, что такое советский космонавт. Я долго не мог найти правильный ответ; наконец по тоске на лицах экзаменаторов я понял, что сейчас меня отправят в коридор.

— Хорошо, — заговорил молчавший до сих пор дедок, — а вы помните, как вам в голову пришла мысль стать космонавтом?

Я ощутил отчаяние, потому что совершенно не представлял, как надо правильно отвечать на этот вопрос. И, видимо от отчаяния, принялся рассказывать про красного пластилинового человечка и картонную ракету, из которой не было выхода. Дедок сразу оживился, заблестел глазами, а когда я дошел до того, как нам с Митьком пришлось ползти в противогазе по коридору, вообще схватил меня за руку и захохотал, отчего шрам у него на лбу стал совсем багровым. Потом он вдруг посерьезнел.

— А ты знаешь, — сказал он, — что это непростое дело — в космос летать? А если Родина попросит жизнь отдать? Тогда что, а?

— Это уж как водится, — насупившись, сказал я.

Тогда он уставился мне в глаза и смотрел, наверное, минуты три.

— Верю, — сказал он наконец, — можешь.

Услышав, что Митёк, который с детства хотел на Луну, поступает тоже, он записал его фамилию на листе бумаги. Митёк потом рассказывал, что старичок долго выяснял, почему именно на Луну.

На следующий день после завтрака на колоннах гарнизонного клуба появились списки с фамилиями поступивших; мы с Митьком в списке стояли рядом, не по алфавиту. Кто-то поплелся на апелляцию, кто-то прыгал от радости на расчерченном белыми линиями асфальте, кто-то бежал к телефону, и над всем этим, помню, тянулась в выцветшем небе белая полоса инверсионного следа.

Зачисленных на первый курс позвали на встречу с летно-преподавательским составом — преподаватели уже ждали в клубе. Помню тяжелые бархатные шторы, стол во всю сцену и сидящих за ним официально строгих офицеров. Вел встречу моложавый подполковник с острым хрящеватым носом; пока он говорил, я представлял его в летном комбинезоне и гермошлеме, сидящим в кабине пятнистого, как дорогие джинсы, МиГа.

— Ребята, очень не хочется вас пугать, очень не хочется начинать нашу беседу со страшных слов, так? Но вы ведь знаете: не мы с вами выбираем время, в которое живем, — время выбирает нас. Может быть, с моей стороны и неверно давать вам такую информацию, так, но все же я скажу...

Подполковник замолчал на секунду, нагнулся к сидящему рядом с ним майору и что-то сказал ему на ухо. Майор нахмурился, постучал, раздумывая, по столу тупым концом карандаша и потом кивнул.

— Значит, — заговорил подполковник тихим голосом, — недавно на закрытом совещании армейских политработников время, в которое мы живем, было определено как предвоенное!

Подполковник замолчал, ожидая реакции, но в зале, видимо, ничего не поняли — во всяком случае, ничего не поняли мы с Митьком.

— Поясняю, — сказал он тогда еще тише, — совещание было пятнадцатого июля, так? Значит, до пятнадцатого июля мы жили в послевоенное время, а с тех пор — месяц уже целый — живем в предвоенное, ясно или нет?

Несколько секунд в зале стояла тишина.

— Я это говорю не к тому, чтоб пугать, — заговорил уже нормальным голосом подполковник, — просто надо помнить, какая на наших с вами плечах ответственность, так? Вы правильно сделали, что пришли в наше училище. Сейчас я хочу сказать вам, что мы тут готовим не просто летчиков, а в первую очередь настоящих людей, так? И когда вы получите дипломы и воинские звания, будьте уверены, что к этому времени вы станете настоящими человеками с самой большой буквы, так, какая только бывает в советской стране.

Подполковник сел, поправил галстук и поймал губами край стакана — руки у него тряслись, и мне показалось, что я услышал тихий-тихий звон зубов о стекло. Встал майор.

— Ребята, — певуче сказал он, — хотя правильнее уже называть вас курсантами, но все же обращусь к вам так — ребята! Вспомните знаменитую историю легендарного персонажа, воспетого Борисом Полевым! Того, в чью честь названо наше училище! Он, потеряв в бою обе ноги, не сдался, а, встав на протезы, Икаром взмыл в небо бить фашистского гада! Многие говорили ему, что это невозможно, но он помнил главное — что он советский человек! Не забывайте этого и вы, никогда и нигде не забывайте! А мы, летно-преподавательский состав, и лично я, летающий замполит училища, обещаем: мы из вас сделаем настоящих людей в самое короткое время!

Потом нам показали наши места в казарме первого курса, куда нас перемещали из палаток, и повели в столовую. С ее потолка свисали на нитях пыльные МиГи и Илы, казавшиеся громадными воздушными островами рядом с эскадрильями быстрых черных мух. Обед был довольно невкусный: суп с макаронными звездочками, курица с рисом и компот. После еды очень захотелось спать; мы с Митьком еле добрались до коек, и я сразу уснул.

5

На следующее утро я проснулся от стона, полного боли и недоумения. На самом деле я уже давно слышал эти звуки сквозь сон, но полностью очнулся только от особенно громкого и страдальческого вскрика. Я открыл глаза и огляделся. На койках вокруг происходило какое-то непонятное медленно-мычащее шевеление — я попытался приподняться на локте, но не смог, потому что был, как оказалось, пристегнут к койке несколькими широкими ремнями наподобие тех, которыми стягивают распухшие чемоданы; единственное, что я мог, — это чуть поворачивать голову из стороны в сторону. С соседней койки на меня смотрели полные страдания глаза Славы, паренька из поселка Тында, с которым я вчера успел познакомиться, а нижняя часть его лица была скрыта под какой-то натянутой тряпкой. Я открыл было рот, чтобы спросить его, в чем дело, но обнаружил, что не могу пошевелить языком и вообще не чувствую всей нижней половины лица, словно она затекла. Я догадался, что мой рот тоже чем-то заткнут и перемотан, но удивиться этому не успел, потому что вместо удивления испытал ужас: там, где должны были быть Славины ступни, одеяло ступенькой ныряло вниз и на свеженакрахмаленном пододеяльнике проступали размытые красноватые пятна — такие оставляет на вафельных полотенцах арбузный сок. Самое страшное, что собственных ног я не чувствовал и не мог поднять голову, чтобы взглянуть на них.

— Пятый взву-уд! — загремел в дверях необыкновенно богатый интонациями, полный множества намеков сержантский бас. — На перевязку!

И сейчас же в палату вошло человек десять — это были второкурсники и третьекурсники (правильнее сказать — курсанты второго и третьего года службы; об этом я догадался по нашивкам на их рукавах). Раньше я их не видел, а офицеры говорили, что они на картошке. Они были в странных сапогах с негнущимися голенищами и ступали не очень уверенно, держась то за стены, то за спинки кроватей. Еще я заметил нездоровую бледность их лиц, на которых застыл отпечаток многодневной муки, словно переплавленной в какую-то невыразимую готовность; как ни неуместно это было, но в этот момент я вспомнил слова пионерского заклинания, которые мы с Митьком вместе со всеми повторяли в пионерлагере, на асфальтовой площадке, — вспомнил и понял, в чем именно, крича: «Всегда готов!» — мы обманно уверяли себя, товарищей по линейке и прозрачное июльское утро.

Одну за другой курсанты выкатили в коридор койки, на которых мычали и извивались примотанные первогодки, и в комнате осталось только две — моя и стоявшая у окна, на которой лежал Митёк. Ремни не давали мне повернуть голову, но краем глаза я видел, что он лежит спокойно и вроде бы спит.

За нами пришли минут через десять, развернули ногами вперед и покатили по коридору. Один из курсантов толкал койку, а другой шел спиной вперед и тянул ее на себя; выглядело это так, словно он пятился по коридору, отталкивая несущуюся за ним койку. Мы зарулили в длинный узкий лифт с дверями с обеих сторон и поехали вверх, потом второкурсник пропятился от меня еще по одному коридору, и мы остановились возле обитой черным двери с большой коричневой табличкой, которую я не смог прочесть из-за своей неудобной позы. Дверь открылась, и меня вкатили в комнату, где под потолком висела огромная хрустальная люстра в виде авиабомбы, а по верхней части стены шла полоса выпуклого орнамента из серпов, молотов и увитых виноградом ваз.

С меня сняли ремни, и я приподнялся на локтях, стараясь не глядеть себе на ноги; передо мной в глубине комнаты стоял массивный письменный стол с зеленой лампой, освещенный косо падающим из высокого узкого окна серым светом. Сидящий за столом был от меня скрыт развернутым номером «Правды», с первой страницы которой глядело морщинистое лицо с добрыми лучистыми глазами, наведенными прямо на меня. Заскрипел линолеум пола, и рядом с моей койкой затормозила койка Митька.

Газета несколько раз прошуршала переворачиваемыми страницами и легла на стол.

Перед нами сидел тот самый старичок со шрамом на лбу, который во время собеседования хватал меня за руку. Сейчас на нем был мундир генерал-лейтенанта с золотыми вениками на петлицах, волосы были тщательно приглажены, а взгляд был ясным и трезвым. И еще я заметил, что его лицо как бы повторяло лицо с обложки «Правды», которое глянуло на меня минуту назад; получилось совсем как в фильме, где вначале долго показывали одну икону, а потом на ее месте постепенно возникла другая — изображения были похожие, но разные, и из-за того, что момент перехода был размазан, казалось, что икона меняется на глазах.

— Поскольку нам с вами, ребята, предстоят еще довольно долгие отношения, можете называть меня «товарищ начальник полета», — сказал старичок. — Хочу вас поздравить — по итогам экзаменов и особенно собеседования, — тут старичок подмигнул, — вы зачислены сразу на первый курс секретной космической школы при первом отделе КГБ СССР. Так что настоящими людьми станете как-нибудь потом, а пока собирайтесь в Москву. Там и встретимся.

Смысл этих слов дошел до меня только в пустой палате, куда нас отвезли по тем же длинным коридорам, линолеум которых пел под крошечными стальными колесиками койки что-то тихое и исполненное ностальгии, заставившее меня непонятно почему вспомнить давний июльский полдень у моря.

Весь день мы с Митьком проспали — кажется, за прошлым ужином нас накормили каким-то снотворным (спать хотелось и на следующий день), — а вечером за нами зашел веселый желтоволосый лейтенант в громко скрипящих сапожках и, хохоча и балагуря, отвез по очереди наши койки на асфальтовый плац перед бетонной раковиной эстрады, где за столом сидело несколько высших генералов с интеллигентными добрыми лицами, и среди них — товарищ начальник полета. Мы с Митьком могли, конечно, дойти и сами, но лейтенант сказал, что это общий порядок для первого курса, и велел нам лежать тихо, чтобы не смущать остальных.

Из-за множества стоящих впритирку друг к другу коек плац был похож на двор автомобильного завода или тракторного комбината; над ним по сложной траектории порхал придавленный стон: исчезая в одном месте, он возникал в другом, в третьем — словно над койками носился огромный невидимый комар. По дороге желтоволосый лейтенант сказал, что сейчас начнется выпускной вечер, совмещенный с последним госэкзаменом.

А вскоре он сам, первый из полусотни таких же лейтенантов, волнуясь и бледнея, но с неподражаемым мастерством танцевал перед приемной комиссией «Калинку» под скупую на лишний перебор гармонь летающего замполита. Фамилия лейтенанта была Ландратов — я услышал ее, когда начальник полета вручил ему раскрытую красную книжечку и поздравил с получением диплома. Потом тот же танец исполняли остальные, и под конец мне наскучило смотреть на них. Я повернулся к начинавшемуся сразу за плацем полю стадиона и вдруг понял, почему над ним стелется такой высокий бурьян.

Я долго глядел, как его стебли качаются под ветром. Мне казалось, что серый, растрескавшийся от дождей забор с колючкой, начинающийся сразу за развалившимися футбольными воротами, — это и есть Великая Стена, и, несмотря на все отодранные и покосившиеся доски, она, как и тысячи лет назад, тянется с полей далекого Китая до города Зарайска и делает древнекитайским все появляющееся на ее фоне: и решетчатые беседки, где в жару работает приемная комиссия, и списанный ржавый истребитель, и древние общевойсковые шатры, на которые я гляжу со своей койки, сжимая под одеялом свинченный на память никелированный шарик.

На следующий день грузовик провез нас с Митьком по летнему лесу и полю; мы сидели на своих рюкзаках, прислонясь к прохладному стальному борту. Помню качающийся край брезентовой полости, за которым мелькали стволы деревьев и усохшие серые столбы давно оборванного телеграфа. Время от времени деревья расступались и вверху мелькал треугольник задумавшегося бледного неба. Потом была остановка и пять минут тишины, перемежавшейся только далеким тяжелым стуком; выходивший по нужде шофер объяснил, что это бьют короткими очередями несколько пулеметов на стрельбище пехотного училища имени Александра Матросова. Опять началась долгая тряска в кузове; я заснул, а проснулся на несколько секунд уже в Москве, когда в брезентовой щели мелькнули — будто из какого-то далекого школьного лета — арки «Детского мира».

6

Часто в детстве я представлял себе газетный разворот, еще пахнущий свежей краской, с моим большим портретом посередине (я в шлеме и улыбаюсь) и подписью: «Космонавт Омон Кривомазов чувствует себя отлично!» Сложно понять, почему мне этого так хотелось. Я, наверное, мечтал прожить часть жизни через других людей — через тех, кто будет смотреть на эту фотографию и думать обо мне, представлять себе мои мысли, чувства и строй моей души. И самое, конечно, главное — мне хотелось самому стать одним из других людей; уставиться на собственное, составленное из типографских точечек лицо, задуматься над тем, какие этот человек любит фильмы и кто его девушка, — а потом вдруг вспомнить, что этот Омон Кривомазов и есть я. С тех пор, постепенно и незаметно, я изменился. Меня перестало слишком интересовать чужое мнение, потому что я знал: до меня другим все равно не будет никакого дела, и думать они будут не обо мне, а о моей фотографии с тем же безразличием, с которым я сам думаю о фотографиях других людей. Поэтому новость о том, что мой подвиг останется никому не известным, не была для меня ударом; ударом была новость, что придется совершать подвиг.

К начальнику полета нас с Митьком водили по очереди, на следующий день после приезда, сразу после того, как одели в черную форму вроде суворовской — только погоны были ярко-желтыми, с непонятными буквами «ВКУ». Сперва пошел Митёк, а часа через полтора вызвали меня.

Когда передо мной раскрылись высокие дубовые двери, я даже оторопел — до того увиденное напоминало сцену из какого-то военного фильма. В центре кабинета был накрытый большой желтой картой стол, за которым стояли несколько человек в военной форме — начальник полета, три генерала, совершенно не похожие друг на друга, но все очень похожие на писателя и драматурга Генриха Боровика, и два полковника, один низкий и толстый, с малиновым лицом, а другой — худенький и жидковолосый, напоминающий пожилого болезненного мальчика; он был в темных очках и сидел в инвалидном кресле.

— Начальник ЦУПа полковник Халмурадов, — сказал начальник полета, указывая на толстяка с малиновым лицом.

Тот кивнул.

— Замполит особого отряда космонавтов полковник Урчагин.

Полковник в кресле повернул ко мне голову, чуть наклонился вперед и снял очки, словно чтобы лучше меня разглядеть. Я непроизвольно вздрогнул — он был слепым; веки одного его глаза срослись, а между ресницами другого чуть поблескивала беловатая слизь.

— Можешь звать меня Бамлагом Ивановичем, Омон, — сказал он высоким тенором. — Надеюсь, мы с тобой подружимся.

Почему-то начальник полета не представил мне генералов, а они никак своим поведением не показали, что хотя бы видят меня. Впрочем, я, кажется, видел одного из них на экзамене в Зарайском летном.

— Курсант Кривомазов, — представил меня начальник полета. — Ну что, можем начинать?

Он повернулся ко мне, сложил руки на животе и заговорил:

— Ты, Омон, наверное, читаешь газеты, смотришь фильмы и знаешь, что американцы высадили на Луну несколько своих космонавтов и даже ездили по ней на мотоколяске. Цель вроде бы мирная, но это как посмотреть. Представь себе простого человека труда из какого-нибудь небольшого государства, скажем, в Центральной Африке...

Начальник полета наморщил лицо и сделал вид, что засучивает рукава и вытирает пот со лба.

— И вот он видит, что американцы высадились на Луне, а мы... Понимаешь?

— Так точно, товарищ генерал-лейтенант! — ответил я.

— Главная цель космического эксперимента, к которому тебя начинают готовить, Омон, — это показать, что технически мы не уступаем странам Запада и тоже в состоянии отправлять на Луну экспедиции. Послать туда возвращаемый пилотируемый корабль нам сейчас не по силам. Но есть другая возможность — послать туда автоматический экипаж, который не потребуется возвращать назад.

Начальник полета наклонился над рельефной картой с выступающими горами и маленькими лунками кратеров. По ее центру шла ярко-красная линия, похожая на свежепрокорябанную гвоздем царапину.

— Это фрагмент лунной поверхности, — сказал начальник полета. — Как ты знаешь, Омон, наша космическая наука преимущественно исследует обратную сторону Луны, в отличие от приземляющихся на дневной стороне американцев. Вот эта длинная полоса — так называемая трещина имени Ленина, открытая несколько лет назад отечественным спутником. Это уникальное геологическое образование, в район которого в прошлом году была отправлена автоматическая экспедиция по получению образцов лунного грунта. По предварительным результатам исследований сложилось мнение о необходимости дальнейшего изучения трещины. Тебе, наверно, известно, что наша космическая программа ориентирована в основном на автоматические средства — это американцы рискуют человеческими жизнями. Мы подвергаем опасности только механизмы. И вот возникла мысль об отправке специального самоходного транспортного средства, так называемого лунохода, который проедет по дну трещины и передаст на Землю научную информацию.

Начальник полета открыл ящик стола и, не отводя от меня глаз, стал шарить там рукой.

— Общая длина трещины — сто пятьдесят километров, а ширина и глубина крайне незначительны и измеряются метрами. Предполагается, что луноход проедет по ней семьдесят километров — на столько должно хватить энергии в аккумуляторах — и установит в ее центре вымпел-радиобуй, который передаст в космос преобразованные в радиоимпульсы слова «МИР», «ЛЕНИН» и «СССР».

В его руке появилась маленькая машинка красного цвета. Он завел ее ключом и поставил в начале красной линии на карте. Машинка зажужжала и поползла вперед. Это была детская игрушка: напоминающий маленькую консервную банку корпус на восьми маленьких черных колесах, со словом «СССР» на борту и двумя похожими на глаза выступами впереди. Все напряженно провожали ее взглядом; даже полковник Урчагин поворачивал голову синхронно с остальными. Машинка доехала до края стола и свалилась на пол.

— Где-то так, — задумчиво сказал начальник полета и вскинул на меня глаза.

— Разрешите обратиться! — услышал я свой голос.

— Валяй.

— Но ведь луноход автоматический, товарищ генерал-лейтенант!

— Автоматический.

— Так зачем тогда я?

Начальник полета опустил голову и вздохнул.

— Бамлаг, — сказал он, — давай.

Тихонько зажужжал электромотор кресла, и полковник Урчагин выехал из-за стола.

— Пойдем прогуляемся, — сказал он, подъехав и взяв меня за рукав.

Я вопросительно поглядел на начальника полета. Он кивнул головой. Вслед за Урчагиным я вышел в коридор, и мы медленно двинулись вперед — я шел, а он ехал рядом, регулируя скорость рычагом, на конец которого был насажен самодельный шарик из розового плексигласа с резной красной розой внутри. Несколько раз Урчагин открывал рот и собирался заговорить, но каждый раз закрывал его, и я уже подумал, что он не знает, с чего начать, когда он вдруг метко схватил меня за запястье чуть влажной узкой ладонью.

— Слушай меня внимательно и не перебивай, Омон, — сказал он задушевно, словно мы только что вместе пели у костра под гитару. — Начну издалека. Понимаешь ли, в судьбе человечества много путаного, много кажущейся бессмыслицы, много горечи. Надо видеть очень ясно, очень четко, чтобы не наделать ошибок. В истории ничего не бывает так, как в учебниках. Диалектика в том, что учение Маркса, рассчитанное на передовую страну, победило в самой отсталой. У нас, коммунистов, не было времени доказать правоту наших идей — слишком много сил отняла война, слишком долгой и серьезной оказалась борьба с эхом прошлого и врагами внутри страны. Мы не успели технологически победить Запад. Но борьба идей — это такая область, где нельзя останавливаться ни на секунду. Парадокс — и, опять же, диалектика — в том, что обманом мы помогаем правде, потому что марксизм несет в себе всепобеждающую правду, а то, за что ты отдашь свою жизнь, формально является обманом. Но чем сознательнее...

У меня под ложечкой екнуло, и я рефлекторно попытался вырвать свою кисть, но ладонь полковника Урчагина словно превратилась в маленький стальной обруч.

— ...сознательнее ты осуществишь свой подвиг, тем в большей степени он будет правдой, тем больший смысл обретет короткая и прекрасная твоя жизнь!

— Отдам жизнь? Какой подвиг? — дурным голосом спросил я.

— А тот самый, — тихо-тихо и словно испуганно ответил полковник, — который уже совершило больше ста таких же ребят, как ты и твой друг.

Он помолчал, а потом заговорил прежним тоном:

— Ты ведь слышал, что наша космическая программа основана на использовании автоматики?

— Слышал.

— Так вот, сейчас мы с тобой пойдем в триста двадцать девятую комнату, и тебе расскажут, что такое наша космическая автоматика.

7

— Товарищ полковник!..

— «Товарищ полковник!» — передразнил он. — Тебя ведь в Зарайском летном ясно спросили — готов жизнь отдать? Ты что ответил?

Я сидел на железном стуле, привинченном к полу в центре комнаты; мои руки были пристегнуты к подлокотникам, а ноги — к ножкам. Окна комнаты были плотно зашторены, а в углу стоял небольшой письменный стол с телефоном без диска. Напротив меня сидел в своем кресле полковник Урчагин; говорил он посмеиваясь, но я чувствовал, что он абсолютно серьезен.

— Товарищ полковник, вы поймите, я ведь совсем простой парень. Вы меня принимаете за кого-то... А я совершенно не из тех, кто...

Кресло Урчагина зажужжало, он тронулся с места, подъехал ко мне вплотную и остановился.

— Подожди, Омон, — сказал он, — подожди-ка. Вот мы и приехали. А как ты думаешь, чьей кровью полита наша земля? Думаешь, какой-то особенной? Какой-то специальной кровью? Каких-то непростых людей?

Он протянул ко мне руку, ощупал мое лицо и ударил меня сухим кулачком по губам — несильно, но так, что я почувствовал вкус крови во рту.

— Вот такой же точно и полита. Таких ребят, как ты...

Он потрепал меня за шею.

— Не сердись, — сказал он, — я теперь тебе второй отец. Могу и ремнем выдрать. Чего жмешься, как баба?

— Я, Бамлаг Иванович, не чувствую, что готов к подвигу, — слизывая кровь, ответил я. — То есть чувствую, что не готов... Лучше уж назад в Зарайск, чем так...

Урчагин наклонился ко мне и, поглаживая меня по шее, заговорил совсем тихо и ласково:

— Вот ты дурачок-то какой, Омка. Ты пойми, милый, что в этом и суть подвига, что его всегда совершает не готовый к нему человек, потому что подвиг — это такая вещь, к которой подготовиться невозможно. То есть можно, например, наловчиться быстро подбегать к амбразуре, можно привыкнуть ловко прыгать на нее грудью, этому всему мы учим, но вот самому духовному акту подвига научиться нельзя, его можно только совершить. Чем больше тебе перед этим хотелось жить, тем лучше для подвига. Подвиги, даже невидимые, необходимы стране — они питают ту главную силу, которая...

Я услышал громкое карканье. За шторой мелькнула черная тень близко пролетевшей птицы, и полковник замолчал. Минуту он размышлял в своем кресле, включил двигатель и укатил в коридор. Дверь за ним хлопнула, а через минуту снова открылась, и в комнату вошел желтоволосый лейтенант ВВС с резиновым шлангом в руке. Его лицо показалось мне знакомым, но я не мог сообразить, где я его видел.

— Узнаешь? — спросил он.

Я помотал головой. Он подошел к столу и сел на него, свесив ноги в блестящих черных сапогах гармошкой, глянув на которые я вспомнил, где его видел, — это был тот самый лейтенант из Зарайского летного, который вывозил наши с Митьком койки на плац. Я даже помнил его фамилию.

— Лан... Лан...

— Ландратов, — сказал он, сгибая шланг. — С тобой поговорить послали. Урчагин послал. Ты чего, правда назад в Маресьевское хочешь?

— Я не то что туда хочу, — сказал я, — я на Луну не хочу. Подвиг совершать.

Ландратов хмыкнул и хлопнул себя ладонями по животу и по бедрам.

— Интересно, — сказал он, — не хочешь. Ты думаешь, они тебя теперь в покое оставят? Отпустят? Или в училище вернут? А если и вернут даже — ты хоть знаешь, что это такое, когда встаешь с койки и делаешь первые шаги на костылях? Или как себя перед дождем чувствуешь?

— Не знаю, — сказал я.

— А может, думаешь, когда ноги заживут, малина пойдет? В прошлом году у нас двух человек за измену Родине судили. С четвертого курса занятия начинаются на тренажерах — знаешь, что это такое?

— Нет.

— В общем, все как в самолете, сидишь в кабине, ручка у тебя, педали, только смотришь на экран телевизора. Так эти двое на занятии, вместо того чтоб иммельман отрабатывать, пошли, суки, на запад на предельно малой. И не отвечают по радио. Их потом вытаскивают и спрашивают — вы чего, орлы? На что рассчитывали, а? Молчат. Один, правда, ответил потом. Хотел, говорит, ощутить, говорит. Хоть на минуту...

— И что с ними было?

Ландратов сильно ударил шлангом по столу, на котором сидел.

— Да какая разница, — сказал он. — Главное что — ведь их тоже понять можно. Все время надеешься, что в конце концов летать начнешь. Так что когда тебе потом всю правду говорят... Думаешь, ты кому-то без ног нужен? Да и самолетов у нас в стране всего несколько, летают вдоль границ, чтоб американцы фотографировали. И то...

Ландратов замолчал.

— Чего «и то»?

— Неважно. Я что сказать хочу — думаешь, после Зарайского училища облака рассекать будешь в истребителе? В лучшем случае попадешь в ансамбль песни и пляски какого-нибудь округа ПВО. А скорее всего вообще будешь «Калинку» в ресторане танцевать. Треть наших спивается, а треть — у кого операция неудачно прошла — вообще самоубийством кончает. Ты, кстати, как к самоубийству относишься?

— Так как-то, — сказал я. — Не думал.

— А я думал раньше. На втором курсе особенно. Особенно один раз, когда по телевизору Уимблдонский турнир показывали, а я в клубе дежурил с костылями. Такая тоска взяла. А потом ничего, отошел. Тут, знаешь, надо про себя что-то решить, а потом уже легче. Так что ты смотри, если у тебя такие мысли появятся, не поддавайся. Ты лучше подумай, сколько интересного увидишь, если на Луну двинешь. Все равно ведь эти суки живым не отпустят. Соглашайся, а?

— Ты их, похоже, не очень любишь, — сказал я.

— А за что их любить? Они же правды слова не скажут. Кстати, ты когда будешь с начальником полета говорить, ты ничего не упоминай про смерть или про то, что ты вообще на Луну летишь. Говорить только про автоматику, понял? А то опять в этой комнате беседовать будем. Я ведь человек служебный.

Ландратов покачал в воздухе шлангом, вынул из кармана пачку «Полета» и закурил.

— А друг твой сразу согласился, — сообщил он.

Когда я вышел на воздух, у меня слегка кружилась голова. Внутренний двор, отделенный от города огромным серо-коричневым квадратом здания, очень напоминал кусок подмосковного поселка, вырезанный точно в форме двора и перенесенный сюда: была тут и деревянная беседка с облупленной краской, и сваренный из железных труб турник, на котором сейчас висела зеленая ковровая дорожка, — видно, ее выбивали да и забыли; были огороды, курятник и спортивная площадка, несколько теннисных столов и круг наполовину врытых в землю раскрашенных автомобильных шин, сразу же напомнивший мне фотографии Стоунхеджа. Митёк сидел на лавке возле выхода; я подошел, сел рядом, вытянул ноги и поглядел на черные форменные штаны, заправленные в сапоги, — почему-то после беседы с Ландратовым мне казалось, что в них не мои ноги.

— Неужели все это правда? — тихо спросил Митёк.

Я пожал плечами. Я не знал, что именно он имеет в виду.

— Ладно, насчет авиации я поверить еще могу, — сказал он. — Но вот насчет атомного оружия... Допустим, в сорок седьмом еще можно было заставить подпрыгнуть два миллиона политзаключенных. Но сейчасто их у нас нет, а атомное оружие ведь каждый месяц...

Открылась дверь, из которой я только что вышел, и во двор выехало кресло полковника Урчагина; он затормозил и несколько раз обвел двор ухом. Я понял, что он ищет нас, чтобы добавить что-то к сказанному, но Митёк затих, и Урчагин, видно, решил нас не тревожить. Зажужжал электромотор кресла, и оно поехало к противоположному крылу здания; проезжая мимо нас, Урчагин с улыбкой повернул голову и словно заглянул нам в души добрыми впадинами глазниц.

8

Думаю, что большинство москвичей отлично знает, что находится глубоко под их ногами в те часы, когда они стоят в очередях «Детского мира» или проезжают через станцию «Дзержинская». Поэтому не буду повторяться. Скажу только, что макет нашей ракеты был выполнен в натуральную величину и рядом с ним мог поместиться еще один такой же. Интересно, что лифт был старым, еще довоенным, и ехал вниз так долго, что можно было успеть прочитать две-три книжные страницы.

Макет ракеты был собран довольно условно, местами даже просто сколочен из досок, и только рабочие места экипажа точно повторяли настоящие. Все это предназначалось для практических занятий, которые у нас с Митьком должны были начаться еще не скоро. Но несмотря на это, нас перевели жить глубоко вниз, в просторный бокс с двумя картинами, изображавшими окна с панорамой строящейся Москвы. Там стояло семь коек, и мы с Митьком поняли, что скоро нас ждет пополнение. Бокс был отделен от учебного зала, в котором стоял макет ракеты, всего тремя минутами ходьбы по коридору, и с лифтом произошла интересная вещь: совсем недавно он долго опускал вниз, а теперь оказалось, что на самом деле он очень долго поднимает вверх.

Но вверх мы ездили довольно редко и большую часть свободного времени проводили в учебном зале. Полковник Халмурадов читал нам краткий курс теории ракетного полета и делал пояснения на макете ракеты. Когда мы проходили матчасть, ракета была просто учебным экспонатом, но когда наступал вечер и гасло основное освещение, в свете тусклых настенных ламп макет иногда превращался на несколько секунд во что-то забытое и удивительное и словно посылал нам с Митьком последний привет из детства.

Мы с ним были первыми. Остальные ребята из нашего экипажа появлялись в училище постепенно. Первым пришел Сема Аникин, невысокий крепыш из-под Рязани, служивший раньше моряком. Ему очень шла черная курсантская форма, которая на Митьке висела как на вешалке. Сема был очень спокойным и немногословным и все свое время тратил на тренировки, как полагалось бы и всем нам, хотя его задача была самой простой и наименее романтической. Он был нашей первой ступенью, и молодая его жизнь, как сказал бы Урчагин, любивший для торжественности менять порядок слов в предложении, должна была прерваться уже на четвертой минуте полета. Успех всей экспедиции зависел от точности его действий, и ошибись он чуть-чуть, скорая и бессмысленная смерть ждала нас всех. Видимо, Сема очень переживал и поэтому тренировался даже в пустой казарме, доводя свои движения до автоматизма. Он садился на корточки, закрывал глаза и начинал шевелить губами — считал до двухсот сорока, потом начинал поворачиваться против часовой стрелки, через каждые сорок пять градусов замысловато перебирая руками; хоть я знал, что он мысленно открывает защелки, крепящие первую ступень ко второй, каждый раз его движения напоминали мне сцену из гонконгского боевика; проделав эту сложную манипуляцию восемь раз, он мгновенно падал на спину и сильно ударял ногами вверх, отталкиваясь от невидимой второй ступени.

Нашей второй ступенью был Иван Гречка, пришедший месяца через два после Семы. Это был светловолосый и голубоглазый украинец; к нам его взяли с третьего курса Зарайского летного, поэтому ходил он еще с некоторым трудом. Но была в нем какая-то душевная ясность, какая-то постоянная улыбка миру, за которую его любили все, с кем он встречался. Особенно Иван подружился с Семой. Они подшучивали друг над другом и постоянно соревновались в том, кто быстрее и лучше выполнит всю операцию отстрела ступени. Конечно, Сема был проворнее, но Ивану надо было открыть только четыре замка, поэтому у него иногда получалось быстрей.

Наша третья ступень — Отто Плуцис — был румяный задумчивый прибалт, который ни разу на моей памяти не присоединялся к Ивану с Семой, когда они тренировались в казарме, — он, казалось, только и делал, что решал кроссворды из «Красного воина», лежа на своей койке (он всегда скрещивал на сверкающей никелированной спинке ноги в тщательно начищенных сапогах). Но стоило посмотреть, как он управляется со своей частью защелок на макете, и становилось ясно, что уж если есть в нашей ракете надежная часть, так это система отделения третьей ступени. Отто был немного странный — он очень любил рассказывать после отбоя идиотские истории вроде тех, которыми дети пугают друг друга в лагерях.

— Вот раз полетела экспедиция на Луну, — говорил он в темноте. — Летят, летят. Почти подлетают. И вдруг открывается люк, и входят какие-то люди в белых халатах. Космонавты говорят: «Мы на Луну летим!» А эти, в белых халатах: «Хорошо-хорошо. Волноваться только не надо. Сейчас укольчик сделаем...»

Или что-нибудь такое:

— Летят люди на Марс. Уже подлетают почти, смотрят в иллюминатор. Вдруг оборачиваются и видят — стоит сзади такой чувак, низенький и весь в красном, а в руке такой огромный финак. «Чего, — спрашивает, — ребята, на Марс захотели?»

Мы с Митьком еще не были допущены к нашей матчасти, когда тренировки ребят из баллистической группы усложнились. Сему Аникина это практически не затронуло — высота его подвига была четыре километра, и он просто надевал поверх формы ватник. Ивану было труднее — на сорока пяти километрах, где наступал миг его бессмертия, было холодно и воздух был уже разрежен, поэтому он тренировался в цигейковом тулупе, унтах и кислородной маске, из-за чего ему было нелегко пролезать в узкое окошко люка на макете. Отто было проще — для него был подготовлен специальный скафандр с электроподогревом, сшитый ткачихами Красной Горки из нескольких американских высотных костюмов, захваченных во Вьетнаме; скафандр пока не был готов — доделывали систему обогрева. Отто, чтобы не терять времени, занимался в водолазном костюме; у меня и теперь перед глазами его раскрасневшееся и потное рябоватое лицо за стеклом шлема, поднимающегося над люком; здороваясь, он говорил что-то вроде «Звейгс!» или «Цвейкс!».

Общую теорию космической автоматики нам читали по очереди начальник полета и полковник Урчагин.

Начальника полета звали Пхадзер Владиленович Пидоренко. Он был родом из маленькой украинской деревни Пидоренки, и его фамилия произносилась с ударением на первом «о». Его отец тоже был чекистом и назвал сына по первым буквам слов «партийно-хозяйственный актив Дзержинского района»; кроме того, в именах Пхадзер и Владилен в сумме было пятнадцать букв, что соответствовало числу советских республик. Но все равно он терпеть не мог, когда к нему обращались по имени, и подчиненные, связанные с ним различными служебными отношениями, называли его или «товарищ генерал-лейтенант», или, как мы с Митьком, «товарищ начальник полета». Он произносил слово «автоматика» с такой чистой и мечтательной интонацией, что его лубянский кабинет, куда мы поднимались слушать лекции, на секунду словно превращался в резонатор гигантского рояля, — но, хоть это слово всплывало в его речи довольно часто, никаких технических сведений он нам не сообщал, а рассказывал в основном житейские истории или вспоминал, как партизанил во время войны в Белоруссии.

Урчагин тоже никаких технических тем не касался, а обычно лузгал семечки и посмеивался или рассказывал что-нибудь смешное, например, спрашивал:

— Как разделить пук на пять частей?

И когда мы говорили, что не знаем, отвечал сам себе:

— Надо пукнуть в перчатку.

И заливался тонким смехом. Меня поражал оптимизм этого человека, слепого, парализованного, прикованного к инвалидному креслу — но выполняющего свой долг и не устающего радоваться жизни. У нас в космической школе было два замполита, которых за глаза называли иногда политруками, — Урчагин и Бурчагин, оба полковники, оба выпускники Высшего военно-политического училища имени Павла Корчагина, очень похожие друг на друга. С нашим экипажем занимался обычно Урчагин. У замполитов на двоих было одно японское инвалидное кресло с электромотором, и поэтому когда один из них вел воспитательную работу, второй молча и неподвижно полулежал на кровати в крохотной комнате пятого этажа — в кителе, до пояса прикрытый одеялом, скрывавшим от постороннего взгляда судно. Бедная обстановка комнаты, планшет для письма с узкими прорезями в накладываемой сверху картонке, неизменный стакан крепкого чая на столе, белая занавеска и фикус — все это трогало меня почти до слез, и в эти минуты я переставал думать, что все коммунисты хитрые, подловатые и основательные люди.

Последним в экипаж пришел Дима Матюшевич, отвечавший за лунный модуль. Он был очень замкнутым и, несмотря на молодость, совершенно седым, держался особняком, и про него я знал только то, что раньше он служил в армии. Увидев над койкой Митька репродукции картин Куинджи, вырванные из «Работницы», он повесил над своей койкой лист бумаги, на котором была нарисована маленькая птичка и крупно написано:

OVERHEAD
THE ALBATROSS

Приход Димы совпал по времени с появлением новой учебной дисциплины. Она называлась как фильм: «Сильные духом». Это не было учебным предметом в обычном смысле слова, хотя в расписании ему отводилось почетное место. К нам стали приходить люди, чьей профессией был подвиг, — они рассказывали нам о своей жизни без всякого пафоса; их слова были просты, как на кухне, и поэтому сама природа героизма казалась вырастающей из повседневности, из бытовых мелочей, из сероватого и холодного нашего воздуха.

Лучше других сильных духом мне запомнился майор в отставке Иван Трофимович Попадья. Смешная фамилия. Он был высокий — настоящий русский богатырь (его предки участвовали в битве при Калке), со множеством орденов на кителе, с красным лицом и шеей, весь в беловатых бусинках шрамов и с повязкой на левом глазу. У него была очень необычная судьба: начинал он простым егерем в охотничьем хозяйстве, где охотились руководители партии и правительства, и его обязанностью было гнать зверей — кабанов и медведей — на стоящих за деревьями стрелков. Однажды случилось несчастье. Матерый кабан-секач вырвался за флажки и клыком нанес смертельную рану стрелявшему из-за березки члену правительства. Тот умер по пути в город, и на заседании высших органов власти было принято решение запретить руководству охоту на диких животных. Но конечно, такая необходимость продолжала возникать, и однажды Попадью вызвали в партком охотхозяйства, все объяснили и сказали:

— Иван! Приказать не можем — да если б и могли, не стали бы, такое дело. Но только нужно это. Подумай. Неволить не станем.

Крепко думал Попадья — всю ночь, — а наутро пришел в партком и сказал, что согласен.

— Иного не ждал, — сказал секретарь.

Ивану Трофимовичу дали бронежилет, каску и кабанью шкуру, и началась новая работа — такая, которую смело можно назвать ежедневным подвигом. В первые дни ему было немного страшно, особенно за открытые ноги, но потом он пообвыкся, да и члены правительства, знавшие, в чем дело, старались целить в бок, где был бронежилет, под который Иван Трофимович для мягкости подкладывал думку. Иногда, конечно, какой-нибудь дряхленький ветеран ЦК промахивался, и Иван Трофимович надолго попадал на бюллетень — там он прочел много книг, в том числе и свою любимую, воспоминания Покрышкина. Какой это был опасный — под стать ратному — труд, ясно хотя бы из того, что Ивану Трофимовичу каждую неделю меняли пробитый пулями партбилет, который он носил во внутреннем кармане шкуры. В дни, когда он бывал ранен, вахту несли другие егеря, в числе которых был и его сын Марат, но все же опытнейшим работником считался Иван Трофимович, которому и доверяли самые ответственные дела, иногда даже придерживая в запасных, если охотиться приезжал какой-нибудь небольшой обком (Иван Трофимович каждый раз оскорблялся, совсем как Покрышкин, которому не давали летать с собственным полком). Ивана Трофимовича берегли. Они с сыном тем временем изучали повадки и голоса диких обитателей леса — медведей, волков и кабанов — и повышали свое мастерство.

Было это уже давно, когда в столицу нашей Родины приезжал американский политик Киссинджер. С ним велись важнейшие переговоры, и очень многое зависело от того, сумеем ли мы подписать предварительный договор о сокращении ядерных вооружений — особенно это важно было из-за того, что у нас их никогда не было, а наши недруги не должны были об этом узнать. Поэтому за Киссинджером ухаживали на самом высоком государственном уровне и задействованы были все службы — например, когда выяснили, что из женщин ему нравятся полные низкие брюнетки, именно такие лебеди проплыли сомкнутой четверкой по лебединому озеру Большого театра под его поблескивающими в правительственной ложе роговыми очками.

На охоте проще было вести переговоры, и Киссинджера спросили, на кого он любит охотиться. Наверное, желая сострить с каким-то тонким политическим смыслом, он сказал, что предпочитает медведей, и был удивлен и напуган, когда на следующее утро его действительно повезли на охоту. По дороге ему сказали, что для него обложили двух топтыгиных.

Это были коммунисты Иван и Марат Попадьи, отец и сын, лучшие спецегеря хозяйства. Ивана Трофимовича гость положил метким выстрелом сразу, как только они с Маратом, встав на задние лапы и рыча, вышли из леса; его тушу подцепили крючьями за особые петли и подтащили к машине. А в Марата американец никак не мог попасть, хотя бил почти в упор, а тот нарочно шел как мог медленно, подставив американским пулям широкую свою грудь. Вдруг произошло совсем непредвиденное — у заморского гостя отказало ружье, и он, до того как кто-нибудь успел понять, в чем дело, швырнул его в снег и кинулся на Марата с ножом. Конечно, настоящий медведь быстро бы справился с таким охотником, но Марат помнил, какая на нем ответственность. Он поднял лапы и зарычал, надеясь отпугнуть американца, но тот — пьяный ли, безрассудный ли — подбежал и ударил Марата ножом в живот; тонкое лезвие прошло между пластин бронежилета. Марат упал. Все это произошло на глазах у его отца, лежащего в нескольких метрах; Марата подтащили к нему, и Иван Трофимович понял, что сын еще жив — тот тихонько постанывал. Кровь, которую он оставил на снегу, не была специальной жидкостью из баллончика — она была настоящей.

— Держись, сынок! — прошептал Иван Трофимович, глотая слезы. — Держись!

Киссинджер был от себя в восторге. Он предложил сопровождающим его официальным лицам распить бутылку прямо на «мишках», как он сказал, и там же подписать договор. На Марата и Ивана Трофимовича положили снятую со стены домика лесника доску почета, где были и их фотографии, и превратили ее в импровизированный стол. Все, что Иван Трофимович видел в следующий час, — это мельканье множества ног; все, что слышал, — это чужая пьяная речь и быстрое лопотание переводчика; его почти раздавили танцевавшие на столе американцы. Когда стемнело и вся компания ушла, договор был подписан, а Марат — мертв. Узкая струйка крови стекала из раскрытой его пасти на синий вечерний снег, а на шкуре мерцала в лунном свете повешенная начальником охоты Золотая звезда героя. Всю ночь лежал отец напротив мертвого сына, плача — и не стыдясь своих слез.

Я вдруг по-новому понял давно потерявшие смысл и приевшиеся слова «В жизни всегда есть место подвигу», каждое утро глядевшие на меня со стены учебного зала. Это была не романтическая бессмыслица, а точная и трезвая констатация того факта, что наша советская жизнь есть не последняя инстанция реальности, а как бы только ее тамбур. Не знаю, понятно ли я объяснил. Скажем, в какой-нибудь Америке, где-нибудь на тротуаре между горящей витриной и припаркованным «плимутом», не было и нет места подвигу —

если, конечно, не считать момента, когда там проходит советский разведчик. А у нас хоть и можно оказаться у такой же внешне витрины и на таком же тротуаре, но произойти это может только в послевоенное или предвоенное время, и именно здесь приоткрывается ведущая к подвигу дверь, но не где-то снаружи, а внутри, в самой глубине души.

— Молодец, — сказал мне Урчагин, когда я поделился с ним своими мыслями, — только будь осторожней. Дверь к подвигу действительно открывается внутри, но сам подвиг происходит снаружи. Не впади в субъективный идеализм. Иначе сразу же, за одну короткую секунду, лишится смысла высокий и гордый твой путь ввысь.

9

Был май, под Москвой горели торфяные болота, и в затянутом дымкой небе висело бледное, но жаркое солнце. Урчагин дал мне прочитать книжку японского писателя, бывшего во время Второй мировой войны летчиком-смертником, и я до крайней степени поразился сходству своего состояния с тем, что он описывал. Я точно так же не думал о ждущем меня впереди и жил сегодняшним днем — погружался в книги, забывал про все на свете, глядя на полыхающий разрывами киноэкран (в субботу вечером нам показывали военно-исторические фильмы), искренне переживал за свои не слишком высокие оценки. Слово «смерть» присутствовало в моей жизни как бумажка с памятной записью, уже давно висящая на стене, — я знал, что она на месте, но никогда не останавливал на ней взгляд. Мы не говорили на эту тему с Митьком, но когда нам сказали, что начинаются наконец и наши занятия на аппаратуре, мы переглянулись и словно ощутили первое дуновение приближающегося ледяного ветра.

Внешне луноход напоминал большой бак для белья, поставленный на восемь тяжелых колес, похожих на трамвайные. На его корпусе было много всяких выступов, антенн разной формы, механических рук и прочего — все это не работало и нужно было в основном для телевидения, но впечатление оставляло очень сильное. Крыша лунохода была покрыта маленькими косыми насечками; это было сделано не специально — просто металлический лист, из которого она изготовлялась, был таким же, как на полу у входа в метро. Но выглядела машина из-за этого еще таинственней.

Странно устроена человеческая психика! В первую очередь ей нужны детали. Помню, когда я был маленький, я часто рисовал танки и самолеты и показывал их своим друзьям. Нравились им всегда рисунки, где было много всяких бессмысленных черточек, так что я даже потом их нарочно пририсовывал. Вот так же и луноход казался очень сложным и умным аппаратом.

Его крышка откидывалась в сторону — она была герметичной, на резиновой прокладке, с несколькими слоями теплоизоляции. Внутри было свободное место — примерно как в башне танка, и там стояла чуть переделанная рама от велосипеда «Спорт» с педалями и двумя шестеренками, одна из которых была аккуратно приварена к оси задней пары колес. Руль был обычным полугоночным-баранкой — через специальную передачу он мог чуть-чуть поворачивать передние колеса, но, как мне говорили, такой необходимости не должно было возникнуть. Из стен выступали полки, пока они были пустыми; к середине руля был приделан компас, а к полу — жестяная зеленая коробка передатчика с телефонной трубкой. В стене перед рулем чернели две крошечные круглые линзы, похожие на дверные глазки; через них были видны края передних колес и декоративный манипулятор. С другой стороны висело радио — самый обычный кирпич из красной пластмассы с черной ручкой регулировки громкости (начальник полета объяснил, что для преодоления психологического отрыва от страны на все советские космические аппараты обязательно транслируют передачи «Маяка»). Внешние линзы, большие и выпуклые, были закрыты шорами сверху и по бокам, так что у лунохода появлялось как бы лицо или, точнее, морда — довольно симпатичная, вроде тех, что рисуют у арбузов и роботов в детских журналах.

Когда я впервые залез внутрь и над моей головой щелкнула крышка, я подумал, что не вынесу такой тесноты и неудобства. Приходилось как бы висеть над рамой, распределяя вес между руками, лежащими на руле, ногами, упертыми в педали, и седлом, которое не столько принимало на себя часть веса, сколько задавало позу, которую должно было принимать тело. Так наклоняется велосипедист, когда развивает большую скорость, — но у него хоть есть возможность выпрямиться, а тут ее не было, потому что спина и затылок практически упирались в крышку. Правда, недели через две после начала занятий, когда я пообвыкся, оказалось, что места вполне достаточно, чтобы на целые часы забывать о том, как его мало.

Круглые глазки оказывались прямо напротив лица, но линзы так все искажали, что совершенно невозможно было понять, что там, за тонкой сталью борта. Зато четким и сильно увеличенным был пятачок земли прямо перед колесами и конец ребристой антенны; остальное расплывалось в какие-то зигзаги и пятна, и казалось, что сквозь слезы смотришь в длинный темный коридор за стеклами противогаза.

Машина была довольно тяжелой, и приводить ее в движение было трудно, так что у меня даже появились сомнения, что я сумею преодолеть в ней целых семьдесят километров лунной пустыни. Даже сделав круг по двору, я сильно уставал; ныла спина, болели плечи и поясница.

Теперь через день, сменяя Митька, я в лифте поднимался наверх, выходил во двор, раздевался до трусов и майки, залезал в луноход и подолгу, чтобы укрепить мышцы на ногах, ездил кругами по двору, разгоняя кур и иногда даже давя их — конечно, я делал это не нарочно, просто через оптику совершенно невозможно было отличить замешкавшуюся курицу от, например, газеты или сорванной ветром с бельевой веревки портянки, да и затормозить я все равно не успевал. Сначала впереди меня на своем кресле, показывая дорогу, ездил полковник Урчагин — сквозь линзы он казался размытым серо-зеленым пятном, но постепенно я так наловчился, что мог с закрытыми глазами объехать весь двор — для этого просто надо было под определенным углом повернуть руль, и машина сама совершала плавный круг, возвращаясь на то же место, где начинался маршрут. Я иногда даже переставал смотреть в глазки и просто работал мышцами, опустив голову и думая о своем. Иногда я вспоминал детство, иногда представлял себе, каким именно будет стремительно приближающийся миг старта в вечность. А иногда я додумывал старые-старые мысли, опять поднимавшиеся в моем сознании. Вот, например, я часто думал — кто же такой я?

Надо сказать, что этим вопросом я задавался еще в детстве, просыпаясь рано утром и глядя в потолок. Потом, когда я немного вырос, я стал задавать его в школе, но единственное, что услышал, — что сознание является свойством высокоорганизованной материи, вытекающим из ленинской теории отражения. Смысла этих слов я не понимал, и меня по-прежнему удивляло — как это я вижу? И кто этот я, который видит? И что это вообще значит — видеть? Вижу ли я что-то внешнее или просто гляжу сам на себя? И что такое вне меня и внутри меня? Я часто чувствовал, что стою на самом пороге разгадки, но, пытаясь сделать последний шаг к ней, я вдруг терял то «я», которое только что стояло на этом пороге.

Когда тетка уходила на работу, она часто просила посидеть со мной старуху-соседку, которой я и задавал все эти вопросы, с удовольствием чувствуя, как трудно ей на них отвечать.

— У тебя, Омочка, внутри есть душа, — говорила она, — и она выглядывает сквозь глазки, а сама живет в теле, как у тебя хомячок живет в кастрюльке. И эта душа — часть Бога, который нас всех создал. Так вот ты и есть эта душа.

— А зачем Бог посадил меня в эту кастрюлю? — спрашивал я.

— Не знаю, — говорила старуха.

— А где он сам сидит?

— Всюду, — отвечала старуха и показывала руками.

— Значит, я тоже Бог? — спрашивал я.

— Нет, — говорила она. — Человек не Бог. Но он богоподобен.

— А советский человек тоже богоподобен? — спрашивал я, с трудом произнося непонятное слово.

— Конечно, — говорила старуха.

— А богов много? — спрашивал я.

— Нет. Он один.

— А почему в справочнике написано, что их много? — спрашивал я, кивая на справочник атеиста, стоящий у тетки на полке.

— Не знаю.

— А какой бог лучше?

Но старуха опять отвечала:

— Не знаю.

И тогда я спрашивал:

— А можно я сам выберу?

— Выбирай, Омочка, — смеялась старуха, и я начинал рыться в словаре, где разных богов была целая куча. Особенно мне нравился Ра, бог, которому доверились много тысяч лет назад древние египтяне, нравился, наверно, потому, что у него была соколиная голова, а летчиков, космонавтов и вообще героев по радио часто называли соколами. И я решил, что если уж я на самом деле подобен богу, то пускай этому. Помню, я взял большую тетрадь и сделал в нее выписку:

«Днем Ра, освещая землю, плывет по небесному Нилу в барке Манджет, вечером пересаживается в барку Месектет и спускается в преисподнюю, где, сражаясь с силами мрака, плывет по подземному Нилу, а утром вновь появляется на горизонте».

Древние люди не могли знать, что на самом деле Земля вращается вокруг Солнца, было написано в словаре, и поэтому создали этот поэтичный миф.

Сразу под статьей в словаре была древнеегипетская картинка, изображавшая переход Ра из одной барки в другую, — там были нарисованы две одинаковые приставленные друг к другу ладьи, в которых стояли две девушки, одна из которых передавала другой круг с сидящим в нем соколом — это и был Ра. Сильнее всего мне понравилось, что в этих ладьях, помимо множества непонятных предметов, были еще четыре совершенно явные хрущевские пятиэтажки.

И с тех пор, хоть я и откликался на имя «Омон», сам себя я называл «Ра»; именно так звали главного героя моих внутренних приключений, которые я переживал перед сном, закрыв глаза и отвернувшись к стене, — до тех пор, пока мои мечты не подверглись обычной возрастной трансформации.

Интересно, придет ли в голову кому-нибудь из тех, кто увидит в газете фотографию лунохода, что внутри стальной кастрюли, существующей для того, чтобы проползти по Луне семьдесят километров и навек остановиться, сидит человек, выглядывающий наружу сквозь две стеклянные линзы? Какая, впрочем, разница. Если кто-нибудь и догадается об этом, он все равно никогда не узнает, что этим человеком был я, Омон Ра, верный сокол Родины, как сказал однажды начальник полета, обняв меня за плечи и показывая пальцем на сияющую тучу за окном.

10

Еще один предмет, появившийся в наших занятиях, — «Общая теория Луны» — считался факультативным для всех, кроме нас с Митьком. Занятия вел доктор философских наук в отставке Иван Евсеевич Кондратьев. Мне он почему-то был несимпатичен, хотя никаких объективных поводов для неприязни я не имел, а лекции его были довольно интересными. Помню, свою первую встречу с нами он начал очень необычно — целых полчаса читал нам по бумажке всякие стихи о Луне; в конце он так сам себя растрогал, что пришлось протирать очки. Я тогда еще вел конспекты, и от этой лекции в них осталось какое-то бессмысленное нагромождение цитатных обломков: «Как золотая капля меда мерцает сладостно Луна... Луны, надежды, тихой славы... Как много в этом звуке... Но в мире есть иные области, Луной мучительной томимы. Для высшей силы, высшей доблести они навек недостижимы... А в небе, ко всему приученный, бессмысленно кривится диск... Он управлял теченьем мыслей, и только потому Луной... Неуютная жидкая лунность...» И еще полторы страницы в том же духе. Потом он посерьезнел и заговорил официально, нараспев:

— Друзья! Вспомним исторические слова Владимира Ильича Ленина, сказанные им в тысяча девятьсот восемнадцатом году в письме к Инессе Арманд. «Из всех планет и небесных тел, — писал Владимир Ильич, — важнейшим для нас является Луна». С тех пор прошли годы; многое изменилось в мире. Но ленинская оценка не потеряла с тех пор своей остроты и принципиальной важности; время подтвердило ее правоту. И огонь этих ленинских слов по-особому подсвечивает сегодняшний листок в календаре. Действительно, Луна играет в жизни человечества огромную роль. Видный русский ученый Георгий Иванович Гурджиев еще во время нелегального периода своей деятельности разработал марксистскую теорию Луны. Согласно ей, всего лун у Земли было пять — именно поэтому звезда, символ нашего государства, имеет пять лучей. Падение каждой луны сопровождалось социальными потрясениями и катастрофами — так, четвертая луна, упавшая на планету в тысяча девятьсот четвертом году и известная под именем Тунгусского метеорита, вызвала первую русскую революцию, за которой вскоре последовала вторая. До этого падения лун приводили к смене общественно-экономических формаций — конечно же, космические катастрофы не влияли на уровень развития производительных сил, складывающийся независимо от воли и сознания людей и излучения планет, но способствовали формированию субъективных предпосылок революции. Падение нынешней Луны — луны номер пять, последней из оставшихся, — должно привести к абсолютной победе коммунизма в масштабах Солнечной системы. В этом же курсе мы изучим две основные работы Ленина, посвященные Луне, — «Луна и восстание» и «Советы постороннего». Сегодня мы начнем с рассмотрения буржуазных фальсификаций вопроса взглядов, по которым органическая жизнь на Земле служит просто пищей для Луны, источником поглощаемых ею эманаций. Неверно это уже потому, что целью существования органической жизни на земле является не кормление Луны, а, как показал Владимир Ильич Ленин, построение нового общества, свободного от эксплуатации человека номер один, два и три человеком номер четыре, пять, шесть и семь...

И так далее. Он говорил много и сложно, но лучше всего я запомнил удививший меня своей поэтичностью пример: тяжесть висящей на цепочке гири заставляет часы работать; Луна — такая гиря, Земля — часы, а жизнь — это тиканье шестеренок и пение механической кукушки.

Довольно часто у нас проводились медицинские проверки — всех нас изучили вдоль и поперек, и это было понятно. Поэтому, услышав, что нам с Митьком нужно пройти какое-то реинкарнационное обследование, я подумал, что это будет проверка рефлексов или измерение давления — первое слово мне ничего не сказало. Но когда меня вызвали вниз и я увидел специалиста, который должен был меня обследовать, я почувствовал детский страх, непреодолимый и совершенно неуместный в свете того, что мне предстояло в очень близком будущем.

Передо мной был не врач в халате с торчащим из кармана стетоскопом, а офицер, полковник, но не в кителе, а в какой-то странной черной рясе с погонами, толстый и крупный, с красным, словно обваренным щами, лицом. На груди у него висели никелированный свисток и секундомер, и если бы не глаза, напоминающие смотровую щель тяжелого танка, он был бы похож на футбольного судью. Но вел себя полковник приветливо, много смеялся, и под конец беседы я расслабился. Он говорил со мной в маленьком кабинетике, где были только стол, два стула, затянутая клеенкой кушетка и дверь в другую комнату. Заполнив несколько желтоватых бланков, он дал мне выпить мензурку чего-то горького, поставил на стол передо мной маленькие песочные часы и ушел за вторую дверь, велев прийти туда, когда весь песок пересыплется вниз.

Помню, как я глядел на часы, удивляясь, до чего же медленно песчинки скатываются вниз сквозь стеклянное горло, пока не понял, что это происходит из-за того, что каждая песчинка обладает собственной волей и ни одна не хочет падать вниз, потому что для них это равносильно смерти. И вместе с тем для них это было неизбежно; а тот и этот свет, думал я, очень похожи на эти часы: когда все живые умрут в одном направлении, реальность переворачивается, и они оживают, то есть начинают умирать в другом.

Я некоторое время грустил по этому поводу, а потом заметил, что песчинки уже давно не падают, и вспомнил, что надо бы зайти к полковнику. Я ощущал волнение и вместе с тем необычайную легкость; помню, что я очень долго шел к двери, за которой меня ждали, хотя на самом деле до нее было два или три шага. Положив ладонь на дверную ручку, я толкнул ее, но она не открылась. Тогда я потянул ее на себя и вдруг заметил, что тяну на себя не ее, а одеяло. Я лежал в своей койке, на краю которой сидел Митёк. У меня чуть кружилась голова.

— Ну? Чего там? — спросил Митёк. Он выглядел странно возбужденным.

— Где — там? — спросил я, поднимаясь на локтях и пытаясь сообразить, что произошло.

— На реинкарнационном обследовании, — сказал Митёк.

— Сейчас, — сказал я, вспоминая, как только что тянул на себя дверь, — сейчас... Нет. Ничего не помню.

Отчего-то я чувствовал пустоту и одиночество, словно очень долго шел сквозь голое осеннее поле; это было настолько необычное состояние, что я забыл обо всем остальном, в том числе и о постоянном в последние месяцы ощущении приближающейся смерти, которое уже потеряло остроту и стало просто фоном для всех остальных мыслей.

— Подписку, что ли, дал? — с легким презрением спросил Митёк.

— Отстань, — сказал я, поворачиваясь к стене.

— Сейчас приволакивают тебя два таких мордастых прапорщика в черных рясах, — продолжал он, — и говорят: «На, забирай своего египтянина». А у тебя вся гимнастерка облевана. Правда, что ли, не помнишь ничего?

— Правда, — ответил я.

— Ну пожелай мне, — сказал он, — а то идти сейчас.

— К черту, — сказал я. Больше всего на свете мне хотелось спать, потому что я чувствовал, что если я достаточно быстро засну, то проснусь опять самим собой.

Я слышал, как Митёк со скрипом закрыл за собой дверь, а потом уже было утро.

— Кривомазов! К начальнику полета! — крикнул мне в ухо кто-то из наших. Только одевшись, я проснулся окончательно. Койка Митька была пустой и неразобранной; остальные ребята в майках сидели на своих местах. Я чувствовал в воздухе какое-то напряжение; они смущенно переглядывались, и даже Иван не отвешивал своих обычных утренних шуток, глупых, но очень смешных. Что-то произошло, и всю дорогу наверх, на третий надземный этаж, где был кабинет начальника полета, я пытался понять, что именно. Идя по коридору и щурясь от пробивающегося сквозь занавески солнца, которого я давно уже не видел, я заметил свое отражение в огромном пыльном зеркале на одном из поворотов, поразился мертвенной бледности своего лица и понял, что мой подвиг, в сущности, давно уже начался.

Начальник полета встал мне навстречу и пожал мою руку.

— Как подготовка? — спросил он.

— Нормально, товарищ начальник полета, — сказал я.

Он оценивающе поглядел мне в глаза.

— Вижу, — сказал он через некоторое время, — вижу. Я тебя, Омон, вызвал вот зачем. Ты мне поможешь. Возьми вот этот магнитофон, — он показал на маленький японский кассетник на столе перед собой, — бланки, ручку и иди в триста двадцать девятую комнату, она как раз сейчас пустая. Ты когда-нибудь записи расшифровывал?

— Нет, — ответил я.

— Это просто. Прокручиваешь чуть-чуть пленку, записываешь то, что слышишь, и крутишь дальше. Если не разбираешь с первого раза, слушаешь несколько раз.

— Ясно. Могу идти?

— Можешь. Постой. Я думаю, что ты поймешь, почему я попросил заняться этим именно тебя. У тебя скоро возникнут всякие вопросы, на которые тебе никто там, — начальник полета ткнул пальцем в пол, — не ответит. Я тоже мог бы тебе не отвечать, но, по-моему, лучше, чтобы ты был в курсе. Я не хочу, чтобы ты мучил себя лишними мыслями. Но учти, ни политруки, ни экипаж не должны знать того, что сейчас узнаешь ты. То, что происходит, — это с моей стороны служебное нарушение. Как видишь, их делают даже генералы.

Я молча взял со стола магнитофон и несколько желтых бланков — таких же, как те, что я видел вчера, — и пошел в триста двадцать девятую. Ее окна были плотно зашторены, а в центре стоял знакомый металлический стул с кожаными ремнями на ножках и подлокотниках, только сейчас к нему от стены шли какие-то провода. Я сел за небольшой письменный стол в углу, положил перед собой разлинованный бланк и включил магнитофон.

— Спасибо, товарищ полковник... Очень удобно, просто кресло какое-то, а не стул, ха-ха-ха... Конечно нервничаю. Это ведь как экзамен, да?.. Понял. Да. Через оба «и» — Свириденко...

Я выключил магнитофон. Это был голос Митька, но какой-то странный, будто к его голосовым связкам вместо легких подключили кузнечные мехи, он говорил легко и певуче, все время на выдохе. Чуть перемотав пленку назад, я опять нажал на «Play» и больше не останавливал пленку.

— ...Экзамен, да?.. Понял. Да. Через оба «и» — Свириденко... Нет, спасибо, не курю. У нас в группе никто не курит — таких не держат... Да, второй год уже. Даже не верится. Еще мальчишкой мечтал на Луну полететь... Конечно, конечно. Именно так, только людям с кристальной душой. Еще бы — когда вся Земля внизу... Про кого на Луне? Нет, не слышал... Ха-ха-ха, это вы шутите, веселый вы... А у вас странно как-то. Ну, необычно. Это у вас везде так или только в особом отделе? Сколько ж тут черепов-то на полках, господи, — прямо как книги стоят. И с бирками, ты смотри... нет, я не в том смысле. Раз лежат, значит надо. Экспертиза там, картотека. Я понимаю. Я понимаю. Что вы говорите... И как только сохранился... А это, над глазом, — от ледоруба? Моя. Там еще две анкеты было. Перед Байконуром — последняя проверка. Да. Готов. Так я ведь, товарищ полковник, все это подробно... Просто про себя рассказать, с детства? Да нет, спасибо, мне удобно... Ну, если положено. А вы бы сделали такие подголовники, как в машинах. А то подушечка падать будет, если наклониться... Ага, а я-то думаю, зачем у вас зеркало такое на стене. А вы, значит, другое на стол ставите. Какая свеча толстая... Из чьего? Ха-ха-ха, шутите, товарищ полковник... Удивительно. Честное слово, первый раз вижу. Читал только, что так можно сделать, а сам не видел. Поразительно. Как будто коридор какой-то. Куда? Вот в это? Господи Христе, сколько у вас зеркал-то, прямо парикмахерская. Да нет, что вы, товарищ полковник... Что вы. Это присказка, от бабки прилипла. Я научный атеист, иначе бы и в летное не пошел...

Помню примерно. Я ведь в Москву только в одиннадцать лет приехал, а родился в маленьком таком городке — знаете, стоит себе у железной дороги, раз в три дня поезд пройдет, и все. Тишина. Улицы грязные, по ним гуси ходят. Пьяных много. И все такое серое — зима, лето, не важно. Две фабрики, кинотеатр. Ну, парк еще — туда, понятно, лучше вообще было не соваться. И вот, знаете, — иногда в небе загудит, — поднимаешь глаза и смотришь. Да чего объяснять... И еще книги все время читал, всем хорошим в себе им обязан. Самая, конечно, любимая — это «Туманность Андромеды». Очень на меня большое влияние имела. Представляете, железная звезда... И на черной-черной планете стоит радостный советский звездолет с бассейном, вокруг пятно голубого света, и где этот свет кончается — враждебная жизнь, она света боится и может только таиться во тьме. Медузы какие-то, это я не понял, и еще черный крест — тут, по-моему, на церковников намек. Такой был черный крест, крался в темноте, а там, где свет голубой, люди работают, добывают анамезон. И тут этот черный крест по ним чем-то непонятным как пальнет! Целился в самого Эрга Ноора, но его Низа Крит заслонила своей грудью. И наши потом отомстили — ядерный удар до горизонта, Низу Крит спасли, а главных медуз поймали — и в Москву. Я еще читал и думал: как же люди в наших посольствах за рубежом работают! Хорошая книга. А еще другую помню. Там какая-то пещера была, что ли...

— ...

— Или нет, пещера потом была, не пещера, а коридоры. Низкие коридоры, а на потолках — копоть от факелов. Это воины по ночам все время с факелами ходили, стерегли господина царевича. Говорили, от аккадов. На самом деле от брата стерегли, конечно... Вы, господин начальник северной башни, простите меня, если я не то говорю, только у нас все так считают — и воины и слуги. А если язык мне велите отрезать, так вам все равно любой то же самое скажет. Это сама царица Шубад такой гарнизон здесь поставила, от Мескаламдуга. Он как на охоту поедет, так всегда мимо южной стены проезжает, и с ним двести воинов в медных колпаках — это что ж, на львов охотиться? Все об этом говорят... то есть как? Да вы что, господин начальник северной башни, опять пятилистника нажевались? Нинхурсаг я, жрец Арраты и резчик печатей. То есть когда вырасту, буду жрецом и резчиком, пока я маленький еще... да что вы пишете, вы ж меня знаете. Еще уздечку мне подарили с медными бляхами. Не помните? Почему... Сейчас... Сидели это мы с Намтурой — ну, знаете, у которого уши отрезанные, он меня треугольник вырезать учил. Тяжелее всего для меня. Там сначала делаешь два глубоких надреза, а потом надо с третьей стороны широким резцом подцепить и... Ну да, а тут снаружи кто-то занавес срывает, нагло так, — мы глаза поднимаем, а там два воина стоят. Радость, говорят, какая! Наш царевич уже не царевич, а великий царь Абарагги! Только что отбыл к божеству Нанне, ну и нам, выходит, надо собираться. Намтура заплакал от счастья, запел что-то по-аккадски и стал свои тряпки в узел вязать. А я сразу во двор пошел, сказал только, чтобы Намтура резцы собрал. А во дворе — Уршу-победитель! — воины с факелами и светло как днем... Да нет, что вы, господин начальник северной башни! Конечно нет. Это просто Намтура так бормочет все время... Нет, и жертв никогда не приносил. Не надо. Я теперь нун великого царя Абарагги, мне так запросто ушей не отрежешь, на это царский указ нужен... Ладно, прощаю. Да, и колесницы с быками уже стояли. Тут ко мне господин владыка засова подходит — на, говорит, Нинхурсаг, кинжал из государственной бронзы, ты уже взрослый. И еще ячменной муки дал мешочек — сваришь, говорит, себе еды в дороге. Тут я смотрю, а по двору эти ходят, в медных колпаках. Ну, думаю, великий Уршу! То есть великий Ану! Помирились, значит, Мескаламдуг с Абаргги... Да и то — с царем как ссориться будешь, когда у него каждое слово — Ану. Тут мне мою колесницу показали, ну, я на нее и влез. Там еще один мальчик стоял — он быками управлял. Я его раньше даже не видел. Помню только, бусы у него были из бирюзы, дорогие бусы. И кинжал за поясом — тоже только что дали. В общем, оглянулся я на крепость, взгрустнул немного. Но тут облака разошлись, и в просвете Луна как засияет... И сразу мне легко стало и весело... Тут в скале возле конюшен плиту отодвинули — а там вход в пещеру. Я и не знал раньше, что там пещера. Правда не знал... Чтоб мне подвига в битве не совершить! Это же вы и были! Вспомнил теперь. И тут, значит, вы, господин начальник северной башни, к нам подходите с двумя чашами пива и говорите — мол, от царского брата Мескаламдуга. И юбка на вас эта же самая была, только на голове — колпак медный. Ну, мы и выпили. Я до этого пива никогда не пил. А потом второй мальчик что-то крикнул, натянул вожжи, и мы поехали — прямо в пролом в скале. Помню, там дорога вниз вела, а что по бокам — не видел, темно было... Потом? А потом у вас в башне оказался. Это меня от пива так, да?.. Накажут? Уж заступитесь, господин начальник северной башни. Расскажите, как все было. Или таблички передайте, раз уж записали все. Конечно, с собой... Нет, вам не дам, сам поставлю. Кто ж печать-то дает. У... Ану заступник! Вот. Правда нравится? Сам делал. С третьего раза получилось. Это бог Мардук. Какой забор, это старшие боги стоят. Вы заступитесь за меня, господин начальник северной башни! Я вам тогда три печати вырежу. Нет, не плачу... Все, не буду. Спасибо. Вы — муж мудрый и мощный, это я всем сердцем говорю. Не рассказывайте никому только, что я плакал... А то скажут, какой он жрец Аратты — напьется пива и плачет... Конечно хочу. А где? С юга или с севера? А то у вас тут вся стена в зеркалах. Понял... Ну, знаю. Это когда Нинлиль пошла в чистом потоке купаться, а потом вышла на берег канала. Мать ей говорила, говорила, ну а она все равно, значит, на берег канала вышла, ну тут ее Энлиль и обрюхатил. А потом он в Киур приходит, а ему совет богов и говорит: Энлиль, насильник, прочь из города! Ну а Нинлиль, понятно, за ним пошла... Нет, не слепит. Два других? Ну это уже после было, когда Энлиль сторожем на переправе притворился и когда Нанна у Нинлиль уже под самым сердцем был...

— ...

— Да и потом, эти два — просто разные проявления одного и того же. Можно так сказать: Геката — это темная и странная сторона, а Селена — светлая и чудесная. Но я здесь, признаться, не очень сведущ, так, слышал кое-что в Афинах... Бывал, бывал. Еще при Домициане. Прятался там. Иначе б мы с вами, отец сенатор, в этих носилках сейчас не ехали... Как обычно, оскорбление величия. Будто бы у хозяина во дворе статуя принцепса стоит, а рядом двух рабов похоронили. А у него и статуи такой никогда не было. Даже и при Нерве вернуться опасались. А при нынешнем принцепсе бояться нечего. Он к нам легатом самого Плиния Секунда прислал — вот какое время настало, слава Изиде и Серапису! Недаром... Да нет, что вы, отец сенатор, клянусь Геркулесом! Это у меня с Афин, там сейчас египтянин на египтянине... Какие у вас дощечки интересные, воска почти не видно. А львиные морды — из электрона? Скажите, коринфская бронза... Первый раз вижу... Да вы же меня знаете — Секстий Руфин. Нет, из вольноотпущенников. Все-таки чем носилки хороши — если рабы, конечно, умелые: едешь и пишешь. И светильник горит, как в комнате, а мимо пинии проплывают... Вы, отец сенатор, прямо в душе читаете. Постоянно про себя слагаю. Конечно, не Марциал — так, туплю себе стилосы... «Песни я пою мелкими стишками. Как когда-то Катулл их пел, а также — Кальв и древние. Мне-то что за дело! Я стишки предпочел, оставив форум...» Ну, преувеличиваю, конечно, отец сенатор, так на то они и стихи. Я, собственно, свидетелем по делу о христианах из-за литературы и пошел. Чтоб на легата нашего посмотреть. Великий человек... Ну, не совсем свидетелем. Да нет, все как есть написал — он и правда из Галилеи, Максим этот. У него по ночам собираются, какой-то дым вдыхают. А потом он на крышу вылазит в одних калигах и петухом кричит — я как увидел, так сразу понял, что они христиане... Про летучих мышей приврал, конечно. Чего там. Да все равно им одна дорога — в гладиаторскую школу. А легат наш мне очень понравился. Да... К столу пригласил, стихи мои послушал. Хвалил очень. А потом говорит: приходи, говорит, Секстий, на ужин. Когда полнолуние будет. Я, говорит, пришлю... И точно, прислал. Я все свитки со стихами собрал — а ну, думаю, в Рим отправит. Лучший плащ надел... Да нельзя мне тогу, у меня же римского гражданства нет. Поехали мы, значит, только почему-то за город. Долго ехали, я аж заснул в повозке. Просыпаюсь, гляжу — не то вилла какая-то, не то храм, и факельщики. Ну, значит, прошли мы внутрь — через дом и во двор. А там уже стол накрыт, прямо под небом, и Луна все это освещает. Удивительно большая была. Мне рабы и говорят — сейчас господин легат выйдет, а вы ложитесь пока к столу, вина выпейте. Вон ваше место, под мраморным ягненком. Я лег, выпил — а остальные вокруг лежат и на меня смотрят... И молчат. Чего, думаю, легат им о моих стихах порассказал... Даже не по себе стало. Но потом за ширмой на двух арфах заиграли, и мне вдруг так весело стало — удивительно. Я уж и не понял, как с места вскочил и танцевать начал... А потом вокруг треножники появились с огнем и еще люди какие-то в желтых хитонах. Они, по-моему, не в себе были — посидят-посидят, а потом вдруг руки к Луне протянут и что-то петь начнут по-гречески... Нет, не разобрал — я танцевал, мне весело было. А потом господин легат появился — на нем почему-то фригийский колпак был с серебряным диском, а в руке — свирель. И глаза блестят. Еще вина мне налил. Хорошие, говорит, стихи пишешь, Секстий. И про Луну заговорил — вот прямо как вы, отец сенатор... Постойте, так ведь и вы там были — точно. Хе-хе, а я-то все думаю — чего это мы с вами в носилках едем? Да-а... Так сейчас-то на вас тога, а тогда хитон был и колпак фригийский, как на легате. Ну да. У вас еще в руке копье было красное, с конским хвостом. Все мне к вам неудобно было спиной повернуться, только мне легат говорит — погляди, говорит, Секстий, на Гекату, а я тебе на свирели сыграю. И заиграл — тихо так. Ну, я глаза поднял, гляжу, гляжу, а потом вы меня про эту самую Гекату и Селену спрашивать стали. И когда ж я к вам в носилки сесть успел? Все в порядке? Ну слава И... Геркулесу. Аполлону и Геркулесу... Ну и хорошо, верните, я их и принес, чтобы легат прочел. А вы, отец сенатор, тоже литературой занимаетесь? То-то я смотрю — вы все пишете, пишете. А-а. На память. Тоже стихи понравились. Этот час для тебя — гуляет Лией, и царит в волосах душистых роза. Конечно. Давайте даже гемму приложу. Ничего, тут резьба неглубокая, много воска не надо. Пропечатается. Подъезжаем? Вот спасибо, отец сенатор, а то прическа растрепалась. И сколько такое зеркало в метрополии стоит? Скажите, у нас в Вифинии за такие деньги домик можно купить. Тоже коринфская бронза? Серебро? И надпись какая-то...

— ...

— Ничего, прочту. Так... «Лейтенанту Вульфу за Восточную Пруссию. Генерал Людендорф». Ой, извините, бригаденфюрер, он сам раскрылся. Удивительный портсигар, блестит как зеркало. А вы, значит, в пятнадцатом уже лейтенантом были? И тоже летчиком? Ну что вы, бригаденфюрер, даже неловко. Из-за этих трех крестов даже на задание не слетаешь. Яков с Ми-Гами, говорят, много, а Фогель фон Рихтгофен у нас один. Если б не спецмиссия, я б заплесневел, наверное, в пустой казарме... Да, имя пишется как «птица». Мать сначала расстроилась, когда узнала, как меня отец назвать хочет. Зато Бальдур фон Ширах — он с отцом дружил — целое стихотворение мне посвятил. В школах сейчас проходят... Осторожнее, это вон из того окна стреляют... Да нет, стена толстая... Представляю, чего бы он написал, если б узнал про спецмиссию. Это прямо какая-то поэма была. Я-то поверил, что на Западный фронт переводят, только в Берлине все и узнал. Сперва, конечно, расстроился. Что им, думаю, в «Аненербе», делать нечего — боевых летчиков с фронта отзывают... Но когда этот самолет увидел — Дева Мария! Сразу... Да что вы, бригаденфюрер, просто жил в детстве в Италии. Да. Сколько летаю, а такой красоты не видел. Потом только разобрался, что это, собственно, Ме-109, только с другим мотором и с длинными крыльями... Черт, ленту перекосило... Да ладно, сам... В общем, только в ангар вошел, и сразу дух захватило. Белый, легкий такой и словно светится в темноте. Но что удивило — это подготовка. Я думал, матчасть учить буду, а вместо этого к вам в «Аненербе» возили, череп мерили, и все под Вагнера. А спросишь о чем — молчат. В общем, когда меня той ночью разбудили, я решил, что опять череп мерить будут. Нет, смотрю — под окнами два «мерседеса» стоят, урчат моторами... Отлично, бригаденфюрер! Прямо под башню. Где это вы так наловчились из этой штуки... Ну сели, значит, поехали. Потом... Да, оцепление стояло, эсэсовцы с факелами. Проехали, потом лес кончился, здание какое-то с колоннами и аэродром. Ни души кругом, только ветерок такой легкий и Луна в небе. Я-то думал, что все аэродромы под Берлином знаю, а этого никогда не видел. И самолет мой стоит, прямо на полосе, и что-то такое под фюзеляжем у него, тоже белое, вроде бомбы. Но мне рядом даже остановиться не дали, а сразу повели в это здание... Нет, не помню. Помню только, Вагнер играл. Велели раздеться, вымыли, как ребенка... Нет, гранаты потом... Масло в кожу втирали — знаете, чем-то древним пахнет, приятный запах такой. И дали летную форму, всю белую. И все мои награды на груди. Да, думаю, Фогель, вот оно... Ведь всю жизнь о чем-то таком и мечтал. Потом эти, из «Аненербе», говорят: ступайте, капитан, к самолету. Там вам все скажут. Руку пожали, все по очереди. Ну, я и пошел. А сапоги тоже белые, в пыль боишься наступить... Сейчас... Подхожу к самолету, а там... Так это ведь вы и были, бригаденфюрер, только не в каске этой, а в таком черном колпаке... И, значит, стали вы мне все это объяснять — взлететь на одиннадцать тысяч, курс на Луну и красную кнопку нажать на левой панели... А, черт. Чуть-чуть не достал... Ну и планшет этот белый мне дали, а потом — кофе с коньяком из термоса. Я говорю — не надо, не пью перед вылетом, а вы мне так строго: да ты хоть знаешь, Фогель, от кого этот кофе? Тут я оборачиваюсь и вижу — никогда бы не поверил... Да. Как в кинохронике, и китель тот самый, двубортный. Только колпак на голове и бинокль на груди. И усы чуть пошире, чем на портретах. Или из-за лунного света так показалось. Рукой так помахал, прямо как на стадионе... В общем, выпил я кофе, сел в самолет, надел сразу кислородную маску и взлетел. И так мне сразу легко стало — будто в две груди задышал. Поднялся на одиннадцать тысяч, курс на Луну — она огромная была, в полнеба, и вниз поглядел. А там все зеленоватое такое, река какая-то блеснула... Тут я кнопку и нажал. И чего-то вправо стало заносить, а как сел — даже не помню... Расписаться? И вы мне черкните что-нибудь на память. Спасибо... А много их к Берлину прорвалось? Да это-то понятно... Ерунда, кирпичной крошкой, наверно. Переносица цела... Ага, вижу, ерунда. С этим портсигаром бриться можно, и зеркала не нужно...

— ...

— Нет, больше не нужно, я ведь и не просил. Это вы сами поставили, товарищ полковник, когда свечу зажгли... Ну, чего дальше — книги читал, а потом телескоп себе сделал маленький. В основном Луну изучал. Даже на утренник в школе один раз луноходом нарядился... Отлично этот вечер помню... Да нет, у нас всегда утренники вечером были, а тогда еще субботу на понедельник перенесли... Все ребята в актовом зале собрались — у них костюмы простые были, танцевать можно было. А на мне такое надето было — встанешь на карачки, и действительно как луноход. В зале музыка играет, раскраснелись все... А я постоял у дверей и пополз на четвереньках по пустой школе. Коридоры темные, нет никого... Вот так я на карачках к окну подползаю, а за ним в небе Луна, и даже не желтая, а зеленая какая-то, как у Куинджи на картине — знаете? У меня над койкой висит, из «Работницы». И вот тогда я себе слово и дал на Луну попасть... Ха-ха-ха... Ну если вы, товарищ полковник, все возможное сделаете, тогда точно попаду... Ну что дальше — после школы в Зарайское летное, оттуда сразу сюда... Получили представление? Да я знаю, товарищ полковник, всегда лучше по-человечески. Вот тут? Ничего, что чернила синие? Правильно. Простая душа, короткий протокол... Спасибо. Если можно, с малиновым. А где вы баллончики берете для сифона? Хотя да... Товарищ полковник, а можно вопрос? Скажите, а правда весь лунный грунт к вам отвозят? Да не помню, кто-то из наших... Конечно, ведь только по телевизору видел... Ух ты... И сколько в такую банку входит — грамм триста? А разве можно? Спасибо... Вот спасибо... Дайте еще листок, чтоб понадежней... Спасибо. Помню. Направо по коридору, к лифтам и вниз. Не дойду? Еще действует? Ну проводите тогда... Опять колпак на вас? Почему, нравится. У нас ведь в армии уже колпаки были — буденовки. Красиво, только непривычно — козырька нет, кокарда круглая... Нет, не забыл... Как налево? А зачем факел у вас? А электрик... ну да, допуск. Посветите, ступеньки крутые... Как у нас на посадочном модуле. Товарищ полковник, так здесь же ту...

Раздался щелчок, и два голоса, мужской и женский, вывели в унисон:

— ...зубах. Ах, песенку эту поныне хранит...

Возникла как бы короткая пауза.

— Трава молодая, — полувопросительно пропела женщина.

— Степной малахит, — подтвердил щедрый баритон.

Я выключил магнитофон. Мне было очень страшно. Я вспомнил полковника в черной рясе со свистком и секундомером на груди. Никаких вопросов Митьку никто не задавал, а то, на что он отвечал, было негромким свистом, иногда прерывавшим его монолог.

11

Никто из наших не спросил меня о Митьке. Он, собственно, ни с кем, кроме меня, не дружил, только иногда играл с Отто в самодельные карты. Его койку уже унесли из нашего бокса, и только висящие на стене цветные вставки из «Работницы» с картинами Куинджи «Лунная ночь над Днепром» и «Хан Байконур» напоминали о том, что когда-то на свете жил такой Митёк. На занятиях все делали вид, что ничего не произошло; в особенности бодр и приветлив был полковник Урчагин.

Между тем наш небольшой отряд, как бы не заметивший потери бойца, уже допевал свое «Яблочко».

Прямо об этом никто не говорил, но ясно было: скоро лететь. Несколько раз с нами встречался начальник полета и рассказывал, как он в дни войны сражался в отряде Ковпака; всех нас сфотографировали поодиночке, потом всех вместе, потом с преподавательским составом, у знамени. Наверху стали попадаться новые курсанты — их готовили отдельно от нас, а к чему — я точно не знал; говорили об отправке какого-то автоматического зонда к Альфе Микроцефала сразу после нашей экспедиции, но уверенности, что новые ребята и есть экипаж этого зонда, у меня не было.

В начале сентября, вечером, меня неожиданно вызвали к начальнику полета. Его не было в кабинете; адъютант в приемной, скучавший над старым «Ньюсуиком», сказал, что он в триста двадцать девятой комнате.

Из-за двери с цифрами «329» доносились голоса и что-то похожее на смех. Я постучал, но мне не ответили. Я постучал еще раз и повернул ручку.

Под потолком комнаты висела полоса табачного дыма, отчего-то напомнившая мне инверсионный след в летнем небе над Зарайским летным. К металлическому стулу в центре комнаты за руки и за ноги был пристегнут маленький японец — то, что это японец, я понял по красному кругу в белом прямоугольнике на рукаве его летного комбинезона. Его губы были синими и распухшими, один глаз превратился в тоненькую щелку посреди багрового кровоподтека, а комбинезон был в пятнах крови — и совсем свежих, и бурых, высохших. Перед японцем стоял Ландратов в высоких сверкающих сапогах и парадной форме лейтенанта ВВС. У окна, опершись на стену и скрестив руки на груди, стоял невысокий молодой человек в штатском. За столом в углу сидел начальник полета — он рассеянно глядел сквозь японца и постукивал по столу тупым концом карандаша.

— Товарищ начальник полета! — начал было я, но он махнул рукой и стал собирать разложенные по столу бумаги в папку. Я перевел взгляд на Ландратова.

— Привет, — сказал он, протянул мне широкую ладонь и вдруг, совершенно неожиданно для меня, изо всех сил ударил японца сапогом в живот. Японец тихо захрипел.

— Не хочет, сука, в совместный экипаж! — удивленно округляя глаза и разводя руками, сказал Ландратов и, неестественно выворачивая ступни, отбил короткую присядку с двойным прихлопом по голенищам.

— Прекратить, Ландратов! — буркнул начальник полета, выходя из-за стола.

Из угла донеслось тихое, полное ненависти скуление; я поглядел туда и увидел собаку, сидящую на задних лапах перед темно-синим блюдечком с нарисованной ракетой. Это была очень старая лайка с совершенно красными глазами, но меня поразили не ее глаза, а покрывавший ее туловище светло-зеленый мундирчик с погонами генерал-майора и двумя орденами Ленина на груди.

— Знакомься, — поймав мой взгляд, сказал начальник полета. — Товарищ Лайка. Первый советский космонавт. Родители ее, кстати, наши с тобой коллеги. Тоже в органах работали, только на севере.

В руках у начальника полета появилась маленькая фляжка коньяку, из которой он налил в блюдце. Лайка вяло попыталась цапнуть его за руку, но промахнулась и опять тихо завыла.

— Она у нас шустрая. — Начальник полета улыбнулся. — Вот только ссать где попало не надо бы. Ландратов, сходи за тряпкой.

Ландратов вышел.

— Иой о тэнки ни наримасита нэ, — с трудом разлепив губы, сказал японец. — Хана ва сакураги, хито ва фудзивара.

Начальник полета вопросительно повернулся к молодому человеку.

— Бредит, товарищ генерал-лейтенант, — сказал тот.

Начальник полета взял со стола свою папку.

— Идем, Омон.

Мы вышли в коридор, и он обнял меня за плечи. Ландратов с тряпкой в руке прошел мимо нас и, закрывая за собой дверь в триста двадцать девятую, подмигнул мне.

— Ландратов молодой еще, — задумчиво сказал начальник полета, — бесится. Но отличный летчик. Прирожденный.

Несколько метров мы прошли молча.

— Ну что, Омон, — сказал начальник полета, — послезавтра на Байконур. Вот оно.

Уже несколько месяцев я ждал этих слов, и все равно показалось, что в мое солнечное сплетение врезался снежок с тяжелой гайкой внутри.

— Твой позывной, как ты и просил, «Ра». Трудно было, — начальник полета многозначительно ткнул пальцем вверх, — но отстояли. Только ты там, — он ткнул пальцем вниз, — пока ничего не говори.

Я совершенно не помнил, чтобы когда-нибудь кого-нибудь просил о чем-то подобном.

Во время зачетного занятия на макете нашей ракеты я был просто зрителем — сдавали остальные ребята, а я сидел на лавке у стены и смотрел. Свой зачет я сдал за неделю до этого, во дворе, пройдя на полностью снаряженном луноходе восьмерку длиной в сто метров за шесть минут. Ребята уложились точно в норматив, и нас построили перед макетом, чтобы сделать прощальный снимок. Я не видел его, но отлично себе представляю, как он получился: впереди — Сема Аникин в ватнике, со следами машинного масла на руках и на лице; за ним — опирающийся на алюминиевую трость (от подземной сырости у него иногда ныли культи) Иван Гречко в длинном овчинном тулупе, со свисающей на грудь расстегнутой кислородной маской; за ним — в серебристом скафандре, утепленном в некоторых местах кусками байкового одеяла в желтых утятах, Отто Плуцис — его шлем был откинут и напоминал задубевший на космическом морозе капюшон. Дальше — Дима Матюшевич в таком же скафандре, только куски одеяла не в утятах, а в простую зеленую полоску; последним из экипажа — я в курсантской форме. За мной, в электрическом своем кресле, — полковник Урчагин, а слева от него — начальник полета.

— А сейчас, по ставшей добрым обычаем традиции, — сказал начальник полета, когда фотограф закончил, — мы поднимемся на несколько минут на Красную площадь.

Мы прошли через зал и на секунду задержались у маленькой железной дверки — задержались, чтобы последний раз окинуть взором ракету, в точности подобную той, на которой нам предстояло вскоре взмыть в небо. Начальник полета открыл ключом со своей связки маленькую железную дверь в стене, и мы пошли по коридору, в который я раньше не попадал.

Мы довольно долго петляли между каменных стен, вдоль которых тянулись разноцветные провода; несколько раз коридор поворачивал, а его потолок иногда становился таким низким, что приходилось нагибаться. В одном месте я заметил неглубокую нишу, где лежали подвядшие цветы; рядом висела небольшая мемориальная доска со словами: *«Здесь в 1932 году был злодейски убит лопатой товарищ Сероб Налбандян».* Потом под ногами появилась красная ковровая дорожка; коридор стал расширяться и наконец уперся в лестницу.

Лестница была очень длинная, а сбоку шла гладкая наклонная плоскость в метр шириной с узким рядом ступенек посередине — как для колясок в подземном переходе. Я понял, зачем это устроено, когда увидел, как начальник полета покатил вверх кресло с полковником Урчагиным. Когда он уставал, Урчагин вытягивал ручной тормоз, и они застывали, поэтому и остальные шли не слишком быстро, тем более что Ивану длинные лестницы давались с трудом. Наконец мы вышли к тяжелым дубовым дверям с разными гербами; начальник полета отпер замок своим ключом, но разбухшие от сырости створки раскрылись, только когда я сильно толкнул их плечом.

В нас ударил дневной свет; кто-то закрыл глаза ладонью, кто-то отвернулся — только полковник Урчагин сидел спокойно, с обычной полуулыбкой на лице. Когда мы привыкли к свету, оказалось, что мы стоим лицом к серым надгробьям перед Кремлевской стеной, и я догадался, что мы вышли через черный ход Мавзолея. Я так давно не видел над собой открытого неба, что у меня закружилась голова.

— Все космонавты, — негромко заговорил начальник полета, — все, сколько их ни было в нашей стране, перед полетом приходили сюда, к священным для каждого советского человека камням и трибунам, чтобы взять частичку этого места с собою в космос. Огромный и трудный путь прошла наша страна — начиналось все с тачанок и пулеметов, а сейчас вы, ребята, работаете со сложнейшей автоматикой, — он сделал паузу и не мигая обвел холодным взглядом наши глаза, — которую вам доверила Родина и с которой мы с Бамлагом Ивановичем познакомили вас на лекциях. Я уверен, что в этот ваш последний проход по поверхности Родины вы тоже унесете с собой частичку Красной площади, хотя чем окажется эта частица для каждого из вас, я не знаю...

Мы молча стояли на поверхности родной планеты. Был день; небо чуточку хмурилось, и голубые ели качали своими лапами под ветром. Пахло какими-то цветами. Куранты начали бить пять; начальник полета, глянув на свои часы, подвел стрелки и сказал, что у нас есть еще несколько минут.

Мы вышли на ступени у передних дверей Мавзолея. Народу на Красной площади не было совсем, если не считать двух только что сменившихся часовых, которые никак не показали, что видят нас, и трех спин, удаляющихся в сторону Спасской башни. Я огляделся по сторонам, впитывая в себя все, что видел и чувствовал: седые стены ГУМа, пустые «овощи-фрукты» Василия Блаженного, Мавзолей Ленина, угадываемый за стеной краснознаменный зеленый купол, фронтон Исторического музея и серое, близкое и как бы отвернувшееся от земли небо, которое еще, быть может, не знало, что совсем скоро его прорвет железный пенис советской ракеты.

— Пора, — сказал начальник полета.

Наши медленно пошли назад за Мавзолей. Через минуту под словом «ЛЕНИН» остались только мы с полковником Урчагиным; начальник полета посмотрел на часы и кашлянул в кулак, но Урчагин сказал:

— Минуту, товарищ генерал-лейтенант. Хочу Омону два слова сказать.

Начальник полета кивнул и скрылся за полированным гранитным углом.

— Подойди ко мне, мой мальчик, — сказал полковник.

Я подошел. На брусчатку Красной площади упали первые крупные и редкие капли. Урчагин поискал в воздухе, и я протянул ему свою ладонь. Он взял ее, чуть сжал и дернул к себе. Я наклонился, и он стал шептать в мое ухо. Я слушал его и глядел, как темнеют ступени перед его коляской.

Товарищ Урчагин говорил минуты две, делая большие паузы. Замолчав, он еще раз пожал мою ладонь и отнял руку.

— Теперь иди к остальным, — сказал он.

Я сделал было шаг к люку, но обернулся.

— А вы?

Дождевые капли все чаще били вокруг.

— Ничего, — сказал он, доставая зонт из похожего на кобуру чехла на боку кресла. — Я покатаюсь тут.

И вот что я унес с предвечерней Красной площади — потемневшую брусчатку и худенькую фигуру в старом кителе, сидящую в инвалидном кресле и раскрывающую непослушный черный зонт.

Обед был довольно невкусный: суп с макаронными звездочками, курица с рисом и компот; обычно, допив компот, я съедал все разваренные сухофрукты, но в этот раз съел почему-то только сморщенную горькую грушу, а дальше почувствовал тошноту и даже отпихнул тарелку.

12

Вроде бы я плыл на водном велосипеде по густым камышам, из которых торчали огромные телеграфные столбы; велосипед был странный — не такой, как обычно, с педалями перед сиденьем, а как бы переделанный из наземного: между двух толстых и длинных поплавков была установлена рама со словом «Спорт». Совершенно было непонятно, откуда взялись все эти камыши, водный велосипед да и я сам. Но меня это не очень волновало. Вокруг была такая красота, что хотелось плыть и плыть дальше и смотреть, и, наверное, ничего другого не захотелось бы долго. Особенно красивым было небо — над горизонтом стояли узкие и длинные сиреневые облака, похожие на звено стратегических бомбардировщиков. Было тепло; чуть слышно плескалась вода под винтом, и с запада доносилось эхо далекого грома.

Потом я понял, что это не гром. Просто через равные промежутки времени не то во мне, не то вокруг меня все сотрясалось, после чего у меня в голове начинало гудеть. От каждого такого удара все окружающее — река, камыши, небо над головой — как бы изнашивалось. Мир делался знакомым до мельчайших подробностей, как дверь сортира изнутри, и происходило это очень быстро, пока я вдруг не заметил, что вместе со своим велосипедом нахожусь уже не среди камышей, и не на воде, и даже не под небом, а внутри прозрачного шара, который отделил меня от всего вокруг. Каждый удар заставлял стены шара становиться прочнее и толще; через них просачивалось все меньше и меньше света, пока не стало совсем темно. Тогда вместо неба над головой появился потолок, зажглось тусклое электричество, и стены начали менять свою форму, приближаясь ко мне вплотную, выгибаясь и образуя какие-то полки, заставленные стаканами, банками и чем-то еще. И тогда ритмичное содрогание мира стало тем, чем оно было с самого начала, — телефонным звонком.

Я сидел внутри лунохода в седле, сжимая руль и пригнувшись к самой раме; на мне были летный ватник, ушанка и унты; на шею, как шарф, была накинута кислородная маска. Звонила привинченная к полу зеленая коробка радио. Я снял трубку.

— Ну ты, еб твою мать, пидарас сраный! — надрывным страданием взорвался в моем ухе чудовищный бас. — Ты что там, хуй дрочишь?

— Кто это?

— Начальник ЦУПа полковник Халмурадов. Проснулся?

— А?

— Хуй на. Минутная готовность!

— Есть минутная готовность! — крикнул я в ответ, от ужаса до крови укусил себя за губу и свободной рукой вцепился в руль.

— Коз-зел, — выдохнула трубка неразборчиво и заквакала — видно, тот, кто кричал на меня, говорил теперь с другими, отведя трубку от лица. Потом в трубке что-то бикнуло и послышался другой голос, говорящий безлично и механически, но с сильным украинским акцентом:

— Пятьдесят девять... пятьдесят уосемь...

Я был в том состоянии стыда и шока, когда человек начинает громко стонать или выкрикивать неприличные слова; мысль о том, что я чуть было не сделал что-то непоправимое, заслонила все остальное. Следя за взрывающимися у меня в ухе цифрами, я попытался вспомнить происшедшее и осознал, что вроде бы не совершил ничего страшного. Я помнил только, как оторвал ото рта стакан с компотом и отодвинулся от стола — мне вдруг расхотелось есть. А следующее, что я понял, — это что звонит телефон и надо взять трубку.

— Тридцать три...

Я заметил, что луноход полностью снаряжен. Полки, раньше пустые, теперь были плотно заставлены — на нижней блестели вазелином банки с китайской тушенкой «Великая стена», на верхней лежал планшет, кружка, консервный нож и кобура с пистолетом; все это было перехвачено контровочной проволокой. В мое левое бедро упирался кислородный баллон с надписью «Огнеопасно», а в правое — алюминиевый бидон; в нем отражалась горящая на стене маленькая лампа, под которой висела карта Луны с двумя черными точками, нижняя из которых была подписана «Место посадки». Рядом с картой на нитке висел красный фломастер.

— Шестнадцать...

За двумя глазками была полная тьма — как и следовало ожидать, понял я, раз луноход закрыт колпаком обтекателя.

— Девять... Уосемь...

«Секунды предстартового отсчета, — вспомнил я слова товарища Урчагина, — что это, как не помноженный на миллион телевизоров голос истории?»

— Три... Два... Один... Зажигание.

Где-то далеко внизу послышался гул и грохот, с каждой секундой он становился громче и скоро перерос все мыслимые пределы — словно сотни молотов били в железный корпус ракеты. Потом началась тряска, и я несколько раз ударился головой о стену перед собой — если б не ушанка, я бы, наверно, вышиб себе мозги. Несколько банок тушенки полетело на пол, потом качнуло так, что я подумал о катастрофе, — а в следующий момент в трубке, которую я все еще продолжал прижимать к уху, раздалось далекое:

— Омон! Летишь!

— Поехали! — крикнул я. Грохот превратился в ровный и мощный гул, а тряска — в вибрацию наподобие той, что испытываешь в разогнавшемся поезде. Я положил трубку на рычаг, и телефон сразу же зазвонил снова.

— Омон, ты в порядке?

Это был голос Семы Аникина, накладывающийся на монотонно произносимую информацию о начальном участке полета.

— В порядке, — сказал я, — а почему это мы вдруг... Хотя да...

— Мы думали, пуск отменят, так ты спал крепко. Момент-то ведь точно рассчитан. От этого траектория зависит. Даже солдата послали по мачте залезть, он по обтекателю сапогом бил, чтоб ты проснулся. По связи тебя без конца вызывали.

— Ага.

Несколько секунд мы молчали.

— Слушай, — опять заговорил Сема, — мне ведь четыре минуты осталось всего, даже меньше. Потом ступень отцеплять. Мы уж все друг с другом попрощались, а с тобой... Ведь не поговорим никогда больше.

Никаких подходящих слов не пришло мне в голову, и единственное, что я ощутил, — это неловкость и тоску.

— Омон! — опять позвал Сема.

— Да, Сема, — сказал я, — я тебя слышу. Летим, понимаешь.

— Да, — сказал он.

— Ну ты как? — спросил я, чувствуя бессмысленность и даже оскорбительность своего вопроса.

— Я нормально. А ты?

— Тоже. Ты чего видишь-то?

— Ничего. Тут все закрыто. Шум страшный. И трясет очень.

— Меня тоже, — сказал я и замолчал.

— Ладно, — сказал Сема, — мне пора уже. Ты знаешь что? Ты, когда на Луну прилетишь, вспомни обо мне, ладно?

— Конечно, — сказал я.

— Вспомни просто, что был такой Сема. Первая ступень. Обещаешь?

— Обещаю.

— Ты обязательно должен долететь и все сделать, слышишь?

— Да.

— Пора. Прощай.

— Прощай, Сема.

В трубке несколько раз стукнуло, а потом сквозь треск помех и рев двигателей долетел Семин голос — он громко пел свою любимую песню:

> А-а, в Африке реки вот такой ширины...
> А-а, в Африке горы вот такой вышины.
> А-а, крокодилы-бегемоты.
> А-а, обезьяны-кашалоты.
> А-а... А-а-а-а...

На «кашалотах» что-то затрещало, словно разрывали кусок брезента, и почти сразу в трубке раздались короткие гудки, но за секунду до этого — если мне не показалось — Семина песня стала криком. Меня опять тряхнуло, ударило спиной о потолок, и я выронил трубку. По тому, как изменился рев двигателей, я догадался, что заработала вторая ступень. Наверно, самым страшным для Семы было включать двигатель. Я представил себе, что это такое — разбив стекло предохранителя, нажать на красную кнопку, зная, что через секунду оживут огромные зияющие воронки дюз. Потом я вспомнил о Ване, схватил трубку снова, но в ней были гудки. Я несколько раз ударил по рычагу и крикнул:

— Ваня! Ваня! Ты меня слышишь?

— Чего? — спросил наконец его голос.

— Сема-то...

— Да, — сказал он, — я слышал все.

— А тебе скоро?

— Через семь минут, — сказал он. — Знаешь, о чем я сейчас думаю?

— О чем?

— Да вот что-то детство вспомнилось. Помню, как я голубей ловил. Брали мы, знаешь, такой небольшой деревянный ящик, типа от болгарских помидоров, сыпали под него хлебную крошку и ставили на ребро, а под один борт подставляли палку с привязанной веревкой метров так в десять. Сами прятались в кустах или за лавкой, а когда голубь заходил под ящик, дергали веревку. Ящик тогда падал.

— Точно, — сказал я, — мы тоже.

— А помнишь, когда ящик падает, голубь сразу хочет смыться и бьет крыльями по стенкам — ящик даже подпрыгивает.

— Помню, — сказал я.

Ваня замолчал.

Между тем стало уже довольно холодно. Да и дышать было труднее — после каждого движения хотелось отдышаться, как после долгого бега вверх по лестнице. Чтобы сделать вдох, я стал подносить к лицу кислородную маску.

— А еще помню, — сказал Ваня, — как мы гильзы взрывали с серой от спичек. Набьешь, заплющишь, а в боку должна быть такая маленькая дырочка — и вот к ней прикладываешь несколько спичек в ряд...

— Космонавт Гречка, — раздался вдруг в трубке разбудивший и обругавший меня перед стартом бас, — приготовиться.

— Есть, — вяло ответил Ваня. — А потом приматываешь ниткой или, еще лучше, изолентой, потому что нитка иногда сбивается. Если хочешь из окна кинуть, этажа так с седьмого, и чтоб на высоте взорвалось, то нужно четыре спички. И...

— Отставить разговоры, — сказал бас. — Надеть кислородную маску.

— Есть. По крайней надо не чиркать коробкой, а зажигать лучше всего от окурка. А то они сбиваются от дырочки.

Больше я ничего не слышал — только обычный треск помех. Потом меня опять стукнуло о стену, и в трубке раздались короткие гудки. Заработала третья ступень. То, что мой друг Ваня только что — так же скромно и просто, как и все, что он делал, — ушел из жизни на высоте сорока пяти километров, не доходило до меня. Я не чувствовал горя, а, наоборот, испытывал странный подъем и эйфорию.

Я вдруг заметил, что теряю сознание. То есть я заметил не то, как я его теряю, а то, как я в него прихожу. Только что я вроде бы держал у уха трубку — и вот она уже лежит на полу; у меня звенит в ушах, и я отупело гляжу на нее из своего задранного под потолок седла.

Только что кислородная маска, как шарф, была перекинута через мою шею — и вот я мотаю головой, силясь прийти в себя, а она лежит на полу рядом с телефонной трубкой. Я понял, что мне не хватает кислорода, дотянулся до маски и прижал ее ко рту — сразу же стало легче, и я почувствовал, что сильно замерз. Я застегнул ватник на все пуговицы, поднял воротник и опустил уши ушанки. Ракету чуть трясло. Мне захотелось спать, и хотя я знал, что этого не стоит делать, перебороть себя я не сумел, — сложив руки на руле, я закрыл глаза.

Мне приснилась Луна — такая, как ее рисовал в детстве Митёк: черное небо, бледно-желтые кратеры и гряда далеких гор. Вытянув перед мордой передние лапы, к пылающему над горизонтом шару Солнца медленно и плавно шел медведь со звездой героя на груди и засохшей струйкой крови в углу страдальчески оскаленной пасти. Вдруг он остановился и повернул морду в мою сторону. Я почувствовал, что он смотрит на меня, поднял голову и взглянул в его остановившиеся голубые глаза.

— И я, и весь этот мир — всего лишь чья-то мысль, — тихо сказал медведь.

Я проснулся. Вокруг было очень тихо. Видно, какая-то часть моего сознания сохраняла связь с внешним миром, и наступившая тишина подействовала на меня как звонок будильника. Я наклонился к глазкам в стене. Оказалось, что обтекатель уже отделился — передо мной была Земля.

Я стал соображать, сколько же я спал, — и не смог прийти ни к какому определенному выводу. Наверно, не меньше нескольких часов: мне уже хотелось есть, и я стал шарить на верхней полке — я вроде бы видел на ней консервный нож. Но его там не было. Я решил, что он свалился на пол от тряски, и принялся оглядываться, и в этот момент зазвонил телефон.

— Алло!

— Ра, прием. Омон! Ты меня слышишь?

— Так точно, товарищ начальник полета.

— Ну, вроде нормально все. Был один момент тяжелый, когда телеметрия отказала. Не то что отказала, понимаешь, а просто параллельно включили другую систему, и телеметрия не пошла. Контроль даже на несколько минут отменили. Это когда воздуха стало не хватать, помнишь?

Говорил он странно, возбужденно и быстро. Я решил, что он сильно нервничает, хоть у меня и мелькнула догадка, что он пьян.

— А ты, Омон, перепугал всех. Так спал крепко, что чуть запуск не отложили.

— Виноват, товарищ начальник полета.

— Ничего-ничего. Ты и не виноват. Это тебе снотворного много дали перед Байконуром. Пока все отлично идет.

— Где я сейчас?

— Уже на рабочей траектории. К Луне летишь. А ты что, разгон с орбиты спутника тоже проспал?

— Выходит, проспал. А что, Отто уже все?

— Отто уже все. Разве не видишь, обтекатель-то отделился. Но пришлось тебе два лишних витка сделать. Отто запаниковал сначала. Никак ракетный блок включать не хотел. Мы уж думали, струсил. Но потом собрался парень, и... В общем, тебе от него привет.

— А Дима?

— А что Дима? С Димой все в порядке. Автоматика прилунения на инерционном участке не работает. А, хотя у него еще коррекция... Матюшевич, ты нас слышишь?

— Так точно, — услышал я в трубке Димин голос.

— Отдыхай пока, — сказал начальник полета. — Связь завтра в пятнадцать дня, потом коррекция траектории. Отбой.

Я положил трубку и прижался к глазкам, глядя на голубой полукруг Земли. Я часто читал, что всех без исключения космонавтов поражал вид нашей планеты из космоса. Писали о какой-то сказочно красивой дымке, о том, что сияющие электричеством города на ночной стороне напоминают огромные костры, а на дневной стороне видны даже реки, — так вот, все это неправда. Больше всего Земля из космоса напоминает небольшой школьный глобус, если смотреть на него, скажем, через запотевшие стекла противогаза. Это зрелище быстро мне надоело; я поудобнее оперся головой на руки и заснул опять.

Когда я проснулся, Земли уже не было видно. В глазках мерцали только размытые оптикой точки звезд, далекие и недостижимые. Я представил себе бытие огромного раскаленного шара, висящего, не опираясь ни на что, в ледяной пустоте, во многих миллиардах километров от соседних звезд, крохотных сверкающих точек, про которые известно только то, что они существуют, да и то не наверняка, потому что звезда может погибнуть, но ее свет еще долго будет нестись во все стороны, и, значит, на самом деле про звезды не известно ничего, кроме того, что их жизнь страшна и бессмысленна, раз все их перемещения в пространстве навечно предопределены и подчиняются механическим законам, не оставляющим никакой надежды на нечаянную встречу. Но ведь и мы, люди, думал я, вроде бы встречаемся, хохочем, хлопаем друг друга по плечам и расходимся, но в некоем особом измерении, куда иногда испуганно заглядывает наше сознание, мы так же неподвижно висим в пустоте, где нет верха и низа, вчера и завтра, нет надежды приблизиться друг к другу или хоть как-то проявить свою волю и изменить судьбу; мы судим о происходящем с другими по долетающему до нас обманчивому мерцанию и идем всю жизнь навстречу тому, что считаем светом, хотя его источника может уже давно не существовать. И вот еще, думал я, всю свою жизнь я шел к тому, чтобы взмыть над толпами рабочих и крестьян, военнослужащих и творческой интеллигенции, и вот теперь, повиснув в сверкающей черноте на невидимых нитях судьбы и траектории, я увидел, что стать небесным телом — это примерно то же самое, что получить пожизненный срок с отсидкой в тюремном вагоне, который безостановочно едет по окружной железной дороге.

13

Мы летели со скоростью двух с половиной километров в секунду, и инерционная часть полета заняла около трех суток, но у меня осталось чувство, что я летел не меньше недели. Наверно, потому, что Солнце несколько раз в сутки проходило перед глазками, и каждый раз я любовался восходом и закатом небывалой красоты.

От огромной ракеты теперь оставался только лунный модуль, состоявший из ступени коррекции и торможения, где сидел Дима Матюшевич, и спускаемого аппарата, то есть попросту лунохода на платформе. Чтоб не тратить лишнее горючее, обтекатель отстрелился еще перед разгоном с орбиты спутника, и за бортом лунохода теперь был открытый космос. Лунный модуль летел как бы задом наперед, развернувшись главной дюзой к Луне, и постепенно в моем сознании с ним произошло примерно то же, что с прохладным лубянским лифтом, превратившимся из механизма для спуска под землю в приспособление для подъема на ее поверхность. Сначала лунный модуль все выше и выше поднимался над Землей, а потом постепенно выяснилось, что он падает на Луну. Но была и разница. В лифте я и опускался и поднимался головой вверх. А прочь с земной орбиты я понесся головой вниз; только потом, примерно через сутки полета, оказалось, что я, уже головой вверх, все быстрее и быстрее проваливаюсь в черный колодец, вцепившись в руль велосипеда и ожидая, когда его несуществующие колеса беззвучно врежутся в Луну.

У меня хватало времени на все эти мысли потому, что мне ничего пока не надо было делать. Мне часто хотелось поговорить с Димой, но он все время был занят многочисленными и сложными операциями по коррекции траектории. Иногда я брал трубку и слышал его непонятные отрывистые переговоры с инженерами из ЦУПа:

— Сорок три градуса... Пятьдесят семь... Тангаж... Рысканье...

Некоторое время я все это слушал, потом отключался. Как я понял, главной Диминой задачей было поймать в один оптический прибор Солнце, в другой — Луну, что-то замерить и передать результат на Землю, где должны были сверить реальную траекторию с расчетной и вычислить длительность корректирующего импульса двигателей. Судя по тому, что несколько раз меня сильно дергало в седле, Дима справлялся со своей задачей.

Когда толчки прекратились, я подождал с полчаса, снял трубку и позвал:

— Дима! Алло!

— Слушаю, — ответил он своим обычным суховатым тоном.

— Ну чего, скорректировал траекторию?

— Вроде да.

— Тяжело было?

— Нормально, — ответил он.

— Слушай, — заговорил я, — а где это ты так наблатыкался? С этими градусами? У нас ведь на занятиях этого не было.

— Я два года в ракетных стратегических служил, — сказал он, — там система наведения похожая, только по звездам. И без радиосвязи — сам все считаешь на калькуляторе. Ошибешься — пиздец.

— А если не ошибешься?

Дима промолчал.

— А кем ты служил?

— Оперативным дежурным. Потом стратегическим.

— А что это значит?

— Ничего особенного. Если в оперативно-тактической ракете сидишь — оперативный. А если в стратегической — тогда стратегический дежурный.

— Тяжело?

— Нормально. Как сторожем на гражданке. Сутки в ракете дежуришь, трое отдыхаешь.

— Так вот почему ты седой... У вас там все седые, да?

Дима опять промолчал.

— Это от ответственности, да?

— Да нет. Скорее от учебных пусков, — неохотно ответил он.

— От каких учебных пусков? А, это когда в «Известиях» на последней странице мелким шрифтом написано, чтобы в Тихом океане не заплывали в какой-то квадрат, да?

— Да.

— И часто такие пуски?

— Когда как. Но спичку каждый месяц тянешь. Двенадцать раз в год, вся эскадрилья — двадцать пять человек. Вот и седеют ребята.

— А если тянуть не захочешь?

— Это только так называется, что тянешь. На самом деле перед учебным пуском замполит всех обходит и каждому по конверту дает. Там твоя спичка уже лежит.

— А что, если там короткая, отказаться нельзя?

— Во-первых, не короткая, а длинная. А во-вторых, нельзя. Можно только заявление написать в отряд космонавтов. Но это сильно повезти должно.

— И многим везет?

— Не считал. Мне вот повезло.

Дима отвечал неохотно и часто делал довольно невежливые паузы. Я не нашелся, что еще спросить, и положил трубку.

Следующую попытку поговорить с ним я сделал, когда до торможения оставалось несколько минут. Стыдно признаться, но мною владело бесчувственное любопытство — изменится ли Дима перед... Словом, я хотел проверить, будет ли он так же сдержан, как и во время нашего прошлого разговора, или близкое завершение полета сделает его чуть более разговорчивым. Я снял трубку и позвал:

— Дима! Это Омон говорит. Возьми трубку.

Я услышал в ответ:

— Слушай, перезвони через две минуты! У тебя радио работает? Включи скорей!

Дима бросил трубку. Его голос был взволнованным, и я решил, что по радио передают что-то про нас. Но «Маяк» передавал музыку — включив его, я услышал затихающее дребезжание синтезатора; программа уже кончалась, и через несколько секунд наступила тишина. Потом пошли сигналы точного времени, и я узнал, что в какой-то Москве четырнадцать каких-то часов. Прождав еще немного, я взял трубку.

— Слышал? — взволнованно спросил Дима.

— Слышал, — сказал я. — Но только самый конец.

— Узнал?

— Нет, — сказал я.

— Это «Пинк Флойд» был. «One of These Days».

— Неужто трудящиеся попросили? — удивился я.

— Да нет, — сказал Дима. — Это заставка к программе «Жизнь науки». С пластинки «Meddle». Чистый андерграунд.

— А ты что, «Пинк Флойд» любишь?

— Я-то? Очень. Они у меня все собраны были. А ты к ним как относишься?

Первый раз я слышал, чтобы Дима говорил таким живым голосом.

— В общем ничего, — сказал я. — Но только не все. Вот есть у них такая пластинка, корова на обложке нарисована.

— «Atom Heart Mother», — сказал Дима.

— Эта мне нравится. А вот еще другую помню, двойную, где они во дворе сидят, и на стене картина с этим же двором, где они сидят...

— «Ummagumma».

— Может быть. Так это, по-моему, вообще не музыка.

— Правильно! Говно, а не музыка! — рявкнул в трубке чей-то голос, и мы на несколько секунд замолчали.

— Не скажи, — заговорил наконец Дима, — не скажи. Там в конце новая запись «Saucerful of Secrets». Тембр другой, чем на «Nice Pair». И вокал. Гилмор поет.

Этого я не помнил.

— А что тебе на «Atom Heart Mother» нравится? — спросил Дима.

— Знаешь, на второй стороне две такие песни есть. Одна тихая, под гитару. А вторая с оркестром. Очень красивый проигрыш. Там та-та-та-та-та-та-та-та там-тарам тра-та-та...

— Знаю, — сказал Дима. — «Summer Sixty Eight». А тихая — это «If».

— Может быть, — сказал я. — А у тебя какая пластинка любимая?

— У меня, знаешь ли, любимой пластинки нет, — надменно сказал Дима. — Мне не пластинки нравятся, а музыка. Вот с «Meddle», например, нравится первая. Про эхо. Я даже без слез слушать не могу. Со словарем переводил. Аль-ба-трос над го-ло-вой, па-рарам, па-рам со мной... And help me understand the best I can...

Дима сглотнул и замолчал.

— А ты хорошо английский знаешь, — сказал я.

— Да, мне в ракетной части уже говорили. Замполит говорил. Не в этом дело. Я одной пластинки так и не нашел. В последний отпуск специально в Москву ездил, четыреста рублей брал. Толкался, толкался — никто про нее не слышал даже.

— А что за пластинка?

— Да ты не знаешь. Музыка к фильму. Называется «Забрийски пойнт». Зи-эй-би-ар-ай-эс-кей-ай-и. «Zabriskie Point».

— А, — сказал я. — Да она была у меня. Не пластинка только, а запись на катушке. Ничего особенного... Дим, ты чего замолчал? Эй, Дима!

В трубке долго что-то потрескивало, потом Дима спросил:

— На что она похожа?

— Да как объяснить, — задумался я. — Вот ты «Морэ» слышал?

— Ну. Только не «Морэ», а «Moге».

— Вот примерно такая же. Только там не поют. Обычный саундтрек. Можешь считать, если «Морэ» слышал, то ее тоже слышал. Типичные «Пинки» — саксофон, синтезатор. Вторая сто...

В трубке бикнуло, и мою черепную коробку заполнил рев Халмурадова:

— Ра, прием! Вы что там, блядь, базарите? Дел мало? Подготовить автоматику к мягкой посадке!

— Да готова автоматика! — с досадой ответил Дима.

— Тогда начать ориентацию оси тормозного двигателя по лунной вертикали!

— Ладно.

Я выглянул сквозь глазки лунохода в космос и увидел Луну. Она была уже совсем рядом — картина перед моими глазами напоминала бы петлюровский флаг, если бы ее верхняя часть была не черной, а синей. Зазвонил телефон. Я взял трубку, но это опять оказался Халмурадов:

— Внимание! По счету три включить тормозной двигатель по команде от радиовысотомера!

— Понял, — ответил Дима.

— Раз... Два...

Я бросил трубку.

Включился двигатель. Он работал с перерывами, а минут через двадцать меня вдруг ударило плечом в стену, потом спиной в потолок, и все вокруг затряслось от невыносимого грохота; я понял, что Дима ушел в бессмертие, не попрощавшись. Но я не испытал обиды — если не считать нашего последнего разговора, он всегда был молчалив и неприветлив, да и мне почему-то казалось, что, сутками сидя в гондоле своей межконтинентальной баллистической, он понял что-то особенное, такое, что навсегда лишило его необходимости здороваться и прощаться.

Момента посадки я не заметил. Тряска и грохот внезапно кончились, и, выглянув в глазки, я увидел такую же тьму, как перед стартом. Сначала я подумал, что произошло что-то неожиданное, но потом вспомнил, что по плану я и должен был приземлиться лунной ночью.

Некоторое время я ждал сам не зная чего, и вдруг зазвонил телефон.

— Халмурадов, — сказал голос. — Все в порядке?

— Так точно, товарищ полковник.

— Сейчас телеметрия сработает, — сказал он, — опустятся направляющие. Съедешь на поверхность и доложишь. Только подтормаживай, понял?

И добавил тише, отведя трубку ото рта:

— Ан-де-храунд. Вот ведь блядь какая.

Луноход качнуло, и снаружи донесся глухой удар.

— Вперед, — сказал Халмурадов.

Это была, наверно, самая тяжелая часть моей задачи — нужно было съехать со спускаемого аппарата по двум узким направляющим, которые откидывались на лунную поверхность. На направляющих были специальные пазы, в которые входили реборды колес лунохода, поэтому соскользнуть с них было невозможно, но оставалась опасность, что одна из направляющих попадет на какой-нибудь камень, и тогда луноход, съезжая на грунт, мог накрениться и перевернуться. Я несколько раз повернул педали и почувствовал, что массивная машина наклонилась вперед и едет сама. Я нажал на тормоз, но инерция оказалась сильнее, и луноход поволокло вниз; вдруг что-то лязгнуло, тормоз сорвался, и мои ноги несколько раз со страшной скоростью провернули педали назад; луноход неудержимо покатился вперед, качнулся и встал ровно, на все восемь колес.

Я был на Луне. Но никаких эмоций по этому поводу я не испытал; думал я о том, как мне поставить на место слетевшую цепь. Когда мне это наконец удалось, зазвонил телефон. Это был начальник полета. Его голос был официальным и торжественным.

— Товарищ Кривомазов! От имени всего летно-командного состава, присутствующего сейчас в ГлавЦУПе, поздравляю вас с мягкой посадкой советской автоматической станции «Луна-17Б» на Луну!

Послышались хлопки, и я понял, что открывают шампанское. Долетела музыка — это был какой-то марш; он был еле слышен, и его почти забивал раздававшийся в трубке треск.

14

Мои детские мечты о будущем родились из легкой грусти, свойственной тем отделенным от остальной жизни вечерам, когда лежишь в траве у остатков чужого костра, рядом валяется велосипед, на западе еще расплываются лиловые полосы от только что зашедшего солнца, а на востоке уже видны первые звезды.

Я мало что видел и испытал, но мне многое нравилось, и я считал, что полет на Луну вберет в себя все, мимо чего я проходил, надеясь встретить это потом, окончательно и навсегда; откуда мне было знать, что самое лучшее в жизни каждый раз видишь как бы краем глаза? В детстве я часто представлял себе внеземные пейзажи — залитые мертвенным светом, изрытые кратерами каменные равнины; далекие острые горы, черное небо, на котором огромной головней пылает солнце и блестят звезды; я представлял себе многометровые толщи космической пыли, представлял камни, неподвижно лежащие на лунной поверхности многие миллиарды лет, — почему-то меня очень впечатляла мысль о том, что камень может неподвижно пролежать на одном и том же месте столько времени, а я вдруг нагнусь и возьму его толстыми пальцами скафандра. Я думал о том, как увижу, подняв голову, голубой шар Земли, похожий на чуть искаженный заплаканными стеклами противогаза школьный глобус, и эта высшая в моей жизни секунда свяжет меня со всеми теми моментами, когда мне казалось, что я стою на пороге чего-то непостижимого и чудесного.

На самом деле Луна оказалась крохотным пространством, черным и душным, где только изредка загоралось тусклое электричество; она оказалась неизменной тьмой за бесполезными линзами глазков и беспокойным неудобным сном в скорченном положении, с головой, упертой в лежащие на руле руки.

Двигался я медленно, километров по пять в день, и совершенно не представлял, как выглядит окружающий меня мир. Хотя, наверно, это царство вечной тьмы не выглядело вообще никак — кроме меня, здесь не было людей, для которых что-то может как-то выглядеть, а фары я не включал, чтобы не сажать аккумулятор. Грунт подо мною был, по-видимому, ровной плоскостью — машина ехала гладко. Но руль нельзя было повернуть совсем — очевидно, его заклинило при посадке, так что мне оставалось только крутить педали. Страшно неудобным для пользования был туалет — настолько, что я предпочитал терпеть до последнего, как когда-то во время детсадовского тихого часа. Но все же мой путь в космос был так долог, что я не позволял мрачным мыслям овладевать собою и даже был счастлив.

Проходили часы и сутки; я останавливался только для того, чтобы уронить голову на руль и заснуть. Тушенка медленно подходила к концу, воды в бидоне оставалось все меньше; каждый вечер я на сантиметр удлинял красную линию на карте, висящей перед моими глазами, и она все ближе подходила к маленькому черному кружку, за которым ее уже не должно было быть. Кружок был похож на обозначение станции метро; меня очень раздражало, что он никак не называется, и я написал рядом: «Zabriskie Point».

Правой рукой сжимая в кармане ватника никелированный шарик, я уже час вглядывался в этикетку с надписью «Великая стена». Мне чудились теплые ветры над полями далекого Китая, и нудно звенящий на полу телефон мало меня интересовал, но все же через некоторое время я взял трубку.

— Ра, прием! Почему не отвечаешь? Почему свет горит? Почему стоим? Я же тут все вижу по телеметрии.

— Отдыхаю, товарищ начальник полета.

— Доложи показания счетчика!

Я поглядел на маленький стальной цилиндр с цифрами в окошке.

— Тридцать два километра семьсот метров.

— Теперь погаси свет и слушай. Мы тут по карте смотрим — ты сейчас как раз подъезжаешь.

У меня екнуло в груди, хотя я знал, что до черного кружка, который дулом глядел на меня с карты, еще далеко.

— Куда?

— К посадочному модулю «Луны-17Б».

— Так ведь это я «Луна-17Б», — сказал я.

— Ну и что. Они тоже.

Кажется, он опять был пьян. Но я понимал, о чем он говорит. Это была экспедиция по доставке лунного грунта; на Луну тогда спустились двое космонавтов, Пасюк Драч и Зураб Парцвания. У них с собой была небольшая ракета, в которой они запустили на Землю пятьсот граммов грунта; после этого они прожили на лунной поверхности полторы минуты и застрелились.

— Внимание, Омон! — заговорил начальник полета. — Сейчас будь внимателен. Сбрось скорость и включи фары.

Я щелкнул тумблером и припал к черным линзам глазков. Из-за оптических искажений казалось, что чернота вокруг лунохода смыкается в свод и уходит вперед бесконечным туннелем. Я ясно различал только небольшой участок каменной поверхности, неровной и шероховатой, — это, видимо, был древний базальт; через каждые метр-полтора перпендикулярно линии моего движения над грунтом поднимались невысокие продолговатые выступы, напоминающие барханы в пустыне; странным было то, что они совершенно не ощущались при движении.

— Ну? — раздалось в трубке.

— Ничего не заметно, — сказал я.

— Выключи фары и вперед. Не спеши.

Я ехал еще минут сорок. Потом луноход на что-то наткнулся. Я взял трубку.

— Земля, прием. Тут что-то есть.

— Включить фары.

Прямо в центре поля моего зрения лежали две руки в черных кожаных перчатках; растопыренные пальцы правой накрывали рукоять совка, в котором еще оставалось немного песка, перемешанного с мелкими камнями, а в левой был сжат тускло поблескивающий «макаров». Между руками виднелось что-то темное. Приглядевшись, я различил поднятый ворот офицерского ватника и торчащий над ним верх ушанки; плечо и часть головы лежащего были закрыты колесом лунохода.

— Ну чего, Омон? — выдохнула мне в ухо трубка.

Я коротко описал то, что было перед моими глазами.

— А погоны, погоны какие?

— Не видно.

— Отъедь назад на полметра.

— Луноход назад не ездит, — сказал я. — Ножной тормоз.

— А-ах ты... Говорил ведь главному конструктору, — пробормотал начальник полета. — Как говорится, знал бы, где упаду, — сенца бы подбросил. Я вот думаю, кто это — Зура или Паша. Зура капитан был, а Паша — майор. Ладно, выключай фары, аккумуляторы посадишь.

— Есть, — сказал я, но перед тем, как выполнить приказ, еще раз поглядел на неподвижную руку и войлочный верх ушанки. Некоторое время я не мог тронуться с места, но потом сжал зубы и всем весом надавил на педаль. Луноход дернулся вверх, а через секунду вниз.

— Вперед, — сказал сменивший начальника полета Халмурадов. — Выходишь из графика.

Я экономил энергию и проводил почти все время в полной темноте, исступленно вращая педали и включая свет только на несколько секунд, чтобы свериться с компасом, хоть это и не имело никакого смысла, потому что руль все равно не работал. Но так приказывала Земля. Сложно описать это ощущение: тьма, жаркое тесное пространство, капающий со лба пот, легкое покачивание — наверно, что-то похожее испытывает плод в материнской утробе.

Я осознавал, что я на Луне. Но огромное расстояние, которое отделяло меня от Земли, было для меня чистой абстракцией. Мне казалось, что люди, с которыми я говорю по телефону, находятся где-то рядом — не потому, что их голоса в трубке были хорошо слышны, а потому, что я не представлял, как связывающие нас служебные отношения и личные чувства — нечто совершенно нематериальное — могли растянуться на несколько сот тысяч километров. Но самым странным было то, что на это же немыслимое расстояние удлинились и воспоминания, связывающие меня с детством.

Когда я учился в школе, я обычно коротал лето в подмосковной деревне, стоявшей на обочине шоссе. Большую часть своего времени я проводил в седле велосипеда и за день иногда проезжал километров по тридцать-сорок. Велосипед был плохо отрегулирован: руль был слишком низким, и мне приходилось сильно сгибаться над ним — так, как в луноходе. И вот теперь, из-за того, наверно, что мое тело надолго приняло эту же позу, со мной стали случаться легкие галлюцинации. Я как-то забывался, засыпал наяву — в темноте это было особенно просто, — и мне чудилось, что я вижу под собой тень на уносящемся назад асфальте, вижу белый разделительный пунктир в центре шоссе и вдыхаю пахнущий бензиновым перегаром воздух. Мне начинало казаться, что я слышу рев проносящихся мимо грузовиков и шуршание шин об асфальт, и только очередной сеанс связи приводил меня в чувство. Но потом я снова выпадал из лунной реальности, переносился на подмосковное шоссе и понимал, как много для меня значили проведенные там часы.

Однажды на связь со мной вышел товарищ Кондратьев и начал декламировать стихи про Луну. Я не знал, как повежливей попросить его остановиться, но вдруг он стал читать стихотворение, которое с первых строк показалось мне фотографией моей души.

Мы с тобою так верили в связь бытия,
Но теперь я оглядываюсь, и удивительно —
До чего ты мне кажешься, юность моя,
По цветам не моей, ни черта не действительной.
Если вдуматься, это — сиянье Луны
Между мной и тобой, между мелью и тонущим,
Или вижу столбы и тебя со спины,
Как ты прямо к Луне на своем полугоночном.
Ты давно уж...

Я тихо всхлипнул, и товарищ Кондратьев сразу остановился.

— А дальше? — спросил я.

— Забыл, — сказал товарищ Кондратьев. — Прямо из головы вылетело.

Я не поверил ему, но знал, что спорить или просить бесполезно.

— А о чем ты сейчас думаешь? — спросил он.

— Да ни о чем, — сказал я.

— Так не бывает, — сказал он. — Обязательно ведь в голове крутится какая-нибудь мысль. Правда, расскажи.

— Да я детство часто вспоминаю, — неохотно сказал я. — Как на велосипеде катался. Очень похоже было. И до сих пор не пойму — ведь вроде ехал на велосипеде, еще руль был такой низкий, и вроде впереди светло было, и ветер свежий-свежий...

Я замолчал.

— Ну? Чего не поймешь-то?

— Я ведь к каналу вроде ехал... Так куда же я...

Товарищ Кондратьев пару минут молчал и тихо положил трубку.

Я включил «Маяк» — мне, кстати, не очень верилось, что это «Маяк», хотя так уверяли через каждые две минуты.

— Семь сыновей подарила Родине Мария Ивановна Плахута из села Малый Перехват, — заговорил парящий над рабочим полднем далекой России женский голос. — Двое из них, Иван Плахута и Василий Плахута, служат сейчас в армии, в танковых войсках МВД. Они просят передать для их матери шуточную песню «Самовар». Выполняем вашу просьбу, ребята. Мария Ивановна, для вас сегодня поет народный балагур СССР Артем Плахута, который откликнулся на нашу просьбу с тем большим удовольствием, что сам за восемь лет до братьев демобилизовался старшим сержантом.

Задребезжали домры, два или три раза бухнули тарелки, и полный чувства голос, напирая на букву «р», как на соседа по автобусу, запел:

Ух, гор-ряч кипя-кипяток!

Я бросил трубку. От этих слов меня передернуло. Мне вспомнилась Димина седая голова и корова с обложки «Atom Heart Mother», и по моей спине прошла холодная медленная дрожь. Минуту или две я выжидал, решив, что песня уже кончилась, повернул черную ручку. Секунду было тихо, а потом притаившийся на секунду баритон грянул мне в лицо:

Угощ-щали гадов чаем
И водицей огневой!

На этот раз я ждал долго, и, когда опять включил приемник, говорила ведущая:

— ...вайте вспомним наших космонавтов и всех тех, чей земной труд делает возможной их небесную вахту. Для них сегодня...

Я вдруг ушел в свои мысли, точнее — провалился в одну из них, как под лед, и опять стал слышать только через несколько минут, когда тяжелый хор далеких басов уже клал последние кирпичи в монументальное здание новой песни. Но несмотря на то, что я полностью отключился от реальности, я автоматически продолжал давить на педали, сильно отводя в сторону правое колено, — так меньше чувствовалась мозоль, которую мне успел натереть унт.

Поразило меня вот что.

Если сейчас, закрыв глаза, я оказывался — насколько человек вообще может где-нибудь оказаться — на призрачном подмосковном шоссе, и несуществующие асфальт, листва и солнце перед моими закрытыми глазами делались так реальны для меня, словно я действительно мчался под уклон на своей любимой второй скорости; если, забыв про Zabriskie Point, до которого оставалось совсем немного, я все-таки бывал иногда несколько секунд счастлив, — не значило ли это, что уже тогда, в детстве, когда я был просто неотделившейся частью погруженного в летнее счастье мира, когда я действительно мчался на своем велосипеде вперед по асфальтовой полосе, навстречу ветру и солнцу, совершенно не интересуясь тем, что ждет меня впереди, — не значило ли это, что уже тогда я на самом деле катил по черной и мертвой поверхности Луны, видя только то, что проникало внутрь сознания сквозь кривые глазки сгущающегося вокруг меня лунохода?

Прощай, ячменный колос,
Уходим завтра в космос.
В районе окна
Товарищ Луна
Во всем черном небе одна...

15

«Социализм — это строй цивилизованных кооператоров с чудовищным Распутиным во главе, который копируется и фотографируется не только большими группами коллективных пропагандистов и агитаторов, но и коллективными организаторами, различающимися по их месту в исторически сложившейся системе использования аэропланов против нужд и бедствий низко летящей конницы, которая умирает, загнивает, но так же неисчерпаема, как нам реорганизовать Рабкрин».

Над текстом, выложенным золотыми буквами, был картуш с золотым остробороденьким профилем и полукруглое слово «ЛЕНИН», обрамленное двумя оливковыми ветвями из фольги. Я часто проходил мимо этого места, но вокруг всегда были люди, а при них я не решался подойти ближе. Я внимательно оглядел всю конструкцию: это был довольно большой, в метр высотой, планшет, обтянутый малиновым бархатом. Он висел на стене на двух петлях, а с другой стороны удерживался вплотную к стене небольшим крючком. Я огляделся. Еще не кончился тихий час, и в коридоре никого не было. Я подошел к окну — идущая к столовой аллея была пуста, только из дальнего ее конца в мою сторону медленно ползли два лунохода, в которых я узнал вожатых Юру и Лену. Стояла тишина, только с первого этажа доносилось тихое постукивание шарика о теннисный стол — мысль о том, что кто-то имеет право играть в настольный теннис во время тихого часа, наполнила меня меланхолией. Откинув крючок, я потянул планшет на себя. Открылся квадрат стены, в центре которого был выключатель, выкрашенный золотой краской. Чувствуя, как у меня все сильнее сосет под ложечкой, я протянул руку и перещелкнул его вверх.

Раздался негромкий гудок, и я, еще не поняв, что это такое, почувствовал, что совершил с окружающим миром и самим собой что-то страшное. Гудок прозвучал опять, громче, и вдруг выяснилось, что выключатель, открытая малиновая дверца и весь коридор, где я стою, — все это ненастоящее, потому что на самом деле я вовсе не стою у стены с выключателем, а сижу в скрюченной и неудобной позе в каком-то крайне тесном месте. Прогудело еще раз, и вокруг меня за несколько секунд сгустился луноход. Еще гудок, и в моем сознании сверкнула мысль о том, что вчера, перед тем как склонить голову на руль, я довел красную линию на карте точно до черного кружка с надписью «Zabriskie Point».

Звонил телефон.

— Выспался, мудила? — прогромыхал в трубке голос полковника Халмурадова.

— Ты сам мудила, — сказал я, внезапно разозлясь.

Халмурадов заливисто и заразительно захохотал — я понял, что он совершенно не обиделся.

— Я тут опять один сижу, в ЦУПе. Наши в Японию уехали, насчет совместного полета договариваться. Пхадзер Владиленович тебе привет передает, жалел очень, что попрощаться не успел — в последний момент все решилось. А я из-за тебя тут остался. Ну чего, сегодня вымпел-радиобуй ставишь? Отмучился, похоже? Рад?

Я молчал.

— Да ты на меня злишься, что ли? Омон? Что я тебя тогда козлом назвал? Брось. Ты ведь тогда весь ЦУП раком поставил, чуть полет отменять не пришлось, — сказал Халмурадов и немного помолчал. — Да что ты правда, как баба... Мужик ты или нет? Тем более день такой. Ты вспомни только.

— Я помню, — сказал я.

— Застегнись как можно плотнее, — озабоченно заговорил Халмурадов, — особенно ватник на горле. Насчет лица...

— Я все не хуже вас знаю, — перебил я.

— ...сначала очки, потом замотаешь шарфом, а потом уже — ушанку. Обязательно завязать под подбородком. Перчатки. Рукава и унты перетянуть бечевкой — вакуум шуток не понимает. Тогда минуты на три хватит. Все понял?

— Понял.

— Бля, не «понял», а «так точно». Приготовишься — доложишь.

Говорят, в последние минуты жизни человек видит ее всю как бы в ускоренном обратном просмотре. Не знаю. Со мной ничего подобного не было, как я ни пытался. Вместо этого я отчетливо, в мельчайших деталях, представил себе Ландратова в Японии — как он идет по солнечной утренней улице в дорогих свежекупленных кроссовках, улыбается и, наверно, даже не вспоминает о том, на что он их только что натянул. Представил я себе и остальных — начальника полета, превратившегося в пожилого интеллигента в костюме-тройке, и товарища Кондратьева, дающего задумчивое интервью корреспонденту программы «Время». Но ни одной мысли о себе в мою голову не пришло. Чтобы успокоиться, я включил «Маяк» и послушал тихую песню об огнях, которые загорались там вдали за рекой, о поникшей голове, пробитом сердце и белогвардейцах, которым нечего терять, кроме своих цепей. Я вспомнил, как давным-давно в детстве полз в противогазе по линолеуму, неслышно подпевая далекому репродуктору, и тихим голосом запел:

— Это бе-ло-гвардей-ски-е цепи!

Вдруг радио отключилось и зазвонил телефон.

— Ну чего, — спросил Халмурадов, — готов?

— Нет еще, — ответил я. — Куда спешить?

— Ну ты гандон, парень, — сказал Халмурадов, — то-то у тебя в личном деле написано, что друзей в детстве не было, кроме этого мудака, которого мы расстреляли. Ты о других-то хоть иногда думаешь? Я ж на теннис опять не попаду.

Почему-то мысль о том, что Халмурадов в белых шортах на своих жирных ляжках совсем скоро будет стоять на лужниковском корте и постукивать мячиком об асфальт, а меня в это время уже не будет нигде, показалась мне невероятно обидной — не из-за того, что я ощутил к нему зависть, а потому, что я вдруг с пронзительной ясностью вспомнил солнечный сентябрьский день в Лужниках, еще школьных времен. Но потом я понял, что, когда не будет меня, Халмурадова и Лужников тоже не будет, и эта мысль развеяла меланхолию, вынесенную мною из сна.

— О других? Какие еще другие? — тихо спросил я. — Впрочем, чушь. Вы идите, я сам справлюсь.

— Ты брось это.

— Правда, идите.

— Брось, брось, — серьезно сказал Халмурадов. — Мне акт надо закрыть, сигнал с Луны зарегистрировать, московское время проставить. Ты лучше давай это быстрее.

— А Ландратов тоже в Японии? — спросил вдруг я.

— А чего ты спросил? — подозрительно проговорил Халмурадов.

— Так просто. Вспомнил.

— А чего вспомнил? Скажи, а?

— Да так, — ответил я. — Вспомнил, как он «Калинку» танцевал на выпускном экзамене.

— Вас понял. Эй, Ландратов, ты в Японии? Тут про тебя спрашивают.

Послышался смех и скользкий скрип зажимающих трубку пальцев.

— Тут он, — сказал наконец Халмурадов. — Привет тебе передает.

— Ему тоже. Ну ладно, пора, пожалуй.

— Толкнешь люк, — быстро заговорил Халмурадов, повторяя известную мне наизусть инструкцию, — и сразу за руль хватайся, чтоб воздухом не выкинуло. Потом вдохни из кислородной маски сквозь шарф и вылазь. Пройдешь пятнадцать шагов по ходу движения, вынешь вымпел-радиобуй, поставишь и включишь. Смотри только, отнеси подальше, а то луноход сигнал заэкранирует... Ну а потом... Пистолет с одним патроном мы тебе выдали, а тру́сов у нас в отряде космонавтов никогда не было.

Я положил трубку. Телефон зазвонил снова, но я не обращал на него внимания. На секунду у меня появилась мысль не включать вымпел-радиобуй, чтоб эта сволочь Халмурадов просидел в ЦУПе до конца дня, а потом еще получил какой-нибудь партийный выговор, но я вспомнил Сему Аникина и его слова о том, что я обязательно должен долететь и все сделать. Предать парней с первой и второй ступени да и молчаливого Диму с лунного модуля я не мог; они умерли, чтобы я сейчас оказался здесь, и перед лицом их высоких коротких судеб моя злоба на Халмурадова показалась мне мелкой и стыдной. И когда я понял, что сейчас, через несколько секунд, соберусь с духом и сделаю все как надо, телефон замолчал.

Я стал собираться и через полчаса был готов. Плотно-плотно заткнув уши и ноздри специальными гидрокомпенсационными тампонами из промасленной ваты, я проверил одежду — все было плотно застегнуто, заправлено и перетянуто; правда, резинка мотоциклетных очков была слишком тесной, и они впились в лицо, но я не стал возиться — терпеть все равно оставалось совсем недолго. Взяв лежащую на полке кобуру, я вытащил из нее пистолет, поставил его на боевой взвод и сунул в карман ватника. Перебросив мешок с вымпелом-радиобуем через левое плечо, я положил было руку на трубку, но вспомнил, что уже заткнул уши ватой, да мне и не очень хотелось тратить последние мгновения жизни на беседу с Халмурадовым. Я вспомнил наш последний разговор с Димой и подумал, что я правильно сделал, что наврал ему про «Zabriskie Point». Горько уходить из мира, в котором оставляешь какую-то тайну.

Я выдохнул, как перед прыжком в воду, и принялся за дело.

За долгие часы тренировок мое тело настолько хорошо запомнило, что ему следует делать, что я ни разу не остановился, хотя работать пришлось почти в полной темноте, потому что аккумулятор сел до такой степени, что лампочка уже не давала света — был только виден малиновый червячок спирали. Сначала надо было снять пять винтов по периметру люка. Когда последний винт звякнул об пол, я нащупал на стене стеклянное окошко аварийного сброса люка и сильно ударил по стеклу последней банкой «Великой стены». Стекло разбилось. Я просунул в окошко кисть, зацепил пальцем кольцо пиропатрона и дернул его на себя. Пиропатрон был сделан из взрывателя от гранаты Ф-1 и срабатывал с замедлением в три секунды, поэтому у меня как раз хватило времени схватиться за руль и как можно ниже пригнуть голову. Потом над моей головой громыхнуло, и меня так качнуло, что чуть не выбросило из седла, но я удержался. Прошло полсекунды, и я поднял голову. Надо мною была бездонная чернота открытого космоса. Между ним и мною был только тонкий плексиглас мотоциклетных очков. Вокруг была абсолютная тьма. Я нагнулся, глубоко вдохнул из раструба кислородной маски и, неуклюже перевалившись через борт, поднялся на ноги и пошел вперед — каждый шаг давался ценой невероятного усилия из-за страшной боли в спине, разогнутой впервые за месяц. Идти целых пятнадцать шагов не хотелось; я опустился на колено, расслабил тесьму мешка с вымпелом-радиобуем и потащил его наружу — он зацепился рычажком и никак не хотел вылезать. Держать воздух в легких становилось все сложнее, и со мной случился короткий момент паники — показалось, что я сейчас умру, так и не выполнив того, зачем я здесь. Но в следующую минуту мешок соскочил, я опустил радиовымпел на невидимую поверхность Луны и повернул рычажок. В эфир полетели закодированные слова «ЛЕНИН», «СССР» и «МИР», повторяемые через каждые три секунды, а на корпусе вспыхнула крошечная красная лампочка, осветившая изображение плывущего сквозь пшеничные колосья земного шара — и тут я впервые в жизни заметил, что герб моей Родины изображает вид с Луны.

Воздух рвался из легких наружу, и я знал, что через несколько секунд выдохну его и обожженным ртом глотну пустоты. Я размахнулся и швырнул как можно дальше никелированный шарик. Пора было умирать. Я вынул из кармана пистолет, поднес его к виску и попытался вспомнить главное в своем недолгом существовании, но в голову не пришло ничего, кроме истории Марата Попадьи, рассказанной его отцом. Мне показалось нелепым и обидным, что я умру с этой мыслью, не имеющей ко мне никакого отношения, и я попытался думать о другом, но не смог; перед моими глазами встала зимняя поляна, сидящие в кустах егеря, два медведя, с ревом идущие на охотников, — и, спуская или взведя курок, я вдруг с несомненной отчетливостью понял, что Киссинджер знал. Пистолет дал осечку, но и без него уже все было ясно; перед моими глазами поплыли яркие спасательные круги, я попытался поймать один из них, промахнулся и повалился на ледяной и черный лунный базальт.

В щеку впивался острый камень — из-за шарфа он не очень чувствовался, но было все равно неприятно. Я приподнялся на локтях и огляделся. Видно вокруг не было ничего. В носу свербело; я чихнул, и один из тампонов вылетел из носа. Тогда я сдернул с головы шарф, очки и ушанку, потом вытащил из ушей и носа разбухшие ватные тампоны. Слышно не было ничего, зато ощущался явственный запах плесени. Было сыро и, несмотря на ватник, холодно.

Я поднялся, пошарил вокруг руками, вытянул их перед собой и пошел вперед. Почти сразу же я обо что-то споткнулся, но сохранил равновесие. Через несколько шагов мои пальцы уперлись в стену; пошарив по ней, я нащупал толстые провисающие провода, облепленные каким-то липким пухом. Я повернулся и пошел в другую сторону; теперь я шел осторожней, высоко поднимая ноги, но через несколько шагов споткнулся опять. Потом под моими руками опять оказались стена и кабели. Тут я заметил метрах в пяти от себя крохотную красную лампочку, освещавшую металлический пятиугольник, и все вспомнил.

Но я не успел никак осмыслить вспомненное и что-нибудь по этому поводу подумать — далеко справа вспыхнуло, я повернул голову, инстинктивно заслонил лицо руками и сквозь пальцы увидел уходящий вдаль тоннель, в конце которого зажегся яркий свет, осветив густо покрытые кабелями стены и сходящиеся в точку рельсы.

Отвернувшись, я увидел стоящий на рельсах луноход, на который падала моя черная длинная тень (неизвестный оформитель густо изрисовал его звездами и крупными словами «СССР»), и попятился к нему, закрываясь от плывущего на меня над рельсами ослепительного огня, почему-то вдруг напомнившего мне закатное солнце. О борт лунохода звякнуло, и в ту же секунду долетел громкий треск; я понял, что в меня стреляют, и кинулся за луноход. О борт снова звякнула пуля, и несколько секунд он гудел, как похоронный колокол. Донеслось негромкое постукивание колес, потом раздался еще один выстрел, и стук колес стих.

— Эй, Кривомазов! — загремел нечеловечески громкий голос. — Выходи с поднятыми руками, сука! Тебе орден дали!

Я осторожно выглянул из-за лунохода: метрах в пятидесяти от меня на рельсах стояла маленькая дрезина с ослепительно горящей фарой, перед которой на широко расставленных ногах покачивался человек с мегафоном в левой руке и пистолетом в правой. Он поднял оружие; громыхнул выстрел, и несколько раз срикошетившая пуля провизжала под потолком. Я спрятал голову.

— Выходи, гад!

Его голос был знакомым, но я не мог понять, кто это.

— Два!

Он еще раз выстрелил и попал в корпус лунохода.

— Три!

Я опять осторожно выглянул и увидел, как он положил мегафон на свою дрезину, развел руки в стороны и медленной трусцой побежал по шпалам к луноходу. Когда он немного приблизился, стало слышно, что он жужжит ртом, изображая рев самолетных двигателей, и я сразу узнал его — это был Ландратов. Я попятился было по тоннелю, но понял, что как только он долетит до лунохода, я окажусь совершенно беззащитным. Секунду поколебавшись, я пригнулся и нырнул под низкое заусенчатое дно.

Теперь я видел только приближающиеся ноги, ловко, но как-то вывороченно ступающие по шпалам. Кажется, он ничего не заметил. Приблизясь к луноходу, он загудел иначе, напряженнее, и я понял, что он закладывает вираж, обходя аппарат сбоку. Потом его сапоги мелькнули между ржавыми трамвайными колесами, и тут, неожиданно для самого себя, я схватил его за ноги. Когда мои пальцы сомкнулись вокруг его щиколоток, я чуть не отпустил их от тошнотворного ощущения почти полной пустоты в его сапогах. Он заорал и упал; я не разжал рук, и протезы под мягкой кожей неестественно вывернулись. Я еще раз крутанул их и полез из-под лунохода наружу; когда я выбрался, он уже подползал к своему пистолету, упавшему между шпалами. У меня оставалось не больше секунды; я схватил тяжелый пятиугольник вымпела-радиобуя и с силой опустил его на желтоволосый ландратовский затылок.

Раздался хруст, и красная лампочка погасла.

Ландратовская ручная дрезина была намного легче моего лунохода и ехала гораздо быстрее. Мощная фара освещала круглую штольню с идущими по стенам кабелями, облепленными чем-то вроде липких волокон, которыми покрываются, например, нити, на которых что-нибудь вешают в пионерлагерной столовой. Эта штольня была, судя по всему, заброшенным тоннелем метро; несколько раз от нее ответвлялись другие тоннели, такие же черные и безжизненные, как и тот, по которому я ехал. По шпалам иногда пробегали крысы — некоторые были размером с небольшую собаку, — но на меня, слава богу, особого внимания не обращали. Потом справа возник боковой тоннель, такой же, как и предыдущие, но когда я подъехал к нему, дрезину вдруг так резко мотнуло вправо, что я полетел на рельсы и сильно ушиб плечо.

Оказалось, что стрелка, которую я проезжал, была в полупереведенном состоянии — передние колеса проехали по рельсам вперед, а задние повернули вправо; в результате дрезину заклинило намертво. Я понял, что дальше придется идти в темноте, и медленно побрел вперед, жалея, что не захватил с собой ландратовского «макарова», хотя, конечно, он вряд ли спас бы меня от крыс, вздумай они напасть.

Не успел я пройти полусотни метров, как впереди послышался лай собак и крики. Я повернулся и побежал назад. У меня за спиной зажглись огни; обернувшись, я увидел серые тела двух овчарок, прыгающих по шпалам впереди преследователей, единственной видимой частью которых были покачивающиеся кружки фонарей. В меня не стреляли — наверно, чтобы не попасть в собак.

— Вон он! Белка! Стрелка! Фас его! — заорал кто-то сзади.

Я повернул в боковой тоннель и помчался с максимальной скоростью, на которую был способен, высоко подпрыгивая, чтобы не переломать ног. Наступив на крысу, я чуть не упал и вдруг увидел яркие и немигающие неземные звезды — они горели справа; я кинулся туда, наткнулся на стену и полез через нее, цепляясь за кабели и спиной чувствуя несущихся ко мне овчарок. Перевалившись через край, я сорвался вниз и не расшибся только потому, что врезался во что-то очень мягкое, похожее на обтянутое полиэтиленом кресло. Я втиснулся в щель между рядами каких-то упаковок и ящиков и пополз по ней; несколько раз я натыкался руками на затянутые полиэтиленом спинки стульев и поручни диванов. Потом вокруг стало светлее. Я услышал совсем рядом тихий разговор и замер. Передо мной была задняя панель шкафа — оргалитовый лист с большим словом «Невка». Сзади доносились лай и крики, а потом долетел усиленный мегафоном голос:

— Прекратить! Тихо! Прямой эфир через две минуты!

Собаки продолжали лаять, и чей-то наглый тенор принялся объяснять, в чем дело, но мегафон снова проревел:

— А ну на хуй с территории! Вместе с собаками под трибунал пойдете!

Лай стал постепенно стихать — видно, собак оттащили. Еще через минуту я отважился выглянуть из-за шкафа, за которым лежал.

В первый момент мне показалось, что я попал в какой-то огромный древнеримский планетарий. На очень высоком сводчатом потолке стеклом и жестью поблескивали далекие звезды, включенные примерно в треть накала. Метрах в сорока от шкафа стоял старый кран; на его стреле, метрах в четырех от пола, парил похожий очертаниями на огромную бутылку корабль «Салют» с пристыкованным к нему космическим грузовиком «Агдам Т-3»; корабль был надет на стрелу, как пластмассовая модель самолета — на ножку подставки. Видимо, вся конструкция была слишком тяжелой для одного крана, потому что корму космического грузовика поддерживали два или три упертых в пол длинных бревна; они были различимы в полутьме, но когда совсем рядом со шкафом зажглись два прожектора, они стали практически невидимы, потому что, как и стена за ними, были выкрашены черной краской и облеплены мерцающими в электрических лучах кусочками фольги.

Прожектора были закрыты светофильтрами, и их свет был странным, белесо-мертвенным. Кроме космического корабля, который сразу стал выглядеть очень правдоподобно, они осветили телекамеру с большой надписью «Samsung», возле которой покуривали два автоматчика, и длинный стол с микрофонами, едой и призрачно-прозрачными водочными бутылками, похожими на вбитые в стол сосульки; за ним сидели два генерала, каждый из которых был чем-то похож на Генриха Боровика. Сбоку стоял маленький столик с микрофоном, за которым сидел человек в штатском. За его спиной был фанерный щит с надписью «Время» и рисунком земного шара, над которым косо взлетала пятиконечная звезда с очень длинными боковыми лучами. Склонившись над столом, с человеком за микрофоном о чем-то говорил другой штатский.

— Дубль три!

Кто это сказал, я не видел. Второй штатский быстро подбежал к телекамере и развернул ее в сторону столика. Раздался звонок, и человек за микрофоном четко и медленно заговорил:

— Сейчас мы находимся на переднем крае советской космической науки, в одном из филиалов ЦУПа. Седьмой год несут орбитальную вахту космонавты Армен Везиров и Джамбул Межелайтис. Этот полет — длиннейший в истории — сделал нашу страну лидером мировой космонавтики. Символично, что мы с оператором Николаем Гордиенко оказались здесь в день, когда космонавты выполняют важную научную задачу — ровно через полминуты они выйдут в открытый космос с целью установки астрофизического модуля «Квант».

Весь бокс озарился нежным и неясным светом — я поднял голову и увидел, что лампочки на потолке вспыхнули в полный накал. Открылась величественная панорама звездного неба, к которому столько веков стремился человек, складывая полные красоты, но такие наивные легенды о вбитых в небесную твердь серебряных гвоздях.

Со стороны «Салюта» послышались приглушенные удары — так бывает, когда плечом несильно толкают задубевшую от сырости дверь в погреб, боясь, что от слишком сильного удара она опрокинет стоящие сразу за ней крынки со сметаной. Наконец я увидел чуть приподнявшуюся над поверхностью корпуса космического корабля крышку люка, и сразу же от стола, за которым сидел человек с микрофоном, донеслось:

— Внимание! Включаем прямой эфир!

Люк медленно открылся, и над поверхностью космического корабля появился круглый серебристый шлем с короткой антенной. Все за столом зааплодировали; вслед за шлемом появились плечи и серебристые руки — они первым делом прицепили страховочный фал к специальной штанге на корпусе корабля; движения их были очень медленными и плавными, отработанными за время долгих тренировок в бассейне. Наконец первый космонавт вылез в открытый космос и остановился в нескольких шагах от люка — я подумал, что требовалось немалое мужество, чтобы стоять на четырехметровой высоте. Мне показалось, что один из генералов за столом смотрит в мою сторону, и я втянул голову за шкаф, а когда решился опять ее высунуть, оба космонавта уже стояли на поверхности космического корабля, ослепительно-белые на фоне чернильных космических далей, усыпанных крошечными точечками звезд. У одного в руках был небольшой ящик. Это и был, как я понял, астрофизический модуль «Квант». Космонавты медленно и как-то подводно прошли по корпусу корабля, остановились у высокой мачты и довольно быстро привинтили к ней ящик. Потом они повернулись в сторону телекамеры, плавно помахали руками и такими же водолазными шагами вернулись к люку, в котором по очереди исчезли.

Люк закрылся, но я еще долго глядел на мерцающие в невообразимой дали звезды — туда, где раскинуло длинные тонкие руки созвездие Лебедя, колеблясь, кому открыть объятия: огромному ли — в полнеба — Пегасу или маленькой, но такой трогательно яркой и чистой Лире.

Человек в гражданском тем временем быстро и радостно говорил в свой микрофон:

— На время операции в Центре управления полетом наступила тишина. Признаться, и у меня захватило дух, но все прошло успешно. Нельзя не поразиться четкости и слаженности действий космонавтов — видно, не зря прошли для них годы тренировок и орбитальной вахты. Установленное сегодня научное оборудование...

Я отполз за шкаф. Я чувствовал апатию и безразличие ко всему происходящему. Если бы меня сейчас стали хватать, я вряд ли попытался бы бежать или сопротивляться; единственное, чего мне хотелось, так это спать. По лунной привычке положил голову на скрещенные руки и заснул. Сквозь сон я услышал:

— Телевизионная передача о работе в открытом космосе велась с помощью камеры, установленной бортинженером на панели одной из солнечных батарей базового блока.

Спал я долго — наверное, часов пять. Несколько раз возле меня начинали что-то двигать и материться, потом тонкий женский голос требовал заменить диван, но я даже не пошевелился; может быть, мне это снилось. Когда я наконец пришел в себя, вокруг было тихо. Я осторожно поднялся и выглянул из-за шкафа. Стол с микрофоном был пуст, а телекамера накрыта брезентом. Освещая космические корабли, горел один прожектор. Людей видно не было. Я вышел из-за шкафа и огляделся: все было так же, как и во время телепередачи, но сейчас я заметил на полу под космическими кораблями довольно большую кучу нечистот, мерзко белеющую бумажками и банками из-под «Великой стены»; на моих глазах туда что-то тихо шлепнулось. Я подошел к столу, на котором осталась недопитая водка и тарелки с закуской; мне сильно хотелось выпить. Когда я сел, моя спина автоматически согнулась, приняв велосипедную позу; с некоторым усилием я разогнулся, слил остатки водки — ее хватило на два полных стакана — и по очереди опрокинул их в рот. Несколько секунд я колебался, не закусить ли одним из оставшихся на тарелке маринованных грибов, но, когда увидел испачканную слизью вилку, победила брезгливость.

Я вспомнил своих товарищей по экипажу и представил себе такой же или похожий зал, на полу которого еще стоят, наверное, цинковые гробы — четыре запаянных и один пустой. Наверное, в чем-то ребята были счастливей меня, но все же я ощутил печаль. Потом я подумал о Митьке. Скоро в голове у меня зашумело и появилась способность думать о сегодняшних событиях. Но вместо того чтобы думать о них, я вспомнил свой последний день на Земле, темнеющую от дождя брусчатку Красной площади, коляску товарища Урчагина и случайное прикосновение его теплых губ, шепчущих в мое ухо:

«Омон. Я знаю, как тяжело тебе было потерять друга и узнать, что с самого детства ты шел к мигу бессмертия бок о бок с хитрым и опытным врагом — не хочу даже произносить его имени вслух. Но все же вспомни один разговор, при котором присутствовали ты, я и он. Он сказал тогда: „Какая разница, с какой мыслью умрет человек? Ведь мы материалисты“. Ты помнишь — я сказал тогда, что после смерти человек живет в плодах своих дел. Но я не сказал тогда другой вещи, самой важной. Запомни, Омон, хоть никакой души, конечно, у человека нет, каждая душа — это вселенная. В этом диалектика. И пока есть хоть одна душа, где наше дело живет и побеждает, это дело не погибнет. Ибо будет существовать целая вселенная, центром которой станет вот это...»

Он обвел рукой площадь, камни которой уже грозно и черно блестели.

«А теперь — главное, что ты должен запомнить, Омон. Сейчас ты не поймешь моих слов, но я и говорю их для момента, который наступит позже, когда меня не будет рядом. Слушай. Достаточно даже одной чистой и честной души, чтобы наша страна вышла на первое место в мире по освоению космоса; достаточно одной такой души, чтобы на далекой Луне взвилось красное знамя победившего социализма. Но одна такая душа хотя бы на один миг необходима, потому что именно в ней взовьется это знамя...»

Я вдруг почувствовал сильный запах пота, обернулся и сразу же полетел на пол, сбитый со стула сильным ударом кулака в толстой резиновой перчатке.

Надо мной стоял космонавт в заношенном войлочном скафандре и шлеме с красной надписью «СССР». Он схватил пустую бутылку, разбил ее о край стола и с розочкой в занесенной руке наклонился надо мной, но я успел откатиться, вскочил на ноги и побежал. Он кинулся за мной — перемещался он медленными движениями, но почему-то очень быстро, и это было страшно. Краем глаза я увидел второго — он торопливо слезал по подпиравшему корпус «Агдама Т-3» черному полену, обдирая звезды из фольги. Я добежал до дверей, ударил в них плечом, но они были заперты. Тогда я кинулся назад, увернулся от первого и столкнулся со вторым, который с размаху ударил меня ногой в ботинке с тяжелой магнитной подошвой — целился он в пах, но попал в ногу, — а потом попытался боднуть острой антенной в живот. Мне опять удалось увернуться. Я вдруг понял, что выпил водку, которой они ждали, может быть, несколько лет, и испугался по-настоящему. Передо мной была небольшая решетчатая дверь с красной молнией в треугольнике и надписью «Опасно!». Я побежал к ней.

За ней начинался очень узкий коридор с гулким железным полом. Я пробежал по нему от силы метров пять и услышал за спиной тяжело-звонкое звяканье магнитных пластин. Это придало мне скорости и сил; я повернул за угол и увидел короткий коридор, кончающийся круглым вентиляционным окном с порванной проволочной сеткой, за которой была видна неподвижная ржавая лопасть. Я дернулся было назад, но вдруг оказался так близко от своего преследователя, что даже не ощутил его как нечто целое, а как бы зафиксировал набор не связанных друг с другом восприятий: шар с забралом из бутылочного плексигласа и красным словом «СССР», черный резиновый кулак с торчащим над ним маленьким прозрачным трезубцем, сильнейший запах пота и майорские погоны на крашенном серебрянкой войлоке. В следующий миг я уже извивался в вентиляционной шахте за люком и довольно быстро протиснулся между лопастями огромного вентилятора, похожего на корабельный винт, но когда я пополз по уходящему куда-то далеко вверх колодцу, мой ватник сбился в ком и я застрял и скорчился, как плод в утробе. Потом снизу зашуршало, что-то коснулось моей лодыжки, и я с криком рванулся вверх, в считаные секунды вскарабкался метра на два и протиснулся в горизонтальное ответвление. Оно кончалось круглым окошком, за которым виднелся земной шар в мутной дымке облаков; я всхлипнул и пополз ему навстречу.

Сквозь тонкую пленку слез Земля виделась нечеткой и размытой и словно висела в желтоватой пустоте; из этой пустоты я и глядел на ее приближающуюся поверхность, протискиваясь к ней навстречу, пока вдруг не расступились сжавшие меня стены и коричневый кафель пола не полетел мне навстречу.

— Эй! Мужчина!

Я открыл глаза. Надо мной склонялась женщина в грязном синем халате; на полу рядом с ней стояло ведро, а в ее руке была швабра.

— Тебе плохо, что ли? Тебе чего надо здесь?

Я перевел взгляд — прямо напротив меня в стене была коричневая дверь с надписью «проверить до 14.VII». Рядом висел календарь с большой фотографией Земли и словами «За мирный Космос!». Я лежал в коротком коридоре с синими крашеными стенами; вокруг было три или четыре двери. Я поглядел вверх и увидал в стене напротив календаря черную дыру вентиляционного люка.

— А? — спросил я.

— Пьяный, что ли, говорю?

Держась за стену, я встал на ноги и побрел по коридору.

— Куда? — сказала женщина и резким движением развернула меня.

Я пошел в другую сторону. За углом начиналась крутая и довольно высокая лестница вверх, упиравшаяся в деревянную дверь; из-за двери доносился неясный шум.

— Давай, — подтолкнула меня женщина в спину. Я поднялся по лестнице, оглянулся — она настороженно смотрела на меня снизу, — толкнул дверь и оказался в полутемной нише, где стояло несколько человек в гражданском. Они не обратили на меня особого внимания. Издалека послышался нарастающий гул, я поглядел вбок и прочел бронзовую надпись: «БИБЛИОТЕКА ИМЕНИ ЛЕНИНА».

«Земля», — вдруг понял я.

Я вышел из закутка под лестницей и медленно побрел по платформе к большому зеркалу в ее конце. Над зеркалом мигали грозные оранжевые знаки времени, сообщавшие, что еще не вечер, но времени уже довольно много, а последний поезд прошел чуть больше четырех минут назад. Из зеркала на меня посмотрел молодой человек с очень давно не бритой щетиной; его глаза были воспалены, а волосы сильно всклокочены. Одет он был в грязный черный ватник, в нескольких местах вымазанный побелкой, и имел такой вид, словно спал последней ночью черт знает где.

Впрочем, именно так оно и было. На меня начинал посматривать прохаживающийся по залу милиционер с маленькими темными усами, и, когда подошел поезд, я без особых колебаний шагнул в раскрывшуюся дверь. Она закрылась, и поезд повез меня в новую жизнь. «Полет продолжается», — подумал я. Половина лампочек в луноходе не горела, и свет от этого казался каким-то прокисшим. Я уселся на лавку; сидевшая рядом женщина рефлекторно сжала ноги, отодвинулась и поставила в освободившееся между нами пространство сетку с продуктами — там было несколько пачек риса, упаковка макаронных звездочек и мороженая курица в целлофановом мешке.

Однако надо было решать, куда ехать. Я поднял глаза на схему маршрутов, висящую на стене рядом со стоп-краном, и стал смотреть, где именно на красной линии я нахожусь.

ЗАТВОРНИК И ШЕСТИПАЛЫЙ

1

— Отвали.

— ?..

— Я же сказал, отвали. Не мешай смотреть.

— А на что это ты смотришь?

— Вот идиот, господи... Ну, на солнце.

Шестипалый поднял взгляд от черной поверхности почвы, усыпанной едой, опилками и измельченным торфом, и, щурясь, уставился вверх.

— Да... Живем, живем — а зачем? Тайна веков. И разве постиг кто-нибудь тонкую нитевидную сущность светил?

Незнакомец повернул голову и посмотрел на него с брезгливым любопытством.

— Шестипалый, — немедленно представился Шестипалый.

— Я Затворник, — ответил незнакомец. — Это у вас так в социуме говорят? Про тонкую нитевидную сущность?

— Уже не у нас, — ответил Шестипалый и вдруг присвистнул. — Вот это да!

— Чего? — подозрительно спросил Затворник.

— Вон, гляди! Новое появилось!

— Ну и что?

— В центре мира так никогда не бывает. Чтобы сразу три светила.

Затворник снисходительно хмыкнул.

— А я в свое время сразу одиннадцать видел. Одно в зените и по пять на каждом эпицикле. Правда, это не здесь было.

— А где? — спросил Шестипалый.

Затворник промолчал. Отвернувшись, он отошел в сторону, ногой отколупнул от земли кусок еды и стал есть. Дул слабый теплый ветер, два солнца отражались в серо-зеленых плоскостях далекого горизонта, и в этой картине было столько покоя и печали, что задумавшийся Затворник, снова заметив перед собой Шестипалого, даже вздрогнул.

— Снова ты. Ну, чего тебе надо?

— Так. Поговорить хочется.

— Да ведь ты неумен, я полагаю, — ответил Затворник. — Шел бы лучше в социум. А то вон куда забрел. Правда, ступай...

Он махнул рукой в направлении узкой грязно-желтой полоски, которая чуть извивалась и подрагивала, — даже не верилось, что так отсюда выглядит огромная галдящая толпа.

— Я бы пошел, — сказал Шестипалый, — только они меня прогнали.

— Да? Это почему? Политика?

Шестипалый кивнул и почесал одной ногой другую. Затворник взглянул на его ноги и покачал головой.

— Настоящие?

— А то какие же. Они мне так и сказали — у нас сейчас самый, можно сказать, решительный этап приближается, а у тебя на ногах по шесть пальцев... Нашел, говорят, время...

— Какой еще «решительный этап»?

— Не знаю. Лица у всех перекошенные, особенно у Двадцати Ближайших, а больше ничего не поймешь. Бегают, орут.

— А, — сказал Затворник, — понятно. Он, наверно, с каждым часом все отчетливей и отчетливей? А контуры все зримей?

— Точно, — удивился Шестипалый. — А откуда ты знаешь?

— Да я их уже штук пять видел, этих решительных этапов. Только называются по-разному.

— Да ну, — сказал Шестипалый. — Он же впервые происходит.

— Еще бы. Даже интересно было бы посмотреть, как он будет во второй раз происходить. Но мы немного о разном.

Затворник тихо засмеялся, сделал несколько шагов по направлению к далекому социуму, повернулся к нему задом и стал с силой шаркать ногами, так, что за его спиной вскоре повисло целое облако, состоящее из остатков еды, опилок и пыли. При этом он оглядывался, махал руками и что-то бормотал.

— Чего это ты? — с некоторым испугом спросил Шестипалый, когда Затворник, тяжело дыша, вернулся.

— Это жест, — ответил Затворник. — Такая форма искусства. Читаешь стихотворение и производишь соответствующее ему действие.

— А какое ты сейчас прочел стихотворение?

— Такое, — сказал Затворник.

Иногда я грущу,
глядя на тех, кого я покинул.
Иногда я смеюсь,
и тогда между нами
вздымается желтый туман.

— Какое ж это стихотворение, — сказал Шестипалый. — Я, слава богу, все стихи знаю. Ну, то есть не наизусть, конечно, но все двадцать пять слышал. Такого нет, точно.

Затворник поглядел на него с недоумением, а потом, видно, понял.

— А ты хоть одно помнишь? — спросил он. — Прочти-ка.

— Сейчас. Близнецы... Близнецы... Ну, короче, там мы говорим одно, а подразумеваем другое. А потом опять говорим одно, а подразумеваем другое, только как бы наоборот. Получается очень красиво. В конце концов поднимаем глаза на стену, а там...

— Хватит, — сказал Затворник.

Наступило молчание.

— Слушай, а тебя тоже прогнали? — нарушил его Шестипалый.

— Нет. Это я их всех прогнал.

— Так разве бывает?

— По-всякому бывает, — сказал Затворник, поглядел на один из небесных объектов и добавил тоном перехода от болтовни к серьезному разговору: — Скоро темно станет.

— Да брось ты, — сказал Шестипалый, — никто не знает, когда темно станет.

— А я вот знаю. Хочешь спать спокойно — делай как я. — И Затворник принялся сгребать кучи разного валяющегося под ногами хлама, опилок и кусков торфа. Постепенно у него получилась огораживающая небольшое пустое пространство стена, довольно высокая, примерно в его рост. Затворник отошел от законченного сооружения, с любовью поглядел на него и сказал: — Вот. Я это называю убежищем души.

— Почему? — спросил Шестипалый.

— Так. Красиво звучит. Ты себе-то будешь строить?

Шестипалый начал ковыряться. У него ничего не выходило — стена обваливалась. По правде сказать, он и не особо старался, потому что ничуть не поверил Затворнику насчет наступления тьмы, — и, когда небесные огни дрогнули и стали медленно гаснуть, а со стороны социума донесся похожий на шум ветра в соломе всенародный вздох ужаса, в его сердце возникло одновременно два сильных чувства: обычный страх перед неожиданно надвинувшейся тьмой и незнакомое прежде преклонение перед кем-то, знающим о мире больше, чем он.

— Так и быть, — сказал Затворник, — прыгай внутрь. Я еще построю.

— Я не умею прыгать, — тихо ответил Шестипалый.

— Тогда привет, — сказал Затворник и вдруг, изо всех сил оттолкнувшись от земли, взмыл вверх и исчез за стеной, после чего все сооружение обрушилось на него, покрыв его равномерным слоем опилок и торфа. Образовавшийся холмик некоторое время подрагивал, потом в его стене возникло маленькое отверстие — Шестипалый еще успел увидеть в нем блестящий глаз Затворника — и наступила окончательная тьма.

Разумеется, Шестипалый, сколько себя помнил, знал все необходимое про ночь. «Это естественный процесс», — говорили одни. «Делом надо заниматься», — считали другие, и таких было большинство. Вообще, оттенков мнений было много, но происходило со всеми одно и то же: когда без всяких видимых причин свет гас, после короткой и безнадежной борьбы с судорогами страха все впадали в оцепенение, а придя в себя (когда светила опять загорались), помнили очень мало. То же самое происходило и с Шестипалым, пока он жил в социуме, а сейчас — потому, наверное, что страх перед наступившей тьмой наложился на равный ему по силе страх перед одиночеством и, следовательно, удвоился, — он не впал в обычную спасительную кому. Вот уже стих далекий народный стон, а он все сидел, съежась, возле холмика и тихо плакал. Видно вокруг ничего не было, и, когда в темноте раздался голос Затворника, Шестипалый от испуга нагадил прямо под себя.

— Слушай, кончай долбить, — сказал Затворник, — спать мешаешь.

— Я не долблю, — тихо отозвался Шестипалый. — Это сердце. Ты б со мной поговорил, а?

— О чем? — спросил Затворник.

— О чем хочешь, только подольше.

— Давай о природе страха?

— Ой, не надо! — запищал Шестипалый.

— Тихо ты! — зашипел Затворник. — Сейчас сюда все крысы сбегутся.

— Какие крысы? Что это? — холодея, спросил Шестипалый.

— Это существа ночи. Хотя на самом деле и дня тоже.

— Не повезло мне в жизни, — прошептал Шестипалый. — Было б у меня пальцев сколько положено, спал бы сейчас со всеми. Господи, страх-то какой... Крысы...

— Слушай, — заговорил Затворник, — вот ты все повторяешь — господи, господи... у вас там что, в Бога верят?

— Черт его знает. Что-то такое есть, это точно. А что — никому не известно. Вот, например, почему темно становится? Хотя, конечно, можно и естественными причинами объяснить. А если про Бога думать, то ничего в жизни и не сделаешь...

— А что, интересно, можно сделать в жизни? — спросил Затворник.

— Как что? Чего глупые вопросы задавать — будто сам не знаешь. Каждый, как может, лезет к кормушке. Закон жизни.

— Понятно. А зачем тогда все это?

— Что «это»?

— Ну, вселенная, небо, земля, светила — вообще все.

— Как зачем? Так уж мир устроен.

— А как он устроен? — с интересом спросил Затворник.

— Так и устроен. Движемся в пространстве и во времени. Согласно законам жизни.

— А куда?

— Откуда я знаю. Тайна веков. От тебя, знаешь, свихнуться можно.

— Это от тебя свихнуться можно. О чем ни заговори, у тебя все или закон жизни, или тайна веков.

— Не нравится, так не говори, — обиженно сказал Шестипалый.

— Да я и не говорил бы. Это ж тебе в темноте молчать страшно.

Шестипалый как-то совершенно забыл об этом. Прислушавшись к своим ощущениям, он вдруг заметил, что не испытывает никакого страха. Это его до такой степени напугало, что он вскочил на ноги и кинулся куда-то вслепую, пока со всего разгона не треснулся головой о невидимую в темноте Стену Мира.

Издалека послышался скрипучий хохот Затворника, и Шестипалый, осторожно переставляя ноги, побрел навстречу этим единственным во всеобщей тьме и безмолвии звукам. Добравшись до холмика, под которым сидел Затворник, он молча улегся рядом и, стараясь не обращать внимания на холод, попытался уснуть. Момента, когда это получилось, он даже не заметил.

2

— Сегодня мы с тобой полезем за Стену Мира, понял? — сказал Затворник.

Шестипалый как раз подбегал к убежищу души. Сама постройка выходила у него уже почти так же, как у Затворника, а вот прыжок удавался только после длинного разбега, и сейчас он тренировался. Смысл сказанного дошел до него именно тогда, когда надо было прыгать, и в результате он врезался в хлипкое сооружение так, что торф и опилки, вместо того чтобы покрыть все его тело ровным мягким слоем, превратились в наваленную над головой кучу, а ноги потеряли опору и бессильно повисли в пустоте. Затворник помог ему выбраться и повторил:

— Сегодня мы отправимся за Стену Мира.

За последние дни Шестипалый наслушался от него такого, что в душе у него все время что-то поскрипывало и ухало, а былая жизнь в социуме казалась забавной фантазией (а может, пошлым кошмаром — точно он еще не решил), но это уж было слишком.

Затворник между тем продолжал:

— Решительный этап наступает после каждых семидесяти затмений. А вчера было шестьдесят девятое. Миром правят числа.

И он указал на длинную цепь соломинок, торчащих из почвы возле самой Стены Мира.

— Да как же можно лезть за Стену Мира, если это — Стена Мира? Ведь в самом названии... За ней ведь нет ничего...

Шестипалый был до того ошарашен, что даже не обратил внимания на темные мистические объяснения Затворника, от которых у него иначе обязательно испортилось бы настроение.

— Ну и что, — ответил Затворник, — что нет ничего. Нас это должно только радовать.

— А что мы там будем делать?

— Жить.

— А чем нам тут плохо?

— А тем, дурак, что этого «тут» скоро не будет.

— А что будет?

— Вот останься, узнаешь тогда. Ничего не будет.

Шестипалый почувствовал, что полностью потерял уверенность в происходящем.

— Почему ты меня все время пугаешь?

— Да не ной ты, — пробормотал Затворник, озабоченно вглядываясь в какую-то точку на небе. — За Стеной Мира совсем не плохо. По мне, так гораздо лучше, чем здесь.

Он подошел к остаткам выстроенного Шестипалым убежища души и стал ногами раскидывать их по сторонам.

— Зачем это ты? — спросил Шестипалый.

— Перед тем как покинуть какой-либо мир, надо обобщить опыт своего пребывания в нем, а затем уничтожить все свои следы. Это традиция.

— А кто ее придумал?

— Какая разница. Ну, я. Больше тут, видишь ли, некому. Вот так...

Затворник оглядел результат своего труда — на месте развалившейся постройки теперь было идеально ровное место, ничем не отличающееся от поверхности остальной пустыни.

— Все, — сказал он, — следы я уничтожил. Теперь надо опыт обобщить. Сейчас твоя очередь. Залазь на эту кочку и рассказывай.

Шестипалый почувствовал, что его перехитрили, оставив ему самую тяжелую и, главное, непонятную часть работы. Но после случая с затмением он решил слушаться Затворника. Пожав плечами и оглядевшись — не забрел ли сюда кто из социума, — он залез на кочку.

— Что рассказывать?

— Все, что знаешь о мире.

— Долго ж мы здесь проторчим, — свистнул Шестипалый.

— Не думаю, — сухо отозвался Затворник.

— Значит, так. Наш мир... Ну и идиотский у тебя ритуал...

— Не отвлекайся.

— Наш мир представляет собой правильный восьмиугольник, равномерно и прямолинейно движущийся в пространстве. Здесь мы готовимся к решительному этапу, венцу нашей жизни. Это официальная формулировка, во всяком случае. По периметру мира проходит так называемая Стена Мира, объективно возникшая в результате действия законов жизни. В центре мира находится двухъярусная кормушка-поилка, вокруг которой издавна существует наша цивилизация. Положение члена социума относительно кормушки-поилки определяется его общественной значимостью и заслугами...

— Вот этого я раньше не слышал, — перебил Затворник. — Что это такое — заслуги? И общественная значимость?

— Ну... Как сказать... Это когда кто-то попадает к самой кормушке-поилке.

— А кто к ней попадает?

— Я же говорю, тот, у кого большие заслуги. Или общественная значимость. У меня, например, раньше были так себе заслуги, а теперь вообще никаких. Да ты что, народную модель вселенной не знаешь?

— Не знаю, — сказал Затворник.

— Да ты что?.. А как же ты к решительному этапу готовился?

— Потом расскажу. Давай дальше.

— А уже почти все. Чего там еще-то... За областью социума находится великая пустыня, а кончается все Стеной Мира. Возле нее ютятся отщепенцы вроде нас.

— Понятно. Отщепенцы. А бревно откуда взялось? В смысле то, от чего они отщепились?

— Ну ты даешь... Это тебе даже Двадцать Ближайших не скажут. Тайна веков.

— Н-ну, хорошо. А что такое тайна веков?

— Закон жизни, — ответил Шестипалый, стараясь говорить мягко. Ему что-то не нравилось в интонациях Затворника.

— Ладно. А что такое закон жизни?

— Это тайна веков.

— Тайна веков? — переспросил Затворник странно тонким голосом и медленно стал подходить к Шестипалому по дуге.

— Ты чего? Кончай! — испугался Шестипалый. — Это же твой ритуал!

Но Затворник и сам уже взял себя в руки.

— Ладно, — сказал он. — Слезай.

Шестипалый слез с кочки, и Затворник с сосредоточенным и серьезным видом залез на его место. Некоторое время он молчал, словно прислушиваясь к чему-то, а потом поднял голову и заговорил.

— Я пришел сюда из другого мира, — сказал он, — в дни, когда ты был еще совсем мал. А в тот, другой мир я пришел из третьего, и так далее. Всего я был в пяти мирах. Они такие же, как этот, и практически ничем не отличаются друг от друга. А вселенная, где мы находимся, представляет собой огромное замкнутое пространство. На языке богов она называется «Бройлерный комбинат имени Луначарского», но что это означает, неизвестно даже им самим.

— Ты знаешь язык богов? — изумленно спросил Шестипалый.

— Немного. Не перебивай. Всего во вселенной есть семьдесят миров. В одном из них мы сейчас находимся. Эти миры прикреплены к безмерной черной ленте, которая медленно движется по кругу. А над ней, на поверхности неба, находятся сотни одинаковых светил. Так что это не они плывут над нами, а мы проплываем под ними. Попробуй представить себе это.

Шестипалый закрыл глаза. На его лице изобразилось напряжение.

— Нет, не могу, — наконец сказал он.

— Ладно, — сказал Затворник, — слушай дальше. Все семьдесят миров, которые есть во вселенной, называются Цепью Миров. Во всяком случае, их вполне можно так назвать. В каждом из миров есть жизнь, но она не существует там постоянно, а циклически возникает и исчезает. Решительный этап происходит в центре вселенной, через который по очереди проходят все миры. На языке богов он называется Цехом номер один. Наш мир как раз находится в его преддверии. Когда завершается решительный этап и обновленный мир выходит с другой стороны Цеха номер один, все начинается сначала. Возникает жизнь, проходит цикл и через положенный срок опять ввергается в Цех номер один.

— Откуда ты все это знаешь? — тихим голосом спросил Шестипалый.

— Я много путешествовал, — сказал Затворник, — и по крупицам собирал тайные знания. В одном мире было известно одно, в другом — другое.

— Может быть, ты знаешь, откуда мы беремся?

— Знаю. А что про это говорят в вашем мире?

— Что это объективная данность. Закон жизни такой.

— Понятно. Ты спрашиваешь про одну из глубочайших тайн мироздания, и я даже не знаю, можно ли тебе ее доверить. Но поскольку, кроме тебя, все равно некому, я, пожалуй, скажу. Мы появляемся на свет из белых шаров. На самом деле они не совсем шары, а несколько вытянуты и один конец у них у́же другого, но сейчас это не важно.

— Шары. Белые шары, — повторил Шестипалый и, как стоял, повалился на землю. Груз узнанного навалился на него физической тяжестью, и на секунду ему показалось, что он умрет. Затворник подскочил к нему и изо всех сил начал трясти. Постепенно к Шестипалому вернулась ясность сознания.

— Что с тобой? — испуганно спросил Затворник.

— Ой, я вспомнил. Точно. Раньше мы были белыми шарами и лежали на длинных полках. В этом месте было очень тепло и влажно. А потом мы стали изнутри ломать эти шары и... Откуда-то снизу подкатил наш мир, а потом мы уже были в нем... Но почему этого никто не помнит?

— Есть миры, в которых это помнят, — сказал Затворник. — Подумаешь, пятая и шестая перинатальные матрицы. Не так уж глубоко, и к тому же только часть истины. Но все равно — тех, кто это помнит, прячут подальше, чтобы они не мешали готовиться к решительному этапу, или как он там называется. Везде по-разному. У нас, например, назывался завершением строительства, хотя никто ничего не строил.

Видимо, воспоминание о своем мире повергло Затворника в печаль. Он замолчал.

— Слушай, — спросил через некоторое время Шестипалый, — откуда берутся эти белые шары?

Затворник одобрительно поглядел на него.

— Мне понадобилось куда больше времени, чтобы в моей душе созрел этот вопрос, — сказал он. — Но здесь все намного сложнее. В одной древней легенде говорится, что эти яйца появляются из нас, но это вполне может быть и метафорой...

— Из нас? Непонятно. Где ты это слышал?

— Да сам сочинил. Тут разве услышишь что-нибудь, — сказал Затворник с неожиданной тоской в голосе.

— Ты же сказал, что это древняя легенда.

— Правильно. Просто я ее сочинил как древнюю легенду.

— Как это? Зачем?

— Понимаешь, один древний мудрец, можно сказать — пророк, — (на этот раз Шестипалый догадался, о ком идет речь), — сказал, что не так важно то, что сказано, как то, кем сказано. Часть смысла того, что я хотел выразить, заключена в том, что мои слова выступают в качестве древней легенды. Впрочем, где тебе понять...

Затворник глянул на небо и перебил себя:

— Все. Пора идти.

— Куда?

— В социум.

Шестипалый вытаращил глаза.

— Мы же собирались лезть через Стену Мира. Зачем нам социум?

— А ты хоть знаешь, что такое социум? — спросил Затворник. — Это и есть приспособление для перелезания через Стену Мира.

3

Шестипалый, несмотря на полное отсутствие в пустыне предметов, за которыми можно было бы спрятаться, шел почему-то крадучись, и чем ближе становился социум, тем более преступной становилась его походка. Постепенно огромная толпа, казавшаяся издали огромным шевелящимся существом, распадалась на отдельные тела, и даже можно было разглядеть удивленные гримасы тех, кто замечал приближающихся.

— Главное, — шепотом повторял Затворник последнюю инструкцию, — веди себя наглее. Но не слишком нагло. Мы непременно должны их разозлить — но не до такой степени, чтобы нас разорвали в клочья. Короче, все время смотри, что буду делать я.

— Шестипалый приперся! — весело закричал кто-то впереди. — Здорово, сволочь! Эй, Шестипалый, кто это с тобой?

Этот бестолковый выкрик неожиданно — и совершенно непонятно почему — вызвал в Шестипалом целую волну ностальгических воспоминаний о детстве. Затворник, шедший чуть сзади, словно почувствовал это и пихнул Шестипалого в спину.

У самой границы социума народ стоял редко — тут жили в основном калеки и созерцатели, не любившие тесноты, — их нетрудно было обходить. Но чем дальше, тем плотнее стояла толпа, и уже очень скоро Затворник с Шестипалым оказались в невыносимой тесноте. Двигаться вперед было еще можно, но только переругиваясь со стоящими по бокам. А когда над головами тех, кто был впереди, показалась мелко трясущаяся крыша кормушки-поилки, уже ни шагу вперед сделать было нельзя.

— Всегда поражался, — тихо сказал Шестипалому Затворник, — как здесь все мудро устроено. Те, кто стоит близко к кормушке-поилке, счастливы в основном потому, что все время помнят о желающих попасть на их место. А те, кто всю жизнь ждет, когда между стоящими впереди появится щелочка, счастливы потому, что им есть на что надеяться в жизни. Это ведь и есть гармония и единство.

— Что ж, не нравится? — спросил сбоку чей-то голос.

— Не, не нравится, — ответил Затворник.

— А что конкретно не нравится?

— Да все.

И Затворник широким жестом обвел толпу вокруг, величественный купол кормушки-поилки, мерцающие желтыми огнями небеса и далекую, еле видную отсюда Стену Мира.

— Понятно. И где, по-вашему, лучше?

— В том-то и трагедия, что нигде! В том-то и дело! — страдальчески выкрикнул Затворник. — Было бы где лучше, неужели я б с вами тут о жизни беседовал?

— И товарищ ваш таких же взглядов? — спросил голос. — Чего он в землю-то смотрит?

Шестипалый поднял глаза — до этого он глядел себе под ноги, потому что это позволяло минимально участвовать в происходящем, — и увидел обладателя голоса. У того было обрюзгшее раскормленное лицо, и, когда он говорил, становились отчетливо видны анатомические подробности его гортани. Шестипалый сразу понял, что перед ним — один из Двадцати Ближайших, самая что ни на есть совесть эпохи. Видно, перед их приходом он проводил здесь разъяснения, как это иногда практиковалось.

— Это вы оттого такие невеселые, кореша, — неожиданно дружелюбно сказал тот, — что не готовитесь вместе со всеми к решительному этапу. Тогда у вас на эти мысли времени бы не было. Мне самому такое иногда в голову приходит, что... И, знаете, работа спасает.

И на той же интонации добавил:

— Взять их.

По толпе прошло движение, и Затворник с Шестипалым оказались немедленно стиснутыми со всех четырех сторон.

— Да плевали мы на вас, — так же дружелюбно сказал Затворник. — Куда вы нас возьмете? Некуда вам нас взять. Ну, прогоните еще раз. Через Стену Мира, как говорится, не перебросишь...

Тут на лице Затворника изобразилось смятение, а толстолицый высоко поднял веки — их глаза встретились.

— А ведь интересная идея. Такого у нас еще не было. Конечно, такая пословица есть, но воля народа сильнее.

Видимо, эта мысль восхитила его. Он повернулся и скомандовал:

— Внимание! Строимся! Сейчас у нас будет нечто незапланированное.

Прошло не так уж много времени между моментом, когда толстолицый скомандовал построение, и моментом, когда процессия, в центре которой вели Затворника и Шестипалого, приблизилась к Стене Мира.

Процессия была впечатляющей. Первым в ней шел толстолицый, за ним — двое назначенных старушками-матерями (никто, включая толстолицего, не знал, что это такое, — просто была такая традиция), которые сквозь слезы выкрикивали обидные слова Затворнику и Шестипаломy, оплакивая и проклиная их одновременно, затем вели самих преступников, и замыкала шествие толпа народной массы.

— Итак, — сказал толстолицый, когда процессия остановилась, — пришел пугающий миг воздаяния. Я думаю, братки, что все мы зажмуримся, когда два эти отщепенца исчезнут в небытии, не так ли? И пусть это волнующее событие послужит страшным уроком всем нам, народу. Громче рыдайте, матери!

Старушки-матери повалились на землю и залились таким горестным плачем, что многие из присутствующих тоже начали отворачиваться и сглатывать; но, извиваясь в забрызганной слезами пыли, матери иногда вдруг вскакивали и, сверкая глазами, бросали Затворнику и Шестипалому неопровержимые ужасные обвинения, после чего обессиленно падали назад.

— Итак, — сказал через некоторое время толстолицый, — раскаялись ли вы? Устыдили ли вас слезы матерей?

— Еще бы, — ответил Затворник, озабоченно наблюдавший то за церемонией, то за какими-то небесными телами, — а как вы нас перебрасывать хотите?

Толстолицый задумался. Старушки-матери тоже замолчали, потом одна из них поднялась из пыли, отряхнулась и сказала:

— Насыпь?

— Насыпь, — сказал Затворник, — это затмений пять займет. А нам уже давно не терпится спрятать наш разоблаченный позор в пустоте.

Толстолицый, прищурившись, глянул на Затворника и одобрительно кивнул.

— Понимают, — сказал он кому-то из своих, — только притворяются. Спроси, может, они сами что предложат?

Через несколько минут почти до самого края Стены Мира поднялась живая пирамида. Те, кто стоял наверху, жмурились и прятали лица, чтобы, не дай бог, не заглянуть туда, где все кончается.

— Наверх, — скомандовал кто-то Затворнику и Шестипалому, и они, поддерживая друг друга, пошли по шаткой веренице плеч и спин к терявшемуся в высоте краю стены.

С высоты был виден весь притихший социум, внимательно следивший издали за происходящим, были видны некоторые незаметные до этого детали неба и толстый шланг, спускавшийся к кормушке-поилке из бесконечности, — отсюда он казался не таким величественным, как с земли. Легко, будто на кочку, вспрыгнув на край Стены Мира, Затворник помог Шестипалому сесть рядом и закричал вниз:

— Порядок!

От его крика кто-то в живой пирамиде потерял равновесие, она несколько раз покачнулась и развалилась — все попадали вниз, под основание стены, но никто, слава богу, не пострадал.

Вцепившись в холодную жесть борта, Шестипалый вглядывался в крохотные задранные лица, в унылые серо-коричневые пространства своей родины; глядел на тот ее угол, где на Стене Мира было большое зеленое пятно и где прошло его детство. «Я больше никогда этого не увижу», — подумал он, и, хоть особого желания увидеть все это когда-нибудь еще у него не было, горло все равно сводило. Он прижимал к боку маленький кусочек земли с прилипшей соломинкой и размышлял о том, как быстро и необратимо меняется все в его жизни.

— Прощайте, сыновья! — закричали снизу старушки-матери, земно поклонились и принялись, рыдая, швырять вверх тяжелые куски торфа.

Затворник приподнялся на цыпочки и громко закричал:

Знал я всегда,
что покину
этот безжалостный мир...

Тут в него угодил большой кусок торфа, и он, растопыря руки и ноги, полетел вниз. Шестипалый последний раз оглядел все оставшееся внизу и заметил, что кто-то из далекой толпы прощально машет ему, – тогда он помахал в ответ. Потом он зажмурился и шагнул назад.

Несколько секунд он беспорядочно крутился в пустоте, а потом вдруг больно ударился обо что-то твердое и открыл глаза. Он лежал на черной блестящей поверхности из незнакомого материала; вверх уходила Стена Мира – точно такая же, как если смотреть на нее с той стороны, а рядом с ним, вытянув руку к стене, стоял Затворник. Он договаривал свое стихотворение:

Но что так это будет,
не думал...

Потом он повернулся к Шестипалому и коротким жестом велел ему встать на ноги.

4

Теперь, когда они шли по гигантской черной ленте, Шестипалый видел, что Затворник сказал ему правду. Действительно, мир, который они покинули, медленно двигался вместе с этой лентой относительно других неподвижных космических объектов, природы которых Шестипалый не понимал, а светила были неподвижными – стоило сойти с черной ленты, и все делалось ясно. Сейчас оставленный ими мир медленно подъезжал к зеленым стальным воротам, под которые уходила лента. Затворник сказал, что это и есть вход в Цех номер один. Странно, но Шестипалый совершенно не был поражен величием заполняющих вселенную объектов – наоборот, в нем, скорее, проснулось чувство легкого раздражения. «И это все?» – брезгливо думал он. Вдали были видны два мира, подобных тому, который они оставили, — они тоже двигались вместе с черной лентой и выглядели отсюда довольно убого. Сначала Шестипалый думал, что они с Затворником направляются к другому миру, но на полпути Затворник вдруг велел ему прыгать с неподвижного бордюра вдоль ленты, по которому они шли, вниз, в темную бездонную щель.

— Там мягко, — сказал он Шестипалому, но тот шагнул назад и отрицательно покачал головой. Тогда Затворник молча прыгнул вниз, и Шестипалому ничего не оставалось, как последовать за ним.

На этот раз он чуть не расшибся о холодную каменную поверхность, выложенную большими коричневыми плитами. Эти плиты тянулись до горизонта, и Шестипалый первый раз в жизни понял, что означает слово «бесконечность».

— Что это? — спросил Шестипалый.

— Кафель, — ответил Затворник непонятным словом и сменил тему: — Скоро начнется ночь, а нам надо дойти вон до тех мест. Часть дороги придется пройти в темноте.

Затворник выглядел всерьез озабоченным. Шестипалый поглядел вдаль и увидел далекие кубические скалы нежно-желтого цвета (Затворник сказал, что они называются «ящики») — их было очень много, и между ними виднелись пустые пространства, усыпанные горами светлой стружки. Издали все это походило на пейзаж из забытого детского сна.

— Пошли, — сказал Затворник и быстрым шагом двинулся вперед.

— Слушай, — спросил Шестипалый, скользя по кафелю рядом, — а как ты узнаешь, когда наступит ночь?

— По часам, — ответил Затворник. — Это одно из небесных тел. Сейчас оно справа и наверху — вот тот диск с черными зигзагами.

Шестипалый посмотрел на довольно знакомую, хоть и не привлекавшую никогда его особого внимания деталь небесного свода.

— Когда часть этих черных линий приходит в особое положение, о котором я расскажу тебе как-нибудь потом, свет гаснет, — сказал Затворник. — Это случится вот-вот. Считай до десяти.

— Раз, два, — начал Шестипалый, и вдруг стало темно.

— Не отставай от меня, — сказал Затворник, — потеряешься.

Он мог бы этого не говорить — Шестипалый чуть не наступал ему на пятки. Единственным источником света во вселенной остался косой желтый луч, падавший из-под зеленых ворот Цеха номер один. Место, куда направлялись Затворник с Шестипалым, находилось совсем недалеко от этих ворот, но, по уверениям Затворника, было самым безопасным.

Видна осталась только далекая желтая полоса под воротами да несколько плит вокруг. Шестипалый впал в странное состояние. Ему стало казаться, что темнота сжимает их с Затворником так же, как недавно сжимала толпа. Отовсюду исходила опасность, и Шестипалый ощущал ее всей кожей как дующий со всех сторон одновременно сквозняк. Когда становилось совсем невмоготу от страха, он поднимал взгляд с наплывающих кафельных плит на яркую полоску света впереди, и тогда вспоминался социум, который издалека выглядел почти так же. Ему представлялось, что они идут в царство каких-то огненных духов, и он уже собирался сказать об этом Затворнику, когда тот вдруг остановился и поднял руку.

— Тихо, — сказал он, — крысы. Справа от нас.

Бежать было некуда — вокруг во все стороны простиралось одинаковое кафельное пространство, а полоса впереди была еще слишком далеко. Затворник повернулся вправо и принял странную позу, велев Шестипалому спрятаться за его спиной, что тот и выполнил с удивительной скоростью и охотой.

Сначала он ничего не замечал, а потом ощутил скорее, чем увидел, движение большого быстрого тела в темноте. Оно остановилось точно на границе видимости.

— Она ждет, — тихо сказал Затворник, — как мы поступим дальше. Стоит нам сделать хоть шаг, и она кинется на нас.

— Ага, кинусь, — сказала крыса, выходя из темноты. — Как комок зла и ярости. Как истинное порождение ночи.

— Ух, — вздохнул Затворник. — Одноглазка. А я уж думал, что мы правда влипли. Знакомьтесь.

Шестипалый недоверчиво поглядел на умную коническую морду с длинными усами и двумя черными бусинками глаз.

— Одноглазка, — сказала крыса и вильнула неприлично голым хвостом.

— Шестипалый, — представился Шестипалый и спросил: — А почему ты Одноглазка, если у тебя оба глаза в порядке?

— А у меня третий глаз раскрыт, — сказала Одноглазка, — а он один. В каком-то смысле все, у кого третий глаз раскрыт, одноглазые.

— А что такое... — начал Шестипалый, но Затворник не дал ему договорить.

— Не пройтись ли нам, — галантно предложил он Одноглазке, — вон до тех ящиков? Ночная дорога скучна, если рядом нет собеседника.

Шестипалый очень обиделся.

— Пойдем, — согласилась Одноглазка и, повернувшись к Шестипалому боком (только теперь он разглядел ее огромное мускулистое тело), затрусила рядом с Затворником, которому, чтобы поспеть, приходилось идти очень быстро. Шестипалый бежал сзади, поглядывая на лапы Одноглазки и перекатывающиеся под ее шкурой мышцы, думал о том, чем могла бы закончиться эта встреча, не окажись Одноглазка знакомой Затворника, и изо всех сил старался не наступить ей на хвост. Судя по тому, как быстро их беседа стала походить на продолжение какого-то давнего разговора, они были старыми приятелями.

— Свобода? Господи, да что это такое? — спрашивала Одноглазка и смеялась. — Это когда ты в смятении и одиночестве бегаешь по всему комбинату, в десятый или в какой там уже раз увернувшись от ножа? Это и есть свобода?

— Ты опять все подменяешь, — отвечал Затворник. — Это только поиски свободы. Я никогда не соглашусь с той инфернальной картиной мира, в которую ты веришь. Наверное, это у тебя оттого, что ты чувствуешь себя чужой в этой вселенной, созданной для нас.

— А крысы верят, что она создана для нас. Я это не к тому, что я согласна с ними. Прав, конечно, ты, но только не до конца и не в самом главном. Ты говоришь, что эта вселенная создана для вас? Нет, она создана из-за вас, но не для вас. Понимаешь?

Затворник опустил голову и некоторое время шел молча.

— Ладно, — сказала Одноглазка. — Я ведь попрощаться. Правда, думала, что ты появишься чуть позже, — но все-таки встретились. Завтра я ухожу.

— Куда?

— За границы всего, о чем только можно говорить. Одна из старых нор вывела меня в пустую бетонную трубу, которая уходит так далеко, что об этом даже трудно подумать. Я встретила там несколько крыс — они говорят, что эта труба уходит все глубже и глубже и там, далеко внизу, выводит в другую вселенную, где живут только самцы богов в одинаковой зеленой одежде. Они совершают сложные манипуляции вокруг огромных идолов, стоящих в гигантских шахтах.

Одноглазка притормозила.

— Отсюда мне направо, — сказала она. — Так вот, еда там такая — не расскажешь. А эта вселенная могла бы поместиться в одной тамошней шахте. Слушай, а хочешь со мной?

— Нет, — ответил Затворник, — вниз — это не наш путь.

Кажется, в первый раз за все время разговора он вспомнил о Шестипалом.

— Ну что ж, — сказала Одноглазка, — тогда я хочу пожелать тебе успеха на твоем пути, каким бы он ни был. Прощай.

Одноглазка кивнула Шестипалому и исчезла в темноте так же мгновенно, как раньше появилась.

Остаток пути Затворник и Шестипалый прошли молча. Добравшись до ящиков, они пересекли несколько гор стружки и наконец достигли цели. Это была слабо озаренная светом из-под ворот Цеха номер один ямка в стружках, в которой лежала куча мягких и длинных тряпок. Рядом, у стены, возвышалась огромная ребристая конструкция, про которую Затворник сказал, что когда-то она излучала так много тепла, что к ней трудно было даже приблизиться. Затворник был в заметно плохом настроении. Он копошился в тряпках, устраиваясь на ночь, и Шестипалый решил не приставать к нему с разговорами, тем более что сам хотел спать. Кое-как завернувшись в тряпки, он забылся.

Разбудило его далекое скрежетание, стук стали по дереву и крики, полные такой невыразимой безнадежности, что он сразу кинулся к Затворнику.

— Что это?

— Твой мир проходит через решительный этап, — ответил Затворник.

— ???

— Смерть пришла, — просто сказал Затворник, отвернулся, натянул на себя тряпку и уснул.

5

Проснувшись, Затворник поглядел на трясущегося в углу заплаканного Шестипалого, хмыкнул и стал рыться в тряпках. Скоро он достал оттуда штук десять одинаковых железных предметов, похожих на обрезки толстой шестигранной трубы.

— Гляди, — сказал он Шестипалому.

— Что это? — спросил тот.

— Боги называют их гайками.

Шестипалый собирался было спросить что-то еще, но вдруг махнул рукой и опять заревел.

— Да что с тобой? — спросил Затворник.

— Все умерли, — бормотал Шестипалый, — все-все...

— Ну и что, — сказал Затворник. — Ты тоже умрешь. И уж уверяю тебя, что ты и они будете мертвыми одинаково долго.

— Все равно жалко.

— Кого именно? Старушку-мать, что ли?

— Помнишь, как нас сбрасывали со стены? — спросил Шестипалый. — Всем было велено зажмуриться. А я помахал им рукой, и тогда кто-то помахал мне в ответ. И вот когда я думаю, что он тоже умер... И что вместе с ним умерло то, что заставляло его так поступить...

— Да, — сказал Затворник, — это действительно очень печально.

И наступила тишина, нарушаемая только механическими звуками из-за зеленых ворот, за которые уплыла родина Шестипалого.

— Слушай, — спросил, наплакавшись, Шестипалый, — а что бывает после смерти?

— Трудно сказать, — ответил Затворник. — У меня было множество видений на этот счет, но я не знаю, насколько на них можно полагаться.

— Расскажи, а?

— После смерти нас, как правило, ввергают в ад. Я насчитал не меньше пятидесяти разновидностей того, что там происходит. Иногда мертвых рассекают на части и жарят на огромных сковородах. Иногда запекают целиком в железных комнатах со стеклянной дверью, где пылает синее пламя или излучают жар добела раскаленные металлические столбы. Иногда нас варят в гигантских разноцветных кастрюлях. А иногда, наоборот, замораживают в кусок льда. В общем, мало утешительного.

— А кто это делает, а?

— Как кто? Боги.

— Зачем им это?

— Видишь ли, мы являемся их пищей.

Шестипалый вздрогнул, а потом внимательно поглядел на свои дрожащие коленки.

— Больше всего они любят именно ноги, — заметил Затворник. — Ну и руки тоже. Именно о руках я с тобой и собираюсь поговорить. Подними их.

Шестипалый вытянул перед собой руки — тонкие, бессильные, они выглядели довольно жалко.

— Когда-то они служили нам для полета, — сказал Затворник, — но потом все изменилось.

— А что такое полет?

— Точно этого не знает никто. Единственное, что известно, — это то, что надо иметь сильные руки. Гораздо сильнее, чем у тебя или даже у меня. Поэтому я хочу научить тебя одному упражнению. Возьми две гайки.

Шестипалый с трудом подтащил два тяжеленных предмета к ногам Затворника.

— Вот так. Теперь просунь концы рук в отверстия.

Шестипалый сделал и это.

— А теперь поднимай и опускай руки вверх-вниз... Вот так.

Через минуту Шестипалый устал до такой степени, что не мог сделать больше ни одного маха, как ни старался.

— Все, — сказал он, опустил руки, и гайки повалились на пол.

— Теперь посмотри, как делаю я, — сказал Затворник и надел на каждую руку по пять гаек. Несколько минут он продержал руки разведенными в стороны и, казалось, совершенно не устал. — Ну как?

— Здорово, — выдохнул Шестипалый. — А почему ты держишь их неподвижно?

— С какого-то момента в этом упражнении появляется одна трудность. Потом ты поймешь, что я имею в виду, — ответил Затворник.

— А ты уверен, что так можно научиться летать?

— Нет. Не уверен. Наоборот, я подозреваю, что это бесполезное занятие.

— А зачем тогда оно нужно? Если ты сам знаешь, что это бесполезно?

— Как тебе сказать. Потому что, кроме этого, я знаю еще много других вещей, и одна из них вот какая — если ты оказался в темноте и видишь хотя бы самый слабый луч света, ты должен идти к нему, вместо того чтобы рассуждать, имеет смысл это делать или нет. Может, это действительно не имеет смысла. Но просто сидеть в темноте не имеет смысла в любом случае. Понимаешь, в чем разница?

Шестипалый промолчал.

— Мы живы до тех пор, пока у нас есть надежда, — сказал Затворник. — А если ты ее потерял, ни в коем случае не позволяй себе догадаться об этом. И тогда что-то может измениться. Но всерьез надеяться на это ни в коем случае не надо.

Шестипалый почувствовал некоторое раздражение.

— Все это замечательно, — сказал он, — но что это значит реально?

— Реально для тебя это значит, что ты каждый день будешь заниматься с этими гайками, пока не будешь делать так же, как я.

— Неужели нет какого-нибудь другого занятия? — спросил Шестипалый.

— Есть, — ответил Затворник. — Можно готовиться к решительному этапу. Но этим тебе придется заняться одному.

6

— Слушай, Затворник, ты все знаешь, — что такое любовь?

— Интересно, где ты услыхал это слово? — спросил Затворник.

— Да когда меня выгоняли из социума, кто-то спросил, люблю ли я что положено. Я сказал, что не знаю.

— Понятно. Я тебе вряд ли объясню. Это можно только на примере. Вот представь себе, что ты упал в воду и тонешь. Представил?

— Угу.

— А теперь представь, что ты на секунду высунул голову, увидел свет, глотнул воздуха и что-то коснулось твоих рук. И ты за это схватился и держишься. Так вот, если считать, что всю жизнь тонешь — а так это и есть, — то любовь — это то, что помогает тебе удерживать голову над водой.

— Это ты про любовь к тому, что положено?

— Не важно. Хотя, в общем, то, что положено, можно любить и под водой. Что угодно. Какая разница, за что хвататься, — лишь бы это выдержало. Хуже всего, если это кто-то другой, — он, видишь ли, всегда может отдернуть руку. А если сказать коротко, любовь — это то, из-за чего каждый находится там, где он находится. Исключая, пожалуй, мертвых... Хотя...

— По-моему, я никогда ничего не любил, — перебил Шестипалый.

— Нет, с тобой это тоже случалось. Помнишь, как ты проревел полдня, думая о том, кто помахал тебе в ответ, когда нас сбрасывали со стены? Вот это и была любовь. Ты ведь не знаешь, почему он это сделал. Может, он считал, что издевается над тобой куда тоньше других. Мне лично кажется, что так оно и было. Так что ты вел себя очень глупо, но совершенно правильно. Любовь придает смысл тому, что мы делаем, хотя на самом деле этого смысла нет.

— Так что, любовь нас обманывает? Это что-то вроде сна?

— Нет. Любовь — это что-то вроде любви, а сон — это сон. Все, что ты делаешь, ты делаешь только из-за любви. Иначе ты просто сидел бы на земле и выл от ужаса. Или отвращения.

— Но ведь многие делают то, что делают, совсем не из-за любви.

— Брось. Они ничего не делают.

— А ты что-нибудь любишь, Затворник?

— Люблю.

— А что?

— Не знаю. Что-то такое, что иногда приходит ко мне. Иногда это какая-нибудь мысль, иногда гайки, иногда сны. Главное, что я всегда это узнаю, какой бы вид оно ни принимало, и встречаю его тем лучшим, что во мне есть.

— Чем?

— Тем, что становлюсь спокоен.

— А все остальное время ты беспокоишься?

— Нет. Я всегда спокоен. Просто это лучшее, что во мне есть, и когда то, что я люблю, приходит ко мне, я встречаю его своим спокойствием.

— А как ты думаешь, что лучшее во мне?

— В тебе? Пожалуй, это когда ты молчишь где-нибудь в углу и тебя не видно.

— Правда?

— Не знаю. Если серьезно, ты можешь узнать, что лучшее в тебе, по тому, чем ты встречаешь то, что полюбил. Что ты чувствовал, думая о том, кто помахал тебе рукой?

— Печаль.

— Ну вот, значит, лучшее в тебе — твоя печаль, и ты всегда будешь встречать ею то, что любишь.

Затворник оглянулся и к чему-то прислушался.

— Хочешь на богов поглядеть? — неожиданно спросил он.

— Только, пожалуйста, не сейчас, — испуганно ответил Шестипалый.

— Не бойся. Они тупые и совсем не страшные. Ну гляди же, вон они.

По проходу мимо конвейера быстро шли два огромных существа — они были так велики, что их головы терялись в полумраке где-то под потолком. За ними шагало еще одно похожее существо, только пониже и потолще, — оно несло в руке сосуд в виде усеченного конуса, обращенного узкой частью к земле. Двое первых остановились недалеко от того места, где сидели Затворник с Шестипалым, и стали издавать низкие рокочущие звуки («Говорят», — догадался Шестипалый), а третье существо подошло к стене, поставило сосуд на пол, обмакнуло туда шест с щетиной на конце и провело по грязно-серой стене свежую грязно-серую линию. Запахло чем-то странным.

— Слушай, — еле слышно прошептал Шестипалый, — а ты говорил, что ты знаешь их язык. Что они говорят?

— Эти двое? Сейчас. Первый говорит: «Я выжрать хочу». А второй говорит: «Ты больше к Дуньке не подходи».

— А что такое Дунька?

— Область мира такая.

— А... А что первый хочет выжрать?

— Дуньку, наверно, — подумав, ответил Затворник.

— А как он выжрет область мира?

— На то они и боги.

— А эта, толстая, что она говорит?

— Она не говорит, а поет. О том, что после смерти хочет стать ивою. Моя любимая божественная песня, кстати. Жаль только, я не знаю, что такое ива.

— А разве боги умирают?

— Еще бы. Это их основное занятие.

Двое пошли дальше. «Какое величие!» — потрясенно подумал Шестипалый. Тяжелые шаги богов и их низкие голоса стихли; наступила тишина. Сквозняк крутил пыль над кафельными плитами пола, и Шестипалому казалось, что он смотрит с невообразимо высокой горы на раскинувшуюся внизу странную каменную пустыню, над которой миллионы лет происходит одно и то же: несется ветер и в нем летят остатки чьих-то жизней, выглядящих издалека соломинками, бумажками, щепками или еще как-то. «Когда-нибудь, — думал Шестипалый, — кто-то другой будет смотреть отсюда вниз и подумает обо мне, не зная сам, что думает обо мне. Так же как я сейчас думаю о ком-то, кто чувствовал то же самое, что я, только бог весть когда. В каждом дне есть точка, которая скрепляет его с прошлым и будущим. До чего же печален этот мир...»

— Но в нем есть что-то такое, что оправдывает самую грустную жизнь, — сказал вдруг Затворник.

«Стать бы после сме-е-е-рти и-и-вою», — протяжно и тихо пела толстая богиня у ведра с краской; Шестипалый, положив голову на локоть, испытывал печаль, а Затворник был совершенно спокоен и глядел в пустоту, словно поверх тысяч невидимых голов.

7

За то время, пока Шестипалый занимался с гайками, целых десять миров ушло в Цех номер один. Что-то скрипело и постукивало за зелеными воротами, что-то происходило там, и Шестипалый, только подумав об этом, покрывался холодным потом и начинал трястись — но именно это и придавало ему силы. Его руки заметно удлинились и усилились — теперь они были такими же, как у Затворника. Но пока это ни к чему не привело. Единственное, что знал Затворник, — это то, что полет осуществляется с помощью рук, а что он собой представляет, было неясно. Затворник считал, что это особый способ мгновенного перемещения в пространстве, при котором нужно представить себе то место, куда хочешь попасть, а потом дать рукам мысленную команду перенести туда все тело. Целые дни он проводил в созерцании, пытаясь перенестись хоть на несколько шагов, но ничего не выходило.

— Наверно, — говорил он Шестипалому, — наши руки еще недостаточно сильны. Надо продолжать.

Однажды, когда Затворник и Шестипалый, сидя в куче тряпок между ящиками, вглядывались в сущность вещей, случилось крайне неприятное событие. Вокруг стало чуть темнее, и когда Шестипалый открыл глаза, перед ним маячило огромное небритое лицо какого-то бога.

— Ишь куда забрались, — сказало оно, а затем огромные грязные руки схватили Затворника и Шестипалого, вытащили из-за ящиков, с невероятной скоростью перенесли через огромное пространство и бросили в один из миров, уже не очень далеких от Цеха номер один. Сначала Затворник и Шестипалый отнеслись к этому спокойно и даже с некоторой иронией — они устроились возле Стены Мира и принялись готовить себе убежища души, — но бог вдруг вернулся, вытащил Шестипалого, поглядел на него внимательно, удивленно чмокнул губами, а потом обмотал ему ногу куском липкой синей ленты и кинул его обратно. Через несколько минут подошло сразу несколько богов — они достали Шестипалого и принялись его рассматривать по очереди, издавая возгласы восторга.

— Не нравится мне это, — сказал Затворник, когда боги наконец вернули Шестипалого на место и ушли, — плохо дело.

— По-моему, тоже, — ответил перепуганный Шестипалый. — Может, лучше снять эту дрянь?

И он показал на синюю ленту, обмотанную вокруг его ноги.

— Лучше пока не снимай, — сказал Затворник. Некоторое время они мрачно молчали, а потом Шестипалый сказал:

— Это все из-за шести пальцев. Ну убежим мы отсюда — так ведь они нас теперь искать будут. Про ящики они знают. А где-нибудь еще можно спрятаться?

Затворник помрачнел еще больше, а вместо ответа предложил сходить в здешний социум, чтобы развеяться.

Но оказалось, что со стороны далекой кормушки-поилки к ним уже движется целая депутация. Судя по тому, что, не дойдя шагов двадцать до Затворника и Шестипалого, идущие им навстречу повалились наземь и дальше стали двигаться ползком, у них были серьезные намерения. Затворник велел Шестипалому отойти назад и пошел выяснить, в чем дело. Вернувшись, он сказал:

— Такого я действительно никогда не видел. Они, видимо, очень набожны. Во всяком случае, они видели, как ты общаешься с богами, и теперь считают тебя мессией, а меня — твоим учеником или чем-то вроде этого.

— Ну и что теперь будет? Чего они хотят?

— Зовут к себе. Говорят, какая-то стезя выпрямлена, что-то увито и так далее. И главное, все как в их книгах. Я ничего не понял, но, думаю, пойти стоит.

— Пошли, — безразлично пожал плечами Шестипалый. Его томили мрачные предчувствия.

По дороге было сделано несколько навязчивых попыток понести Затворника на руках, и избежать этого удалось с большим трудом. К Шестипалому никто не смел не то что приблизиться, а даже поднять на него взгляд, и он шел в центре большого круга пустоты.

По прибытии Шестипалого усадили на высокую горку соломы, а Затворник остался у ее основания и погрузился в беседу со здешними духовными авторитетами, которых было около двадцати, — их легко было узнать по обрюзгшим толстым лицам. Затем он благословил их и полез на горку к Шестипалому, у которого было так погано на душе, что он даже не ответил на ритуальный поклон Затворника, что, впрочем, выглядело для всех остальных вполне естественно.

Выяснилось, что все уже давно ждали прихода мессии, потому что приближающийся решительный этап, называвшийся здесь Страшным Супом, из чего было ясно, что у здешних обитателей бывали серьезные прозрения, уже давно волновал народные умы, а духовные авторитеты настолько разъелись и обленились, что на все обращенные к ним вопросы отвечали коротким кивком в направлении неба. Так что появление Шестипалого с учеником оказалось очень кстати.

— Ждут проповеди, — сообщил Затворник.

— Ну так наплети им что-нибудь, — буркнул Шестипалый. — Я ведь дурак дураком, сам знаешь.

На слове «дурак» голос у него задрожал, и вообще было видно, что он вот-вот заплачет.

— Они меня съедят, эти боги, — сказал он. — Я чувствую.

— Ну-ну. Успокойся, — сказал Затворник, повернулся к толпе у горки и принял молитвенную позу: задрал кверху голову и воздел руки. — Эй, вы! — закричал он. — Скоро все в ад пойдете. Вас там зажарят, а самых грешных перед этим замаринуют в уксусе.

Над социумом пронесся вздох ужаса.

— Я же, по воле богов и их посланца, моего господина, хочу научить вас, как спастись. Для этого надо победить грех. А вы хоть знаете, что такое грех?

Ответом было молчание.

— Грех — это избыточный вес. Греховна ваша плоть, ибо именно из-за нее вас поражают боги. Подумайте, что приближает ре... Страшный Суп? Да именно то, что вы обрастаете жиром. Ибо худые спасутся, а толстые нет. Истинно так: ни один костлявый и синий не будет ввергнут в пламя, а толстые и розовые будут там все. Но те, кто будет отныне и до Страшного Супа поститься, обретут вторую жизнь. Ей, Господи! А теперь встаньте и больше не грешите.

Но никто не встал — все лежали на земле и молча глядели — кто на размахивающего руками Затворника, кто в пучину неба. Многие плакали. Пожалуй, речь Затворника не понравилась только первосвященникам.

— Зачем ты так, — шепнул Шестипалый, когда Затворник опустился на солому, — они же тебе верят.

— А я что, вру? — ответил Затворник. — Если они сильно похудеют, их отправят на второй цикл откорма. А потом, может, и на третий. Да бог с ними, давай лучше думать о делах.

8

Затворник часто говорил с народом, обучая, как придавать себе наиболее неаппетитный вид, а Шестипалый большую часть времени сидел на своей соломенной горке и размышлял о природе полета. Он почти не участвовал в беседах с народом и только иногда рассеянно благословлял подползавших к нему мирян. Бывшие первосвященники, которые совершенно не собирались худеть, глядели на него с ненавистью, но ничего не могли поделать, потому что все новые и новые боги подходили к миру, вытаскивали Шестипалого, разглядывали его и показывали друг другу. Один раз среди них оказался даже сопровождаемый большой свитой обрюзгший седенький старичок, к которому остальные боги относились с крайним почтением. Старичок взял его на руки, и Шестипалый злобно нагадил ему прямо на холодную трясущуюся ладонь, после чего был довольно грубо водворен на место.

А по ночам, когда все засыпали, они с Затворником продолжали отчаянно тренировать свои руки — чем меньше они верили в то, что это к чему-нибудь приведет, тем больше прилагали усилий. Руки у них выросли до такой степени, что заниматься с железками, на которые Затворник разобрал кормушку-поилку (в социуме все постились и выглядели уже почти прозрачными), больше не было никакой возможности, — стоило чуть взмахнуть руками, как ноги отрывались от земли, и приходилось прекращать упражнение. Это было той самой сложностью, о которой Затворник в свое время предупреждал Шестипалого, но ее удалось обойти — Затворник знал, как укреплять мышцы статическими упражнениями, и научил этому Шестипалого. Зеленые ворота уже виднелись за Стеной Мира, и, по подсчетам Затворника, до Страшного Супа остался всего десяток затмений. Боги не особенно пугали Шестипалого — он успел привыкнуть к их постоянному вниманию и воспринимал его с брезгливой покорностью. Его душевное состояние пришло в норму, и он, чтобы хоть как-то развлечься, начал выступать с малопонятными темными проповедями, которые буквально потрясали паству. Однажды он вспомнил рассказ Одноглазки о подземной вселенной и в порыве вдохновения описал приготовление супа для ста шестидесяти демонов в зеленых одеждах в таких мельчайших подробностях, что под конец не только сам перепугался до одури, но и сильно напугал Затворника, который в начале его речи только хмыкал. Многие из паствы заучили эту проповедь наизусть, и она получила название «Околепсиса Синей Ленточки» — таково было сакральное имя Шестипалого. После этого даже бывшие первосвященники бросили есть и целыми часами бегали вокруг полуразобранной кормушки-поилки, стремясь избавиться от жира.

Поскольку и Затворник и Шестипалый ели каждый за двоих, Затворнику пришлось сочинить специальный догмат о непогрешимости, который быстро пресек разные разговоры шепотом.

Но если Шестипалый после пережитого потрясения быстро вошел в норму, то с Затворником начало твориться что-то неладное. Казалось, депрессия Шестипалого перешла к нему, и с каждым часом он становился все замкнутей.

Однажды он сказал Шестипалому:

— Знаешь, если у нас ничего не выйдет, я поеду вместе со всеми в Цех номер один.

Шестипалый открыл было рот, но Затворник остановил его:

— А поскольку у нас наверняка ничего не выйдет, это можно считать решенным.

Шестипалый вдруг понял: то, что он только что собирался сказать, было совершенно лишним. Он не мог переменить чужого решения, а мог только выразить свою привязанность к Затворнику — что бы он ни сказал, смысл был бы именно таким. Раньше он наверняка не удержался бы от ненужной болтовни, но за последнее время что-то в нем изменилось. И в ответ он просто кивнул головой, отошел в сторону и погрузился в размышления. Вскоре он вернулся и сказал:

— Я тоже поеду вместе с тобой.

— Нет, — сказал Затворник, — ты ни в коем случае не должен этого делать. Ты теперь знаешь почти все, что знаю я. И ты обязательно должен остаться жить и найти себе ученика. Может быть, хотя бы он приблизится к умению летать.

— Ты хочешь, чтобы я остался один? — раздраженно спросил Шестипалый. — С этим быдлом?

И он показал на простершуюся на земле при начале беседы пророков паству: одинаковые дрожащие изможденные тела закрывали собой почти все видимое пространство.

— Они не быдло, — сказал Затворник, — они больше походят на детей.

— На умственно отсталых детей, — добавил Шестипалый. — К тому же с массой врожденных пороков.

Затворник с ухмылкой поглядел на его ноги.

— Интересно, а ты помнишь, каким был ты сам до нашей встречи?

Шестипалый задумался и смутился.

— Нет, — наконец сказал он, — не помню. Честное слово, не помню.

— Ладно, — сказал Затворник, — поступай как знаешь.

На этом разговор прекратился.

Дни, оставшиеся до конца, летели быстро. Однажды утром, когда паства только еще продирала глаза, Затворник и Шестипалый заметили, что зеленые ворота, еще вчера казавшиеся такими далекими, нависают над самой Стеной Мира. Они переглянулись, и Затворник сказал:

— Сегодня мы сделаем нашу последнюю попытку. Последнюю потому, что завтра ее уже некому будет делать. Сейчас мы отправимся к Стене Мира, чтобы нам не мешал этот гомон, а оттуда попробуем перенестись на купол кормушки-поилки. Если нам это не удастся, тогда попрощаемся с миром.

— Как это делается? — по привычке спросил Шестипалый.

Затворник с удивлением поглядел на него.

— Откуда я знаю, как это делается, — сказал он.

Всем было сказано, что пророки идут общаться с богами. Скоро Затворник и Шестипалый были уже возле Стены Мира, где уселись, прислонясь к ней спиной.

— Помни, — сказал Затворник, — надо представить себе, что ты уже там, и тогда...

Шестипалый закрыл глаза, сосредоточил все свое внимание на руках и стал думать о резиновом шланге, подходившем к крышке кормушки-поилки. Постепенно он вошел в транс, и у него появилось четкое ощущение, что этот шланг находится совсем рядом с ним — на расстоянии вытянутой руки. Раньше Шестипалый спешил открыть глаза, и всегда оказывалось, что он сидит там же, где сидел. Но сегодня он решил попробовать нечто новое. «Если медленно сводить руки, — подумал он, — так, чтобы шланг оказался между ними, что тогда?» Осторожно, стараясь сохранить достигнутую уверенность, что шланг совсем рядом, он стал сближать руки. И когда они, сойдясь в месте, где перед этим была пустота, коснулись шланга, он не выдержал и изо всех сил завопил:

— Есть! — и открыл глаза.

— Тише, дурак, — сказал стоящий перед ним Затворник, чью ногу он сжимал. — Смотри.

Шестипалый вскочил на ноги и обернулся. Ворота Цеха номер один были раскрыты, и их створки медленно проплывали по бокам и сверху.

— Вот и приехали, — сказал Затворник. — Пошли назад.

На обратном пути они не сказали ни слова. Лента транспортера двигалась с той же скоростью, с какой шли Затворник и Шестипалый, только в другую сторону, и поэтому всю дорогу вход в Цех номер один был там, где они находились. А когда они дошли до своих почетных мест возле кормушки-поилки, вход накрыл их и поплыл дальше.

Затворник подозвал к себе кого-то из паствы.

— Слушай, — сказал он. — Только спокойно! Иди и скажи остальным, что наступил Страшный Суп. Видишь, как потемнело небо?

— А что теперь делать? — спросил тот с надеждой.

— Всем сесть на землю и сделать вот так, — сказал Затворник и закрыл руками глаза. — И не подглядывать, иначе мы ни за что не ручаемся. И чтоб тихо.

Сперва все-таки поднялся гомон. Но он быстро стих — все уселись на землю и сделали так, как велел Затворник.

— Ну что, — сказал Шестипалый, — давай прощаться с миром?

— Давай, — ответил Затворник, — ты первый.

Шестипалый встал, оглянулся по сторонам, вздохнул и сел на место.

— Все? — спросил Затворник.

Шестипалый кивнул.

— Теперь я, — поднимаясь, сказал Затворник, задрал голову и закричал изо всех сил: — Мир! Прощай!

9

— Ишь раскудахтался, — сказал громовой голос. — Который? Этот, что квохчет, что ли?

— Не, — ответил другой голос. — Рядом.

Над Стеной Мира возникло два огромных лица. Это были боги.

— Ну и дрянь, — сокрушенно заметило первое лицо. — Чего с ними делать, непонятно. Они же полудохлые все.

Над миром пронеслась огромная рука в белом, заляпанном кровью и прилипшим пухом рукаве и тронула кормушку-поилку.

— Семен, мать твою, ты куда смотришь? У них же кормушка сломана!

— Цела была, — ответил бас. — Я в начале месяца все проверял. Ну что, будем забивать?

— Нет, не будем. Давай включай конвейер, подгоняй другой контейнер, а здесь — чтобы завтра кормушку починил. Как они не передохли только...

— Ладно.

— А насчет этого, у которого шесть пальцев, — тебе обе лапки рубить?

— Давай обе.

— Я одну себе хотел.

Затворник повернулся к внимательно слушающему, но почти ничего не понимающему Шестипалому.

— Слушай, — прошептал он, — кажется, они хотят...

Но в этот момент огромная белая рука снова метнулась по небу и сгребла Шестипалого.

Шестипалый не разобрал, что хотел сказать Затворник. Ладонь обхватила его, оторвала от земли, потом перед ним мелькнула огромная грудь с торчащей из кармана авторучкой, ворот рубахи и, наконец, пара большущих выпуклых глаз, которые уставились на него в упор.

— Ишь крылья-то. Как у орла! — сказал небывалых размеров рот, за которым желтели бугристые зубы.

Шестипалый давно привык находиться в руках у богов. Но сейчас от ладоней, которые его держали, исходила какая-то странная, пугающая вибрация. Из разговора он понял только, что речь идет не то о его руках, не то о ногах, а потом откуда-то снизу долетел сумасшедший крик Затворника:

— Шестипалый! Беги! Клюй его прямо в морду!

Первый раз за все время их знакомства в голосе Затворника звучало отчаяние. И Шестипалый испугался, до такой степени испугался, что все его действия приобрели сомнамбулическую безошибочность, — он изо всех сил клюнул вылупленный на него глаз и сразу стал с невероятной скоростью бить по потной морде бога руками с обеих сторон.

Раздался рев такой силы, что Шестипалый воспринял его не как звук, а как давление на всю поверхность своего тела. Ладони бога разжались, а в следующий момент Шестипалый заметил, что находится под потолком и, ни на что не опираясь, висит в воздухе. Сначала он не понял, в чем дело, а потом увидел, что по инерции продолжает махать руками и именно они удерживают его в пустоте. Отсюда было видно, что представляет собой Цех номер один: это был огороженный с двух сторон участок конвейера, возле которого стоял длинный, в красных и коричневых пятнах деревянный стол, усыпанный пухом и перьями, и лежали стопки прозрачных пакетов. Мир, где остался Затворник, выглядел просто большим восьмиугольным контейнером, заполненным множеством неподвижных крохотных тел. Шестипалый не видел Затворника, но был уверен, что тот видит его.

— Эй, — закричал он, кругами летая под самым потолком, — Затворник! Давай сюда! Маши руками как можно быстрей!

Внизу, в контейнере, что-то замелькало и, быстро вырастая в размерах, стало приближаться — и вот Затворник оказался рядом. Он сделал несколько кругов вслед за Шестипалым, а потом закричал:

— Садимся вот туда!

Когда Шестипалый подлетел к квадратному пятну мутного белесого света, пересеченному узким крестом, Затворник уже сидел на подоконнике.

— Стена, — сказал он, когда Шестипалый приземлился рядом, — светящаяся стена.

Затворник был внешне спокоен, но Шестипалый отлично знал его и видел, что тот немного не в себе от происходящего. С Шестипалым происходило то же самое. И вдруг его осенило.

— Слушай, — закричал он, — да ведь это и есть полет! Мы летали!

Затворник кивнул головой.

— Я уже понял, — сказал он. — Истина настолько проста, что за нее даже обидно.

Между тем беспорядочное мелькание фигур внизу несколько успокоилось, и стало видно, что двое в белых халатах удерживают третьего, зажимающего лицо рукой.

— Сука! Он мне глаз выбил! Сука! — орал тот третий.

— Что такое сука? — спросил Шестипалый.

— Это способ обращения к одной из стихий, — ответил Затворник. — Собственного смысла это слово не имеет.

— А к какой стихии он обращается? — спросил Шестипалый.

— Сейчас увидим, — сказал Затворник.

Пока Затворник произносил эти слова, бог вырвался из удерживавших его рук, кинулся к стене, сорвал красный баллон огнетушителя и метнул его в сидящих на подоконнике — он это сделал так быстро, что никто не сумел ему помешать, а Затворник с Шестипалым еле успели взлететь в разные стороны.

Раздался звон и грохот. Огнетушитель, пробив окно, исчез, и в помещение ворвалась волна свежего воздуха — только после этого стало понятно, как там воняло. Сделалось неправдоподобно светло.

— Летим! — заорал Затворник, потеряв вдруг всю свою невозмутимость. — Живо! Вперед!

И, отлетев подальше от окна, он разогнался, сложил крылья и исчез в луче желтого горячего света, бившего из дыры в крашеном стекле, откуда дул ветер и доносились новые, незнакомые звуки.

Шестипалый, разгоняясь, понесся по кругу. Последний раз внизу мелькнул восьмиугольный контейнер, залитый кровью стол и размахивающие руками боги, — сложив крылья, он со свистом пронесся сквозь дыру.

Сначала он на секунду ослеп — так ярок был свет. Потом его глаза привыкли, и он увидел впереди и вверху круг желто-белого огня такой яркости, что смотреть на него даже краем глаза было невозможно. Еще выше виднелась темная точка — это был Затворник. Он разворачивался, чтобы Шестипалый мог его догнать, и скоро они уже летели рядом.

Шестипалый оглянулся — далеко внизу осталось огромное и уродливое серое здание, на котором было всего несколько закрашенных масляной краской окон. Одно из них было разбито. Все вокруг было таких чистых и ярких цветов, что Шестипалый, чтобы не сойти с ума, стал смотреть вверх.

Лететь было удивительно легко — сил на это уходило не больше, чем на ходьбу. Они поднимались выше и выше, и скоро все внизу стало просто разноцветными квадратиками и пятнами.

Шестипалый повернул голову к Затворнику.

— Куда? — прокричал он.

— На юг, — коротко ответил Затворник.

— А что это? — спросил Шестипалый.

— Не знаю, — ответил Затворник, — но это вон там.

И он махнул крылом в сторону огромного сверкающего круга, только по цвету напоминавшего то, что они когда-то называли светилами.

ПРОБЛЕМА ВЕРВОЛКА В СРЕДНЕЙ ПОЛОСЕ

На какую-то секунду Саше показалось, что уж этот-то мятый «ЗИЛ» остановится — такая это была старая, дребезжащая, созревшая для автомобильного кладбища машина, что по тому же закону, по которому в стариках и старухах, бывших раньше людьми грубыми и неотзывчивыми, перед смертью просыпаются внимание и услужливость, — по тому же закону, только отнесенному к миру автомобилей, она должна была остановиться. Но ничего подобного — с пьяной старческой наглостью звякая подвешенным у бензобака ведром, «ЗИЛ» протарахтел мимо, напряженно въехал на пригорок, издал на его вершине непристойный победный звук, сопровождаемый струей сизого дыма, и уже беззвучно скрылся за асфальтовым перекатом.

Саша сошел с дороги, бросил в траву свой маленький рюкзак и уселся на него — внутри что-то перегнулось, хрустнуло, и Саша испытал злобное удовлетворение, обычное для попавшего в беду человека, узнающего, что кто-то или что-то рядом — тоже в тяжелых обстоятельствах. Насколько тяжелы его сегодняшние обстоятельства, Саша уже начинал ощущать.

Существовали только два способа дальнейших действий: либо по-прежнему ждать попутку, либо возвращаться в деревню — три километра хода. Насчет попутки вопрос был практически ясным: есть, видимо, такие районы страны или такие отдельные дороги, где в силу принадлежности всех проезжающих по ним водителей к некоему тайному братству негодяев не только невозможно практиковать автостоп — наоборот, нужно следить, чтобы тебя не обдали грязной водой из лужи, когда идешь по обочине. Дорога от Конькова к ближайшему оазису при железной дороге — километров пятнадцать по прямой — была как раз одним из таких заколдованных маршрутов. Из пяти проехавших мимо машин не остановилась ни одна, и если бы какая-то стареющая женщина с фиолетовыми от помады губами и трогательной прической «I still love you» не показала ему кукиш, длинно высунув руку из окна красной «нивы», Саша мог бы решить, что стал невидим. Оставалась еще надежда на обещанного многими газетами и фильмами шофера, который всю дорогу молча будет вглядываться в дорогу через пыльное ветровое стекло грузовика, а потом коротким движением головы откажется от денег (и вдруг бросится в глаза висящая над рулем фотография нескольких парней в десантной форме на фоне далеких гор), — но когда дребезжащий «ЗИЛ» проехал мимо, и эта надежда умерла.

Саша поглядел на часы — было двадцать минут десятого. Скоро стемнеет, подумал он, надо же, вот попал... Он посмотрел по сторонам — за сотней метров пересеченной местности (микроскопические холмики, редкие кусты и слишком высокая и сочная трава, заставляющая думать, что под ней болото) начинался жидкий лес, какой-то нездоровый, как потомство алкоголика. Вообще, растительность вокруг была странной. Все, что было крупнее цветов и травы, росло как бы с натугой и надрывом и хоть достигало в конце концов нормальных размеров, но оставляло впечатление, будто выросло, испугавшись чьих-то окриков, а иначе так и стлалось бы лишайником по земле. Какие-то неприятные были места, тяжелые и безлюдные, словно подготовленные к сносу с лица земли — хотя, подумал Саша, если у земли и есть лицо, то явно в другом месте. Недаром из трех виденных им сегодня деревень только одна выглядела более-менее правдоподобной — как раз последняя, Коньково, — а остальные были заброшены, и только в нескольких домиках кто-то еще доживал свой век; покинутые избы больше напоминали экспозицию этнографического музея, чем человеческие жилища.

Даже Коньково, отмеченное гипсовым часовым у шоссе и придорожной надписью «Колхоз „Мичуринский“», казалось поселением людей лишь в сравнении с глухим запустением соседних, уже безымянных, деревень. Хотя в Конькове был магазин, хлопала по ветру клубная афиша с выведенным зеленой гуашью названием французского авангардного фильма и верещал где-то за домами трактор, все равно было не по себе. Людей на улицах не было — только прошла бабка в черном, мелко перекрестившаяся при виде Сашиной гавайской рубахи, покрытой разноцветными магическими символами, да проехал на велосипеде очкастый мальчик с авоськой на руле. Велосипед был ему велик, он не мог сидеть в седле и ехал стоя, как будто бежал над ржавой тяжелой рамой. Остальные жители, если они были, сидели по домам.

В воображении поездка представлялась совсем иначе. Вот он ссаживается с речного плоскодонного теплоходика, доходит до деревни, где на завалинках — Саша не знал, что такое завалинка, и представлял ее себе в виде удобной деревянной скамейки вдоль бревенчатой стены — мирно сидят выжившие из ума старухи, кругом растет подсолнух, и под его желтыми блюдцами тихо играют в шахматы на дощатых серых столах бритые старики. Словом, представлялся Тверской бульвар, только заросший подсолнухом. Ну еще промычит вдалеке корова.

Дальше — вот он выходит на околицу, и открывается прогретый солнцем лес, река с плывущей лодкой или разрезанное дорогой поле, и куда ни пойди, всюду будет замечательно: можно развести костер, можно вспомнить детство и полазить по деревьям — если, конечно, после того как он его вспомнит, окажется, что он по ним лазил. Вечером — на попутных машинах к электричке.

А что вышло?

Виной всему была цветная фотография из толстой ободранной книги с подписью: «Старинная русская деревня Коньково, ныне — главная усадьба колхоза-миллионера». Саша нашел место, откуда был сделан понравившийся ему снимок, проклял татарское слово «колхоз» и американское слово «миллионер» и удивился, до чего разным может быть на фотографии и в жизни один и тот же вид.

Мысленно дав себе слово никогда больше не поддаваться порывам к бессмысленным путешествиям, Саша решил хотя бы посмотреть этот фильм в деревенском клубе. Купив у невидимой кассирши билет — говорить пришлось с веснушчатой пухлой рукой в окошке, которая оторвала синюю бумажку и отсчитала сдачу, — он попал в полупустой зал, отскучал в нем полтора часа, иногда оборачиваясь на прямого, как шпала, деда, свистевшего в некоторых местах (его критерии были совершенно неясны, но зато в свисте было что-то соловьино-разбойничье, что-то от уходящей Руси); потом — когда фильм кончился — поглядел на удаляющуюся от клуба прямую спину свистуна, на фонарь под жестяным конусом, на одинаковые заборчики вокруг домов и пошел прочь из Конькова, косясь на простершего руку и поднявшего ногу гипсового человека в кепке, обреченного вечно брести к брату по небытию, ждущему его у шоссе.

Последнего грузовика, который своим сизым выхлопом окончательно развеял иллюзии, Саша дожидался так долго, что успел забыть о том, чего он ждет.

Встав, он закинул за спину рюкзак и пошел назад, придумывая, где и как будет ночевать. Стучаться к какой-нибудь бабке не хотелось, да и было бесполезно, потому что пускающие переночевать бабки живут обычно в тех же местах, где соловьи-разбойники и кощеи, а здесь был колхоз «Мичуринский» — понятие, если вдуматься, не менее волшебное, но волшебное по-другому, без всякой надежды на ночлег в незнакомом доме. Единственным подходящим вариантом, до которого сумел додуматься Саша, был следующий: он покупает билет на последний сеанс в клуб, а после сеанса, спрятавшись за тяжелой зеленой портьерой в зале, остается. Чтобы все вышло, надо будет встать с места, пока не включат свет, тогда его не заметит баба в самодельной черной униформе, сопровождающая зрителей к выходу. Правда, придется еще раз смотреть этот темный фильм, но тут уж ничего не поделаешь.

Думая обо всем этом, Саша вышел к развилке. Когда он проходил здесь минут двадцать назад, ему показалось, что к дороге, по которой он идет, пристроилась другая, поменьше, а сейчас он стоял на распутье, не понимая, по какой из дорог он шел — обе казались совершенно одинаковыми. Вроде бы по правой — там еще росло большое дерево. Ага, вот оно. Значит, идти надо направо. Перед деревом, кажется, стоял серый столб. Где он? Вот он, только почему-то слева. А рядом маленькое деревце. Ничего не понятно.

Саша поглядел на столб, когда-то поддерживавший провода, а сейчас похожий на грозящие небу огромные грабли, и повернул влево. Пройдя двадцать шагов, он остановился и посмотрел назад: с поперечной перекладины столба, отчетливо видной на фоне красных полос заката, взлетела птица, которую он до этого принял за облепленный многолетней грязью изолятор. Он пошел дальше — чтобы успеть в Коньково вовремя, надо было спешить, а идти предстояло через лес.

Удивительно, думал он, какая ненаблюдательность. По дороге из Конькова он не заметил этой широкой просеки, за которой виднелась поляна. Когда человек поглощен своими мыслями, мир вокруг исчезает. Наверно, он и сейчас бы ее не заметил, если бы его не окликнули.

— Эй, — закричал пьяный голос, — ты кто?

И еще несколько голосов заржали. Среди первых деревьев леса, как раз возле просеки, мелькнули люди и бутылки — Саша не позволил себе обернуться и увидел местную молодежь лишь краем глаза. Он прибавил шаг, уверенный, что за ним не погонятся, но все-таки неприятно взволнованный.

— У, волчище! — прокричали сзади.

«Может, я не туда иду?» — подумал Саша, когда дорога сделала зигзаг, которого он не помнил. Нет, вроде туда: вот длинная трещина на асфальте, похожая на латинскую дубль-вэ; что-то похожее уже было.

Понемногу темнело, а идти было еще порядочно. Чтобы занять себя, он стал обдумывать способы проникновения в клуб после начала сеанса — начиная от озабоченного возвращения за забытой на сиденье кепкой и кончая спуском через широкую трубу на крыше, если она, конечно, есть.

То, что он выбрал не ту дорогу, выяснилось через полчаса, когда все вокруг уже было синим и на небе прорезались первые звезды. Ясно это стало, когда на обочине возникла высокая стальная мачта, поддерживающая три толстых провода, и послышался тихий электрический треск: по дороге от Конькова таких мачт не было точно. Уже все поняв, Саша по инерции дошел до мачты и в упор уставился на жестяную табличку ку с любовно прорисованным черепом и угрожающей надписью. Потом оглянулся и поразился: неужели он только что прошел через этот черный и страшный лес? Идти назад к развилке — значило снова встретиться с ребятами, сидящими у дороги, и узнать, в какое состояние они пришли под действием портвейна и сумрака. Идти вперед — значило идти неизвестно куда, — но все-таки должна же дорога куда-то вести?

Гудение проводов напоминало, что где-то на свете живут нормальные люди, вырабатывают днем электричество, а вечером смотрят с его помощью телевизор. Если уж ночевать в глухом лесу, думал Саша, то лучше всего под электрической мачтой, тогда будет чем-то похоже на ночлег в парадном, а это вещь испытанная и совершенно безопасная.

Издалека донесся какой-то полный вековой тоски рев — сначала он был еле слышен, а потом вырос до невообразимых пределов, и только тогда Саша понял, что это самолет. Он облегченно поднял голову — скоро вверху появились разноцветные точки, собранные в треугольник; пока самолет был виден, стоять на темной лесной дороге было даже уютно, а когда он скрылся, Саша пошел вперед, глядя прямо перед собой на асфальт, постепенно становящийся самой светлой частью окружающего.

На дорогу падал слабый, неопределенной природы, свет, и можно было идти, не боясь споткнуться. Отчего-то — наверно, по городской привычке — у Саши была уверенность, что дорога освещена редкими фонарями. Он попытался найти фонарь и опомнился: никаких фонарей, конечно, не было — светила Луна, и Саша, задрав голову, увидел ее четкий белый серп. Поглядев немного на небо, он отметил, что звезды разноцветные — раньше он этого не замечал или замечал, но давно забыл.

Наконец стемнело полностью и окончательно, то есть стало понятно, что темнее уже не будет. Саша вынул из рюкзака куртку, надел ее и застегнул на все «молнии»: так он чувствовал себя в большей готовности к ночным неожиданностям. Заодно он съел два мятых плавленых сырка «Дружба» — фольга с этим словом, слабо блеснувшая в лунном свете, почему-то напоминала о вымпелах, которые человечество постоянно запускает в космос. Несколько раз он слышал далекое гудение автомобильных моторов. Машины проезжали где-то далеко. Дорога один раз вышла из леса, сделала метров пятьсот по полю, нырнула в другой лес, где деревья были старше и выше, — и сузилась: теперь идти было темнее, потому что полоса неба над головой тоже стала у́же. Ему начинало казаться, что он погружается все глубже и глубже в какую-то пропасть и дорога не выведет его никуда, а, наоборот, заведет в глухую чащу и кончится в царстве зла, среди огромных дубов, шевелящих рукообразными ветвями, — как в детских фильмах ужасов, где в конце концов побеждает такое добро в красной рубахе, что становится жалко поверженных Бабу-Ягу и Кощея.

Впереди опять возник шум мотора — теперь он был ближе, и Саша подумал, что наконец его подбросят куда-нибудь, где над головой будет электрическая лампа, по бокам — стены и можно будет спокойно заснуть. Некоторое время гудение приближалось, но внезапно стихло — машина остановилась. Он быстро пошел вперед и скоро опять услышал гудение мотора — теперь оно снова донеслось издалека, как будто машина вдруг беззвучно перепрыгнула на километр назад и повторяла уже пройденный путь.

Он понял, что слышит другую машину, тоже едущую в его сторону. В лесу трудно точно определить расстояние до источника звука; когда вторая машина остановилась, Саше показалось, что она не доехала до него каких-нибудь сто метров; света фар не было видно, но впереди был поворот.

Это было непонятно. Одна за другой две машины вдруг остановились посреди ночного леса, как будто ухнули в какую-то яму посреди дороги.

Саша на всякий случай свернул к обочине, чтобы нырнуть в лес, если потребуют обстоятельства, и крадущейся походкой двинулся вперед, внимательно вглядываясь в темноту. Страх сразу же исчез, и он подумал, что если и не сядет сейчас в машину, то дальше пойдет именно таким образом.

Перед самым поворотом он увидел на листьях слабые красноватые отблески и услышал голоса и смех. Еще одна машина подъехала и затормозила где-то совсем рядом; хлопнули дверцы. Судя по тому, что впереди смеялись, там не происходило ничего особо страшного. Или как раз наоборот, подумал он вдруг.

Он свернул в лес и, ощупывая темноту перед собой руками, медленно пошел вперед. Наконец он оказался на таком месте, откуда было видно происходящее за поворотом. Спрятавшись за деревом, он подождал, пока глаза привыкнут к новому уровню темноты, и осторожно выглянул.

Впереди была большая поляна; с одной ее стороны в беспорядке стояло штук шесть машин, а освещалось все небольшим костерком, вокруг которого стояли люди разного возраста и по-разному одетые, некоторые с бутербродами и бутылками в руках. Они переговаривались и вели себя как любая большая компания вокруг ночного костра — не хватало только магнитофона, натужно борющегося с тишиной.

Словно услыхав Сашину мысль, плотный мужчина подошел к машине, сунул внутрь руку, и заиграла довольно громкая музыка — правда, неподходящая для пикника: монотонно завыли какие-то хриплые мрачные трубы.

Однако компания не выразила неудовольствия — наоборот, когда человек, включивший музыку, вернулся к остальным, его несколько раз одобрительно хлопнули по плечу. Приглядевшись, Саша стал замечать и другие странности.

У костра особняком стоял военный — кажется, полковник; его обходили стороной, а он иногда поднимал руки к Луне. Несколько человек были в костюмах с галстуками, будто приехали не в лес, а на работу.

Саша вжался в свое дерево, потому что к ближнему краю поляны подошел человек в просторной черной куртке, с перехватывающим волосы кожаным ремешком на лбу. Еще кто-то повернул лицо, слегка искаженное прыгающими отблесками костра, в Сашину сторону... Нет, показалось, никто его не заметил.

Ему пришло в голову, что все это легко объяснить: сидели, наверное, на каком-нибудь приеме, а потом рванули в лес... Военный — для охраны или танки продает. Но почему такая музыка?

— Эй, — сказал сзади тихий голос.

Саша похолодел. Он медленно обернулся и увидел девочку в спортивном костюме с адидасовской лилией на груди.

— Ты чего тут делаешь? — так же тихо спросила она.

Он с усилием разлепил рот:

— Я... так просто.

— Что так просто?

— Ну, шел по дороге, пришел сюда.

— То есть как? — удивилась девочка. — Ты что, не с нами приехал?

— Нет.

Она сделала такое движение, будто собиралась отпрыгнуть от него, но все-таки осталась на месте.

— Ты, значит, сам сюда пришел? Взял и пришел?

— Непонятно, что тут такого, — сказал Саша. Ему пришло в голову, что над ним издеваются, но девочка помотала головой с таким чистосердечным недоумением, что он действительно отбросил эту мысль. Наоборот, ему самому вдруг показалось, что он действительно выкинул нечто ни в какие ворота не лезущее.

Минуту она молча соображала, потом спросила:

— А как ты теперь выкручиваться хочешь?

Саша решил, что она имеет в виду его положение одинокого ночного пешехода, и ответил:

— Как? Попрошу, чтобы довезли до какой-нибудь станции. Вы когда возвращаетесь?

Она промолчала. Он повторил вопрос, и она как-то неопределенно покрутила рукой.

— Или дальше пойду, — вдруг сказал Саша.

Девочка посмотрела на него с сожалением.

— Я тебе вот что скажу: бежать не пробуй. Правда. А лучше минут так через пять иди к костру, посмелее. И глаза сделай безумные. Тебя, значит, спросят: кто ты такой и что здесь делаешь. А ты отвечай, что зов услышал. И главное, с полной уверенностью. Понял?

— Какой зов?

— Такой. Мое дело тебе совет дать.

Девочка еще раз оглядела Сашу, обошла его и двинулась на поляну. Когда она подошла к костру, мужчина в кроссовках потрепал ее по голове и дал ей бутерброд.

«Издевается», — подумал Саша. Но всмотрелся в человека с ремешком на лбу, все еще стоявшего на краю поляны, и решил, что не издевается: очень уж странно он вглядывался в ночь, этот человек. А в центре поляны вдруг стал виден воткнутый в землю деревянный шест с насаженным на него черепом — узким и длинным, с мощными челюстями. Собачий? Нет, скорее волчий...

Он решился, вышел из-за дерева и двинулся к желто-красному пятну костра. Шел он покачиваясь — и не понимал почему, а глаза его были прикованы к огню.

Разговоры на поляне сразу смолкли.

— Стой, — хрипло сказали от столба с черепом.

Он не остановился — к нему подбежали, и несколько сильных мужских рук схватили его.

— Ты что здесь делаешь? — спросил голос, который скомандовал ему остановиться.

— Зов услышал, — мрачно и грубо ответил Саша, глядя в землю.

— А, зов... — раздались голоса.

Его отпустили, вокруг засмеялись, и кто-то сказал:

— Новенький.

Саше подали бутерброд и стакан воды, после чего он оказался немедленно забыт. Саша вспомнил о своем рюкзаке, оставшемся за деревом. «Черт с ним», — подумал он и занялся бутербродом.

Мимо прошла девочка в спортивном костюме.

— Слушай, — спросил он, — что здесь происходит? Пикник?

— Погоди, узнаешь.

Она помахала мизинчиком — какой-то совершенно китайский получился жест — и отошла к людям, стоявшим у шеста с черепом.

Сашу дернули за рукав. Он обернулся и вздрогнул: перед ним стоял военный.

— Слышь, новенький, — сказал он, — заполни-ка.

В Сашину руку легли разграфленный лист бумаги и ручка. Костер освещал скуластое лицо военного и надписи на листке; это оказалась обычная анкета. Саша присел на корточки и на колене, кое-как, стал вписывать ответы — где родился, когда, зачем и так далее. Было, конечно, странно заполнять анкету посреди ночного леса, но то, что над головой стоял человек в форме, каким-то образом уравновешивало ситуацию. Военный ждал, иногда нюхая воздух и заглядывая Саше через плечо. Когда последняя строчка была дописана, он схватил ручку и листок, оскаленно улыбнулся и странной припрыжкой побежал к машине, на капоте которой лежала открытая папка.

Пока Саша заполнял анкету, у костра произошли заметные перемены. Люди по-прежнему разговаривали, но голоса их стали какими-то лающими, а движения и жесты плавными и ловкими. Какой-то мужик в вечернем костюме ловко кувыркался в траве, отбрасывая движениями головы мотающийся галстук; другой замер, как журавль, на одной ноге и молитвенно глядел на Луну, а кто-то еще, видный сквозь языки огня, стоял на четвереньках и поводил головой. Саша сам стал чувствовать звон в ушах и сухость во рту.

Все это находилось в несомненной, хоть и неясной связи с музыкой: она стала быстрее, и трубы хрипели все тревожней, так что их звук постепенно начинал напоминать включившуюся автомобильную сигнализацию. Вдруг трубы смолкли на резкой ноте и пронесся воющий удар гонга.

— Эликсир! — приказал полковник.

Саша увидел худую старую женщину в длинном жакете и красных бусах. Она несла баночку, накрытую бумажкой, — в таких продают майонез. Вдруг у шеста с черепом произошло легкое смятение.

— Вот это да, — восхищенно сказал кто-то, — без эликсира...

Саша поглядел туда и увидел, что его знакомая в спортивном костюме встала на колени. Она выглядела более чем странно — ее ноги как будто уменьшились, а лицо, наоборот, вытянулось, превратившись в неправдоподобную, страшную полуволчью морду.

— Великолепно, — сказал полковник и обернулся, приглашая всех полюбоваться. — Слов нет! Великолепно! А еще нашу молодежь ругают!

По телу жуткого существа прошла волна, еще одна, волны убыстрились и перешли в крупную дрожь. Через минуту на поляне между людьми стояла молодая волчица.

— Это Лена из Тамбова, — сказал кто-то Саше в ухо, — она очень способная.

Разговоры стихли, и как-то естественно все выстроились в неровную шеренгу. Женщина с полковником пошли вдоль нее, давая всем по очереди отхлебнуть из банки. Саша, совершенно одуревший от увиденного, оказался в середине шеренги. На несколько минут он перестал воспринимать происходящее, а потом вдруг увидел, что женщина в бусах стоит напротив него и протягивает к его лицу руку с банкой. Саша почувствовал какой-то знакомый запах — так пахнут растения, если растереть их на ладони. Он отшатнулся, но рука настигла его и ткнула в губы край банки. Саша сделал маленький глоток и одновременно почувствовал, что его держат сзади. Женщина шагнула дальше.

Он открыл глаза. Пока он держал жидкость во рту, вкус казался даже приятным, но когда он проглотил ее, его чуть не вырвало.

Резкий растительный запах усилился и заполнил Сашину пустую голову — как будто она была воздушным шариком, в который кто-то вдувал струю газа. Шарик вырос, раздулся — его тянуло вверх все сильней, и вдруг он порвал тонкую нить, связывавшую его с землей, и понесся вверх — далеко внизу остались лес, поляна с костром и люди на ней, а навстречу полетели редкие облака, а потом звезды. Скоро внизу уже ничего не было видно. Он стал глядеть вверх и увидел, что приближается к небу, — как выяснилось, небо представляло собой вогнутую каменную сферу с торчащими из нее блестящими металлическими остриями, которые и казались снизу звездами. Одно из сверкающих лезвий неслось прямо на Сашу, и он никак не мог предотвратить встречу, он летел ввысь все быстрей и быстрей. Наконец он напоролся на острие и лопнул с громким треском. Теперь от него осталась лишь стянувшаяся оболочка, которая, покачиваясь в воздухе, стала медленно спускаться к земле.

Падал он долго, целое тысячелетие, и наконец почувствовал под собой твердую поверхность. Это было настолько приятно, что от наслаждения и благодарности Саша широко махнул хвостом, поднялся с брюха на лапы и тихо завыл.

Рядом с ним стояло несколько волков. Он сразу узнал среди них Лену — а как, было неясно. Те человеческие черты, которые он в ней отметил раньше, теперь, разумеется, исчезли. Вместо них появились такие же особенности, но волчьи. Он никогда не подумал бы, что выражение волчьей морды может быть одновременно насмешливым и мечтательным, если бы не увидел этого собственными глазами. Лена заметила, что он ее рассматривает, и спросила:

— Ну как?

Она не говорила словами. Она тонко и тихо взвизгнула — или проскулила — это никак не было похоже на человеческий язык, но Саша уловил не только смысл вопроса, но и некоторую развязность, которую она ухитрилась придать своему вою.

— Здорово, — хотел он ответить. Получился короткий лающий звук, но этот звук и был тем, что он собирался сказать.

Лена улеглась на траву и положила морду между лапами.

— Отдохни, — провыла она, — сейчас будем долго бежать.

Саша поглядел по сторонам — под шестом по траве катался военный, на глазах обрастая шерстью прямо поверх кителя; из его штанов быстро, как травинка в учебном фильме по биологии, рос толстый лохматый хвост.

На полянке теперь стояла волчья стая — и только женщина в бусах, разносившая эликсир, оставалась человеком. Она с некоторой опаской обошла двух матерых волков и залезла в машину.

Саша повернулся к Лене и провыл:

— Она не из наших?

— Она нам помогает. Сама она коброй перекидывается.

— А сейчас будет?

— Сейчас для нее холодно. Она в Среднюю Азию ездит.

Волки прохаживались по поляне, подходили друг к другу и тихо перелаивались. Саша сел на задние лапы и постарался ощутить все стороны своего нового качества.

Во-первых, он различал множество пронизывающих воздух запахов. Это было похоже на второе зрение — например, он сразу же почуял свой рюкзак, оставшийся за довольно далеким деревом, почувствовал сидящую в машине женщину, след недавно пробежавшего по краю поляны суслика, солидный мужественный запах пожилых волков и нежную волну запаха Лены — это был, наверное, самый свежий и чистый оттенок всего невообразимо огромного спектра запахов псины.

Такая же перемена произошла со звуками: они стали гораздо осмысленней, и их число заметно увеличилось — можно было выделить скрип ветки под ветром в ста метрах от поляны, стрекотание сверчка совсем в другой стороне и следить за колебаниями этих звуков одновременно, не раздваивая внимания.

Но главная метаморфоза, которую ощутил Саша, была в самоосознании. На человеческом языке это было очень трудно выразить, и он стал лаять, визжать и скулить про себя, так же как раньше думал словами. Изменение в самоосознании касалось смысла жизни: он подумал, что люди способны только говорить о нем, а вот ощутить смысл жизни так же, как ветер или холод, они не могут. А у Саши такая возможность появилась, и смысл жизни чувствовался непрерывно и отчетливо, как некоторое вечное свойство мира, и в этом было главное очарование нынешнего состояния. Как только он понял это, он понял и то, что вряд ли по своей воле вернется в прошлое естество — жизнь без этого чувства казалась длинным болезненным сном, неправдоподобным и мутным, какие снятся при гриппе.

— Готовы? — пролаял от шеста с черепом бывший полковник.

— Готовы! — взвыл вокруг десяток глоток.

— Сейчас... Пару минут, — прохрипел кто-то сзади. — Перекинуться не могу...

Саша попытался повернуть морду и взглянуть назад — не удалось. Оказалось, что шея плохо гнется, надо было поворачиваться всем телом. Подошла Лена, ткнула его холодным носом в бок и тихонько проскулила:

— Ты не вертись, а глаза скашивай. Гляди.

Ее глаз вспыхнул красным при повороте. Саша попробовал — и действительно, скосив глаза, увидел свою спину, хвост и гаснущий костер.

— Куда побежим-то? — озабоченно спросил он.

— В Коньково, — ответила Лена, — там две коровы на поле.

— А разве они сейчас не заперты?

— Специально устроено. Иван Сергеевич устроил звонок оттуда, — Лена указала мордой вверх, — мол, изучаем влияние ночного выпаса на надои. Что-то в этом роде.

— А что, там, — Саша повторил ее жест, — тоже наши?

— А ты думал.

Иван Сергеевич — бывший мужчина в черной куртке и с ремешком на лбу, превратившимся сейчас в полоску темной шерсти, — значительно кивнул мордой.

Саша скосил на Лену глаза. Она вдруг показалась ему удивительно красивой: блестящая гладкая шерсть, нежный изгиб спины, стройные и сильные задние лапы, пушистый молодой хвост и трогательно перекатывающиеся под шкурой лопатки — в ней одновременно чувствовались сила, немного застенчивая кровожадность и то особое, свойственное молодым волчицам очарование, которое так бессилен выразить волчий вой. Заметив его взгляд, Лена смутилась и отошла в сторону, опустив хвост и расстилая его над травой. Саша тоже смутился и сделал вид, что выкусывает репей из шерсти на лапе.

— Еще раз спрашиваю, все готовы? — накрыл поляну низкий лай вожака.

— Все! Все готовы! — ответил дружный вой.

Саша тоже провыл:

— Все!

— Тогда вперед.

Вожак потрусил к опушке — казалось, он специально движется медленно и расхлябанно, как спринтер, вразвалку подходящий к стартовым колодкам, чтобы подчеркнуть быстроту и собранность, которую он покажет после выстрела.

У края поляны вожак пригнул морду к земле, принюхался, взвыл и вдруг прыгнул в темноту. Сразу же, с лаем и визгом, за ним рванулись остальные. Первые секунды этой гонки во тьме, утыканной острыми сучьями и колючками, Саша ощущал то же, что бывает при прыжке в воду, когда неизвестна глубина, — страх разбить голову о дно. Однако оказалось, что он чувствует встречные препятствия и без труда обходит их. Поняв это, он расслабился, и бежать стало легко и приятно — казалось, его тело мчится само по себе, высвобождая скрытую в нем силу.

Стая растянулась и образовала ромб. По краям летели матерые, мощные волки, а в центре — волчицы и волчата. Волчата ухитрялись играть на бегу, ловить друг друга за хвосты и совершать невообразимые прыжки. Сашино место было в вершине ромба, сразу за вожаком — откуда-то он знал, что это почетное место, и сегодня оно отдано ему как новичку.

Лес кончился, и открылось большое пустынное поле и дорога — стая помчалась по асфальту, надбавив скорости и растянувшись в серую ленту с правой стороны шоссе. Саша узнал дорогу. По пути на поляну она казалась темной и пустой, но сейчас он всюду замечал жизнь: вдоль дороги сновали полевые мыши, при появлении волков исчезавшие в своих норах; на обочине свернулся колючим шаром еж и отлетел в поле, отброшенный легким ударом волчьей лапы, реактивными истребителями промчались два зайца, оставив густой след запаха, по которому было ясно, что они насмерть напуганы, а один вдобавок полный идиот.

Лена бежала рядом с Сашей.

— Осторожно, — провыла она и указала мордой вверх.

Он поднял глаза, предоставив телу самому выбирать путь. Над дорогой летели несколько сов — точно с такой же скоростью, с какой волки мчались по асфальту. Совы угрожающе заухали, волки в ответ зарычали. Саша почувствовал странную связь между совами и стаей. Они были враждебны друг другу, но чем-то похожи.

— Кто это? — спросил он у Лены.

— Совы-оборотни. Они крутые... Был бы ты один...

Лена еще что-то прорычала и с ненавистью поглядела вверх. Совы стали отдаляться от дороги и подниматься ввысь. Они летели, не махая крыльями, а просто распластав их в воздухе. Сделав высоко в небе круг, они повернули в сторону восходящей Луны.

— На птицефабрику полетели, — прорычала Лена, — днем они там вроде как спонсоры.

Они подбегали к развилке — впереди возник знакомый придорожный столб и высокое дерево. Саша учуял свой собственный, еще человеческий, след и даже какое-то эхо мыслей, приходивших ему в голову на дороге несколько часов назад, — это эхо оставалось в запахе. Стая плавно вписалась в поворот и помчалась к Конькову.

Лена чуть отстала, и теперь рядом с Сашей бежал полковник — был он крупным рыжеватым волком с как бы опаленной мордой. В его движениях было что-то странное — приглядевшись, Саша заметил, что тот иногда сбивается на иноходь.

— Товарищ полковник! — провыл он.

Получилось что-то вроде: «Х-ррр-уууу-ввыы...», но полковник все понял и дружелюбно повернул морду.

— А много у нас в армии оборотней? — зачем-то спросил Саша.

— Много, — отозвался полковник.

— А давно?

Они высоко подпрыгнули, пролетели над длинной лужей и помчались дальше.

— С самого начала, — пролаял полковник, — как, по-твоему, белых через Сибирь гнали?

Он издал серию похожих на хохот хриплых рыков и исчез впереди, высоко, как флаг на корме, подняв хвост.

«Да пошел он со своей Сибирью», — подумал Саша.

Мимо пронесся гипсовый часовой, за ним — указатель с надписью «Колхоз „Мичуринский“», и вот уже вспыхнули вдали редкие огни Конькова.

Деревня приготовилась к встрече надежно. Она напоминала состоящий из множества водонепроницаемых отсеков корабль: когда настала ночь и на улицы, которых было всего три, хлынула темнота, дома задраились изнутри и теперь поддерживали в себе желтое электрическое сияние разумной жизни независимо друг от друга. Так и встретило волков-оборотней Коньково — желтыми зашторенными окнами, тишиной, безлюдьем и автономностью каждого человеческого жилища; никакой деревни уже не было, а было несколько близкорасположенных пятен света посреди мировой тьмы.

Длинные серые тени понеслись по главной улице и закрутились перед клубом, гася инерцию бега. Двое волков отделились от стаи и исчезли между домами, а остальные уселись посреди площади — Саша тоже сел в круг и с неясным чувством поглядел на клуб, где совсем недавно собирался ночевать, про который уже успел забыть и возле которого опять оказался при таких неожиданных обстоятельствах. «Вот ведь как бывает в жизни», — сказал у него в голове чей-то мудрый голос.

— Лен, а куда они... — повернулся он к Лене.

— Сейчас придут. Помолчи.

Еще когда они подбегали к Конькову, Луна ушла за длинное рваное облако, и теперь площадь освещалась только лампой под качающимся на ветру жестяным конусом. Поглядев по сторонам, Саша нашел картину зловещей и прекрасной: стального цвета тела неподвижно сидели вокруг пустого, похожего на арену пространства; оседала поднятая волками пыль, сверкали глаза и клыки, а крашеные домики людей, облепленные телеантеннами и курятниками, гаражи из ворованной жести и косой парфенон клуба, перед которым брел в никуда отвергнутый вождь, — все это казалось даже не декорацией к реальности, сосредоточенной в середине площади, а пародией на такую декорацию.

В тишине и неподвижности прошло несколько минут. Потом что-то выдвинулось из проулка на главную улицу, и Саша увидел три волчьих силуэта, трусцой приближающихся к площади. Двое волков были знакомы — Иван Сергеевич и военный, а третий — нет. Саша почувствовал его запах, полный затхлого самодовольства и одновременно испуга, и подумал: кто бы это мог быть?

Волки приблизились. Военный приотстал и с разгона грудью налетел на третьего, втолкнув его в круг, после чего они с Иваном Сергеевичем уселись на оставленные для них места. Круг замкнулся, и в центре его теперь находился неизвестный.

Саша внюхался в неизвестного — тот производил впечатление, какое в человеческом эквиваленте мог бы произвести мужчина лет пятидесяти, конически расширяющийся книзу, с наглым и жирным лицом — вместе с тем странно легкий и как бы надутый воздухом.

Неизвестный покосился на пихнувшего его волка и с неуверенной веселостью сказал:

— Так. Стая полковника Лебеденко в полном составе. Ну и чего мы хотим? К чему вся эта патетика? Ночь, круг?

— Мы хотим поговорить с тобой, Николай, — ответил вожак. (Саша к этому моменту понял, что им был военный.)

— Охотно, — провыл Николай, — это я всегда... К примеру, можно поговорить о моем последнем изобретении. Я назвал его игрой в мыльные пузыри. Как ты знаешь, я всегда любил игры, а в последнее время...

Саша вдруг заметил, что следит не за тем, что говорит Николай, а за тем, как — говорил он быстро, каждое следующее слово набегало на предыдущее, и казалось, что он использует слова для защиты от чего-то крайне ему не нравящегося — как если бы это что-то карабкалось вверх по лестнице, а Николай (Саша почему-то представил себе его человеческий вариант), стоя на площадке, швырял бы в него все попадающиеся под руку предметы.

— ...создать круглую и блестящую модель происходящего.

— В чем же заключается игра? — спросил вожак. — Расскажи. Мы тоже любим игры.

— Очень просто. Берется какая-нибудь мысль, и из нее выдувается мыльный пузырь. Показать?

— Покажи.

— К примеру... — Николай задумался на секунду. — К примеру, возьмем самое близкое: вы и я.

— Мы и ты, — повторил вожак.

— Да. Вы сидите вокруг, а я стою в центре. Это то, из чего я буду выдувать пузырь. Итак...

Николай улегся на брюхо и принял расслабленную позу.

— ...Итак, вы стоите, а я лежу в центре. Что это значит? Это значит, что некоторые аспекты плывущей мимо меня реальности могут быть проинтерпретированы таким образом, что я, довольно грубо вытащенный из дома, якобы приведен и якобы посажен якобы в круг якобы волков. Возможно, это мне снится, возможно — это снится вам, но безусловно одно: что-то происходит. Итак, мы срезали верхний пласт, и пузырь начал надуваться. Займемся более нежными фракциями происходящего, и вы увидите, какие восхитительные краски пройдут по его утончающимся стенкам. Вы, как это видно по вашим мордам, принесли с собой обычный набор унылых упреков. Мне не надо слушать вас, я знаю, что вы скажете. Мол, я не волк, а свинья — жру на помойке, живу с дворняжкой и так далее. Это, по-вашему, низко. А та полоумная суета, которой вы сами заняты, по-вашему, высока. Но вот сейчас на стенках моего пузыря отражаются совершенно одинаковые серые тела — любого из вас и мое, а еще в них отражается небо — и честное слово, при взгляде оттуда очень похожи будут и волк, и дворняжка, и все, чем они заняты. Вы бежите куда-то, а я лежу среди старых газет на своей помойке — как, в сущности, ничтожна разница! Причем если за начало отсчета принять вашу подвижность — обратите на это внимание! — выйдет, что на самом деле бегу я, а вы топчетесь на месте. — Он облизнулся и продолжил: — Вот пузырь наполовину готов. Далее, выплывает ваша главная претензия ко мне: я нарушаю ваши законы. Обратите внимание — ваши, а не мои. Если уж я и связан законами, то собственного сочинения, и считаю, что это мое право — выбирать, чему и как подчиняться. А вы не в силах разрешить себе это. Но чтобы не выглядеть в собственных глазах идиотами, вы сами себя уверяете, что существование таких, как я, может вам навредить.

— Вот здесь ты попал в самую точку, — заметил вожак.

— Что же, я не отрицаю, что — гипотетически — способен принести вам известные неудобства. Но если это и произойдет, почему бы вам не считать это своеобразным стихийным бедствием? Если бы вас стал лупить град, вы, думаю, вместо того чтобы обращаться к нему с увещеванием, постарались бы укрыться. А разве я — с абстрактной точки зрения — не явление природы? В самом деле, выходит, что я — в своем, как вы говорите, свинстве — сильнее вас, потому что не я прихожу к вам, а вы ко мне. И это тоже данность. Видите, как растет пузырь. Теперь осталось его додуть. Мне надоели эти ночные визиты. Ладно еще, когда вы ходили по одному — сейчас вы приперлись всей стаей. Но раз уж так вышло, выясним наши отношения раз и навсегда. Чем вы можете реально мне помешать? Ничем. Убить меня вы не в состоянии — сами знаете почему. Переубедить — тоже, для этого вы просто недостаточно умны. В результате остаются только ваши слова и мои — а на стенках пузыря они равнозначны. Только мои изящнее, но это, в конце концов, дело вкуса. На мой взгляд, моя жизнь — это волшебный танец, а ваша — бессмысленный бег в потемках. Поэтому не лучше ли нам поскорей разбежаться? Вот пузырь отделился и летит. Ну как?

Пока Николай выл, жестикулируя хвостом и левой передней лапой, вожак молча слушал его, глядя в пыль перед собой и изредка кивая. Дослушав, он медленно поднял морду — одновременно из-за облака вышла Луна, и Саша увидел, как она блестит на его клыках.

— Ты, Николай, видимо, думаешь, что выступаешь перед бродячими собаками на своей помойке. Лично я не собираюсь спорить с тобой о жизни. Не знаю, кто тебя навещал, — вожак оглянулся на остальных волков, — для меня это новость. Сейчас мы здесь по делу.

— По какому же?

Вожак повернулся к кругу:

— У кого письмо?

Из круга вышла молодая волчица и уронила из пасти свернутую трубкой бумагу.

Вожак расправил ее лапой, которая на секунду стала человеческой ладонью, и прочел:

— «Уважаемая редакция!»

Николай, мотавший до этого хвостом, опустил его в пыль.

— «Вам пишет один из жителей села Коньково. Село наше недалеко от Москвы, а подробный адрес указан на конверте. Имени своего не называю по причине, которая станет ясна из дальнейшего.

В последнее время в нашей печати появился целый ряд публикаций, рассказывающих о явлениях, ранее огульно отрицавшихся наукой. В связи с этим я хочу сообщить вам об удивительном феномене, который с научной точки зрения значительно интереснее таких привлекающих всеобщее внимание явлений, как рентгеновское зрение или ассирийский массаж. Сообщенное мной может показаться вам шуткой, поэтому сразу оговорюсь, что это не так.

Вы, вероятно, не раз натыкались на слово „вервольф“, обозначающее человека, который способен превращаться в волка. Так вот, за этим словом стоит реальное природное явление. Можно сказать, что это одна из древних традиций нашего отечества, чудом уцелевшая во все выпавшие нам на долю лихие годы. В нашем селе живет Николай Петрович Вахромеев, скромнейший и добрейший человек, который владеет этим древним умением. В чем суть феномена, может, конечно, рассказать только он. Я и сам бы не поверил в возможность подобных вещей, не окажись я случайно свидетелем того, как Николай Петрович, обернувшись волком, спас от стаи диких собак маленькую девочку...»

— Это вранье? Или с корешами договорился? — перебив сам себя, спросил вожак.

Николай не ответил, и вожак стал читать дальше:

— «Я дал Николаю Петровичу слово, что никому не расскажу об увиденном, но нарушаю его, так как считаю, что необходимо изучать это удивительное явление природы. Именно из-за данного мною слова я и не называю своего имени — кроме того, прошу вас не рассказывать о моем письме. Сам Николай Петрович ни разу в жизни не сказал неправды, и я не знаю, как буду глядеть ему в глаза, если он узнает об этом. Признаюсь, что, кроме желания содействовать развитию науки, мной движет еще один мотив. Дело в том, что Николай Петрович сейчас находится в бедственном положении — живет на ничтожную пенсию, которую к тому же щедро раздает направо и налево. Хоть сам Николай Петрович не придает никакого значения этой стороне жизни, ценность его познаний для всего, не побоюсь сказать, человечества такова, что ему необходимо обеспечить совсем другие условия. Николай Петрович настолько отзывчивый и добрый человек, что, я уверен, не откажется от сотрудничества с учеными и журналистами. Сообщу то немногое, что рассказал мне Николай Петрович во время наших бесед, — в частности ряд исторических фактов...»

Вожак перевернул бумажку.

— Так, тут ничего интересного... бред... при чем тут Стенька Разин... где же... Ага, вот. «Кстати сказать, обидно, что для определения исконно русского понятия до сих пор используется иностранное слово. Я бы предложил слово „верволк" — русский корень указывает на происхождение феномена, а романоязычная приставка помещает его в общеевропейский культурный контекст».

— Уж по этой-то последней фразе, — заключил вожак, — окончательно ясно, что отзывчивый и добрый Николай Петрович и неизвестный житель Конькова — одна и та же морда.

Несколько секунд стояла тишина. Вожак отбросил бумагу и посмотрел на Николая.

— Ведь они приедут, — сказал он с грустью. — Они такие идиоты, что могут. Может, они уже были бы здесь, не попади это письмо к Ивану. Но ты и в другие журналы, верно, послал?

Николай хлопнул лапой по пыли:

— Слушайте, к чему вся эта болтовня? Я делаю то, что считаю нужным, переубеждать меня не стоит, а ваше общество, признаться, не очень мне нравится. И давайте на этом простимся.

Он приподнял брюхо с земли, собираясь встать.

— Подожди. Не торопись. Печально, но, похоже, твой волшебный танец на помойке на этот раз прервется.

— Что это значит? — подняв уши, спросил Николай.

— А то, что у мыльных пузырей есть свойство лопаться. Мы не можем тебя убить, ты прав, — но посмотри на него. — Вожак показал лапой на Сашу.

— Я его не знаю, — тявкнул Николай. Его глаза опустились на Сашину тень.

Саша тоже посмотрел вниз и оторопел: тени всех остальных были человеческими, а его собственная — волчьей.

— Это новичок. Он может занять твое номинальное место в стае. Если победит тебя. Ну как?

Последний вопрос вожака явно передразнивал характерный вой Николая.

— А ты, оказывается, знаток древних законов, — ответил Николай, стараясь рычать иронично.

— Как и ты. Разве не ими ты собираешься приторговывать? Только ты не умен. Кто тебе за это заплатит? Большая часть того, что мы знаем, никому не нужна.

— Есть еще меньшая часть, — пробормотал Николай, ощупывая круг глазами. Выхода не было — круг был замкнут.

Саша наконец понял смысл происходящего. Ему предстояло драться с этим жирным старым волком.

«Но ведь я здесь случайно, — подумал он. — Я не слышал никакого зова и даже не знаю, что это такое!»

Он посмотрел по сторонам — все глаза были направлены на него.

«Может, сказать всю правду? Вдруг отпустят...»

Он вспомнил свое превращение, потом — как они мчались по ночному лесу и дороге — ничего прекраснее он не испытывал в жизни. «Ты просто самозванец. У тебя нет ни одного шанса», — проговорил чей-то знакомый голос в его голове. А другой голос — вожака — сказал в ту же секунду:

— Саша, это твой шанс.

Он собирался открыть пасть и во всем признаться, но его лапы сами собой шагнули вперед, и он услышал хриплый от волнения лай:

— Я готов.

Он понял, что сам сказал это, и сразу успокоился. Волчья часть его существа приняла на себя управление его действиями, он больше ни в чем не сомневался.

Стая одобрительно зарычала. Николай медленно поднял на Сашу тусклые желтые глаза.

— Только учти, дружок, это очень маленький шанс, — сказал он. — Совсем маленький. Похоже, что это твоя последняя ночь.

Саша промолчал. Старый волк по-прежнему лежал на земле.

— Тебя ждут, Николай, — мягко сказал вожак.

Тот лениво зевнул — и вдруг взлетел вверх; распрямленные лапы подбросили его в воздух, как пружины, и когда они ударились о землю, ничто в нем не напоминало большую усталую собаку — это был настоящий волк, полный ярости и спокойствия; его шея была напряжена, а глаза глядели сквозь Сашу.

По стае опять прошел одобрительный рык. Волки что-то быстро обсудили; один из них подбежал к вожаку и приблизил пасть к его уху.

— Да, — сказал вожак, — это несомненно так.

Он повернулся к Саше:

— Перед дракой положена перебранка. Стая желает.

Саша нервно зевнул и поглядел на Николая. Тот двинулся вдоль границы круга, не отрывая глаз от чего-то, расположенного за Сашей, — и Саша тоже пошел вдоль живой стены, следя за противником. Несколько раз они обошли круг и остановились.

— Вы, Николай Петрович, мне отвратительны, — выдавил из себя Саша.

— Об этом, — с готовностью ответил Николай, — будешь своему папаше рассказывать.

Саша почувствовал, что напряжение прошло.

— Пожалуй, — сказал он, — я-то во всяком случае знаю, кто он.

Это была, кажется, фраза из старого французского романа — она была бы уместней, возвышайся где-нибудь слева залитый луной Нотр-Дам, но ничего лучше не пришло в голову.

«Проще надо», — подумал он и спросил:

— А что это у вас под хвостом такое мокрое?

— Да это я какому-то Саше мозги вышиб, — рыкнул Николай.

Они опять пошли — по медленно сходящейся спирали, держась друг напротив друга.

— На помойках, наверное, и не такое бывает, — сказал Саша. — Вас там не раздражают запахи?

— Меня твой запах раздражает.

— Потерпите. Скоро наступит смерть, и это пройдет.

Николай остановился. Саша тоже остановился и прищурился — свет фонаря неприятно резал глаза.

— Твое чучело, — тихо сказал Николай, — будет стоять в местной средней школе, и под ним будут принимать в пионеры. А рядом будет глобус.

— Ладно, давайте напоследок на «ты», — сказал Саша. — Ты любишь Есенина, Коля?

Николай ответил неприличной переделкой фамилии покойного поэта.

— Зря ты так. Я у него замечательную строку вспомнил: «Ты скулишь, как сука при луне». Не правда ли, скупыми и емкими...

Николай Петрович прыгнул.

Саша совершенно не представлял себе, что такое драка двух волков-оборотней. Однако каким-то образом все становилось ясно по мере развития событий. Пока он и его противник ходили по кругу и переругивались, он понял, что это делается не только чтобы развлечь стаю, но и чтобы противники могли присмотреться друг к другу и выбрать момент для атаки. Он допустил оплошность — увлекся перепалкой, и противник прыгнул на него, когда его слепил свет фонаря.

Но как только это произошло — как только передние лапы и оскаленная пасть Николая высоко поднялись над землей, время изменилось: продолжение прыжка Саша видел уже замедленно, и пока задние лапы Николая отрывались от земли, он успел обдумать несколько вариантов своих действий, причем его стремительные мысли были совершенно спокойны. Он прыгнул в сторону — сначала дав телу команду, а потом просто наблюдая, как оно пришло в движение, оторвалось от земли и взлетело в плотный темный воздух, пропустив падающую сверху тяжелую серую тушу. Саша понял свое преимущество — он был легче и подвижней. Зато противник был опытней и сильней и наверняка знал какие-нибудь тайные приемы — опасаться надо было именно этого.

Приземлясь, он увидел, что Николай стоит боком, присев, и поворачивает к нему морду. Ему показалось, что бок Николая открыт, и он прыгнул, целясь раскрытой пастью в пятно более светлой шерсти — откуда-то он уже знал, что так выглядит уязвимое место. Николай тоже прыгнул, но как-то странно — разворачиваясь в воздухе. Саша не понимал, что происходит, — вся задняя часть Николая была открыта, и он словно сам подставлял свою плоть под клыки. Когда он понял, было уже поздно: жесткий, как стальная плеть, хвост хлестнул его по глазам и носу, ослепив и лишив обоняния. Боль была невыносимой — но Саша знал, что ничего серьезного с ним не случилось. Опасность была в том, что секундного ослепления могло хватить врагу для нового — последнего — прыжка.

Падая на вытянутые лапы и уже считая себя проигравшим, Саша вдруг понял, что враг должен снова стоять к нему боком, и вместо того чтобы отпрыгнуть в сторону, как подсказывали боль и инстинкт, он рванулся вперед, еще ничего не видя и чувствуя такой же страх, как во время своего первого волчьего прыжка — с поляны во тьму между деревьями. Некоторое время он парил в пустоте, затем его онемевший нос врезался во что-то теплое и податливое; тогда он с силой сомкнул челюсти.

В следующую секунду они уже стояли друг напротив друга, как в начале драки. Время опять разогналось до обычной скорости. Саша помотал мордой, приходя в себя после ужасного удара хвостом. Он ждал нового прыжка своего врага, но вдруг заметил, что передние лапы у того дрожат и язык вывешивается из пасти. Так прошло несколько мгновений, а потом Николай повалился на бок и возле его горла стало расплываться темное пятно. Саша сделал было шаг вперед, но поймал взгляд вожака и остановился.

Он посмотрел на умирающего волка-оборотня. Тот несколько раз дернулся, затих, и его глаза закрылись. Потом по его телу пошла дрожь, но не такая, как раньше, — Саша ясно чувствовал, что дрожит уже мертвое тело, и это было непонятно и жутко. Контур лежащей фигуры стал размываться, пятно возле горла исчезло, а на истоптанной лапами земле возник толстый человек в трусах и майке — он громко храпел, лежа на животе. Вдруг его храп прервался, он повернулся на бок и сделал движение рукой, будто поправлял подушку. Рука схватила пустоту, и, видимо, от этой неожиданности он проснулся, открыл глаза, поглядел вокруг и опять закрыл. Через секунду он открыл их снова и немедленно завопил на такой пронзительной ноте, что по ней, как подумал Саша, можно было бы настраивать самую душераздирающую из всех милицейских сирен. С этим воплем он вскочил, нелепым движением перепрыгнул через ближайшего волка и помчался вдаль по темной улице, издавая все тот же неменяющийся звук. Наконец он исчез за поворотом, и его стон стих, сменившись в самом конце какими-то осмысленными выкриками — слов, однако, нельзя было разобрать.

Стая дико хохотала. Саша поглядел на свою тень и вместо вытянутого силуэта морды увидел полукруг затылка с торчащим клоком волос и два выступа ушей — своих, человеческих. Подняв глаза, он заметил, что вожак смотрит прямо на него.

— Ты понял? — спросил он.

— Мне кажется, да, — сказал Саша. — Он будет что-нибудь помнить?

— Нет. Остаток жизни — если, конечно, считать это жизнью — он будет думать, что ему приснился кошмар, — ответил вожак и повернулся к остальным: — Уходим.

Обратная дорога не запомнилась Саше. Возвращались другим путем, напрямик через лес — так было короче, но времени это заняло столько же, потому что бежать приходилось медленнее, чем по шоссе.

На поляне догорали последние угли костра. Женщина в бусах дремала за стеклом машины — когда появились волки, она приоткрыла глаза, помахала рукой и улыбнулась. Из машины, правда, она не вылезла.

Саша почувствовал печаль. Ему было немного жаль старого волка, которого он загрыз в люди, и, вспоминая перебранку, а особенно перемену, которая произошла с Николаем за минуту до драки, он испытывал к нему почти симпатию. Поэтому он старался не думать о случившемся и через некоторое время действительно забыл о нем. Нос еще ныл от удара. Он лег на траву.

Некоторое время он лежал с закрытыми глазами. Потом ощутил сгустившуюся тишину и поднял морду — со всех сторон на него молча глядели волки.

Казалось, они чего-то ждут. «Сказать?» — подумал Саша. И решился.

Поднявшись на лапы, он пошел по кругу, как в Конькове, только теперь перед ним не было противника. Единственное, что его сопровождало, было его тенью — человеческой тенью, как у всех в стае.

— Я хочу во всем признаться, — тихо провыл он. — Я обманул вас.

Стая молчала.

— Я не слышал никакого зова. Я даже не знаю, что это такое. Я оказался здесь совершенно случайно.

Он закрыл глаза и стал ждать ответа. Секунду стояла тишина, а затем раздался взрыв хриплого лающего хохота и воя. Он открыл глаза.

— Что такое?

Ответом была еще одна вспышка хохота. Наконец волки успокоились, и вожак спросил:

— А как ты здесь оказался?

— Заблудился в лесу.

— Я не про это. Вспомни, почему ты приехал в Коньково.

— Просто так. Я люблю за город ездить.

— Но почему именно сюда?

— Почему? Сейчас... А, я увидел одну фотографию, которая мне понравилась, — вид был очень красивый. А в подписи было сказано, что это подмосковная деревня Коньково. Только здесь все оказалось по-другому...

— А где ты увидел эту фотографию?

— В детской энциклопедии.

На этот раз все смеялись очень долго.

— Ну, — спросил вожак, — а зачем ты туда полез?

— Я... — Саша вспомнил, и это было как вспышка света в черепе, — я искал фотографию волка! Ну да, я проснулся, и мне почему-то захотелось увидеть фотографию волка! Я искал ее по всем книгам. Что-то я хотел проверить... А потом забыл... Так это и был зов?

— Именно, — ответил вожак.

Саша посмотрел на Лену, которая спрятала морду в лапы и тряслась от смеха.

— Так почему вы мне сразу не сказали?

— Зачем? — отвечал старый волк, сохраняя спокойный вид среди общего веселья. — Услышать зов — это не главное. Это не сделает тебя оборотнем. Знаешь, когда ты стал им по-настоящему?

— Когда?

— Когда ты согласился драться с Николаем, считая, что не имеешь надежды на победу. Тогда и изменилась твоя тень.

— Да. Да. Это так, — пролаяли несколько голосов.

Саша помолчал. Его мысли беспорядочно блуждали. Потом он поднял морду и спросил:

— А что это за эликсир, который мы пили?

Вокруг захохотали так, что женщина, сидящая в машине, опустила стекло и высунулась. Вожак еле сдерживался — его морду перекосила кривая ухмылка.

— Ему понравилось, — сказал он, — дайте ему еще эликсира!

И тоже захохотал. Флакон упал к Сашиным лапам — напрягая зрение, он прочел: «Лесная радость. Эликсир для зубов. Цена 92 копейки».

— Это была просто шутка, — сказал вожак. — Но если б ты знал, какой у тебя был вид, когда ты его пил... Запомни: волк-оборотень превращается в человека и обратно по желанию, в любое время и в любом месте.

— А коровы? — вспомнил Саша, уже не обращая внимания на новую вспышку веселья. — Говорили, мы бежим в Коньково, чтобы...

Он не договорил и махнул лапой.

Смеясь, волки расходились по поляне и ложились в высокую густую траву. Старый волк по-прежнему стоял напротив Саши.

— Скажу тебе еще вот что, — проговорил он, — ты должен помнить, что только оборотни — реальные люди. Если ты посмотришь на свою тень, ты увидишь, что она человеческая. А если ты своими волчьими глазами посмотришь на тени людей, ты увидишь тени свиней, петухов, жаб...

— Еще бывают пауки, мухи и летучие мыши, — сказал Иван Сергеевич, остановившись рядом.

— Верно. А еще — обезьяны, кролики и козлы. А еще...

— Не пугай мальчика, — рыкнул Иван Сергеевич. — Ведь ты все придумываешь на ходу. Саша, не слушай.

Оба старых волка захохотали, глядя друг на друга.

— Даже если я и придумываю на ходу, — заметил вожак, — это тем не менее правда.

Он повернулся, чтобы уйти, но остановился, заметив Сашин взгляд.

— Ты хочешь что-то спросить?

— Кто такие верволки на самом деле?

Вожак внимательно посмотрел ему в глаза и чуть оскалился.

— А кто такие на самом деле люди?

Оставшись один, Саша лег в траву, чтобы подумать. Подошла Лена и устроилась рядом.

— Сейчас Луна достигнет зенита, — сказала она.

Саша поднял глаза.

— Разве это зенит?

— Это особенный зенит, на Луну надо не смотреть, а слушать. Попробуй.

Он поднял уши. Сначала был слышен только качавший листву ветер и треск ночных насекомых, а потом добавилось что-то похожее на далекое пение или музыку; так бывает, когда неясно, что звучит — инструмент или голос. Поймав этот звук, Саша отделил его от остальных, и звук стал расти, и через некоторое время его можно было слушать без напряжения. Мелодия, казалось, исходила прямо от Луны и была похожа на музыку, игравшую на поляне до превращения. Только тогда она казалась угрожающей и мрачной, а сейчас, наоборот, успокаивала. Она была прекрасна, но в ней были какие-то досадные провалы, какие-то пустоты. Он вдруг понял, что может заполнить их своим голосом, и завыл — сначала тихо, а потом громче, подняв вверх пасть и забыв про все остальное, — тогда, слившись с его воем, мелодия стала совершенной.

Рядом с его голосом появились другие, они были совсем разными, но ничуть не мешали друг другу.

Скоро выла уже вся стая. Саша понимал и чувства, наполняющие каждый голос, и смысл всего вместе.

Каждый голос выл о своем: Лены — о чем-то легком, похожем на удары капель дождя о звонкую жесть крыши; низкий бас вожака — о неизмеримых темных безднах, над которыми он взвился в прыжке; дисканты волчат — о радости из-за того, что они живут, что утром бывает утро, а вечером — вечер, и еще о какой-то непонятной печали, похожей на радость. И все вместе выли о том, как непостижим и прекрасен мир, в центре которого они лежат на поляне.

Музыка становилась все громче. Луна наплывала на глаза, закрывая небо, и в какой-то момент обрушилась на Сашу, или это он оторвался от земли и упал на ее приблизившуюся поверхность.

Придя в себя, он ощутил слабые толчки и услышал гул мотора. Он открыл глаза и обнаружил, что полулежит на заднем сиденье машины, под ногами у него рюкзак, рядом спит Лена, положив голову ему на плечо, а впереди за рулем сидит вожак стаи, полковник танковых войск Лебеденко. Саша собрался что-то сказать, но полковник, отраженный зеркальцем над рулем, прижал к губам палец; тогда Саша повернулся к окну.

Машины длинной цепью мчались по шоссе. Было раннее утро, солнце только что появилось, и асфальт впереди казался бесконечной розовой лентой. На горизонте возникали игрушечные дома надвигающегося города.

ДЕНЬ БУЛЬДОЗЕРИСТА

Что они делают здесь,
Эти люди?
С тревогой на лицах
Тяжелым ломом
Все бьют и бьют.

Исакова Такубоку

1

Иван Померанцев упер локти в холодный сырой бетон подоконника с тремя или четырьмя изгибающимися линиями склейки (Валерка, когда жену пугал, ударил утюгом), сдул со стекла ожиревшую черную муху и выглянул в залитый последним солнцем осенний двор. Было тепло, и снизу поднимался слабый запах масляной краски, исходивший от жестяной крыши пристройки, покрашенной несколько лет назад и начинавшей вонять, как только чуть пригревало солнце. Еще пахло мазутом и щами — тоже совсем несильно. Слышно было, как вдали орут дети и ржут лошади, но казалось, что это не природные звуки, а прокручиваемая где-то магнитофонная запись — наверно, потому казалось, что ничего одушевленного вокруг не было, кроме неподвижного голубя на подоконнике через несколько окон. Улица была какой-то безжизненной, словно никто тут не селился и даже не ходил никогда, и единственным оправданием и смыслом ее существования был выцветший стенд наглядной агитации, аллегорически, в виде двух мускулистых фигур, изображавший народ и партию в состоянии единства.

В коридоре продребезжал звонок. Иван вздрогнул, отложил уже размятую «пегасину» — сигарета была сырой, твердой и напоминала маленькое сувенирное полено — и пошел открывать. Идти было долго: он жил в большой коммуналке, переделанной из секции общежития, и от кухни до входа было метров двадцать коридора, устланного резиновыми ковриками и заставленного детскими кедами да грубой обувью взрослых. За дверью бухтел тихий мужской голос и время от времени коротко откликалась женщина.

— Кто? — спросил Иван бытовым тоном. Он уже понял кто — но ведь не открывать же сразу.

— К Ивану Ильичу! — отозвался мужчина.

Иван открыл. На лестничной клетке стояла так называемая пятерка профбюро, состоявшая у них в цехе из двух всего человек, потому что эти двое — Осьмаков и Алтынина (она была сейчас в марлевом костюмчике и держала в руках, далеко отнеся от туловища, пахнущий селедкой сверток) — совмещали должности.

— Иван! Ванька! — заулыбался с порога Осьмаков, входя и протягивая Ивану две подрагивающие мягкие ладони. — Ну ты как сам-то? Болит? Ноет?

— Ничего не болит, — смутясь, ответил Иван. — Идем в комнату, что ли.

От Алтыниной еще сильнее, чем селедкой, пахло духами; Иван, когда шли по коридору, специально чуть отстал, чтоб не чувствовать.

— Вот так, значит, Ванюша, — грустно и мудро сказал Осьмаков, сев у стола, — все выяснили. То, что произошло, признано несчастным случаем. Это, дорогой ты мой человек, дефект сварки был. На носовом кольце. И с имени твоего теперь снято всякое недоверие.

Осьмаков вдруг потряс головой и огляделся по сторонам, словно чтобы определить, где он, — определил и тихонько вздохнул.

— У ней ведь корпус из урана, у бомбы, — продолжал он, — а кольцо-то стальное. Надо спецэлектродом приваривать. А они, во втором цеху, простым приварили. Передовики майские. Вот оно и отлетело, кольцо-то. Ты хоть помнишь, как все было?

Иван прикрыл глаза. Воспоминание было какое-то тусклое, формальное, словно он не вспоминал, а в лицах представлял себе рассказанную кем-то историю. Он видел себя со стороны: вот он нажимает тугую кнопку, которая останавливает конвейер, кнопка срабатывает с большой задержкой, и щербатую черную ленту приходится отгонять назад. Вот он цепляет крюком подъемника за кольцо отбракованную бомбу с жирной меловой галкой на боку (криво приварен стабилизатор, и вообще какая-то косая), включает подъемник, и бомба, тяжело покачнувшись, отрывается от ленты конвейера и ползет вверх; цепь до упора наматывается на барабан и срабатывает концевик.

«Уже четвертая за сегодня, — думает Иван, — так, глядишь, и премия маем гаркнет».

Он нажимает другую кнопку — включается электромотор, и подъемник начинает медленно ползти вдоль двутавра, приваренного к потолочным балкам. Вдруг что-то заедает, и бомба застревает на месте. Так иногда бывает — вмятина на двутавре, кажется. Иван заходит под бомбу и начинает качать ее за стабилизатор — так она набирает инерцию, чтобы колесо подъемника перекатилось через вмятину на рельсе, — как вдруг бомба странным образом поддается, а в следующую секунду Иван понимает, что держит ее в правой руке над своей головой за заусенчатую жесть стабилизатора. Дальше в памяти — окно больничной палаты: шест с бельевой веревкой да половина дерева...

— Вань, — прозвучал осьмаковский голос, — ты чего?

— Порядок, — помотал Иван головой. — Вспоминаю вот.

— Ну и что? Помнишь?

— Частично.

— Самое главное, — сказала Алтынина, — что вы, Иван Ильич, из-под бомбы выскочить все-таки успели. Она рядом упала. А...

— А по почкам тебе баллон с дейтеридом лития звезданул, — перебил Осьмаков, — сжатым воздухом выкинуло, когда корпус треснул. Хорошо хоть, баллон не грохнул — там триста атмосфер давление.

Иван сидел молча, слушая то Осьмакова, то большую черную муху, которая через равные промежутки времени билась в окно. «Верно, гости растревожили, — думал он, — раньше тихо сидела... Чего ж они хотят-то?»

Скоро с Осьмаковым произошло обычное рефлекторное переключение, которое вызвал у него простой акт сидения за столом в течение некоторого срока: его глаза подобрели, голос стал еще человечней, а слова стали налезать одно на другое — чем дальше, тем заметней.

— Ты, Вань, — говорил он, маленькими кругами двигая по клеенке невидимый стакан, — и есть самый настоящий герой трудового подвига. Не хотел тебе говорить, да скажу: про тебя «Уран-Баторская правда» будет статью печатать, уже даже корреспондент приезжал, показывал заготовку. Там, короче, написано все как было, только завод наш назван уран-баторской консервной фабрикой, а вместо бомбы на тебя столитровая бочка с помидорами падает, но зато ты потом еще успеваешь подползти к конвейеру и его выключить. Ну и фамилия у тебя другая, понятно... Мы советовались насчет того, какая красивее будет — у тебя она какая-то мертвая, реакционная, что ли... Май его знает. И имя неяркое. Придумали: Константин Победоносцев. Это Васька предложил, из «Красного полураспада»... Умный, май твоему урожаю...

Иван вспомнил — так называлась заводская многотиражка, которую ему пару раз приходилось видеть. Ее было тяжело читать, потому что все там называлось иначе, чем на самом деле: линия сборки водородных бомб, где работал Иван, упоминалась как «цех плюшевой игрушки средней мягкости», так что оставалось только гадать, что такое, например, «цех синтетических елок» или «отдел электрических кукол»; но когда «Красный полураспад» писал об освоении выпуска новой куклы «Марина» с семью сменными платьицами, которой предполагается оснастить детские уголки на прогулочных теплоходах, Иван представлял себе черно-желтую заграницу с обложки «Шакала» и злорадно думал: «Что, вымпелюги майские, схавали в своих небоскребах?» Правда, уже полгода «Красный полураспад» распространялся по списку — как было объяснено в редакционной статье, «в связи с тем значением, которое придается производству мягкой игрушки», — и Иван даже не сразу сообразил, что речь идет о заводской многотиражке.

Осьмаков как-то незаметно перескочил на другую тему.

— В общем, жужло баба, — тихо говорил он, глядя на что-то невидимое в метре от своего лица, — трудяга... Я ей кричу: какого же ты мая, мать твою, забор разбираешь...

— Это, Иван Ильич, — перебила Алтынина, — вообще первый случай, когда про наш завод городская газета напишет. И еще, может быть, с телевидения приедут. Мы уже место нашли, где снять можно. И совком не против.

— Чем? — не понял Иван.

— Совком, — отчетливо повторила Алтынина. — Товарищ Копченов сейчас занят — здание детям передает. Но сам лично звонил.

— Шуму-то сколько, Галина Николаевна.

— Надо ж на чем-то детей воспитывать. А то от них одни поджоги со взрывами. Вчера на Санделя опять мусорный бак взорвали. По песочницам бродят...

Осьмаков вдруг издал булькающий звук и повалился головой на стол. Началась суета — Иван побежал на кухню за тряпкой, Алтынина захлопотала вокруг Осьмакова, приводя его в чувство и объясняя, как он сюда попал и где находится. Когда Иван принес тряпку, Осьмаков выглядел уже совершенно трезвым и мрачно позволял Алтыниной оттирать ему лацкан пиджака носовым платком. Гости сразу же стали собираться — встали, Алтынина взяла со стола пахнущий селедкой сверток (Иван решил почему-то, что тот предназначался для него) и стала его переупаковывать — заворачивать в свежую газету, потому что бумага уже пропиталась коричневым рассолом и грозила вот-вот разорваться. Осьмаков с фальшивым интересом уставился в настенный календарь с изображением низенькой голой женщины у заснеженного «запорожца». Наконец селедка была упакована и гости попрощались — Иван так и проводил их до двери с тряпкой в руке и с этой же тряпкой вернулся в комнату, кинул ее на пол и сел на диванчик.

Некоторую странноватую вялость своего состояния он объяснял тем, что из-за ушиба почек не пил уже целых две недели: одну неделю в больнице, а вторую — дома. Но всерьез смущало его то, что никак не удавалось вспомнить свою жизнь до несчастного случая. Хоть он более или менее помнил ее фактическую сторону, воспоминания не были по-настоящему живыми. Например, он помнил, как они с Валеркой пили после смены «Алабашлы» и Валерка на отрыжке произнес «слава труду» в тот момент, когда Иван подносил бутылку к губам, — в результате полный рот портвейна пришлось выплюнуть на кафельный пол, так было смешно. А сейчас Иван вспоминал самого себя смеющимся, вспоминал короткую борьбу с мышцами собственной гортани за отдающий марсианской нефтью глоток, вспоминал хохочущую рожу Валерки, но совершенно не мог припомнить самого ощущения радости и даже не понимал, как это он мог с таким удовольствием пить в пахнущем мочой закутке за ржавым щитом пятого реактора.

То же относилось и к комнате. Вот, например, этот календарь с «запорожцем» — Иван совершенно не мог представить себе состояния, в котором могло появиться желание повесить этот глянцевый лист на стену. А он висел. Точно так же непонятно было происхождение большого количества пустых, зеленого стекла бутылок, стоявших на полу перед шкафом, — то есть ясно, сам Иван с Валеркой их и выпили, да еще не все здесь остались — много повылетало в окно. Непонятно было другое — почему весь этот портвейн оказался выпитым, да еще в обществе Валерки. Словом, Иван помнил все недавние события, но не помнил себя самого посреди этих событий, и вместо гармонической личности коммуниста или хотя бы спасающейся христианской души внутри было что-то странное — словно хлопала под осенним ветром пустая оконная рама.

— Марат, — убеждал за стеной женский голос, — будешь писать в окно, тебя в санделята не примут. Послушай маму...

2

С утра весь город узнавал, что дают в винном. Бесполезно было бы пытаться понять как — об этом не сообщали по радио или телевизору, но все же каким-то странным образом это становилось известно, и даже малыши, обдумывая планы на вечер, вполне могли думать что-нибудь вроде: «Ага... сегодня в винном портвейн по два девяносто... папа будет после восьми. А водка уже кончается. Значит — до одиннадцати...» Но они не задавались вопросом, откуда это узнали, — точно так же, как не спрашивали себя, откуда они знают, что сегодня стоит солнечная погода или, наоборот, хлещет проливной дождь. Винных магазинов в городе было, конечно, не один и не два, но продавали в них всегда одно и то же; даже пиво кончалось одновременно и в подвале на улице Спинного Мозга, и в бакалее на Сухоточном проезде, на противоположном конце Уран-Батора, так что жители любого района думали обобщенно: «винный» — о какой бы конкретной точке ни шла речь.

Вот и Иван, прикинув, что сегодня в винном коньяк по тринадцать пятьдесят, а с черного хода — еще и болгарский сушняк по рупь семьдесят плюс полтинник сверху, решил, что Валерка, сосед и кореш, наверняка возьмет сушняка, а потом еще задержится в подсобке поболтать с грузчиками, — и, подойдя к винному, наткнулся прямо на него. Валерка тоже не удивился, увидев Ивана, словно знал, что тот возникнет в прямоугольнике света между рядами темно-синих ящиков, на фоне уже повешенной на заборе гирлянды тряпичных гвоздик.

— Пойдем, — сказал Валерка, перекинул позвякивающую сумку в другую руку, подхватил Ивана под локоть и потащил его вниз по Спинномозговой, кивая друзьям и огибая пронзительно пахнущие лужи рвоты.

Дошли до обычного места — дворика с качелями и песочницей. Сели: Валерка, как всегда, на качели, а Иван — на дощатый борт песочницы. Из песка торчали несколько полузанесенных бутылок, узкий язык газеты, подрагивающий на ветру, и несколько сухих веток. Эта песочница очень высоко ценилась у бутылочных старушек — она давала великолепные урожаи, почти такие же, как избушки на детской площадке в парке имени Мундинделя, и старухи часто дрались за контроль над ней, сшибаясь прямо на Спинномозговой, астматически хрипя и душа друг друга пустыми сетками; из какого-то странного такта они всегда сражались молча, и единственным звуковым оформлением их побоищ — часто групповых — было торопливое дыхание и редкий звон медалей.

— Пить будешь? — спросил Валерка, скусив пластмассовую пробку и выплюнув ее в пыль.

— Не могу, — ответил Иван. — Ты же знаешь. Почки у меня.

— У меня тоже не листья, — ответил Валерка, — а я пью. Ты на всю жизнь, что ли, дураком стал?

— До праздника потерплю, — ответил Иван.

— На тебя смотреть уже тошно. Как будто ты... — Валерка сморщился в поисках определения, — как будто ты нить жизни потерял.

Кисло пахнуло сушняком — Валерка задрал голову вверх, опрокинул бутылку над разинутым ртом и принял в себя ходящую из стороны в сторону из-за каких-то гидродинамических эффектов струю.

— Вот, — сказал он, — птиц сразу слышу. И ветер. Тихие такие звуки.

— Тебе б стихи писать, — сказал Иван.

— А я, может, и пишу, — ответил Валерка, — ты откуда знаешь, знамя отрядное?

— Может, пишешь, — равнодушно согласился Иван. Он с некоторым удивлением заметил, что дворик, где они сидят, состоит не только из песочницы и качелей, а еще и из небольшой огороженной клумбы, заросшей крапивой, из длинного желтого дома, пыльного асфальта и идущего зигзагом бетонного забора. Вдали, там, где забор упирался в дом, на помойке копошились дети, иногда подолгу задумчиво замиравшие на одном месте и сливавшиеся с мусором, отчего невозможно было точно определить, сколько их. «В центре дети воспитанные и уродов мало, — подумал Иван, глядя на их возню, — а отъехать к окраине, так и на качели залазят, и в песочнице роются, и ножиком могут... И какие страшные бывают...»

Дети словно почувствовали давление Ивановой мысли: одна из фигурок, до этого совершенно незаметная, поднялась на тонкие ножки, походила немного вокруг мятой желтой бочки, лежавшей чуть в стороне от остального мусора, и нерешительно двинулась по направлению к взрослым. Это оказался мальчик лет десяти, в шортах и курточке с капюшоном.

— Мужики, — спросил он, подойдя поближе, — как у вас со спичками?

Валерка, занятый второй бутылкой, в которой отчего-то оказалась тугая пробка, не заметил, как ребенок приблизился, а обернувшись на его голос, очень разозлился.

— Ты! — сказал он. — Вас в школе не учили, что детям у качелей и песочниц делать нечего?

Мальчик подумал.

— Учили, — сказал он.

— Так чего ж ты? А если б мы, взрослые, стали бы к вам на помойки лазать?

— В сущности, — сказал мальчик, — ничего бы не изменилось.

— Ты откуда такой бойкий? — с недобрым интересом спросил Валерка. — Да ты знаешь, что у меня сын такой же?

Валерка чуть преувеличивал — его сын, Марат, был с тремя ногами и недоразвитый — третья нога была от радиации, а недоразвитость — от отцовского пьянства. И еще он был младше.

— Да у вас, может, и спичек нет? — спросил мальчик. — А я говорю тут с вами.

— Были бы — не дал, — ответил Валерка.

— Ну и успехов в труде, — сказал мальчик, повернулся и побрел к помойке. Оттуда ему махали.

— Я тебя сейчас догоню, — заорал Валерка, забыв даже на секунду о своей бутылке, — и объясню, какие слова можно говорить, а какие — нет... Наглый какой, труд твоей матери...

— Да плюнь, — сказал Иван, — что, сам, что ли, таким не был? Давай поговорим лучше... Со мной, знаешь, что-то странное творится. Как будто с ума схожу. Вроде все про себя помню, но так, словно не про себя, а про кого-то другого... Понимаешь?

— А чего тут не понять? — спросил Валерка. — Ты сколько уже не пьешь?

— Две недели, — ответил Иван. — Сегодня как раз.

— Так чего же ты хочешь. Это у тебя черная горячка начинается.

— Нет, — сказал Иван, — не может такого быть. Мне главврач сказал, что она раньше чем через полгода не бывает.

— Ты их слушай больше. Может, они думают, что ты через неделю первомай отметишь, и утешают — чтоб не мучился зря.

— Все равно, — сказал Иван, — не в этом дело. Я, представляешь, детства не помню. То есть помню, конечно, — могу в анкете написать, где родился, кто родители, какую школу кончил, но это все как-то не по-настоящему, что ли... Понимаешь, для себя ничего вспомнить не могу — для души. Закрываю глаза — и чернота одна или груша желтая, если лампочка отпечатается...

По двору торопливо пробежали дети с помойки и скрылись за углом. Последним бежал мальчик, искавший спички.

— Ну ты загнул, брат, — сказал Валерка. (Пока Иван говорил, он добил третью бутылку.) — Да кто ж его помнит, детство-то? Я тоже только слова одни помню. Так что можешь считать, с тобой все в порядке. Вот когда картинки всякие вспоминать начнешь — это и будет черная горячка. И потом, какого мая его помнить-то, детство? Чего в нем хорошего? Как раз и...

В углу двора, среди металлолома, багрово сверкнуло и оглушительно грохнуло — словно по ушам хлопнули чьи-то огромные ладоши. Вверху провизжали осколки, и кусок желтой жести вонзился в борт песочницы в нескольких сантиметрах от ноги Ивана.

— Вот оно, детство твое, — придя в себя от неожиданности, сказал Валерка. — Пошли. Я тут больше пить не смогу — какую вонь подняли...

Иван встал и пошел за Валеркой. Все-таки ему не удалось выразить того, что он хотел сказать, — все, что он произносил вслух, оказывалось путаным и полоумным, и Валерка был совершенно прав в своем раздражении. «Выпить бы», — почесал Иван в затылке. Что-то подсказывало ему: стоит выпить, даже совсем немного, бутылки две сухого, — и все пройдет. «А что пройдет?» — подумал Иван. Действительно, непонятно было, что должно пройти. У Ивана, скорей, было чувство, что что-то уже прошло и теперь именно этого, прошедшего, и не хватает. «Ладно. А что прошло?» Это было совсем неясно, и, как Иван ни старался, единственное, что он мог сказать себе, — что прошло то состояние, в котором этих вопросов не возникало. Самое главное, что он даже не помнил, существовало ли в его памяти до несчастного случая какое-нибудь другое, отличное от нынешнего, воспоминание о прошлом — или и тогда все ограничивалось бесцветными анкетными формулами.

Вышли на Спинномозговую. Валерка оглядел багровые кирпичные стены и развешанные к празднику красные шестерни на фасадах.

— Ну, куда теперь? — спросил он.

Иван пожал плечами. Ему было все равно.

— А пошли к совкому, — сказал Валерка. — Прямо на площади и выпьем. Может, там кто из наших будет...

До площади Санделя, где находился совком, идти надо было вниз по Спинномозговой. Иван задумался, а от задумчивости незаметно перешел к тихому внутреннему оцепенению, так что на площади оказался как-то незаметно для себя. На фасаде серого параллелепипеда совкома уже были вывешены три профиля — Санделя, Мундинделя и Бабаясина, а напротив, над приземистой совкомовской баней, развернута кумачовая лента со словами: «Да здравствует дело Мундинделя и Бабаясина!»

— Слышь, Валер, — сказал Иван, — а почему тут Мундиндель с волосами? Он же лысый был. И про Санделя ничего не пишут — что оно, хуже, что ли? Раньше же вроде писали.

— Откуда я знаю! — отозвался Валерка. — Ты еще спроси, почему трава зеленая.

Выстланное рубчатыми бетонными плитами, протяженное пустое пространство перед совкомом больше всего напоминало бы военный аэродром, если бы не огромный памятник прямо напротив здания — трехметровый усатый Бабаясин, занесший высоко над головой легендарную саблю, и худенькие крохотные Сандель и Мундиндель, словно подпирающие его с двух сторон и почти прекрасные в своем романтическом порыве. Со стороны памятника светило солнце, и своим контуром он напоминал воткнутые кем-то в бетон огромные толстые вилы. В тени памятника на вынесенных из совкома белых табуретах сидели несколько человек; перед ними, прямо на бетоне, была расстелена газета, на которой зелено блестели бутылки и краснели помидоры.

— Пошли к этим, что ли, — сказал Валерка.

По гноящимся воспаленным глазам в сидящих у памятника легко было узнать рабочих с «Трикотажницы», пригородной фабрики химического оружия. Двое из них кивнули Валерке — весь город знал его как виртуоза-матерщинника (даже кличка у него была — «Валерка-диалектик»), а ребята с «Трикотажницы» очень гордились своими традициями краснословия.

— Пить кто будет, мужики? — спросил Валерка.

— Не, — после некоторой паузы ответил один из химиков, — мы секретаря ждем. Уже тяпнули, хватит пока.

— А... Ну и день, прямо не верится — даже на маяву не пьют...

Валерка сел на бетон и оперся спиной о низкую ограду памятника. По поверхности серой плиты покатилось полиэтиленовое колесико пробки. Иван сел рядом, так же подоткнув под зад край ватника, и зажмурил глаза. На душе у него по-прежнему было беспричинно грустно — зато и спокойно, и даже мелькнуло на секунду в какой-то словно бы щели воспоминание — странного вида красная кепка и еще пластмассовая поверхность стола, на которой...

— Валерка! — тихо позвал кто-то из химиков. — Валерка!

— Чего? — перестав булькать, спросил Валерка.

— Как там у вас, на Самоварно-Матрешечном? Выполнит план ваш коллектив?

Иван чуть вздрогнул. Это был откровенный вызов и оскорбление. Но, сообразив, что химики вовсе не собираются затевать разборку, а просто хотят посостязаться с мастером языка, которому не обидно и проиграть, он успокоился. Валерка тоже понял, в чем дело, — давно привык.

— Выполняем помаленьку, — лениво ответил он. — А у вас как трудовая вахта? Какие новые почины к майским праздникам?

— Думаем пока, — ответил химик. — Хотим у вас в трудовом коллективе побывать, с передовиками посоветоваться. Главное ведь — мирное небо над головой, верно?

— Верно, — ответил Валерка. — Приходите, посоветуйтесь. Хотя ведь у вас и своих ветеранов немало, вон Доска почета-то какая — в пять Стахановых твоего обмена опытом в отдельно взятой стране...

Кто-то тихо крякнул.

— Точно, есть у нас ветераны, — не сдавался химик, — да ведь у вас традиция соревнования глубже укоренилась, вон вымпелов-то сколько насобирали, ударники майские, в Рот-Фронт вам слабое звено и надстройку в базис!

«Хорошо, — отметил Иван, — а то уж больно он от нервов по-газетному начал...»

— Лучше бы о материальных стимулах думали, пять признаков твоей матери, чем чужие вымпела считать, в горн вам десять галстуков и количеством в качество, — дробной скороговоркой ответил Валерка, — тогда и хвалились бы встречным планом, чтоб вам каждому по труду через совет дружины и гипсового Павлика!

Иван вдруг подумал, что сегодняшняя беседа с мальчиком у качелей все же как-то повлияла на Валерку, хоть он ни словом не обмолвился об этом, — что-то горькое прорывалось в его речи.

Химик несколько секунд молчал, собираясь с мыслями, а потом уже как-то примирительно сказал:

— Хоть бы ты заткнулся, мать твою в город-сад под телегу.

— Ну так и отмирись от меня на три мая через Людвига Фейербаха и Клару Цеткин, — равнодушно ответил Валерка. Победа, как чувствовал Иван, не принесла ему особой радости. Это был не его уровень.

— Дай выпить, а? — пробормотал смущенный химик.

Иван открыл глаза и увидел, как тот принимает протянутую Валеркой бутылку. Химик оказался совсем молодым парнем, но, судя по цвету лица и фиолетовым нарывам на шее, поработал уже и с «Черемухой», и с «Колхозным ландышем», а может, и с «Ветерком». Все молчали; Иван хотел было что-то сказать для сердечности, но передумал и уставился на черный кончик тени от сабли Бабаясина, незаметно для глаза ползущий по бетону.

— А ты ничего маюги травишь, — сказал через некоторое время Валерка, — только расслабляться нужно. И не испытывать ненависти.

Парень посинел от удовольствия.

— А вы чего тут маетесь? — спросил кто-то из химиков. — Ждете кого-то?

— Так, — ответил Иван, — нить жизни ищем.

— Ну и чего, нашли? — раздался сзади звучный голос.

Иван обернулся и увидел секретаря совкома Копченова, зашедшего, видно, со стороны памятника, чтобы послушать живой народный разговор. Копченова Иван видел пару раз на заводе — это был небольшой плотный человек, совершенно неопределенного вида, обычно носивший дешевый синий костюм с большими лацканами, желтую рубашку и фиолетовый галстук. Раньше он работал в каком-то банке, где украл уйму денег, за что его частенько поругивали в печати.

— Послушал я вас, ребята, — сказал Копченов, потирая руки, — и подумал: ну до чего ж у нас народ талантливый... Как это ты, Валерий, диалектику с повседневной жизнью увязал: ну хоть сейчас в газету. Будем тебя в следующем году в народные соловьи выдвигать... А вы, ребята, чего?

— Записались, — ответил кто-то из химиков.

— Выслушаю, — сказал Копченов, — выслушаю. Ты, Иван, тоже не уходи — кое-что тебе вручить должен. Пошли...

Первое, что бросалось в глаза внутри совкома, — это огромное количество детей. Они были всюду: ползали по широкой мраморной лестнице, покрытой красной ковровой дорожкой, висели на бархатных шторах, паясничали перед широким, в полстены, зеркалом, жгли в дальнем углу холла что-то вонючее, мучили под лестницей кошку — и непереносимо, отвратительно галдели. Пока поднимались по лестнице, Ивану два раза пришлось переступать через синюшных, стянутых пеленками младенцев, которые передвигались, извиваясь всем телом, как черви. Пахло внутри совкома мочой и гречневой кашей.

— Вот так, — обернувшись, сказал Копченов. — Отдали детям.

Поднялись на пятый этаж. В коридорном тупике в глубоких креслах неподвижно сидели пять-шесть ребят в круглых авиационных шлемах с прозрачными запотевшими забралами.

— Это кто? — полюбопытствовал Валерка.

— Это-то? Юные космонавты. Подсекция Дворца пионеров. У нас тут теперь Дворец пионеров, а внизу — еще детский сад и ясли.

— А зачем они в шлемах?

— Чтоб ацетон дольше не испарялся. За каждую бутылку деремся.

Наконец дошли до кабинета Копченова. Кабинет оказался совсем маленьким и скудно обставленным. Почти весь его объем занимал длинный стол для заседаний, из-под которого Копченов за ухо вытащил и пинком выпроводил в коридор слюнявого малыша. Иван заметил, что штора на окне как-то подозрительно шевелится — видно, за ней тоже прятались дети, — но решил не вмешиваться.

— Садитесь, — сказал Копченов и показал на стол.

Иван с Валеркой сели под портретом матери Санделя, пронзительно глядящей в комнату из-под белого чепца, а остальные присели к столу.

— Вот, значит, — сказал химик, который пытался состязаться с Валеркой, — хотим, значит, на хозрасчет переходить. И на самоокупаемость. Коллектив прислал.

— Хозрасчет, — сказал Копченов, — дело хорошее. Вы как, по какой модели собираетесь?

— А май его знает, — ответил, подумав, химик. — Ты и расскажи. Мы, думаешь, понимаем? Вот, допустим, сколько фосгена к хлорциану добавлять надо, чтоб «Колхозный ландыш» получился, это я знаю, а про модели эти — откуда? Вся жизнь в цеху прошла.

— Верно, — сказал Копченов. — Ох, верно. И правильно сделали, ребята, что сюда пришли. Куда ж вам, как не сюда...

Он встал из-за стола и заходил взад-вперед по узкому проходу вдоль стола, одной рукой держа себя сзади под пиджаком за брючный ремень, а другой — с оттопыренным большим пальцем — тыкая вперед, словно для незримого рукопожатия, сильно наклоняя при этом туловище вперед. Иван вспомнил виденную когда-то дээспэшную брошюру, называвшуюся «Партай-чи», где был описан целый комплекс движений, благодаря которым человек даже самых острых умственных способностей мог настроить себя на безошибочное проведение линии партии. Упражнение, которое выполнял Копченов, было оттуда.

— Да... — сказал он, вдруг остановившись.

Иван поглядел на него и поразился — глаза Копченова изменились и из прежних хитро прищуренных щелочек превратились в два оловянных кружка. Теперь он как-то по-другому дышал, и его голос стал на октаву ниже.

— Чего сказать-то вам, — медленно произнес он и вдруг с каким-то горьким пониманием затряс головой. — Вижу! Все ведь вижу, что думаете, газет почитавши! Верно, долго нам врали. Долго. Но только прошло это время. Все теперь знаем — и как шашель порошная нам супорос закунявила, и как лубяная сутемень нам уд кондыбила. Почему знаем? Да потому, что правду нам сказали. Теперь так спрошу — должны мы о детях и внуках думать? Вот ты, Валерий, соловей наш, скажи.

— Вроде должны, — сказал Валерка. — Конечно.

— Понятно. Так вот прикинь: они подрастут, дети наши, а к тому времени и новая правда поспеет. Так как мы, хотим, чтоб им эту новую правду сказали, как нам нынче?

— Хотим, чего спрашивать-то, — зашумели за столом. — Ты дело говори!

— А дело самое простое. Руководство-то сейчас приглядывается: как народ работает? Будем плохо работать, так кто ж нам правду скажет? Да уж и из благодарности простой надо бы. А не икру чужую считать и дачи. Вот это и есть настоящий хозрасчет.

Копченов о чем-то на секунду задумался и подобрел лицом.

— А вообще, — сказал он, — если сказать, черт возьми, по-человечески — до чего же хочется жить!

Видно, он нажал на какую-то кнопку — тотчас после его слов в кабинет ввалилась толпа пионеров и плотно-плотно обступила Валерку, Ивана и химиков. Пионеры были в отглаженных белых рубашках с галстуками и пахли леденцами и крахмалом, отчего у Ивана в прокуренной груди поднялась и опала волна ностальгии по собственному детству, а точнее даже — по выветрившейся памяти.

— В музей славы их, — сказал Копченов.

— Пошли, — скомандовал один из пионеров, и красногалстучный поток в две секунды смыл и Ивана с Валеркой, и химиков с пола копченовского кабинета.

Дальнейшее Иван помнил весьма смутно. От музея славы у него остались только обрывки воспоминаний — сначала их всех подвели к совсем маленькой стеклянной витрине, за которой хранились первые документы народной власти в Уран-Баторе (тогда называвшемся как-то по-другому) — «Декрет о земле», «Декрет о небе» и исторический «Приказ № 1»:

«С первого числа мая месяца сего года под страхом смертной казни запрещается въезд и выезд из города.

Комиссары:

Сандель, Мундиндель, Бабаясин».

Дальше почему-то шел стенд «Жизнь народов нашей страны до революции», где к обтянутой холстом доске были проволокой прикручены подкова, желтая лошадиная челюсть и сморщенный лапоть. Рядом, в освещенном стеклянном шкафу, висели крошечные дамские браунинги Санделя и Мундинделя, а под ними — зазубренная сабля Бабаясина, показавшаяся не такой уж и большой. Всюду были фотографии каких-то усатых рож, и все время что-то говорил голос пионера-экскурсовода, объяснявший, кажется, какую-то непонятную разницу. Потом голос приобрел глубокие и мягкие бархатные обертоны и начал говорить о смерти — описывать различные ее виды, начиная с утопления. Неожиданно Иван понял...

3

— Я тебе покажу, щенок, как надо при матери разговаривать! Я тебе дам «майский жук»!

Это кричал где-то за стеной Валерка, и еще долетал детский плач.

— Маратик, потерпи, — говорил другой голос, женский. — Потерпи, милый, папа ведь...

Иван повернулся на спину и уставился на чуть золотящийся под потолком крендель люстры. Это была Валеркина комната, и он почему-то лежал на его кровати в брюках и пиджаке. Но главным было не это, а тот сон, который только что перестал ему сниться.

В этом сне он попал в какое-то странное место — в какую-то мрачноватую комнату со стрельчатыми окнами, бывшую когда-то, видимо, церковным помещением, а сейчас полную старых ободранных лыж с размокшими ботинками, от которых шел сырой тюремный дух. В узкой щели окна был виден кусочек серого неба и изредка мелькали поднимающиеся вверх клубы пара. Сам Иван сидел на крохотной скамеечке, а перед ним, на огромной куче старых ватников, спал старик с широкой бородой на груди — так выглядел Копченов, которого в этом сне отчего-то звали Иваном Ильичом. Иван попытался встать — и понял, что не может сделать этого, потому что ноги его нового тезки лежат у него на плечах. И еще Иван понял, что умирает и это связано не столько даже с ушибленной почкой, сколько с лежащими у него на плечах ногами. А наступить смерть должна была тогда, когда Копченов проснется.

Иван попытался осторожно снять со своих плеч копченовские ноги, и Копченов начал просыпаться — зашевелился, замычал, даже чуть приподнял руку. Иван в испуге притих. Старик захрапел опять, но спал он уже неспокойно, вертел во сне головой и мог, как казалось, проснуться в любую минуту. Иван очень не хотел умирать — в его жизни было что-то, ради чего имело смысл терпеть и кислую вонь этой комнаты, и копченовские ноги на плечах, и даже тяжелую мысль, словно висящую в воздухе вместе с запахом размокшей кожи, — о том, что ничего, кроме этой комнаты, в мире просто нет.

«Должен быть какой-то способ, — подумал Иван, — выбраться. Обязательно должен быть». И тут он заметил, что на ногах у Копченова лыжи — их концы только чуть-чуть не доставали до пола. Тогда Иван вытащил из-под себя скамеечку и стал осторожно сгибаться, прижимаясь к полу. Концы лыж уперлись в пол, и Иван почувствовал, что может вылезти из-под копченовских ног. И как только он выбрался из-под них и сделал два шага в сторону, так сразу же перестала болеть ушибленная почка. А потом Иван понял, что он вообще никакой не Иван, но эта мысль его совершенно не опечалила. Теперь он твердо знал, что нужно делать. В стене напротив стрельчатого окна была маленькая дверца.

Иван на цыпочках дошел до нее, открыл, протиснулся в тесную черноту и стал на ощупь продвигаться вперед. Его руки тесно прошлись по каким-то пыльным рамам, стульям, велосипедному рулю — и нащупали новую дверь впереди. Иван перевел дух и толкнул ее.

Снаружи был жаркий солнечный день. Иван стоял в маленьком дворе, по которому расхаживали куры и петухи. Двор был обнесен корявым, но прочным забором, за которым были видны поднимающиеся вверх оранжевые каменистые склоны с торчащими кое-где синими домиками. Иван подошел к забору, схватился за его край и поднял над ним голову. Совсем недалеко, метрах в трехстах, был берег моря. И там ослепительно сверкал на солнце тонкий белый силуэт... Больше Иван ничего не запомнил.

— Оклемался? — спросил Валерка, входя в комнату.

— Вроде, — вставая, ответил Иван. — А что со мной было?

— Переутомился маек. Нас в музей повели, на четвертый этаж, а потом Копченов спустился, стал говорить, как ты тонущего ребенка от смерти спас, и хотел тебе от имени совкома альбом преподнести. Вот тут-то ты и грохнулся. Тебя сюда на совкомовской телеге привезли, прямо как короля. А альбом вот он.

Валерка протянул Ивану пудовую книжищу в глянцевой обложке. Иван с трудом удержал ее в руках. «Моя Албания» — было крупными буквами написано на обложке.

— Чего это?

— Картины, — ответил Валерка. — Да ты погляди, там интересные есть. Я тоже сначала думал, что одно гээмка, а посмотрел — ничего.

Иван открыл альбом и попал на большую, в разворот, репродукцию. Она изображала большое полено и лежащего на нем вниз животом голого толстого человека.

— «В поисках внутреннего Буратино», — прочел Иван название. — Непонятно только, где он Буратино ищет — в бревне или в себе.

— По-моему, — ответил Валерка, — одномайственно.

Иван перевернул страницу и вдруг чуть не выронил альбом из рук. Он увидел — и сразу узнал — огороженный дворик с петухами и курами, забор, за которым по оранжевым горным склонам взбегали вверх синие домики с белыми андреевскими крестами на ставнях. В центре двора на растрескавшейся лавке сидел человек в сером военном френче с закатанными рукавами и играл на небольшом аккордеоне, открытый футляр от которого лежал рядом.

— «Ожидание белой подводной лодки», — прочел Иван, подхватил альбом и отправился в свою комнату, даже не поглядев на Валерку.

Ключ от замка он хранил не как все, под половиком, а в кармане висящего на гвозде ватника. Иван понял, почему он проснулся у Валерки, — видимо, те, кто привез его домой, не смогли отпереть дверь.

Все в его комнате было по-прежнему: на скатерти — пятно от селедки; громоздился маленький бутылочный кремль у двери шкафа, и, изо всех сил стараясь казаться обнаженной, улыбалась фотографу голая баба у «запорожца» на календаре. Иван повалился спать.

С той самой минуты, как он коснулся головой поролоновой подушки, ему снова начали сниться сны. Он стоял на какой-то невероятно высокой крыше и глядел вниз, на раскинувшийся далеко кругом ночной город, похожий на нагромождение гигантских кварцевых кристаллов, освещенный изнутри тысячами оттенков электрического света, и совершенно не боялся, что сейчас его схватят и куда-то поволокут (в Уран-Баторе самым высоким зданием был пятиэтажный совком, но и мечтать было нечего когда-нибудь поглядеть на город с его крыши). Потом он оказался внизу, на широкой светлой улице, полной веселых и беззаботных людей, и даже не сразу сообразил, что дело происходит ночью, а светло вокруг от фонарей и витрин. В следующий момент он уже несся по висящей на тонких опорах дороге в тихо ревущей машине, и перед ним на приборной доске загорались синие, красные, оранжевые цифры и линии. Потом он оказался за столиком в ресторане — вокруг сидели несколько человек в военной форме, которых он отлично знал, а на столе, между неправдоподобными стаканами и бутылками, лежало несколько пачек «Винстона».

— А-а-а, — завыл Иван, просыпаясь, — а-а-а-а...

Странный сон рассыпался и исчез — когда Иван открыл глаза, вокруг была знакомая комната и за черным окном привычно тренькала гитара. У него осталось неясное воспоминание об испытанном потрясении, а в чем было дело, он не помнил совершенно. Но оставаться в кровати было страшно. Он встал и нервно заходил по крашеным доскам пола. Надо было чем-то себя занять.

«А не убраться ли в комнате? — подумал он. — Такое свинство, просто страшно делается... свинство... свинство... — повторил он несколько раз про себя, чувствуя, как от этого слова внутри что-то начинает подниматься, — свинство...»

Странное ощущение постепенно прошло.

Оглядевшись, он решил начать с бутылок. «Чего-то такое странное было, — вспомнил он, раскрывая окно и выглядывая вниз, в заваленный мусором двор, — насчет аккордеона...»

Во дворе было пусто — только в его дальнем конце, там, где были качели и песочница, дрожали сигаретные огоньки. Дети давно разошлись по домам, и можно было выкидывать мусор прямо вниз, на помойку, не боясь кого-нибудь изувечить. Иван швырнул несколько бутылок в окно, прошла примерно секунда, и тут снизу долетел немыслимый по своей пронзительности кошачий вой, которому немедленно ответило радостное улюлюканье со стороны качелей и песочницы.

— Давай, трудячь, в партком твою Коллонтай! — закричал оттуда пьяный голос Валерки, и захохотали какие-то бабы. — Всем котам первомай сделаем в три цэка со свистом!

— Со свистом, — повторил Иван, — свинство... со свистом... винстон...

Он вдруг отшатнулся от окна и схватился руками за голову — ему показалось, что его плашмя ударили доской по лицу.

— Господи! — прошептал он. — То есть oh God! Да как я забыть-то мог?

Он кинулся к шкафу, раскидал оставшиеся бутылки — они покатились по полу, несколько разбилось — и распахнул косые дверцы. Внутри стоял ободранный футляр от аккордеона. Иван вытащил его из шкафа, перенес на кровать, щелкнул замками, откинул крышку и положил ладони на шероховатую панель передатчика. Одна его ладонь поползла вправо, перешла в другое отделение и нащупала холодную рукоять пистолета; другая нашла пакет с деньгами и картами.

— Господи, — еще раз прошипел он, — а ведь все позабыл, все-все. Не долбани эта штука по спине, так ведь и сейчас с ними пил бы... И завтра...

Он встал и еще раз прошелся по комнате, вороша волосы ладонью. Потом сел на место, пододвинул к себе раскрытый футляр и включил передатчик, который словно раскрыл на него два разноцветных глаза — зеленый и желтоватый.

4

На следующее утро Ивана разбудила музыка. Проснувшись, он первым делом ощутил ужас от мысли, что все позабыл. Вскочив на ноги, он метнулся было к шкафу — и выдохнул, убедившись, что все помнит. Оказалась лишней сделанная карандашом на обоях контрольная надпись: «С САМОГО УТРА — ПЕРВЫМ ДЕЛОМ СЫГРАТЬ НА АККОРДЕОНЕ». Стало даже чуть смешно и стыдно своего вчерашнего страха.

Иван повернулся на спину, заложил руки за голову и уставился в потолок. Со стороны окна долетела еще одна волна неопределенно-духовой музыки, похожей на запах еды. К ней примешались густые и жирные голоса солистов, добавлявшие в мелодию что-то вроде навара. «Почему музыка-то?» — подумал Иван и вспомнил: сегодня праздник. День бульдозериста. Демонстрации, пирожки с капустой и все такое прочее — может, и легче будет уходить из города в пьяной суете, по дороге на вокзал спев со всеми что-нибудь на прощание у памятника Бабаясину.

В дверь постучали.

— Иван! — крикнул Валерка из-за двери. — Встал, что ли?

Иван что-то громко промычал, постаравшись не вложить в это никакого смысла.

— Договорились, — отозвался Валерка и пробухал сапожищами по коридору. «На демонстрацию пошел», — понял Иван, повернулся к стене и задумался, глядя на крохотные пупырчатые выступы на обоях.

Через некоторое время во дворе стихли веселые, праздничные звуки построения и переклички — стало совсем тихо, если не считать иногда залетавших в окно музыкальных волн. Иван поднялся с кровати, по военной привычке тщательно и быстро ее убрал и стал собираться. Надев праздничный ватник с белой нитрокрасочной надписью «Levi's» и дерматиновый колпачок «Adidas», он тщательно оглядел себя в зеркале. Все вроде бы было нормально, но на всякий случай Иван выпустил из-под шапочки-колпачка длинный льняной чуб и приклеил к подбородку синтетическую семечную лузгу, вынутую из аккордеонного футляра. «Теперь — в самый раз», — подумал он, подхватил футляр и оглядел на прощание комнату. Шкаф, женщина с «запорожцем», кровать, стол, пустые бутылки. Прощание оказалось несложным.

Внизу, у выхода на улицу, стоял Валерка. Прислонясь к стене, он курил; как и на Иване, на нем был праздничный ватник, только «Wrangler». Иван не ожидал его здесь встретить — даже вздрогнул.

— Чего, — добродушно спросил Валерка, — проспался?

— Ну, — ответил Иван. — А ты разве с колонной не ушел?

— Ты даешь, мир твоему миру. Сам же орал через дверь, чтоб я подождал. Совсем, что ли, плохой?

— Ладно, май с ним, — неопределенно сказал Иван. — Куда пойдем-то теперь?

— Куда-куда. К Петру. Посидим с нашими.

— Это ж через центр мирюжить, — сказал Иван, — мимо совкома.

— Пройдем, не впервой.

Иван вслед за Валеркой поплелся по пустой и унылой улице. Никого вокруг видно не было — только откуда-то издалека доносилась духовая музыка, к которой теперь добавились острые и особенно неприятные удары тарелок, раньше отфильтровывавшиеся окном. Улица перетекла в другую; другая в третью; музыка становилась все громче и наконец полностью вытеснила из ушей Ивана шарканье его и Валеркиных сапог об асфальт. После очередного угла стал виден затянутый красным помост, на котором стоял певец с неправдоподобно румяным лицом; он делал руками движения от груди к толпе и, несмотря на широко открытый рот, ухитрялся как-то удивленно улыбаться тому, что вот так запросто дарит свое искусство народу. Одновременно с тем, как он стал виден, долетели слова песни:

Стра-на моя! Сво-бод-ная!
Как бом-ба во-до-род-ная!

Тут певца скрыл новый угол, и музыка опять превратилась в мутное месиво из духовых и баритона. Впереди стал виден хвост идущей к центру города колонны, и Валерка с Иваном прибавили шагу, чтобы пристроиться. Мимо проплыли хмурый Осьмаков с застиранным воротником плаща и улыбающаяся Алтынина с приколотым бантом. Они стояли в стороне от потока людей, в боковой улочке, возле лошадей, впряженных в огромный передвижной стенд наглядной агитации в виде бульдозера.

Вскоре вышли на площадь перед совкомом. Памятник Санделю, Мундинделю и Бабаясину был украшен тяжелыми от дождя бумажными орхидеями, а на острие высоко вознесенной над головой бронзового Бабаясина сабли был насажен подшипник с крючками на внешнем кольце; от этих крючков вниз тянулись праздничные красные ленты. Их сжимали в своих левых кистях человек двадцать членов городского актива — все они были в одинаковых коричневых плащах из клеенки и блестящих от капель шляпах и ходили по кругу, снова и снова огибая памятник, так что сверху, будь оттуда кому посмотреть, увиделось бы что-то вроде красно-коричневой зубчатой шестерни, медленно вращающейся в самом центре площади. Остальные живые шестерни, образованные взявшимися за руки людьми, приводились в движение главной, а зубчатую передачу символизировало крепкое праздничное рукопожатие.

Иван и Валерка переминались с ноги на ногу, ожидая, когда их колонна вытянется в длинную петлю, чтобы пронестись мимо центральной шестерни. Ждать пришлось долго — руководство с утра здорово устало и крутилось теперь значительно медленнее.

— Валер, — спросил Иван, — а чего в этот раз все как-то по-другому?

— Радио, что ли, не слушал? Коробку передач усовершенствовали. Новая модель бульдозера теперь будет.

Валерка с опасением потер пальцем белые буквы на ватнике — не расплываются ли. Такие случаи бывали. Наконец народу впереди осталось совсем мало, и Иван с Валеркой, взявшись за руки и сцепившись с соседями, прошмыгнули между двух ментов и понеслись к центру площади.

Рукопожатие прошло как-то незаметно, если не считать того, что Иван не догадался перекинуть футляр из правой руки в левую — из-за этого он чуть замешкался перед памятником, но все же успел. Руку он пожал редактору «Красного полураспада» полковнику Кожеурову, а Валерке достался мокрый черный протез совкомовского завкультурой, который, по примете, приносил несчастье. От этого Валерка расстроился, и, когда площадь Санделя осталась позади, а народ вокруг опять споро собрался в колонну, он обернулся назад и погрозил кулаком уплывающему серому фасаду с огромными красными словами МИР, ТРУД, МАЙ.

Ватник Ивана сильно пропитался водой и отяжелел. Но идти до Петра оставалось недолго. Милиции вокруг становилось все меньше, а пьяных все больше, но казалось, что происходит просто внешнее изменение некоего присутствия, общее количество которого остается прежним. Наконец вокруг оказались крытые толем парники проспекта Бабаясина, и Иван с Валеркой, доплыв вместе с толпой до знакомого дома, вышли из колонны и пошли наперерез движению, не обращая внимания на свист и маюги распорядителя. Быстро добрались до знакомого подъезда и поднялись на третий этаж; уже на лестничной клетке возле двери в общежитие, где проживал Петр, запахло спиртным, и Валерка, совершенно забыв зловещую встречу на площади, оживился и пихнул Ивана в плечо. Иван как-то неестественно улыбнулся. Общежитие сотрясала музыка.

Петр открыл дверь и высунул в проем свою небольшую голову — как всегда, показалось, что он стоит с той стороны дверей на скамеечке.

— Привет, — без выражения сказал он.

— Ну и гремит, — заходя в коридор, сказал Валерка, — кто это так трудячит?

— «Ласковый май», — ответил Петр, уходя по коридору.

Петрова комната отличалась от Ивановой расположением кровати и шкафа, количеством бутылок на полу и календарем на стене — здесь голая баба (другая), улыбаясь, протягивала в комнату стакан мандаринового сока — ее выкрашенные зеленым лаком ногти показались Ивану упавшими в стакан и потонувшими в нем мухами.

Иван сел на кровать, взял с тумбочки журнал и открыл наугад — на него глянул какой-то старый мушкетер в берете. Между Валеркой и Петром завязался односложный разговор, из которого Иван выцеживал вполуха только редкое Валеркино красное словцо.

«В коммунизме есть здоровое, верное и вполне согласное с христианством понимание жизни каждого человека, — писал мушкетер, — как служения сверхличной цели, как служения не себе, а великому целому».

Эти слова как-то очень гладко проскользнули в голову, настолько гладко, что совершенно неясен остался их смысл. Иван начал вдумываться в них, и вдруг в комнате стало темнее, и сразу стих разговор за столом. Иван поднял глаза. Мимо окна проплывал огромный снаряд наглядной агитации — плоский фанерный бульдозер алого цвета, со старательно прорисованными зубьями открытого мотора. Поражали в нем и величина, и то, что весь он был выполнен из цельного куска фанеры, специально для этой цели выпущенного местной фабрикой. Но было и какое-то странное несоответствие, которое Иван заметил еще на демонстрации, когда проходил мимо стоящего в боковой улочке снаряда и вглядывался в зеленые магниевые колеса, на которых тот стоял, — это, кажется, было шасси тяжелого бомбардировщика ТУ-720. Тогда он не понял, в чем дело, а сейчас — наверно, из-за того, что в окне была видна только верхняя часть агитационной громадины, — догадался: кабина бульдозера была абсолютно пустой. Не было даже нарисованных стекол — вместо них зияли две пропиленные квадратные дыры, в которых серело разбухшее мокрое небо.

Бульдозер проплыл мимо, и Иван, кивая головой набегающим мыслям, погрузился в журнал, дожидаясь, когда все напьются до такой степени, что можно будет незаметно уйти. Статья увлекла его.

... — Какого молота ты там высерпить хочешь?

Иван поднял глаза. Валерка и Петр напряженно глядели на него. Тут он вдруг понял, что уже минут пять в комнате стоит полная тишина, и отложил журнал.

— Да тут интересно очень, — сказал он, на всякий случай поднося руку к карману, где лежал пистолет. — Философ Бердяев.

— И чего же? — странно улыбаясь, спросил Петр. — Чего пишет?

— Есть у него одна мысль ничего. О том, что психический мир коммуниста резко делится на царство света и царство тьмы — лагеря Ормузда и Аримана. Это, в общем, манихейский дуализм, пользующийся монистической до...

Удара табуреткой в лицо Иван даже не почувствовал — догадался, что получил именно табуреткой, когда увидел с пола, как Петр с этим инструментом в руке делает к нему медленный шаг. Сзади Петра так же медленно пытался остановить Валерка — и успел. Иван потряс головой и вытащил из кармана пистолет. В следующий момент в него попала табуретка, метко пущенная Петром, пистолет отлетел в угол, тихонько хлопнул, и на потолке появилась заметная выщербина. На пол посыпалась штукатурка.

— Под блатного косит, ударник, — сказал растерявшемуся Валерке Петр, нагибаясь за пистолетом. — Я полтора года сидел, музыку эту знаю. Сейчас, — повернулся он к Ивану, — будет тебе эпифеномен дегуманизации. Аккордеоном по трудильнику.

Он потянулся к футляру.

5

— Смотря на какую зарплату, — говорил Иван, прижимая к углу рта скомканный носовой платок, — и смотря какую машину. Зря вы думаете, что у вас тут царство тьмы, а у нас — царство света. У нас тоже... Негры всякие бездомные... СПИД разносят...

Ничего, кроме каких-то обрывков из телепередачи с мрачным названием «Камера смотрит в мир», Ивану не вспоминалось, но этого было достаточно. Валерка с Петром слушали открыв рты — и Ивану даже не хотелось вставать из-за стола. Но было уже пора.

— Ты им скажи там, — говорил Валерка, пока Иван надевал ватник, — что мы люди незлые. Тоже хотим, чтоб над головой всегда было мирное небо. Хотим спокойно себе трудиться, растить детей... Ладно?

— Ладно, — отвечал Иван, пряча пистолет в футляр с рацией и аккуратно защелкивая никелированные замки, — обязательно скажу.

— И еще скажи, — говорил Петр, идя с ним по коридору с одинаковыми резиновыми половиками перед каждой дверью, — что наш главный секрет — не в бомбах и самолетах, а в нас самих.

— Скажу, — обещал Иван, — это я понял.

— Возьми журнал, — сказал Петр в дверях, — в дороге почитаешь.

Иван взял. Потом обнялся на прощание с Петром и притихшим Валеркой и, не оборачиваясь, вышел на лестницу. За ним щелкнула дверь. Он спустился вниз, оказался на темной улице и глубоко вдохнул воздух, пахнущий мазутом и сырыми досками. В небе ало сверкнуло — Иван шарахнулся было к подъезду («Неужто?» — мелькнула мысль), но сообразил, что это салют.

— Ур-а-а-а! — нестройно закричали на улице. — Ур-а-а-а!

— Ура-а-а! — закричал Иван.

В небе разорвалась новая пачка ракет, и все опять осветилось — желтые заборы, желтые трехэтажки, желтые полосы не то дыма, не то тумана в близком космато небе. Издалека-издалека долетел печальный и протяжный механический вой — словно напоминало о себе что-то огромное и ржаво-масляное, требуя внимания от людей, а может быть — просто поздравляя их с праздником. Потом все стало зеленым.

Иван зашагал к вокзалу.

ПРИНЦ ГОСПЛАНА

Loading...

По коридору бежит человеческая фигурка. Нарисована она с большой любовью, даже несколько сентиментально. Если нажать клавишу «Up», она подпрыгнет вверх, выгнется, повиснет на секунду в воздухе и попытается что-то поймать над своей головой. Если нажать «Down», она присядет и постарается что-то поднять с земли под ногами. Если нажать «Right», она побежит вправо. Если нажать «Left» — влево. Вообще, ею можно управлять с помощью разных клавиш, но эти четыре — основные.

Проход, по которому бежит фигурка, меняется. Большей частью это что-то вроде каменной штольни, но иногда она становится удивительной красоты галереей с полосой восточного орнамента на стене и высокими узкими окнами. На стенах горят факелы, а в тупиках коридоров и на шатких мостках над глубокими каменными шахтами стоят враги с обнаженными мечами — с ними фигурка может сражаться, если нажимать клавишу «Shift». Если нажимать несколько клавиш одновременно, фигурка может подпрыгивать и подтягиваться, висеть, качаясь, на краю и даже может с разбега перепрыгивать каменные колодцы, из дна которых торчат острые шипы. У игры много уровней, с нижних можно переходить вверх, а с высших проваливаться вниз — при этом меняются коридоры, меняются ловушки, по-другому выглядят кувшины, из которых фигурка пьет, чтобы восстановить свои жизненные силы, но все остается по-прежнему: фигурка бежит среди каменных плит, факелов, черепов на полу и рисунков на стенах. Цель игры — подняться до последнего уровня, где ждет принцесса, но для этого нужно посвятить игре очень много времени. Собственно говоря, чтобы добиться в игре успеха, надо забыть, что нажимаешь на кнопки, и стать этой фигуркой самому — только тогда у нее появится степень проворства, необходимая, чтобы фехтовать, проскакивать через щелкающие в узких каменных коридорах разрезалки пополам, перепрыгивать колодцы и бежать по проваливающимся плитам, каждая из которых способна выдержать вес тела только секунду, хотя никакого тела и тем более веса у фигурки нет, как нет его, если вдуматься, и у срывающихся плит, каким бы убедительным ни казался издаваемый ими при падении стук.

Level 1

Принц бежал по каменному карнизу; надо было успеть подлезть под железную решетку до того, как она опустится, потому что за ней стоял узкогорлый кувшин, а сил почти не было: сзади остались два колодца с шипами, да и прыжок со второго яруса на усеянный каменными обломками пол тоже стоил немало. Саша нажал «Right» и сразу же «Down», и принц каким-то чудом пролез под решеткой, спустившейся уже наполовину. Картинка на экране сменилась, но вместо кувшина на мостике впереди стоял жирный воин в тюрбане и гипнотизирующе глядел на Сашу.

— Лапин! — раздался сзади отвратительно знакомый голос, и у Саши перехватило под ложечкой, хотя никакого объективного повода для страха не было.

— Да, Борис Григорьевич?

— А зайди-ка ко мне.

Кабинет Бориса Григорьевича на самом деле никаким кабинетом не был, а был просто частью комнаты, отгороженной несколькими невысокими шкафами, и, когда Борис Григорьевич ходил по своей территории, над ними был виден его лысый затылок, отчего Саше иногда казалось, что он сидит на корточках возле бильярда и наблюдает за движением единственного оставшегося шара, частично скрытого бортом. После обеда Борис Григорьевич обычно попадал в лузу, а с утра, в золотое время, большей частью отскакивал от бортов, причем роль кия играл телефон, звонки которого заставляли полусферу цвета слоновой кости над заваленной бумагами поверхностью шкафа двигаться некоторое время быстрее.

Саша ненавидел Бориса Григорьевича той длительной и спокойной ненавистью, которая знакома только живущим у жестокого хозяина сиамским котам и читавшим Оруэлла советским инженерам. Саша всего Оруэлла прочел в институте, еще когда было нельзя, и с тех пор каждый день находил уйму поводов, чтобы с кривой улыбкой покачать головой. Вот и сейчас, подходя к проходу между двух шкафов, он криво улыбнулся предстоящему разговору.

Борис Григорьевич стоял у окна и, подолгу замирая в каждом из промежуточных положений, отрабатывал удар «полет ласточки», причем не бамбуковой палкой, как совсем недавно, когда он начинал осваивать «Будокан», а настоящим самурайским мечом. Сегодня на нем была «охотничья одежда» из зеленого атласа, под которой виднелось мятое кимоно из узорчатой ткани синобу. Когда Саша вошел, он бережно положил меч на подоконник, сел на циновку и указал на соседнюю. Саша, с трудом подвернув под себя ноги, сел и поместил свой взгляд на плакат фирмы «Хонда» с мотоциклистом в высоких кожаных сапогах, второй год делающим вираж на стенке шкафа справа от циновки Бориса Григорьевича. Борис Григорьевич положил ладонь на процессорный блок своей «эйтишки» — такой же, как у Саши, только с винтом в восемьдесят мегабайт, — и закрыл глаза, размышляя, как построить беседу.

— Читал последние «Аргументы»? — спросил он через минуту.

— Я не выписываю.

— Зря, — сказал Борис Григорьевич, поднимая с пола свернутые листы и потряхивая ими в воздухе, — отличная газета. Я не понимаю, на что только коммунисты надеются? Пятьдесят миллионов человек загубили и сейчас еще что-то бормочут. Все же всем ясно.

— Ага, — сказал Саша.

— Или вот, в Америке около тысячи женщин беременны от инопланетян. У нас тоже таких полно, но их КГБ где-то прячет.

«Чего он хочет-то?» — с тоской подумал Саша.

Борис Григорьевич задумался и помрачнел лицом.

— Странный ты парень, Саня, — наконец сказал он. — Глядишь бирюком, ни с кем из отдела не дружишь. Ведь ты знаешь, люди вокруг, не мебель. А ты вчера Люсю напугал даже. Она сегодня мне говорит: «Знаете, Борис Григорич, как хотите, а мне с ним в лифте одной страшно ездить».

— Я с ней в лифте ни разу не ездил, — сказал Саша.

— Так поэтому и боится. А ты съезди, за пизду ее схвати, посмейся. Ты Дейла Карнеги читал?

— А чем я ее напугал? — спросил Саша, соображая, кто такая Люся.

— Да не в Люсе дело, — раздражаясь, махнул рукой Борис Григорьевич. — Человеком надо быть, понял? Ну ладно, этот разговор мы еще продолжим, а сейчас ты мне по делу нужен. Ты «Абрамс» хорошо знаешь?

— Ничего.

— Как там башня поворачивается?

— Сначала нажимаете цэ, а потом курсорными клавишами. Вертикальными можно поднимать пушку.

— Точно? Давай-ка глянем.

Саша перешел к компьютеру; Борис Григорьевич, что-то шепча и подолгу зависая пальцами над клавиатурой, вызвал игру.

— Вот так направо, а так — налево, — сказал Саша.

— Точно. Век бы не догадался.

Борис Григорьевич снял телефонную трубку и принялся накручивать номер. Когда линия отозвалась, все лучшее поднялось из его души и поместилось на лице.

— Борис Емельяныч, — промурлыкал он, — нашли. Нажимаете цэ, а потом стрелочками... Да... Да... Обратно тоже через цэ... Да что вы говорите, а-ха-ха-ха...

Борис Григорьевич повернулся к Саше, умоляюще сложил губы и совсем не обидно пошевелил пальцами в направлении выхода. Саша встал и вышел.

— А-ха-ха... На листе? Попьюлос? Даже не слышал. Сделаем. Сделаем. Сделаем. Обнимаю...

Level 2

Саша ходил курить на темную лестницу, к окну, из которого был виден высотный дом и какие-то обветшало-красивые земляные террасы внизу. Место у подоконника было для него особым. Закурив, он обычно подолгу смотрел на высотный дом — звезда на его шпиле была видна немного сбоку и казалась из-за обрамляющих ее венков двуглавым орлом; глядя на нее, Саша часто представлял себе другой вариант русской истории, точнее, другую ее траекторию, закончившуюся той же точкой — строительством такого же высотного здания, только с другой эмблемой на верхушке. Но сейчас небо было особенно гнусным и казалось даже серее, чем высотный дом.

На площадке одним пролетом ниже курили двое в одинаковых комбинезонах из тонкой английской шерсти; у обоих из широкого нагрудного кармана торчало по золоченому гаечному ключу. Саша прислушался к их разговору и понял, что оба они из игры «Пайпс», или, по-русски, «Трубы». Саша ее видел и даже ездил устанавливать ее на винчестер какому-то замминистра, но ему самому она не нравилась полным отсутствием романтики, поверхностным пафосом и особенно тем, что в левом углу был нарисован мерзкого вида водопроводчик, который начинал хохотать, когда какую-нибудь из труб на экране прорывало. А эти двое, судя по разговору, увлекались ею всерьез.

— По старым договорам уже не грузят, — жаловался первый комбинезон, — валюту хотят.

— А ты на начало этапа вернись, — отвечал второй, — или вообще загрузись по новой.

— Пробовал уже. Егор даже в командировку на комбинат ездил, три раза к директору пытался пройти, пока не подвис.

— Если подвисает, надо «Control — Break» нажимать. Или «Reset». Знаешь, как Евграф Емельяныч говорит — семь бед, один «Reset».

Оба комбинезона синхронно подняли глаза на Сашу, переглянулись, кинули окурки в ведро и скрылись в коридоре.

«Вот интересно, — подумал Саша, — они врут друг другу или им правда в эти трубы интересно играть?» Он пошел вниз по лестнице. «Господи, да на что же я надеюсь? — подумал он. — Что я буду здесь делать через год? А ведь они хоть очень глупые, но все видят. И все понимают. И не прощают ничего. Каким же надо оборотнем быть, чтоб здесь работать...»

Вдруг лестница под ногами дрогнула, тяжелый бетонный блок с четырьмя ступенями, как во сне, ушел из-под ног и через секунду с грохотом врезался в лестничный пролет этажом ниже, не причинив, однако, никакого вреда двум девочкам-машинисткам из административной группы, стоявшим точно в месте удара. Девушки подняли хорошенькие птичьи головки и посмотрели на Сашу, которого спасло только то, что он успел схватиться за край оставшейся на месте ступени.

— Ботинки чистить надо, — сказала девушка помоложе, отстраняясь от Сашиных качающихся ног, и девушки захихикали.

Саша скосил на них глаза и увидел, что они стоят на нижней грани пирамидки из разноцветных кубиков. Это была, кажется, игра «Крэйзи берд» — очень милая, с забавной дурашливой музыкой, но с неожиданно тупым и жестоким концом.

Так можно было висеть сколько угодно — было даже что-то приятное в однообразном покачивании взад-вперед, но Саша подумал, что это, наверно, выглядит глупо. Он подтянулся и вылез на незнакомый каменный пятачок, обрывающийся в пропасть, противоположный край которой скрывался за левой границей монитора (там еле слышно что-то жужжало). Другая сторона площадки упиралась в высокую каменную стену, сложенную из грубых блоков. Саша сел на шероховатый и холодный пол, прислонился к стене и закрыл глаза. Откуда-то издалека доносился тихий звук флейты. Саша не знал, кто и где играет на ней, но слышал эту музыку почти каждый день. Сначала, когда он только осваивался на первом уровне, этот далекий дрожащий звук раздражал его своей заунывной однообразностью, какой-то бессмысленностью, что ли. Со временем он привык и стал даже находить в нем своеобразную красоту — стало казаться, что внутри одной надолго растянутой ноты заключена целая сложная мелодия, и эту мелодию можно было слушать часами. Последнее время он даже останавливался, чтобы послушать флейту, и — как сейчас — оставался неподвижен некоторое время после того, как она стихала.

Он огляделся. Выход был только один — прыгать в неизвестность за левым обрезом экрана. Можно было прыгнуть с разбега, а можно — сильно оттолкнувшись обеими ногами от края площадки. Все пропасти в лабиринте были шириной либо в прыжок с разбега, либо в прыжок с места, и надежней, конечно, казался первый способ, но интуиция почему-то подсказывала второй. Саша подошел к обрыву, встал на самый его край и, изо всех сил оттолкнувшись, прыгнул в жужжащую неизвестность.

Он упал на корточки, выпрямился, и на лбу у него выступил холодный пот — стоило ему прыгнуть с разбега... Прямо перед ним на острых стальных шипах висело скрюченное мертвое тело, уже багровое и распухшее, облепленное множеством жирных неторопливых мух, — некоторые из них взлетали отдохнуть и издавали то самое жужжание, которое было слышно на картинке справа. Мертвец при жизни был мужчиной средних лет; на нем был приличный костюм, а рука до сих пор сжимала портфель. Видно, он был в игре новичком и решил, что надежней будет разбежаться. Впрочем, Саша мог оказаться на дне глубокой каменной шахты, а мужчина в пиджаке — продолжить путешествие к принцессе; способа угадать не существовало — во всяком случае, Саша его не знал. Осторожно обойдя мертвое тело, он побежал вперед по коридору, в одном месте подтянулся, влез на поддерживаемую двумя грубыми столбами площадку и побежал по новому коридору, в трех местах которого пришлось перепрыгивать через глубокие каменные колодцы. Больше всего его поражало, что все это происходило на втором уровне, вроде бы знакомом как собственные пять пальцев, и только когда под ногами щелкнула управляющая плита и из-за угла донесся лязг поднимающейся решетки, он все понял. Недалеко от перехода на третий уровень была одна решетка, которую он так и не сумел открыть, а когда ему удалось выйти на новый этап, он решил, что она была чисто декоративной. Оказалось, что за ней тоже был участок лабиринта — правда, тупиковый. Саша пробежал под поднявшейся решеткой и помчался дальше — места вокруг были уже знакомые и не сулили никаких неожиданностей. Он наступил еще на одну управляющую плиту, перепрыгнул другую — иначе следующая решетка, которая начала подниматься впереди, упала бы, — подтянулся и изо всех сил рванул по коридору — надо было спешить, потому что, поднявшись, решетка сразу же начинала опускаться. Он как раз успел подлезть под зубья, бывшие уже в полуметре от пола, и оказался возле лестничной клетки третьего этажа, совсем недалеко от того места, где несколько минут назад обрушился вниз участок лестницы. Теперь дверь следующего уровня была рядом. «Черт, — подумал Саша, отряхиваясь и только теперь чувствуя, как бьется сердце, — ведь не проваливалась здесь лестница раньше! На четвертом этаже проваливалась, а здесь нет. Наверное, через несколько раз срабатывает».

— Саша!

Он обернулся. Из двери второго подотдела малой древесины выглядывала Эмма Николаевна. Ее лицо было густо покрыто пудрой и напоминало присыпанный стрептоцидом большой розовый лишай.

— Саша, прикури мне, а?

— А вы что, сами не можете? — довольно холодно спросил Саша.

— Так я же не в «Принце», — ответила Эмма Николаевна, — у меня факелов на стенах нету.

— А что, раньше играли? — подобрев, спросил Саша.

— Приходилось, только вот эти стражники... Что хотели, то со мной и делали... В общем, дальше второго яруса я так и не попала.

— А там шифтом надо, — сказал Саша, взял у нее сигарету и шагнул к зыбкому факелу, горящему на стене. — И курсорными.

— Да мне сейчас уже поздно, — вздохнула Эмма Николаевна, принимая зажженную сигарету и влажно глядя на Сашу.

Он открыл было рот, чтобы выразить вежливый протест, но заметил выглядывающего из-за ее спины полуголого рыжегрудого монстра с большим задумчивым рылом вместо лица — такие встречаются только в небольших внешнеэкономических организациях или на дне колодца смерти в игре «Таргхан», — побледнел и, неловко кивнув, пошел к себе.

«Хана бабе, — подумал он, — скоро в ДОС выйдет... А может, выберется, черт ее знает».

В его отделе громко звонил телефон, и Саша нетерпеливо подпрыгнул на открывающей вход плите, чтобы дверь следующего уровня скорее поднялась.

Level 3

— Лапин! К телефону!

Саша подскочил к столу и взял трубку.

— Саня? Здорово.

Звонил Петя Итакин из Госплана.

— Ты сегодня приезжаешь?

— Вроде не собирался.

— Начальник сказал, что сейчас кто-то из Госснаба с новыми программами приедет. Я почему-то решил, что ты.

— Не знаю, — сказал Саша, — мне пока ничего не говорили.

— Это ведь у тебя к «Абрамсу» три лишних файла?

— У меня.

— Значит, точно тебя пошлют. Ты меня дождись, если я выйду, ладно?

— Ладно.

Саша повесил трубку и пошел на свое рабочее место. Рядом, за резервным компьютером, сидел командировочный из Пензы и сосредоточенно бил из лазера по эргонской ракетной установке, которая уже почти повернулась в позицию для стрельбы; вокруг, насколько хватало глаз, тянулись безрадостные пески «Старглайдера».

— Как там у вас? — вежливо спросил Саша.

— Плохо, — отвечал командировочный, с гримасой стуча по клавише, — очень плохо. Если вон та штука...

И вдруг все скрылось в ослепительном огненном смерче; Саша отшатнулся и закрыл лицо ладонями — он сделал это совершенно инстинктивно, а когда сообразил, что с ним самим ничего случиться не может, и открыл глаза, командировочного рядом уже не было, а на полу возле стула тлела пола пиджака.

Из-за шкафа выскочил Борис Григорьевич, швырнул меч на пол и, подтянув полы длинного стеганого плаща, который он перед схваткой надевал поверх панциря, принялся затаптывать испускающий вонючий дым кусок ткани. Рогатый шлем Бориса Григорьевича изображал мрачное японское божество, и выбитый на металле оскал в сочетании с хлопотливыми и какими-то бабьими движениями большого нежного тела был довольно-таки страшен. Ликвидировав зародыш пожара, Борис Григорьевич снял шлем, вытер мокрую лысину и вопросительно поглядел на Сашу.

— Все, — сказал Саша и кивнул на экран, на котором мигала досовская галочка.

— Вижу, что все. Ты мне его вызови снова, а то у нас еще акт не подписан.

У Бориса Григорьевича зазвонил телефон, и он, не договорив, кинулся за шкафы.

Саша пересел за соседний компьютер, вышел на драйв «а», из которого торчала поганая болгарская дискета гостя, и вызвал игру. Дисковод тихо зажужжал, и через несколько секунд в кресле снова появился мужик из Пензы.

— Когда на вас ракеты летят, — сказал Саша, — вы на высоту лучше уходите. Из лазера больше одной не собьешь, а эта штука пачками бьет.

— Ты не учи, не учи, — огрызнулся тот, припадая к клавиатуре, — не первый год в дальнем космосе.

— Тогда автоэкзэк себе сделайте, — сказал Саша, — а то вас каждый раз вызывать времени ни у кого нет.

Гость не отзывался — на него шли сразу два шагающих танка, и ему было не до болтовни.

Вдруг из кабинета начальника послышались грохот и крики.

— Лапин! — взревел за шкафом Борис Григорьевич. — Ко мне срочно!

Когда Саша вбежал, Борис Григорьевич стоял на столе и отбивался мечом от крохотного китайца с детским лицом, со скоростью швейной машинки тыкавшего в него пикой. Саша все сразу понял, кинулся к клавиатуре и с размаху ткнул пальцем в клавишу «Escape». Китаец замер.

— Ух, — сказал Борис Григорьевич, — ну и дела. Пятого дана вызвал — по инерции нажал, думал, она тип монитора запрашивает. Ну ничего, сейчас разберемся с ним... Или нет, потом разберемся. Ты вот что. Сейчас сбрось на дискету расширение к «Абрамсу» и поезжай в Госплан. Бориса Емельяновича знаешь?

— Я ж ему «Абрамса» и ставил, — ответил Саша, — завотделом на шестом этаже.

— Ну, знаешь, так и отлично. Заодно и договора подпишешь — бери прямо с папкой. Еще он тебе дискету...

Из-за шкафов полыхнуло ослепительным огнем, несколько раз грохнуло, и сразу же завоняло паленым мясом.

— Что такое?

— Да опять этот, из Пензы. Похоже, на пирамидальную мину попал.

— Ладно, завтра утром вызовем, а то второй час вонь и грохот. Езжай. Он тебе дискету даст с «Арканоидом». Ну и ты сам погляди, что у них там нового, понимаешь?

Саша повернулся было к двери, но Борис Григорьевич удержал его за рукав.

— Подожди, — сказал он, надевая шлем, — ты мне еще нужен. Когда я «кия» крикну, нажми клавишу.

— Какую?

— А без разницы.

Он зашел за спину замершему в выпаде китайцу, встал в низкую стойку и примерился мечом к его шее.

— Готов?

— Готов, — отворачиваясь, ответил Саша.

— Кия!!!

Саша ткнул в клавиатуру; раздался резкий свист, что-то хрустнуло, стукнулось об пол и покатилось, а следом упало что-то тяжелое и мягкое.

— Теперь иди, — хрипло сказал Борис Григорьевич, — и не задерживайся, работы много.

— Я в столовую хотел пойти, — стараясь глядеть в сторону, сказал Саша.

— Поезжай лучше сразу. Там и пообедаешь.

Саша вышел из-за шкафов, подошел к своему рабочему месту, ногой отшвырнул оплавленные очки гостя под батарею, сел за свой компьютер и сбросил на дискету все, что было нужно. Потом, положив дискету в сумку, встал и неторопливо пошел по усеянному обломками каменных плит коридору, привычно перепрыгнул через ловушку, повис на руках, спрыгнул на нижний ярус, поднял с пола узкий разрисованный кувшин и припал к его горлышку, думая о том, что до сих пор не знает ни того, кто расставляет эти кувшины в укромных местах подземелья, ни куда исчезает кувшин, когда он выпивает содержимое.

Дорога на четвертый уровень была знакома до мелочей, и Саша шел, прыгал, подлезал и подтягивался совершенно механически, думая о всякой ерунде. Сначала ему вспомнился замначальника второго подотдела малой древесины Кудасов, давно уже дошедший в игре «Троаткаттер» до восьмого уровня, но так и не сумевший перепрыгнуть через какую-то зеленую тумбочку, — из-за этого он, как говорили, и оставался вечным замом у нескольких ракетами пролетевших на повышение начальников, у которых это получилось если и не совсем сразу, то, во всяком случае, без особых усилий. Потом Саша стал думать о непонятных словах Итакина, сказанных в одну из прошлых встреч, — что вроде какие-то ребята давно раскололи его игру; непонятно было, что Итакин имел в виду, потому что игра была колотой уже тогда, когда Саша ставил ее себе на винт. Потом впереди медленно поднялась вверх дверь четвертого уровня, и Саша шагнул в оказавшийся за ней вагон метрополитена.

Level 4

«А куда, собственно, я иду? — думал он, глядя в черное зеркало вагонной двери и поправляя на голове тюрбан. — До седьмого уровня я уже доходил, — ну, может, не совсем доходил, но видел, что там. Все то же самое, только стражники толще. Ну, на восьмой выйду. Так это ж сколько времени займет... И что дальше? Правда, принцесса...»

Последний раз Саша видел принцессу два дня назад, между третьим и четвертым уровнем. Коридор на экране исчез, и появилась застланная коврами комната с высоким сводчатым потолком. И тут же заиграла музыка — жалующаяся и заунывная, но только сначала и только для того, чтобы особенно прекрасной показалась одна нота в самом конце.

На ковре стояли огромные песочные часы; с каменных плит пола на Сашу, словно в монокль, смотрела изнеженная дворцовая кошка, а в самом центре ковра на разбросанных подушках сидела принцесса. Ее лица издали было не разобрать — кажется, у нее были длинные волосы, или это темный платок падал на ее плечи. Вряд ли она знала, что он на нее смотрит и что вообще есть какой-то Саша, но зато он знал, что стоит ему дойти до этой комнаты — и принцесса бросится ему на шею. Принцесса встала, сложила руки на груди, сделала несколько шагов по ковру, вернулась и села на россыпь маленьких подушек.

И тут же все исчезло, за спиной с грохотом закрылась тяжелая дверь, и Саша оказался возле высокого каменного уступа, с которого начинался четвертый уровень.

«Интересно, о чем она сейчас думает? Может быть, она думает о том, кто идет к ней по лабиринту? То есть обо мне, не зная, что именно обо мне?»

За стеклом замелькали колонны станции; поезд остановился. Саша дал толпе подхватить себя и медленно поплыл к эскалаторам. Работало два; Саша ответвился в ту часть толпы, которая двигалась к левому. В его голове потекли медленные и обычные для второй половины дня угрюмые мысли о жизни.

«Странно, — думал он, — как я изменился за последние три уровня. Когда-то ведь казалось, что стоит только перепрыгнуть через ту расщелину — и все. Господи, как мало надо было для счастья... А сейчас я это делаю каждое утро почти не глядя, и что? На что я надеюсь сейчас? Что на следующем этапе все изменится и я чего-то захочу так, как умел хотеть раньше? Ну, допустим, дойду. Уже ведь почти знаю как: надо после пятой решетки попрыгать — наверняка там ход в потолке, плиты какие-то странные. Но когда я туда залезу, где я найду того себя, который хотел туда залезть?»

Саша вдруг похолодел — до него донесся знакомый лязг. Он поднял голову и увидел впереди по ходу своего эскалатора включившуюся разрезалку пополам — два стальных листа с острыми зубчатыми краями, которые каждые несколько секунд сшибались с такой силой, что получался звук вроде удара в небольшой колокол. Остальные спокойно проезжали сквозь нее — она существовала только для Саши, но для него была настолько реальна, насколько что-нибудь вообще бывает реальным: через всю его спину шел длинный уродливый шрам, а ведь в тот раз разрезалка его только чуть-чуть задела, выкромсав клок ткани из дорогой джинсовой куртки. Проходить через разрезалки было, вообще говоря, несложно — надо было встать рядом и быстро шагнуть вперед сразу же, как разрезалка откроется. Но сейчас Саша ехал по эскалатору, и никакой возможности угадать, в какой момент он окажется у разрезалки, не было. Не раздумывая, он повернулся и быстро кинулся вниз. Бежать было трудно — на эскалаторе стояла уйма пьяноватых мужичков, каждый из которых давал себя почувствовать и пропускал с большой неохотой, бросая Саше вдогонку редкие, как самоцветы, слова. Какая-то баба в красном платке и с двумя большими тюками в руках задержала Сашу настолько, что он оказался к разрезалке даже ближе, чем был раньше, но все-таки ему удалось перелезть через тюки. И тут впереди упала решетка. Саша понял, что пропал. Он обмяк, зажмурился, но, вместо того чтобы увидеть за секунду всю свою жизнь, почему-то с невероятной отчетливостью вспомнил, как в четвертом классе довел на уроке пения молодого практиканта из консерватории до того, что тот, перестав играть на рояле музыку Кабалевского, встал с места, подошел к нему и дал по морде. Разрезалка лязгнула совсем близко, и Саша инстинктивно шагнул назад, подумав, что ведь может и про...

«А куда, собственно, я иду? — подумал Саша, глядя в черное зеркало вагонной двери и поправляя на голове тюрбан. — До седьмого уровня я уже доходил — ну, может, не совсем доходил, но видел, что там. Все то же самое, только стражники толще. Ну, на восьмой выйду. Так это ж сколько времени займет... Да и зачем все это? Правда, принцесса...»

Последний раз Саша видел принцессу два дня назад, между третьим и четвертым уровнем. Коридор на экране исчез, и появилась застланная коврами комната с высоким сводчатым потолком. И тут же заиграла музыка — жалующаяся и заунывная, но только сначала и только для того, чтобы особенно прекрасной показалась одна неожиданная нота в самом конце.

Он перестал думать о принцессе и стал глядеть по сторонам. Народ вокруг был большей частью привокзальный, поганый. Было много пьяных, много одинаковых баб с сумками; особенно Саше не понравилась одна — в красном платке, с двумя большими тюками в руках. «Где-то я ее видел, — подумал Саша, — точно». С ним так часто бывало последнее время — казалось, что он уже видел происходящее, но вот где и при каких обстоятельствах, он вспомнить не мог. Зато недавно он прочитал в каком-то журнале, что это чувство называется «déjà vu», из чего сделал вывод, что то же самое происходит с людьми и во Франции.

За стеклом замелькали колонны станции; поезд остановился. Саша дал толпе подхватить себя и медленно поплыл к эскалаторам. Работало два; Саша ответвился в ту часть толпы, которая двигалась к правому. В его голове потекли медленные и обычные для второй половины дня угрюмые мысли о жизни.

«Сейчас мне кажется, — думал он, — что хуже того, что со мной происходит, и быть ничего не может. А ведь пройдет пара этапов, и вот по этому именно дню и наступит сожаление. И покажется, что держал что-то в руках, сам не понимая что, — держал, держал да и выкинул. Господи, как же погано должно стать потом, чтобы можно было жалеть о том, что происходит сейчас... И ведь самое интересное: с одной стороны, жить все бессмысленней и хуже, а с другой — абсолютно ничего в жизни не меняется. На что же я надеюсь? И почему каждое утро встаю и куда-то иду? Ведь я плохой инженер, очень плохой. Мне все это попросту неинтересно. И оборотень я плохой, и скоро меня возьмут и выпрут и будут совершенно правы...»

Он вдруг похолодел — до него донесся знакомый лязг. Он поднял голову и увидел на соседнем эскалаторе включившуюся разрезалку пополам. В первый момент испуг был так силен, что Саша даже не сообразил, что никакой угрозы для него нет. Потом, сообразив, он так громко сказал «уй», что на него с соседнего эскалатора поглядела та самая баба с тюками, которая привлекла его внимание в вагоне. Она проехала разрезалку, глядя на Сашу и даже не догадываясь, что случилось бы, будь на ее месте он. Саше ее взгляд был неприятен, и он отвернулся.

Следующая разрезалка пополам стояла у выхода из метро, и Саша прошел ее без всякого труда. А вот из кувшинчика, стоявшего за ней, он пить не стал — какой-то он был подозрительный, с орнаментом из треугольничков. Он один раз из такого попил и потом две недели сидел на бюллетене. Чутье подсказывало, что где-то рядом должен быть еще один кувшин, и Саша решил поискать. Его внимание привлекла парикмахерская на другой стороне улицы: в вывеске не горели две первых буквы, и Саша был уверен — это что-нибудь да значит.

Внутри было маленькое помещение, где клиенты дожидались своей очереди, — сейчас оно было совершенно пустым, и это была вторая странность. Саша обошел комнатку кругом, подвигал кресла (в конце прошлого года он сел на стул в коридоре военкомата, куда провалился с третьего уровня, и неожиданно сверху спустилась веревочная лестница, по которой он благополучно вылез в двухмесячную командировку), попрыгал на журнальном столике (иногда они управляли поворачивающимися частями стен) и даже подергал крючки вешалок. Все было напрасно. Тогда он решил проверить потолок, опять влез на журнальный столик и подпрыгнул с него вверх, подняв над головой руки. Потолок оказался глухим, а столик — очень непрочным: сразу две его ножки подломились, и Саша вытянутыми руками врезался в цветную фотографию улыбающегося рыжего дебила, висевшую на стене.

И вдруг в полу со скрипом распахнулся люк, в котором блеснуло медное горло кувшина, стоящего на каменном полу метрах в двух внизу. Саша спрыгнул на каменную площадку, и люк над головой захлопнулся; Саша огляделся и увидел с другой стороны коридора бледного усатого воина в красной чалме с пером; воин отбрасывал две расходящиеся дрожащие тени, потому что за его спиной коптили два факела по бокам высокой резной двери с черной вывеской «ГОСПЛАН СССР».

«Надо же, — подумал Саша, выхватывая меч и кидаясь навстречу вытащившему кривой ятаган воину, — а я на троллейбусе, дурак, все время ездил».

Level 5

— Итакин? — спросил женским голосом телефон. — Обедает. А вы поднимайтесь, подождите. Это вы из Госснаба должны были программное обеспечение привезти?

— Я, — ответил Саша, — только я лучше тоже в столовую пойду.

— Как к нам идти, знаете? Шестьсот двадцатая комната, от лифтов налево по коридору.

— Доберусь, — ответил Саша.

В столовой было шумно и многолюдно. Саша походил между столами, ища приятеля, но того не было видно. Тогда Саша встал в очередь. Перед ним стояли два Дарта Вейдера из первого отдела — они шумно, с присвистом, дышали и механическими голосами обсуждали какую-то статью — не то «Огонька», не то Уголовного кодекса; из-за неестественности их речи понять что-нибудь было очень сложно. Первый Дарт Вейдер взял на свой поднос две тарелки кислой капусты, а второй — борщ и чай (кормили в Госплане, конечно, уже не так, как до начала смуты, — от прежнего великолепия остались только изредка попадавшиеся в капусте красивые пятиконечные звездочки, нарезанные из моркови с помощью специального японского агрегата). Саше было очень интересно посмотреть, как Дарт Вейдер будет есть капусту — для этого ему обязательно пришлось бы снять свой глухой черный шлем, но черные двое сели за маленький столик в самом углу и задернули за собой черную шторку с изображением щита и меча; под ней остались видны только начищенные хромовые сапоги, левая пара которых упиралась в пол неподвижно и прямо, а правая все время выделывала кренделя — один сапог терся о другой и обнимал его носком за голенище; Саша подумал, что если бы он играл в «Спай», то из двух Дартов Вейдеров стал бы вербовать правого.

Оглядевшись, он пошел с подносом в дальний угол, где за длинным столом у окна сидели около десятка пожилых мужиков в летной форме, и деликатно сел с краю. На него поглядели, но ничего не сказали. Один из пилотов — седой крепыш с двумя незнакомыми медалями на голубом комбинезоне — стоял со стаканом в руке; он только что начал говорить тост.

— Друзья! Мы собрались здесь по поводу торжественному и приятному вдвойне. Сегодня исполняется двадцать лет трудовой деятельности Кузьмы Ульяновича Старопопикова в Госплане. И сегодня же утром Кузьма Ульянович сбил над Ливией свой тысячный МиГ!

Пилоты зааплодировали и повернулись к сидящему в центре стола виновнику торжества — это был низенький, полненький и лысенький мужичок в толстых очках, дужка которых была обмотана черной ниткой. Он совершенно ничем не выделялся — наоборот, был за столом самым незаметным, и, только приглядевшись, Саша заметил на его груди несколько рядов орденских планок — правда, тоже незнакомых.

— Я беру на себя смелость сказать, что Кузьма Ульянович — лучший пилот Госплана! И недавно полученный им от Конгресса орден «Пурпурное сердце» будет на его груди уже пятым.

Вокруг опять зааплодировали; несколько раз Кузьму Ульяновича хлопнули по плечам и спине; он сильно покраснел, махнул рукой, снял очки и долго протирал их носовым платком.

— И это еще не все, — продолжал седой, — кроме эф-пятнадцатого и эф-шестнадцатого, Кузьма Ульянович недавно освоил новейший истребитель — эф-девятнадцать «Стелс». На его счету и многие технические усовершенствования — осмыслив опыт боев в небе Вьетнама, он попросил своего механика дописать два файла в ассемблере, чтобы пушка и пулемет работали от одной клавиши, и теперь этим пользуемся мы все...

— Да уж хватит бы, — застенчиво буркнул виновник.

Встал другой пилот — у этого на груди тоже были орденские планки, но не в таком количестве, как у Кузьмы Ульяновича.

— Вот тут наш парторг говорил, что Кузьма Ульянович сбил сегодня свой тысячный МиГ. А ведь, кроме этого, он, к примеру, четыре тысячи пятьсот раз разрушил локатор под Триполи, а если мы все ракетные катера посчитаем да еще аэродромы прибавим, такая цифирь выйдет... Но ведь человека одной цифрой мерить нельзя. Я Кузьму Ульяновича знаю, может быть, получше других — уже полгода с ним в паре летаю — и сейчас расскажу вам об одном нашем рейде. Я тогда первый раз на эф-пятнадцатом шел, а машина эта, сами знаете, не из простых: чуть заторопишься, захочешь повернуть побыстрей — подвисает. И мне Кузьма Ульянович перед вылетом говорит: «Вася, запомни: не нервничай, иди сзади и ниже, я тебя прикрывать буду». Ну, я неопытный был тогда, а с гонором — чего это, думаю, он прикрывать меня будет, когда я на эф-шестнадцатом весь Персидский залив облетал. Да... Ну, сели мы по кабинам, и дают нам команду на взлет. Взлетали мы с авианосца «Америка», и задание у нас было сначала какой-то корабль потопить в Бейрутском порту, а потом уничтожить лагерь террористов под Аль-Бенгази. Взлетели, значит, и идем на малой, на автопилотах. А там, у Бейрута, локаторов штук восемь, наверное, — ну, вы все там были...

— Одиннадцать, — сказал кто-то за столом, — и еще всегда двадцать пятые МиГи патрулируют.

— Ну да. В общем, дошли на малой, метрах на пятидесяти, с выключенными прицелами, а как километров десять осталось, перешли на ручное, набрали четыре сотни и включили радары. Тут нас, понятно, засекли, но мы уже навелись, выпустили по «Амрааму», сделали противоракетный маневр и пошли на запад со снижением. От корабля щепок не осталось. Это нам по радио сообщили. В общем, опять идем вслепую на малой, и так бы дошли спокойно, но я тут, идиот, заметил двадцать третьего МиГа и пошел за ним — дай, думаю, задвину ему «Сайдвиндер» в сопло. Кузьма Ульянович видит на радаре, что я вправо пошел, и орет мне по радио: «Вася, назад, мать твою!» Но я уже прицел включил, поймал гада и пустил ракету. И хоть тут бы мне развернуться и к земле — так нет, стал смотреть, как этот двадцать третий падает. А потом гляжу на локатор — а на меня уже СА-2 идет, кто пустил, не знаю...

— Это под Аль-Байдой локатор стоит. Когда от Бейрута на запад идешь, никогда вправо брать не надо, — сказал парторг.

— Ну да, а тогда-то я не знал. Кузьма Ульянович кричит: «Помеху ставь!» А я вместо тепловой — это на «эф» нажать надо — на «цэ» жму. Ну и значит, получил прямо под хвост. Нажал на «эф семь», катапультировался. Опускаюсь, смотрю вниз — а там пустыня и шоссе, на шоссе машины какие-то и меня на них сносит. И не успел я приземлиться, смотрю — мать честная! Кузьма Ульянович прямо на это шоссе на посадку заходит. Тут уж я думаю — кто быстрее...

Саша допил последний глоток чая, встал и пошел к выходу. Плита пола сразу за дверью из столовой была какой-то странной — чуть другого цвета и на полсантиметра повыше, чем остальные. Саша остановился за шаг до нее, высунул голову в коридор и поглядел вверх — так и есть, в метре над головой поблескивали отточенные стальные зубья решетки.

— Ну нет, — пробормотал Саша.

Он внимательно оглядел столовую. С первого взгляда другого выхода не было, но Саша давно знал, что сразу он никогда и не бывает виден. Ход мог быть, например, за огромной картиной на стене, но допрыгнуть до нее можно было, только раскачавшись на люстре, а для этого пришлось бы громоздить несколько столов один на другой. Имелось еще несколько выступов в стене, по которым можно было попытаться залезть вверх, и Саша уже совсем решил это сделать, когда его окликнула баба в белом халате.

— Подносик-то на мойку надо снести, молодой человек, — сказала она, — нехорошо выходит.

Саша вернулся за подносом.

— ...Всем отделом стали пробоины считать, — говорил ведомый Кузьмы Ульяновича. — Помните? Тогда покойный Ешагубин подходит к нам и спрашивает — разве, говорит, эф-пятнадцатый на одном моторе может лететь? И знаете, что ему Кузьма Ульянович ответил?

— Ну хватит, правда, — конфузясь, сказал Кузьма Ульянович.

— Нет, я скажу, пускай...

Дальше Саша не слышал — все его внимание переключилось на движущуюся ленту, по которой тарелки и подносы ехали на мойку. Она кончалась небольшим окошком, в которое вполне можно было пролезть. Саша решил попробовать, поставил поднос на ленту, оглянулся и быстро забрался на нее сам. Двое стоявших возле окошка танкистов поглядели на него с большим недоумением, но, прежде чем они успели что-то сказать, Саша протиснулся в окошко, перепрыгнул через щель в полу и со всех ног кинулся к медленно поднимающемуся куску стены с большой облезлой раковиной; за ним открывалась освещенная факелами узкая лестница вверх.

Level 6

Начальник Итакина Борис Емельянович оказался одним из тех двух танкистов, которые с таким удивлением глядели на Сашу в столовой. Саша столкнулся с ним у самого входа в шестьсот двадцатую комнату — за Сашиной спиной осталось примерно с десяток ярусов, на которые можно было забраться, только подпрыгнув и подтянувшись, поэтому он устал и запыхался, а поднявшийся на лифте Борис Емельянович был спокоен и свеж и пахнул одеколоном.

— Ты от Борис Григорича? — ничем не показывая, что узнает в Саше хулигана из столовой, спросил Борис Емельянович. — Пойдем быстрее, мне через пять минут выезжать.

Кабинет Бориса Емельяновича был отгороженной шкафами частью огромного зала, как и кабинет Бориса Григорьевича, только внутри, занимая практически все место, стоял огромный, лоснящийся смазкой танк «M-1 Abrams». У стены были две бочки с горючим, на которых стояли телефон и четырехмегабайтная «супер эй-ти» с цветным ВГА-монитором, при взгляде на которую Саша сглотнул слюну.

— Триста восемьдесят шестой процессор? — уважительно спросил он. — И винт, наверно, мегабайт двести?

— Этого не знаю, — сухо ответил Борис Емельянович, — у Итакина спрашивай, он мой механик. Чего там тебе подписывать?

Саша полез в сумку и вынул чуть подмявшиеся за время долгого путешествия бумаги. Борис Емельянович, сверкнув похожим на пулеметный патрон с золотой пулей «Монбланом», прямо на броне не глядя подмахнул два первых листа, а над третьим задумался.

— Это я так не могу, — сказал наконец он, — это надо в главк звонить. Это даже не я должен подписывать, а Прокудин Павел Семенович.

Поглядывая на часы, он навертел номер.

— Павла Семеновича. Так. А когда будет? Нет, сам свяжусь.

Он повернулся к Саше и значительно на него взглянул.

— Ты не очень удачно пришел, — сказал он. — Через пять минут наступление. А если ты бумагу хочешь подписать, в главк надо ехать. Хотя подожди... Может, быстрее выйдет. Проедешь немного со мной.

Борис Емельянович склонился над компьютером.

— Черт, — сказал он через минуту, — где это Итакин ходит? Не могу двигатель запустить.

— А вы директорию смените, — сказал Саша, — вы же в корневой директории. Или сначала в «Нортон» выйдите.

— А ну попробуй, — ответил Борис Емельянович, отходя в сторону.

Саша привычно затюкал по клавишам; заверещал дисковод хард-диска, и почти сразу же мощно и тихо загудела электрическая трансмиссия танка, а воздух наполнился горьким дизельным выхлопом. Борис Емельянович ловко запрыгнул на броню; Саша предпочел подтянуть к танку стул и уже с него шагнул на чуть приподнятую корму.

В башне оказалось просторно и очень удобно. Саша заглянул в прицел, но тот пока не работал; тогда он огляделся. Изнутри башня напоминала любовно украшенную водителем кабину автобуса — по бокам от казенника пушки висели брелочки, флажки, обезьянки, а к броне было приклеено несколько вырезанных из журнала девушек в купальниках.

Борис Емельянович кинул Саше шлемофон и скрылся в отделении водителя; двигатель взревел, и танк выкатился на огромную равнину, где далеко впереди возвышалась похожая на вулкан гора со срезанным границей монитора верхом. Саша по пояс высунулся из люка, огляделся и увидел по бокам еще десятка два таких же танков; два или три возникли прямо на его глазах.

— Как такое построение называется? — спросил он в микрофон.

— Какое? — донесся искаженный наушниками голос Бориса Емельяновича.

— Когда танки все на одной линии? Ну, если бы это солдаты были, была бы цепь, а это как называется?

— Не знаю, — ответил Борис Емельянович. — Так после обеда всегда бывает — просто одновременно выходим. Ты лучше посчитай, сколько танков вокруг?

— Двадцать шесть, — сосчитал Саша.

— Понятно. Бабаракин на бюллетене, Сковородич в Австрии, а остальные все здесь. Жаркий сегодня день будет.

— Двадцать первый, двадцать первый, с кем говорите? — раздался в шлемофоне чей-то голос.

— Говорит двадцать первый, вызываю семнадцатого, прием.

— Семнадцатый слушает.

— Семнадцатый, у меня тут парень из Госснаба, ему одну бумагу подписать. Чтоб не ехать через весь город.

— Понял вас, двадцать первый, — отозвался голос, — через десять минут у фермы.

Танк Бориса Емельяновича резко взял вправо, и Сашу сильно качнуло в люке. Перелетев с разгону через несколько ухабов, Борис Емельянович выехал на шоссе, повернул и километрах на восьмидесяти в час понесся в сторону далекой рощи, перед которой дорога разветвлялась и торчал какой-то указатель на шесте.

— Залазь в башню, — велел Борис Емельянович, — и люк закрой. Вон на том холме гранатометчик сидит.

Саша повиновался — и в самое время: по броне ударило, и послышалось резкое и громкое шипение.

— Вот он, курва-а, — прошептал голос Бориса Емельяновича в наушниках, и башня стала медленно поворачиваться вправо.

Саша увидел на экране прицела совместившийся с вершиной горы квадратик и выскочившую надпись «gun locked». Но Борис Емельянович не спешил стрелять.

— Ну же! — выдохнул Саша.

— Подожди, — зашептал Борис Емельянович, — дай я осколочный заряжу... Бронебойные нам еще понадобятся.

Снова зашипело и ударило по броне, а в следующий момент рявкнула пушка «Абрамса», и на вершине холма словно выросло огромное черно-красное дерево.

Вскоре слева от шоссе появилась и стала стремительно приближаться окруженная невысоким забором ферма, похожая на заброшенную правительственную дачу. Метрах в трехстах Борис Емельянович затормозил, и так резко, что Саша, глядевший в прицел, наверняка посадил бы себе синяк под глазом, если бы не мягкая резина вокруг окуляров.

— Что-то мне вон то окно не нравится, — сказал Борис Емельянович, — дай-ка я...

Башня поехала влево, и опять рявкнула пушка. Ферму заволокло огнем и дымом, а когда их снесло, от уютного двухэтажного домика остался только закопченный фундамент с небольшим куском стены, в котором осталась непонятно куда раскрывшаяся дверь. Борис Емельянович на всякий случай дал длинную очередь из пулемета, перебившую несколько досок в заборе, и медленно поехал к ферме.

— Можешь пока выйти поразмяться, — сказал он Саше, когда танк затормозил у пепелища, — вроде все спокойно.

Саша вылез из башни, спрыгнул на землю и повертел головой. Голова гудела, чуть подрагивали колени, и хотелось на всякий случай схватиться за какой-нибудь поручень вроде тех, что были в башне.

— Что, скис? — дружелюбно спросил Борис Емельянович. — Ты попробуй так пять дней в неделю, по восемь часов, да еще когда на тебя одного по три тэ-семьдесят выезжают. Вот когда коленки задрожат. Здесь-то место тихое, благодать...

Действительно, место было красивое — на ровном поле кое-где поднимались деревья, за шоссе зеленела роща и оттуда доносился тихий птичий щебет. Из-за тучи вышло солнце, и все вокруг приобрело такие нежные цвета, которые бывают только на хорошо настроенном ВГА белой сборки и которых никогда не даст ни корейский, ни тем более сингапурский монитор, что бы ни писали в глянцевых многостраничных паспортах хитрые азиаты.

С шоссе донесся гул.

— Павел Семенович едет. Готовь свою бумагу.

Черная точка на шоссе быстро приближалась и вскоре стала таким же танком, как у Бориса Емельяновича, только с торчащим над башней зенитным пулеметом. Танк подъехал, остановился, и из башни выпрыгнул худой и мрачный танкист в золотых очках и черной пилотке.

— Давай, чего у тебя там, — сказал он Саше, присел на одно колено возле сорванного взрывом листа кровли, положил Сашину бумагу на планшет и написал в верхней части листа: «Не возражаю». — А ты, Борис, — сказал он Борису Емельяновичу, — бросай эти дела. Вечно ты со всякой херней перед боем лезешь.

— Ничего, — сказал Борис Емельянович, — нагоним. Этот парень — механик не хуже Итакина, мне сейчас двигатель за минуту завел...

Мрачный покосился на Сашу, но ничего не сказал.

Со стороны далеких синих холмов у горизонта донесся быстро приближающийся гул. Саша поднял голову и увидел эскадрилью F-15, идущих на бреющем полете. Они пронеслись прямо над танками, и передний истребитель, на крыле которого была нарисована красная орлиная голова, в двух десятках метров от земли сделал бочку и свечой, почти вертикально, пошел вверх; остальные разделились на две группы и, набирая высоту, пошли в сторону далекой горы со срезанным верхом, и тут Сашу второй раз за день посетило чувство, что это уже с ним было — может быть, как-то по-другому, но было — он был уверен.

— Ну, сегодня ни один МиГ не сунется, — сказал Борис Емельянович. — Кузьма Ульяныч в воздухе. Это его машина с орлом. Можешь свою зенитку здесь оставить.

— Погожу, — ответил мрачный.

Где-то вдали у горы засверкало, и донесся грохот.

— Началось, — сказал мрачный. — Пора.

— Я вам такую же зенитку привез, — вспомнив, сказал Саша и вынул из сумки дискету. — Там еще два ПТУРСа на башню.

Но Борис Емельянович уже спускался в танк.

— Некогда, отдашь Итакину.

Лязгнул люк, потом второй, и танки, отбрасывая гусеницами комья земли, рванули с места. Саша смотрел им вслед, пока они не превратились в две точки, и пошел к ферме, где на единственном уцелевшем куске стены у двери горели давно замеченные им два призрачных факела.

Level 7

Когда за Сашиной спиной закрылась дверь, он понял, что выбрался наконец из подземелья и находится где-то во внутренних покоях дворца. Вокруг были уже не грубо обтесанные каменные глыбы, а тонкие ажурные мостики, поддерживаемые легкими резными колоннами. Куда-то в сумрак уходили потолки, блестели в черном бархатном небе за окнами яркие южные звезды, и даже факелы на стенах горели иначе, без треска и копоти.

С двух сторон от Саши были две одинаковые опущенные решетки, а на стенах над ними висели узорчатые персидские ковры, и этого он тоже никогда не видел на нижних уровнях. Он пошел к левой решетке, возле которой из пола чуть поднималась управляющая подъемным механизмом плита, но, когда он встал на нее, подниматься начала решетка за его спиной. Саша развернулся и побежал назад.

За решеткой дорога разветвлялась. Можно было подпрыгнуть, подтянуться и побежать вперед — там звякало сразу несколько разрезалок пополам, и значит, где-то рядом был спрятан кувшин, а может, и два сразу — было такое один раз на третьем уровне. Можно было, наоборот, спуститься вниз, и Саша, секунду поколебавшись, решил так и поступить. Внизу начиналась длинная галерея с узкой полосой росписи на стене; в бронзовых кольцах, ввинченных в стену, коптили факелы, а впереди, защищая путь к лестнице, стоял страж в алом халате, с подкрученными вверх усами и длинным мечом в руке. Саша заметил в правом нижнем углу экрана сразу шесть треугольничков, обозначающих жизненную силу противника, и похолодел: такие ему еще не попадались. Самое большее до сих пор — четыре треугольничка. Саша вытащил свой меч, найденный когда-то возле груды человеческих костей, и встал в позицию. Воин, пристально глядя ему в глаза и постукивая ногой в зеленом сафьяновом сапоге по каменным плитам, стал приближаться. Вдруг он сделал неуловимо быстрый выпад, и Саша, еле успев отбить его меч клавишей «PgUp», сразу нажал «Shift», но этот всегда безотказный прием не сработал — воин успел отскочить и снова стал приближаться.

— Здорово, Саш! — раздалось вдруг за спиной.

Саша испытал острую ненависть к неизвестному идиоту, вздумавшему отвлекать его разговорами в такую минуту, сделал ложный выпад и, целясь врагу мечом прямо в горло, прыгнул вперед. Воин в алом халате опять успел отскочить.

— Саша!

Саша почувствовал, как чьи-то руки разворачивают его вместе с вращающимся стулом, и чуть не ткнул мечом появившегося перед ним человека.

Это был Петя Итакин. На нем был зеленый свитер и протертые джинсы, что очень удивило Сашу, знавшего госплановский этикет.

— Пойдем поговорим, — сказал Итакин.

Саша оглянулся на замершую на мониторе фигурку.

— А я тебя уже час жду, — сказал он, — начальнику твоему «Абрамс» запустил.

— Видел уже, — сказал Итакин. — Ему минут пять назад тэ-семидесятый прямо под башню засадил. Он чиниться приезжал.

Саша встал и пошел за приятелем в коридор. Петя время от времени через что-то перепрыгивал, а один раз упал на пол и замер; Саша заметил огромный синий глаз, проплывший прямо над ним, и догадался, что это «Тауэр», третья или четвертая башня. Сам он поднялся когда-то до половины первой, но, когда услышал, что после того, как взойдешь на первую башню, надо лезть на вторую и совершенно неизвестно, что будет потом, бросил это дело и стал принцем. А Петя лез на башню уже не первый год.

Они вышли на лестницу, где Петя ловко увернулся от чего-то вроде вертикально летящего бумеранга, и попали на пустой длинный балкон, заваленный выгоревшими на солнце стендами с цветными фотографиями каких-то дряблых лиц. Саша проверил пол под ногами — кажется, сомнительных плит не было. Петя, облокотившись на перила, уставился на огни города внизу.

— Чего? — спросил Саша.

— Так, — сказал Петя. — Я из Госплана скоро ухожу.

— Куда?

Петя неопределенно кивнул головой вправо. Саша посмотрел туда — там были тысячи разноцветных светящихся точек, горящих до самого горизонта. Можно было понять Итакина и в том смысле, что он планирует прыжок с балкона.

— Как звезды в «Принце», — вдруг сказал Саша, глядя на огни, — только все вверх ногами. Или вниз головой.

— А может, это в твоем «Принце» все вверх ногами, — сказал Петя. — Никогда не думал, почему там картинка иногда переворачивается?

Саша помотал головой. Как всегда, вид вечернего города навевал печаль. Вспоминалось что-то забытое и сразу же забывалось опять, и это «что-то» больше всего было похоже на тысячу раз данную себе и уже девятьсот девяносто девять раз нарушенную клятву.

— На фига, интересно, мы живем? — спросил он.

— Ну вот, — сказал Петя, — вроде и не пил сегодня, а... Вообще, ты стражника спроси. Он тебе объяснит насчет жизни.

Саша опять уставился на огни.

— Вот ты второй год по лабиринту бежишь, — заговорил Петя, — а ты думал когда-нибудь, на самом он деле или нет?

— Кто?

— Лабиринт.

— В смысле существует он или нет?

— Да.

Саша задумался.

— Пожалуй, существует. Точнее, правильно сказать, что он существует ровно в той же степени, в какой существует принц. Потому что лабиринт существует только для него.

— Если уж сказать совсем правильно, — сказал Петя, — и лабиринт и фигурка существуют только для того, кто глядит на экран монитора.

— Ну да. То есть почему?

— Потому что и лабиринт и фигурка могут появляться только в нем. Да и сам монитор, кстати, тоже.

— Ну, — сказал Саша, — мы это на втором курсе проходили.

— Но тут есть одна деталь, — не обращая внимания на Сашины слова, продолжал Петя, — одна очень важная деталь. Ее те козлы, с которыми мы это проходили, забыли сообщить.

— Какая?

— Понимаешь, — сказал Петя, — если фигурка давно работает в Госснабе, она почему-то решает, что это она глядит в монитор, хотя она всего лишь бежит по его экрану. Да и вообще, если б нарисованная фигурка могла на что-то поглядеть, первым делом она бы заметила того, кто смотрит на нее.

— А кто на нее смотрит?

Петя задумался.

— Есть только один спо...

В следующий момент его что-то сильно толкнуло в спину, он перекувырнулся через перила и полетел вниз.

Саша увидел похожую на бумеранг штуку, какую он уже видел на лестнице, — крутясь, она умчалась куда-то в направлении увенчанных неподвижным дымом труб на горизонте. Саша даже не успел испугаться, так быстро все это произошло. Перегнувшись через перила, он увидел Петю, вцепившегося руками в перила балкона этажом ниже.

— Все в порядке, — крикнул Петя, — костылявки максимум на один этаж сбрасывают. Сейчас я...

Но тут Саша заметил медленно подплывающий к Пете вдоль стены огромный глаз, похожий на круглый аквариум, до краев наполненный синими чернилами.

— Петя! Слева! — крикнул он.

Петя освободил одну руку и пустил в синий глаз два красных шарика размером с клубок шерсти — от первого глаз дернулся и замер, а от второго с хлопающим звуком растворился в воздухе.

— Иди в шестьсот двадцатую, — крикнул Петя, перелезая через перила, — я сейчас приду, и будем твою игру докалывать.

Саша повернулся к выходу с балкона, и вдруг прямо перед ним с грохотом упала стальная решетка, расколов острыми зубьями несколько кафельных плит пола. Он шагнул назад, и вторая решетка с лязгом ударила в перила балкона. Саша поднял голову, увидел в близком бетонном потолке небольшой квадратный лаз, привычно подпрыгнул, подтянулся и вылез в узкий каменный коридор.

Впереди на пол падало квадратное пятно красноватого света. Прижимаясь к стене, Саша дошел до него и осторожно глянул вверх. Там была узкая четырехугольная шахта, и в ней, далеко наверху, горел факел и виднелся участок закопченного потолка, — видимо, это была обычная коридорная ловушка, но сейчас Саша был на ее дне. Наверху могли быть стражники, поэтому он встал на цыпочки и, осторожно ступая по веками копившемуся праху, пошел вперед. Впереди оказался поворот и в нескольких метрах за ним — тупик. Он двинулся было назад, но услышал, как в дальнем конце коридора лязгнула решетка, и остановился. Он попал в мешок. Теперь оставалось только одно: тщательно проверить все плиты пола и потолка — любая из них могла управлять решетками или поворачивающимися участками стены. Вытянув руки над головой, он подпрыгнул. Потом еще раз. Потом еще. Третья плита чуть-чуть подалась. Дальше все было просто: он еще раз подпрыгнул, толкнул плиту руками и сразу же отскочил; плита выпала. Раздался грохот, и он привычно зажмурился, чтобы взлетевшая с пола пыль не попала в глаза. Немного погодя он шагнул вперед. Теперь в потолке зияло прямоугольное отверстие, через которое можно было пролезть, а над ним вверх уходила стена с деревянными карнизами через каждые два с половиной метра — это расстояние на всех уровнях было одинаковым. Стоя на таком карнизе, можно было подпрыгнуть вверх, в прыжке схватиться за следующий, влезть на него, встать и повторить то же самое — и так до самого верха. На этой стене карнизов было шесть, и вся процедура заняла у Саши чуть больше минуты, причем он ни капли не устал.

Теперь он стоял в коридоре между стен из грубо обтесанных каменных блоков. Впереди был колодец, и оттуда тянуло горьким факельным дымом. Саша заглянул вниз — метрах в пяти был виден ярко освещенный пол. Саша вздохнул, спустил в дыру ноги, повис над пустотой на руках и с некоторым усилием заставил себя разжать пальцы. Высота была не такой уж и большой, но плита, на которую он упал, ушла из-под ног и полетела вниз; уцепиться за край он не успел и после томительно долгого падения врезался в пол, в обломки только что расколовшейся плиты. Он не разбился, но удар и неожиданность оглушили — несколько секунд он с зажмуренными глазами сидел на карачках, вспоминая, как давно в детстве, страшной черной зимой, сильно ушиб копчик, прыгнув из слухового окна газовой подстанции на заиндевелый матрас внизу. А когда он, помотав головой, открыл глаза, оказалось, что он находится в той самой галерее с полосой орнамента на стене, откуда его вытащил Итакин, и на него, сложив руки на груди, смотрит тот же самый стражник в алом халате — это был он, в чем Саша убедился, глянув в нижний угол монитора и увидев там шесть треугольничков, обозначающих жизненную силу. Саша вскочил на ноги, встал в боевую позицию и выхватил меч. Воин выхватил свой и пошел навстречу; его взгляд до такой степени не сулил ничего хорошего, что вспомнившийся совет Итакина поговорить со стражником о жизни показался злой шуткой. Саша повертел в воздухе концом лезвия, собираясь нанести удар, и вдруг воин неожиданным и точным движением выбил меч из Сашиной руки и плашмя ударил его тяжелым клинком по голове.

Level 8

Саша открыл глаза и с недоумением обвел ими небольшую полутемную комнату, на полу которой он лежал. Под ним был мягкий ковер, на стене горела масляная плошка, а у стены стоял удивительной красоты сундук, окованный чеканными медными листами. Под потолком плыли клубы дыма; пахло чем-то странным, словно палеными перьями или жженой резиной, но запах был приятный. Саша попытался сесть и понял, что не в состоянии пошевелиться: почти по горло на него был натянут похожий на обивку матраса мешок, перемотанный толстой веревкой.

— Проснулся, шурави?

Изогнувшись червем, Саша перевернулся на другой бок и увидел воина в красном халате, сидящего на подушках. Рядом с ним дымился небольшой кальян, длинная кишка которого с медным мундштуком лежала на ковре. По другую сторону валялась Сашина сумка. Воин вынул из складок халата кривой нож, показал его Саше и захохотал.

— Да ты не бойся, шурави, не бойся, — сказал он, нагибаясь над Сашей. — Сразу не убил — теперь не трону.

Петли вокруг мешка ослабли. Воин сел на свои подушки и, посасывая кальян, задумчиво глядел, как Саша выпутывается из мешка. Когда он окончательно вылез и, сев на ковер, стал растирать затекшие ноги, воин молча протянул ему дымящийся шланг. Саша безропотно взял его и глубоко затянулся. Комната сразу сузилась и перекосилась, и вдруг стало слышно потрескивание масла в лампе — как оказалось, это была целая энциклопедия звука.

— Меня зовут Зайнаддин Абу Бакр Аббас ал-Хуваφи, — сказал воин, подтягивая к себе раскрытую Сашину сумку и запуская в нее пятерню. — Можешь звать меня по любому из этих имен.

— Меня — Алексей, — наврал почему-то Саша. Из всех непонятных слов он разобрал только «Аббас».

— Ты ведь духовный человек?

— Я-то? — переспросил Саша, с интересом наблюдая за трансформациями комнаты. — Пожалуй, духовный.

Почему-то он чувствовал себя в безопасности.

— Вот я и смотрю, какие ты книги читаешь.

Аббас держал в руках книгу Джона Спенсера Тримингэма «Суфийские ордены в исламе», недавно купленную Сашей в «Академкниге» и дочитанную уже до середины. На ее обложке был нарисован какой-то мистический символ — зеленое дерево, составленное из переплетенных арабских букв.

— Очень тебя убить хотел, — признался Аббас, взвешивая книгу в руке и нежно глядя на обложку. — Но духовного человека — не могу.

— А за что меня убивать?

— А за что ты сегодня Маруфа убил?

— Какого Маруфа?

— Не помнишь уже?

— А, этого, что ли... с ятаганом? И перо еще на тюрбане?

— Этого.

— Да я не хотел, — ответил Саша, — он сам полез. Или не сам... В общем, он уже стоял у дверей с ятаганом. Как-то все машинально получилось.

Аббас недоверчиво покачал головой.

— Да что ты, меня за изверга принимаешь? — даже растерялся Саша.

— А то нет. Вами, шурави, у нас в деревнях детей пугают. А Маруф этот, которого ты зарезал, утром ко мне подошел и говорит: прощай, говорит, Зайнаддин Абу Бакр. Чую, сегодня шурави придет... Я думал, он гашиша объелся, а днем приносят его в караулку с перерезанным горлом...

— Я правда не хотел, — с досадой сказал Саша.

Аббас усмехнулся.

— Хотел — не хотел. У каждого своя судьба, и все нити в руке Аллаха. Так?

— Точно, — сказал Саша. — Вот это точно.

— Я тут с одним суфием из Хорасана пять дней пил, — сказал Аббас, — он мне и рассказал одну сказку... В общем, я точно не помню, как там было, но там кого-то по ошибке зарезали, а после оказалось, что это был убийца и преступник, который как раз собирался совершить свое самое страшное злодеяние. Я вообще люблю с духовными людьми выпить... Вспомнил я эту сказку и думаю — а вдруг ты тоже какие сказки знаешь?

Аббас подошел к сундуку и вынул бутылку виски «Уайт Хорс», два пластиковых стакана и несколько мятых сигарет.

— Это откуда? — изумился Саша.

— Американцы, — ответил Аббас. — Гуманитарная помощь. Как у вас компьютеры в министерствах начали ставить, так они нам помогать стали. Ну и еще на гашиш меняют.

— А американцы что, не изверги? — спросил Саша.

— Да разные есть, — ответил Аббас, наполняя два пластиковых стакана. — С ними хоть договориться можно.

— Договориться — это как?

— Запросто. Ты, когда видишь стражника, нажимай кнопку «К». Он тогда притворится мертвым, а ты шагай себе дальше.

— Не знал, — ответил Саша, принимая стакан.

— А откуда тебе знать, — сказал Аббас, поднимая свой и салютуя им Саше, — когда у вас все игры колотые. Инструкций-то нет. Но ведь спросить можно? Я думал, шурави говорить не умеют.

Аббас выпил и шумно выдохнул.

— Вот есть там у вас такой Главмосжилинж, — вдруг совершенно другим тоном заговорил он, — и есть там Чуканов Семен Прокофьевич — такой, сука, маленький и жирный. Вот это гадина так гадина. Выходит на первый уровень — дальше боится, ловушки там — и ждет наших. Ну, у нас, понятно, дело военное: хочешь не хочешь — иди. А ребята там неумелые, молодежь. Так он каждый день пять человек убивает. Норма у него. Войдет, убьет и выйдет. Потом опять. Ну, если он на седьмой уровень попадет...

Аббас положил руку на рукоять меча.

— А американцы вам оружие поставляют? — спросил Саша, чтобы сменить тему.

— Поставляют.

— А можно посмотреть?

Аббас подошел к своему сундуку, вынул небольшой пергаментный свиток и кинул его Саше. Саша развернул свиток и увидел короткий столбец команд микроассемблера, витиевато написанных черной тушью.

— Что это? — спросил он.

— Вирус, — ответил Аббас, наливая еще по стакану.

— Ах ты... Я-то думаю, кто у нас все время систему стирает? А в каком он файле сидит?

— Ну ладно, — сказал Аббас, — хватит о чепухе. Пора сказку рассказать.

— Какую сказку?

— Учебную. Ты же духовный человек? Значит, должен знать.

— А про что? — спросил Саша, косясь на длинный меч, лежащий на ковре недалеко от Аббаса.

— Про что хочешь. Главное — чтоб мудрость была.

Чтобы выгадать минуту на размышление, Саша поднял с ковра шланг кальяна и несколько раз подряд глубоко затянулся, вспоминая, что он прочел у Тримингэма про суфийские сказки. Потом на минуту закрыл глаза.

— Ты про магрибский молитвенный коврик знаешь? — спросил он уже приготовившегося слушать Аббаса.

— Нет.

— Ну так слушай. У одного визиря был маленький сын по имени Юсуф. Однажды он вышел за пределы отцовского поместья и отправился гулять. И вот он дошел до пустынной дороги, где любил прогуливаться в одиночестве, и пошел по ней, глядя по сторонам. И вдруг увидел какого-то старика в одежде шейха, с черной шляпой на голове. Мальчик вежливо приветствовал старика, и тогда старик остановился и дал ему сладкого сахарного петушка. А когда Юсуф съел его, старик спросил: «Мальчик, ты любишь сказки?» Юсуф очень любил сказки и так и ответил. «Я знаю одну сказку, — сказал старик, — это сказка про магрибский молитвенный коврик. Я бы тебе ее рассказал, но уж больно она страшна». Но мальчик Юсуф, естественно, сказал, что ничего не боится, и приготовился слушать. И вдруг где-то в той стороне, где было поместье его отца, раздался звон колокольчиков и громкие крики — так всегда бывало, когда кто-нибудь приезжал. Мальчик мгновенно позабыл про старика в черной шляпе и кинулся поглядеть, кто это приехал. Оказалось, это был всего лишь незначительный подчиненный его отца, и мальчик со всех ног побежал назад, но старика на дороге уже не было. Тогда он очень расстроился и пошел назад в поместье. Выбрав минуту, он подошел к отцу и спросил: «Папа! Ты знаешь что-нибудь про магрибский молитвенный коврик?» И вдруг его отец побледнел, затрясся всем телом, упал на пол и умер. Тогда мальчик очень испугался и побежал к маме. «Мама! — крикнул он. — Несчастье!» Она подошла к нему, улыбнулась, положила ему на голову руку и спросила: «Что такое, сынок?» — «Мама, — закричал мальчик, — я подошел к папе и спросил его про одну вещь, а он вдруг упал и умер!» — «Про какую вещь?» — нахмурясь, спросила она. «Про магрибский молитвенный коврик!» И вдруг она тоже страшно побледнела, затряслась всем телом, упала и умерла. Мальчик остался совсем один, и скоро могущественные враги его отца захватили поместье, а самого его выгнали на все четыре стороны. Он долго странствовал по всей Персии и наконец попал в ханаку к очень известному суфию и стал его учеником. Прошло несколько лет, и Юсуф подошел к этому суфию, когда тот был один, поклонился и сказал: «Учитель, я учусь у вас уже несколько лет. Могу я задать вам один вопрос?» — «Спрашивай, сын мой», — улыбнувшись, сказал суфий. «Учитель, вы знаете что-нибудь о магрибском молитвенном коврике?» Суфий побледнел, схватился за сердце и упал мертвый. Тогда Юсуф кинулся прочь. С тех пор он стал странствующим дервишем и ходил по Персии в поисках известных учителей. И все, кого бы он ни спрашивал про магрибский коврик, падали на землю и умирали. Постепенно Юсуф состарился и стал немощным. Ему стали приходить в голову мысли, что он скоро умрет и не оставит после себя на земле никакого следа. И вот однажды, когда он сидел в чайхане и думал обо всем этом, он вдруг увидел того самого старика в черной шляпе. Старик был такой же, как и раньше, — годы ничуть его не состарили. Юсуф подбежал к нему, встал на колени и взмолился: «Почтенный шейх! Я ищу вас всю жизнь! Расскажите мне о магрибском молитвенном коврике!» Старик в черной шляпе сказал: «Ну ладно. Будь по-твоему». Юсуф приготовился слушать. Тогда старик уселся напротив него, вздохнул и умер. Юсуф целый день и целую ночь в молчании просидел возле его трупа. Потом встал, снял с него черную шляпу и надел себе на голову. У него оставалось несколько мелких монет, и перед уходом он купил на них у владельца чайханы сахарного петушка...

Аббас долго молчал, а потом сказал:

— Признайся, ты скрытый шейх?

Саша не ответил.

— Понимаю, — сказал Аббас, — все понимаю. Скажи, а у этого дедушки шляпа точно была черная?

— Точно.

— Может, зеленая? Я думаю, может, это Зеленый Хидр был?

— А что тут у вас знают о Зеленом Хидре? — спросил Саша. Он еще не прочитал у Тримингэма, кто это такой, и ему было интересно.

— Да все говорят разное. Вот, например, тот дервиш из Хорасана, с которым мы пили. Он сказал, что Зеленый Хидр редко является в своем настоящем обличье, он принимает чужую форму. Или вкладывает свои слова в уста разным людям — и каждый человек, если захочет, может постоянно его слышать, говоря даже с идиотами, потому что некоторые слова произносит за них Зеленый Хидр.

— Это верно, — сказал Саша. — Скажи, Аббас, а кто тут у вас на флейте играет?

— Никто не знает. Уж сколько раз весь лабиринт прочесывали... Без толку.

Аббас зевнул.

— Мне, вообще-то, на пост пора, — сказал он. — Кувшины надо разнести. Скоро американцы придут. Не знаю, как тебя отблагодарить... Разве что... Хочешь на принцессу посмотреть?

— Хочу, — ответил Саша и залпом выпил то, что оставалось у него в стакане.

Аббас встал, снял с гвоздя на стене связку больших ржавых ключей и вышел в полутемный коридор. Саша вышел за ним. Дверь комнаты, где они сидели, была покрашена под стену, и, когда Аббас закрыл ее, Саша подумал, что ему никогда не пришло бы в голову, что этот тупик — а он побывал в сотнях таких тупиков — на самом деле замаскированная дверь. Они молча дошли до выхода на следующий уровень, который оказался совсем рядом.

— Только тихо, — сказал Аббас, передавая Саше ключи, — а то наших перепугаешь.

— Ключи отдать потом?

— Оставь себе. Или выкинь.

— А тебе они не нужны?

— Будут нужны, — сказал Аббас, — сниму с гвоздя. Это твоя игра. У меня своя. Если что, заходи.

Он протянул Саше клочок бумаги с какой-то надписью.

— Здесь написано, как пройти, — сказал он.

Level 12

Подъем на самый верх занял от силы десять минут, а если бы Саша сразу попадал ключом в замочные скважины, понадобилось бы и того меньше. От уровня к уровню вела узкая служебная лестница, вырубленная в толще камня — что это за камень, определить было трудно, потому что он был очень приблизительным, да и существовал недолго: когда за Сашей закрылась последняя дверь, реальность снова приобрела ясные цвета и четкость.

Саша увидел перед собой уходящую далеко вверх стену с такими же карнизами, как те, по которым он совсем недавно карабкался навстречу Аббасу. Он машинально шагнул вперед, подпрыгнул и подтянулся. Вспомнив, что у него ключи, он плюнул, спустился вниз и неожиданно для самого себя прыгнул прямо на глухую стену, стукнулся о камни, свалился, опять прыгнул и опять упал. Попытавшись нормально встать на ноги, он вместо этого подскочил, прогнулся и секунду висел в воздухе с вытянутыми над головой руками. Только после этого он пришел в себя и со стыдом подумал: «Вот ведь развезло».

Это был последний уровень, и служебная лестница здесь кончалась. Саша побежал по длинной галерее с факелами в бронзовых кольцах (ему все казалось, что кто-то воткнул их туда вместо флагов) и через некоторое время уткнулся в висящий на стене ковер. Развернувшись, он побежал в другую сторону, петляя по коридорам и галереям, и вышел к тяжелой металлической двери вроде тех, что вели с уровня на уровень. С ключами наготове он нагнулся к ней, но замка в двери не оказалось. Именно за этой дверью должна была быть принцесса, только, чтобы открыть эту дверь, надо было очень долго лазить по далеким аппендиксам двенадцатого уровня, на каждом шагу рискуя свернуть шею, хоть и нарисованную, но единственную.

Другой вход он нашел минут через десять, заглянув за ковер, висящий в тупике коридора. В одной из плит был черный зрачок замочной скважины. Саша сунул туда самый маленький ключ из связки, и открылась крохотная железная дверка, не больше окна пожарного крана. Саша с трудом протиснулся внутрь.

Перед ним был зал с высоким сводчатым потолком; на стенах горели факелы и висели ковры, а в дальнем конце видна была поднятая решетка, за которой начинался полутемный коридор. В другой стене была тяжелая металлическая дверь, та самая, в которой не было замочной скважины и через которую Саше полагалось бы войти, сумей он когда-нибудь добраться до этого уровня сам. Он узнал это место — именно здесь он видел принцессу, когда она иногда появлялась на экране. Но сейчас ее не было, как не было ни ковров с подушками, ни пузатых песочных часов, ни дворцовой кошки. Был только голый пол. Зато поднятой решетки в стене Саша раньше не видел — эта часть зала не попадала на экран, когда показывали принцессу. Он пошел вперед.

Коридор за решеткой неожиданно кончился банальной деревянной дверью вроде тех, что приводят в коммунальную ванную или сортир, и Саше в душу закралось нехорошее предчувствие. Он потянул дверь на себя.

Комната больше всего напоминала большой пустой чулан. Пахло чем-то затхлым — так пахнет в местах, где хозяева держат нескольких кошек и собирают советские газеты в подшивку. На полу валялся мусор: пустые аптечные флаконы, старый ботинок, сломанная гитара без струн и какие-то бумажные обрывки. Обои в нескольких местах отстали и свисали целыми лоскутами, а окно выходило на близкую — в метре, не больше — кирпичную стену. В середине комнаты стояла принцесса.

Саша долго смотрел на нее, потом несколько раз обошел вокруг и вдруг сильно залепил по ней ногой. Тогда все, из чего она состояла, повалилось на пол и распалось — сделанная из сухой тыквы голова с наклеенными глазами и ртом оказалась возле батареи, картонные руки согнулись в рукавах дрянного ситцевого халата, правая нога отпала, а левая повалилась на пол вместе с обтянутым черной тканью поясным манекеном на железном шесте, упавшим плашмя, прямо и както однозначно, словно застрелившийся политрук. Саша вышел из комнаты и побрел по коридору назад, но решетка, отделявшая коридор от сводчатого зала, оказалась опущенной. Он вспомнил, что слышал звук ее падения через секунду после того, как ударил ногой по манекену, но в тот момент не обратил на это внимания.

Вернувшись, он еще раз поглядел на пол, на обои и заметил в одном месте контур заклеенной двери. Он подошел и нажал на нее плечом. Дверь прогнулась, но не открылась; видимо, она была очень тонкой. Тогда Саша отошел, сжал кулаки и с разгону врезался в нее плечом — с такой силой, что, распахнув ее и с хрустом прорвав обои, пронесся еще метр или два по воздуху и только потом, споткнувшись обо что-то, полетел на пол, мельком увидев впереди чьи-то плечи, затылок и спинку стула.

— Тише, — сказал Итакин, поворачивая голову от экрана, на котором мерцал высокий сводчатый зал, в центре которого на ковре гладила кошку принцесса. — Бориса Емельяновича растревожишь. Ему сейчас опять в бой. У них сегодня большие потери.

Саша приподнялся на руках и оглянулся — за его спиной поскрипывала раскрытая дверца стенного шкафа, из которой еще планировали на пол какие-то бумаги.

— Ну и дела, Петя, — сказал он, поднимаясь на ноги. — Что же это такое?

— Ты про принцессу? — спросил Итакин.

Саша кивнул.

— Это к ней ты и шел все время, — сказал Итакин. — Я ж говорю, твою игру раскололи.

— Неужели никто до нее не доходил?

— Почему? Очень многие доходили.

— Так почему они молчали? Чтобы другие тоже... чтобы им не было так обидно?

— Я думаю, не поэтому. Просто, когда человек тратит столько времени и сил на дорогу и наконец доходит, он уже не может увидеть все таким, как на самом деле... Хотя это тоже не точно. Никакого «самого дела» на самом деле нет. Скажем, он не может позволить себе увидеть.

— А почему тогда я видел?

— Ну, ты просто прошел по служебной лестнице.

— Но как же можно увидеть что-то другое? И потом, я ведь столько раз видел ее сам — когда переходишь с уровня на уровень, она иногда появляется на экране и она совсем не такая!

— Я, наверное, не совсем правильно выразился, — сказал Итакин. — Эта игра так устроена, что дойти до принцессы может только нарисованный принц.

— Почему?

— Потому что принцесса тоже нарисована. А нарисовано может быть все, что угодно.

— Но куда деваются те, кто играет? Те, кто управляет принцем?

— Помнишь, как ты вышел на двенадцатый уровень? — спросил Итакин и кивнул на экран.

— Помню.

— Ты можешь сказать, кто бился головой о стену и прыгал вверх? Ты или принц?

— Конечно принц, — сказал Саша. — Я и прыгать-то так не умею.

— А где в это время был ты?

Саша открыл было рот, чтобы ответить, и замер.

— Вот туда они и деваются, — сказал Итакин.

Саша сел на стул у стены и долгое время думал.

— Слушай, — сказал он наконец, — кто же там все-таки на флейте играет?

— А вот этого до сих пор никто не знает.

Саша поглядел на часы и вдруг икнул.

— На углу еще можно взять, — сказал он, — я сейчас сгоняю. Подождешь? По стакану, а?

— Мне спешить некуда, — сказал Итакин. — Только тебя назад не пустят.

— Да я быстро, — нажимая «Escape», сказал Саша, — через пятнадцать минут.

На экране застыла картинка: из-под мавританской арки открывался вид на огромный восточный дворец, состоящий из множества башен и башенок, тянущихся к сияющему огромными звездами летнему небу.

Game paused

Возле углового гастронома шевелилась такая очередь, что Саша понял: взять бутылку будет крайне трудно и, может быть, невозможно вообще. Будь он трезвым, это точно было бы невозможно, но он, как оказалось, выпил достаточно, чтобы через несколько минут броуновского движения по переполненному залу оказаться не так уж далеко от кассы. Со всех сторон напирали и матерились, но скоро Саша сообразил, что кажущийся хаос на самом деле представляет собой упорядоченное движение четырех очередей, трущихся друг о друга из-за разной скорости. Очередь за портвейном была слева, а та, в которую он попал, — за килькой в томате, той самой, что после открытия банки имеет обыкновение внимательно глядеть на открывшего не меньше чем десятком крошечных блестящих глаз. Сашина очередь двигалась быстрее, чем очередь за портвейном, и он решил преодолеть следующие несколько метров в ее составе и только потом перейти в соседнюю. Этот маневр удался, и Саша оказался между стройотрядовской курткой, на спине которой было выведено загадочное слово «КАТЭК», и коричневым пиджаком, надетым прямо на голое мужское тело лет пятидесяти.

— Ы-ы-ы... — сказал мужик в коричневом пиджаке, когда Саша посмотрел на него, и закатил глаза. Изо рта у него немыслимо воняло; Саша торопливо отвернулся и стал смотреть на стену, где висел треугольный матерчатый вымпел и выпиленная из раскрашенной фанеры голова Ленина.

«Господи, — вдруг подумал он, — а я ведь действительно живу в этом... в этой... Стою пьяный в очереди за портвейном среди всех этих хрюсел — и думаю, что я принц?!»

— Килька кончается! — раздались испуганные голоса в соседней очереди. — Килька!

Саша почувствовал, что сзади его дергают за плечо.

— Что такое? — спросил он, оборачиваясь.

— Я так считаю, — сказал мужик в пиджаке, — надо нам идти на исконные наши земли — Владимир, Ярославль, — раздать людям оружие и опять всю Россию завоевать.

— А потом?

— Потом идти воевать хана Кучума, — сказал мужик и потряс перед Сашей кулаком.

— Портвейн кончается... — тревожно зашептал народ.

Саша выдавился из очереди и стал проталкиваться к выходу. Пить теперь совершенно не хотелось. У выхода стояли две женщины в белых халатах и шапочках и, поглядывая на часы, тихо, но горячо что-то обсуждали.

Вдруг где-то сзади, словно бы под невидимым потолком раза в три выше магазинного, возник и стал расти странный звук, похожий на одновременный гул множества авиационных двигателей. За несколько секунд он достиг такой интенсивности, что люди, только что мирно матерившиеся в очередях, сначала стали в недоумении озираться, а потом приседать на корточки или даже откровенно падать на пол, затыкая руками уши. Звук достиг наибольшей силы, так же резко пошел на убыль и стих совсем, но ему на смену пришел грохот танковых моторов, так же непонятно где возникший и непонятно куда ушедший через несколько секунд.

— Вот так каждый вечер, — сказала женщина в белом халате, — ровно без пятнадцати шесть. Мы уж куда только не звонили. Мне Зоя из «Новоарбатского» говорила — у них то же самое...

Люди поднимались с пола и подозрительно пялились друг на друга, вспоминая, за кем и за чем кто стоял. Но это было не важно, потому что и килька и портвейн уже кончились.

Саша вышел на улицу и медленно побрел к сияющему веселыми электрическими огнями зданию Госплана. Впереди включилась разрезалка пополам — по тому болезненному скрипу, с которым она работала, и по большим щелям между гнутыми зубьями Саша догадался, что она не из его игры, а обычная советская разрезалка пополам, плохая и старая, то ли забытая кем-то на улице, то ли стоящая на положенном ей месте. Он прошел было мимо, но по приобретенной в игре привычке вернулся и посмотрел, не стоит ли сразу за ней, как это обычно бывало в лабиринте, кувшин с восстанавливающим жизненную силу напитком. Кувшина не было, зато были сразу три бутылки семьдесят второго портвейна. Саша пошел дальше, прислушиваясь к ухающему скрипу за спиной и угадывая в нем несколько повторяющихся нот из «Подмосковных вечеров» — словно пластинку, стоящую на проигрывателе, заело, и ржавый голос безнадежно задавал тусклому московскому небу вечный русский вопрос: «есть ли бзна?.. есть ли бзна?.. есть ли бзна?»

Саша дошел до Госплана и понял, что опоздал. Рабочий день кончался, и высокая ассирийская дверь выбрасывала на улицу одну волну народа за другой. Он все-таки попытался войти, преодолел несколько метров против течения и уже уцепился было за холодное ограждение турникета, но был смыт и вынесен обратно на улицу группой жизнерадостных женщин. Мимо прочапал Кузьма Ульянович Старопопиков с портфелем в руке, и Саша машинально пошел за ним. Кузьма Ульянович сразу углубился в какие-то темные переулки — видно, жил где-то неподалеку. Саша сам не знал, зачем он идет за Старопопиковым — ему нужно было какое-нибудь дело, к которому можно на время пристроиться, чтобы спокойно подумать.

Минут через десять — а может, и через полчаса, он как-то потерял счет времени — Кузьма Ульянович, дойдя до большого и совершенно безлюдного двора, направился к угловому подъезду. Саша решил, что дальше идти за ним будет еще глупее, чем до сих пор, и совсем уже собрался развернуться, когда вдруг к Кузьме

Ульяновичу подошли двое долговязых парней в модных натовских куртках. Саша мог дать что угодно на отсечение, что только что их не было во дворе. Он почуял неладное и быстро нырнул за пожарную лестницу, до самого низа забитую досками, — здесь его никто не мог увидеть, хоть он был рядом с подъездом.

— Вы — Кузьма Ульянович Старопопиков? — громко спросил один из подошедших — по-русски он говорил с сильным акцентом и, как и второй, был курчав, черен и небрит.

— Да, — с удивлением ответил Кузьма Ульянович.

— Вы бомбили лагерь под Аль-Джегази?

Кузьма Ульянович вздрогнул и снял очки.

— Вы сами-то кто бу... — начал было он, но собеседник не дал ему договорить.

— Организация Освобождения Палестины приговорила вас к смерти, — сказал он, доставая из кармана длинный пистолет. То же сделал и второй.

Кузьма Ульянович подпрыгнул и выронил из руки портфель, а в следующий миг оглушительно загремели выстрелы и полетели на асфальт стреляные гильзы. Первая же пуля отбросила Кузьму Ульяновича на дверь, но до того, как он упал, палестинцы уже разрядили в него обоймы своих пистолетов, повернулись и пошли прочь; Саша с удивлением заметил, что сквозь них видны деревья и скамейки, а когда они дошли до угла, то были уже почти невидимы и даже, кажется, не стали делать вид, что поворачивают за него. Наступила странная тишина. Саша вышел из-за пожарной лестницы, посмотрел на Кузьму Ульяновича, который тихо ворочался на асфальте у двери, и растерянно огляделся. Из соседнего подъезда вышел какой-то мужчина в спортивном костюме, и Саша со всех ног кинулся к нему. Тот удивленно остановился, и Саша вдруг почувствовал себя глупо.

— Вы сейчас ничего не слышали? — спросил он.

— Ничего. А что я должен был слышать?

— Так... Там человеку плохо.

Мужчина наконец увидел Кузьму Ульяновича.

— Пьяный, наверно, — сказал он, подходя и приглядываясь. — Хотя вроде нет. Эй, что с вами?

— Сердце, — слабо заговорил Кузьма Ульянович, делая между словами большие паузы. — Вызывайте «скорую», мне двигаться нельзя. Или лучше жену позовите. Второй этаж, сорок вторая квартира.

— Может, лучше мы вас отнесем?

— Нет, — сказал Кузьма Ульянович. — У меня уже два инфаркта было. Я знаю, что лучше и что хуже.

Мужик в спортивном костюме кинулся вверх по лестнице, а Саша повернулся и быстро пошел прочь.

Он сам не заметил, как добрел до метро и доехал до Госснаба. Когда он пришел в себя на набережной, возле родной пятиэтажки с колоннами у фасада, он был уже окончательно трезв. Два окна на третьем этаже еще горели, и он решил подняться.

Третий этаж был пуст и темен, и все, казалось, ушли — только в первом подотделе малой древесины кто-то еще работал. Саша подошел к приоткрытой двери и заглянул в щель.

В центре помещения в ветхом голубом кимоно и зеленых хакама, с шапкой чиновника пятого ранга на голове и веером в руке стоял Борис Григорьевич. Он не мог видеть Сашу, потому что тот был в темном коридоре, но в момент, когда Саша заглянул в щель, Борис Григорьевич поднял веер над головой, сложил и опять раскрыл его, прижал на секунду к груди и резким движением протянул к Саше; затем медленно, перед каждым шажком подтягивая одну полусогнутую ногу к другой, поплыл к двери, не опуская повернутого на себя красным шелковым разворотом веера. Саше показалось, что начальник плачет — или тихо воет, — но через секунду он разобрал нараспев читаемое стихотворение:

Как капле росы,
Что на стебле
Сверкнет на секунду
И паром
Летит к облакам, —
Не так ли и нам
Скитаться всю вечность
Во тьме?
О безысходность!

Борис Григорьевич закрутился на месте и замер, высоко подняв веер. Так он стоял несколько минут, а затем словно пришел в себя — поправил пиджак, пригладил руками волосы и исчез в узком проходе между шкафами. Вскоре оттуда донесся свист меча, и Саша понял, что начальник принялся за свои обычные вечерние упражнения в «Будокане», во втором слева от ворот зале. Тогда он вошел, прокашлялся и крикнул:

— Борис Григорьевич!

Свист меча стих.

— Лапин?

— Я все подписал, Борис Григорьевич!

— Ага. Положи на шкаф, я сейчас занят.

— Я поработаю, Борис Григорьевич?

— Работай, работай. Я сегодня допоздна.

Саша положил бумаги на шкаф, сел на свое место и занес было палец над кнопкой, включающей компьютер. Потом он ухмыльнулся, взял с полки над столом телефонный справочник, полистал его и притянул к себе телефон.

— Алло, — сказал он в трубку, дождавшись ответа, — Главмосжилинж? Чуканов Семен Прокофьевич еще на месте? Какой?

Он записал новый номер и сразу же его набрал.

— Семена Прокофьевича. Семен Прокофьевич? Это из Госплана беспокоят, по поручению товарища Старопопикова... Главное, что он вас помнит... Ну как хотите. Ваше... Нет, насчет «Принца». Он просил вам передать, как на седьмой уровень сразу выйти... Не знаю, может быть, в министерстве на совещании. Ну вы сами там вспомните, где кто кого видел, а сейчас запишите... Жду... Значит, так...

Саша развернул данную ему Аббасом бумажку.

— Набираете слова «принц мегахит семь». Да, латинские. Русское «эн»... Нет, цифра. Ну что вы, не за что. Всего наилучшего. До свидания.

Он встал и вышел покурить, а вернувшись через несколько минут, набрал тот же номер.

— Семена Прокофьича... Как... Я же только что с ним говорил... Какой ужас... Какой ужас... Извините...

Положив трубку, Саша включил компьютер.

Level 1

Спрыгнув с каменного карниза, он побрел по коридору в тупичок, куда раньше стаскивал всякие найденные вещи. Он уже давно туда не заходил, но все осталось прежним — сложенная из обломков каменных плит лежанка, накрытая для мягкости ворохом истлевшего тряпья, чья-то берцовая кость, из которой он начинал было долбить мундштук, да забросил, пара узких медных кувшинов, в одном из которых что-то еще оставалось, и лежащий на полу госснабовский бланк с планом первого уровня, успевший покрыться густым слоем пыли. Саша лег на лежанку и закрыл глаза, и почти сразу же далеко-далеко наверху, за множеством каменных потолков, еле различимо запела флейта. Он стал вспоминать сегодняшний день, но слишком хотелось спать, и, натянув на себя часть тряпья и устроившись так, чтоб ниоткуда не дуло, он уснул.

Сначала ему снился Петя Итакин, сидящий на вершине какой-то башни и играющий на длинной камышовой флейте, а потом приснился Аббас в переливающемся зеленом халате, который долго объяснял ему, что если нажать одновременно клавиши «Shift», «Control» и «Return», а потом еще дотянуться до клавиши, на которой нарисована указывающая вверх стрелка, и нажать ее тоже, то фигурка, где бы она ни находилась и сколько бы врагов перед ней ни стояло, сделает очень необычную вещь — подпрыгнет вверх, выгнется и в следующий момент растворится в небе.

Have a nice DOS!

12

Андрея разбудил обычный утренний шум — бодрые разговоры в туалетной очереди, уже заполнившей коридор, отчаянный детский плач за тонкой стенкой и близкий храп. Несколько минут он пытался бороться с наступающим днем, но тут заработало радио. Заиграла музыка — ее, казалось, переливали в эфир из какой-то огромной общепитовской кастрюли.

— Самое главное, — сказал невидимый динамик совсем рядом с головой, — это то, с каким настроением вы входите в новое утро. Пусть ваш сегодняшний день будет легким, радостным и пронизанным лучами солнечного света — этого вам желает популярная эстонская певица Гуна Тамас.

Андрей свесил ноги на пол и нащупал свои ботинки. На соседнем диване похрапывал Петр Сергеевич — судя по энергичным рывкам его спины и зада, прикрытого простыней с треугольными синими штампами, он собирался провести в объятиях Морфея еще не меньше часа. Было видно, что Петру Сергеевичу нипочем ни утренний привет Гуны Тамас, ни коридорные голоса, но другим его воздушная кольчуга помочь не могла, и новый день для Андрея бесповоротно начался.

Одевшись и выпив полстакана холодного чая, он сдернул с крючка полотенце с вышитым двухголовым петухом, взял пакет с туалетными принадлежностями и вышел в коридор. Последним в туалетной очереди стоял бородатый горец по имени Авель — на его большом круглом лице отчего-то не было обычного благодушия, и даже зубная щетка, торчавшая из его кулака, казалась коротким кинжалом.

— Я за тобой, — сказал Андрей, — а пока покурить схожу, ладно?

— Не переживай, — мрачно сказал Авель.

Когда за Андреем защелкнулась тяжелая дверь с глубоко вцарапанной надписью «Локомотив — чемпион» и небольшим заплеванным окошком, он вспомнил, что сигареты у него кончились еще вчера. К счастью, сразу за дверью сидел наперсточник, вокруг которого стояло несколько человек. Андрей стрельнул штуку «дорожных» у одного из зрителей и встал рядом.

Наперсточник был старым и морщинистым, похожим на умирающую обезьяну, и пустая пивная банка для милостыни пошла бы ему куда больше, чем три коричневых стаканчика из пластмассы, которые он медленно водил по куску картона. Впрочем, это мог быть патриарх и учитель — ассистенты у него были очень внушительные и крупногабаритные. Их было двое, в одинаковых рыжих куртках, сшитых китайскими политзаключенными из на редкость паршивой кожи; они довольно правдоподобно ссорились, пихали друг друга в грудь и по очереди выигрывали у наставника новенькие пятитысячные бумажки, которые тот подавал им молча и не поднимая глаз.

Андрей отошел в сторону и прислонился к стене у окна. Радио угадало — день был и правда солнечный. Косые желтые лучи иногда касались приподнимающейся лысины наперсточника, клочковатые остатки седых волос на его голове на миг превращались в сияющий нимб, и его манипуляции над листом картона начинали казаться священнодействием какой-то забытой религии.

— Эй, — сказал один из ассистентов, поднимая голову, — ты чего дымишь? Тут и так воздух спертый.

Андрей не ответил. Можно письмо в газету написать, подумал он, — мол, братья и сестры, слышал я, у нас и воздух сперли.

— Глухой? — окончательно выпрямляясь, повторил ассистент. Андрей опять промолчал. Ассистент был не прав по всем понятиям — территория здесь была чужая.

— Кручу, верчу, много выиграть хочу, — вдруг проскрипел наперсточник.

Видимо, это был условный знак — ассистент все понял, дернул головой и сразу же вернулся к прерванной перебранке с напарником. Андрей последний раз затянулся и кинул окурок им под ноги.

Очередь как раз подошла. Авель куда-то исчез, и перед Андреем осталась только женщина с грудным ребенком на руках. Против ожиданий они управились очень быстро.

Закрыв за собой дверь, Андрей включил воду, поглядел на свое лицо в зеркале и подумал, что за последние лет пять оно не то что повзрослело или постарело, а, скорее, потеряло актуальность, как потеряли ее расклешенные штаны, трансцендентальная медитация и группа «Fleetwood Mac». Последнее время в ходу были совсем другие лица, в духе предвоенных тридцатых, из чего напрашивалось множество далекоидущих выводов. Предоставив этим выводам идти туда в одиночестве, Андрей почистил зубы, быстро умылся и пошел к себе.

Петр Сергеевич уже проснулся и сидел у стола, почесываясь и перелистывая старый номер «Пути», который Андрей выменял вчера у цыгана на банку пива, но так и не стал читать.

— С добрым утром, Андрей! — сказал Петр Сергеевич и ткнул пальцем в газету. — Вот пишут: существование снежного человека можно считать документально доказанным.

— С добрым утром, Петр Сергеевич, — сказал Андрей. — Ерунда это. Вы сегодня опять всю ночь храпели.

— Врешь. Правда, что ли?

— Правда.

— А ты свистел?

— Свистел, свистел, — ответил Андрей. — Еще как. Только без толку. Вы когда на спину переворачиваетесь, сразу начинаете храпеть, и потом уже все бесполезно. Лучше б вы себя привязывали, чтобы на боку лежать все время. Помните, как вы в прошлом году делали?

— Помню, — сказал Петр Сергеевич. — Я тогда моложе был. Сейчас мне так не уснуть. Ой, беда какая. Это все нервы у меня. Я ведь раньше, Андрюша, до реформ этих ебаных, никогда не храпел. Ну ничего, придумаем что-нибудь.

— Чего еще пишут? — кивая на газету, спросил Андрей. Пока Петр Сергеевич не начал вспоминать о том, что было до реформ, его мыслям надо было дать какое-нибудь направление.

Водя пальцем по зеленоватому листу и однообразно матерясь, Петр Сергеевич принялся пересказывать передовую статью, а Андрей, кивая и переспрашивая, стал обдумывать свои планы на день. Сперва предстояло идти завтракать, а потом надо было зайти к Хану — к нему имелось какое-то смутное дело.

11

В ресторане, длинном и узком помещении с десятком неудобных столиков, было еще пусто, но уже пахло горелым, причем казалось, что сгорело что-то тухлое. Андрей сел на свое обычное место у окна, спиной к кассе, и, щурясь от солнца, поглядел в меню. Там были только пшенка, чай и «коньяк азербайджанский».

Андрей поймал взгляд официанта и утвердительно кивнул. Официант показал пальцами что-то маленькое, граммов на сто, и вопросительно улыбнулся. Андрей отрицательно помотал головой.

Горячий солнечный свет падал на скатерть, покрытую липкими пятнами и крошками, и Андрей вдруг подумал, что для миллионов лучей это настоящая трагедия — начать свой путь на поверхности солнца, пронестись сквозь бесконечную пустоту космоса, пробить многокилометровое небо — и все только для того, чтобы угаснуть на отвратительных останках вчерашнего супа. А ведь вполне могло быть, что эти косо падающие из окна желтые стрелы обладали сознанием, надеждой на лучшее и пониманием беспочвенности этой надежды — то есть, как и человек, имели в своем распоряжении все необходимые для страдания ингредиенты.

«Может быть, я и сам кажусь кому-то такой же точно желтой стрелой, упавшей на скатерть. А жизнь — это просто грязное стекло, сквозь которое я лечу. И вот я падаю, падаю, уже черт знает сколько лет падаю на стол перед тарелкой, а кто-то глядит в меню и ждет завтрака...»

Андрей поднял глаза на телевизор в углу и увидел какое-то примелькавшееся лицо, беззвучно открывающее рот перед тремя коричневыми микрофонами. Потом камера повернулась и показала двух человек, которые яростно толкались у другого микрофона, — с бесстыдным русским фрейдизмом хватая друг друга за одинаковые рыжие галстуки.

Подошел официант и поставил на стол завтрак. Андрей посмотрел в алюминиевую миску. Там была пшенка и растаявший кусок масла, похожий на маленькое солнце. Есть совершенно не хотелось, но Андрей напомнил себе, что следующий раз попадет сюда в лучшем случае вечером, и стал стоически глотать теплую кашу.

Появились первые посетители, и ресторан стал постепенно заполняться их голосами — у Андрея было такое ощущение, что на самом деле тишина оставалась ненарушенной, просто помимо нее появилось несколько притягивающих внимание раздражителей. Тишина была похожа на пшенку в его миске — она была такой же густой и вязкой; она деформировала голоса, которые звучали на ее фоне отрывисто и истерично. За соседним столом громко говорили о снежном человеке, которого будто бы видела вчера какая-то сумасшедшая старуха. Андрей сначала прислушивался к разговору, а потом перестал.

Напротив него уселся румяный седой мужчина в строгом черном кителе с небольшими серебряными крестиками на лацканах.

— Приятного аппетита, — сказал он, улыбнувшись.

— Да бросьте вы, — сказал Андрей.

— Что это вы такой мрачный? — удивленно спросил сосед.

— А вы чего такой веселый?

— Я не весел, — ответил сосед, — я радостен.

— Ну и я тоже, — сказал Андрей, — не мрачен, а задумчив. Сижу и размышляю.

Доев кашу, он придвинул к себе стакан с чаем и принялся размешивать в нем сахар. Сосед продолжал улыбаться. Андрей подумал, что сейчас он опять заговорит, и стал крутить ложечкой быстрее.

— Думать, а иногда и размышлять, — сказал сосед, сделав дирижирующее движение рукой, — разумеется, полезно и в жизни весьма часто необходимо. Но все зависит от того, откуда этот процесс берет, так сказать, свое начало.

— А что, — спросил Андрей, — есть разные места?

— Вы сейчас иронизируете, а они между тем действительно есть. Бывает, что человек пытается сам решить какую-то проблему, хотя она решена уже тысячи лет назад. А он просто об этом не знает. Или не понимает, что это именно его проблема.

Андрей допил чай.

— А может, — сказал он, — это действительно не его проблема.

— У всех нас на самом деле одна и та же проблема. Признать это мешает только гордость и глупость. Человек, даже очень хороший, всегда слаб, если он один. Он нуждается в опоре, в чем-то таком, что сделает его существование осмысленным. Ему нужно увидеть отблеск высшей гармонии во всем, что он делает. В том, что он изо дня в день видит вокруг.

Он ткнул пальцем в окно. Андрей поглядел туда и увидел лес, далеко за которым, у самого горизонта, поднимались в небо три огромных, коричневых от ржавчины трубы какой-то электростанции или завода — они были такими широкими, что больше походили на гигантские стаканы. Андрей засмеялся.

— Чего это вы? — спросил сосед.

— Знаете, — сказал Андрей, — я себе сейчас представил такого огромного пьяного мужика с гармошкой, до неба ростом, но совсем тупого и зыбкого. Он на этой своей гармошке играет и поет какую-то дурную песню, уже долго-долго. А гармошка вся засаленная и блестит. И когда внизу это замечают, это называется отблеском высшей гармонии.

Сосед чуть поморщился.

— Все это, знаете, не ново, — сказал он. — Иерархия демиургов, несовершенный уродливый мир и так далее, если вас интересует историческая параллель. Гностицизм, одним словом. Но ведь счастливым он вас никогда не сделает, понимаете?

— Еще бы, — сказал Андрей, — слово-то какое страшное. А что меня сделает счастливым?

— К счастью путь только один, — веско сказал сосед и ковырнул вилкой в миске, — найти во всем этом смысл и красоту и подчиниться великому замыслу. Только потом по-настоящему начинается жизнь.

Андрей хотел было спросить, чьему именно замыслу надо подчиниться и какому из замыслов, но подумал, что в ответ на этот вопрос собеседник обязательно всучит ему какую-нибудь брошюру, и промолчал.

— Может, вы и правы, — сказал он, вставая из-за стола, — спасибо за беседу. Извините, у меня просто с утра настроение плохое. Вы, я вижу, очень образованный человек.

— Так у меня работа такая, — сказал сосед. — Спасибо вам. А вот это возьмите на память.

Сосед протянул ему маленький цветной буклет, на обложке которого было нарисовано неправдоподобно розовое ухо, в которое влетала сияющая — видимо, с отблеском высшей гармонии — металлическая нота с двумя крылышками, примерно двенадцатого калибра. Поблагодарив, Андрей сунул буклет в карман и пошел к выходу.

Торопиться было некуда, но все равно он шел быстро, время от времени с извинениями задевая кого-нибудь из множества людей, бродивших, как и всегда в это время дня, по узким коридорам. Они глядели в окна, улыбались, и на их лицах дрожали пятна солнечного света. Отчего-то было необычно много молодых, но уже растолстевших женщин в турецких спортивных костюмах — вокруг них крутились молчаливые дети, занятые бессистемным изучением окружающего мира. Иногда рядом появлялись мужья в майках навыпуск; у многих в руках было пиво.

Андрей чувствовал, что наступивший день уже взял его в оборот и принуждает думать о множестве вещей, которые его совершенно не интересуют. Но сделать ничего было нельзя — голоса и звуки из окружающего пространства беспрепятственно проникали в голову и начинали перекатываться внутри, как шарики в лотерейном барабане, становясь на время его собственными мыслями. Сначала все заполняли несущиеся из невидимых динамиков инфернальные частушки, потом пришлось думать о какой-то Надежде, к которой придут после отбоя, потом стали передавать прогноз погоды, и Андрей начал коситься в проплывающие мимо окна, за которыми должен был усилиться южный ветер. Несколько раз он обходил кучки людей, склонившихся перед походным алтарем очередного наперсточника, — больше всего поражало то, что все наперсточники и их ассистенты были очень похожи друг на друга и даже изъяснялись с одним и тем же южным выговором, словно это была особая народность, где с детства изучали искусство прятать под грязным ногтем большого пальца поролоновый шарик и передвигать по картонке три перевернутых стакана. Прошло еще несколько минут, и Андрей наконец остановился у двери из желтоватого пластика с цифрой «XV» и царапиной, похожей на обращенную вверх стрелу.

Хан был один — он сидел за столом, прихлебывал чай и глядел в окно. На нем, как обычно, был черный тренировочный костюм с надписью «Angels of California», который всегда вызывал у Андрея легкие сомнения по поводу калифорнийских ангелов. Еще Андрей заметил, что Хан давно не брился и стал похож на Тосиро Мифунэ, входящего в очередной образ, — похож тем более, что из-за примеси монголоидной крови глаза у него были такими же раскосыми.

— Привет, — сказал Андрей.

— Привет. Закрой дверь.

— А если соседи вернутся?

— Не вернутся, — сказал Хан.

Андрей закрыл дверь, и никелированный замок громко щелкнул. У него мелькнуло какое-то нехорошее предчувствие — щелчок замка напоминал звук передергиваемого затвора. Потом собственный страх показался ему смешным.

— Садись, — сказал Хан, кивая на место напротив.

Андрей сел.

— Что нового? — спросил Хан.

— Так, — сказал Андрей. — Ничего. Ты когда-нибудь думал, куда делись последние пять лет?

— Почему именно пять?

— Цифра не имеет значения, — сказал Андрей. — Я говорю «пять», потому что лично я помню себя пять лет назад точно таким же, как сейчас. Так же шатался тут повсюду, глядел по сторонам, думал то же самое. А ведь еще пять лет пройдут, и то же самое будет, понимаешь?.. Чего ты на меня так смотришь странно?

— Эй, — сказал Хан, — приди в себя.

— Да я вроде в себе.

Хан покачал головой.

— Скажи-ка мне быстро, — проговорил он, — что такое желтая стрела?

Андрей удивленно поднял глаза.

— Вот странно, — сказал он. — Я сегодня в ресторане как раз думал о желтых стрелах. Точнее, не о желтых стрелах, а так. О жизни. Знаешь, там скатерть была грязная, и на нее свет падал. Я подумал...

— Ну-ка встань.

— Зачем?

— Встань, встань, — повторил Хан и вылез из-за стола.

Андрей поднялся на ноги, и Хан довольно грубо схватил его за воротник и несколько раз тряхнул.

— Вспомни, — сказал он, — почему ты сюда пришел?

— Убери руки, — сказал Андрей, — что ты, одурел? Я просто так зашел.

— Где мы находимся? Что ты сейчас слышишь?

Андрей отодрал его руки от своей куртки, недоуменно наморщился и вдруг понял, что слышит ритмично повторяющийся стук стали о сталь, стук, который и до этого раздавался все время, но не доходил до сознания.

— Что такое желтая стрела? — повторил Хан. — Где мы?

Он развернул Андрея к окну, и тот увидел кроны деревьев, бешено проносящиеся мимо стекла слева направо.

— Ну?

— Подожди, — сказал Андрей, — подожди.

Он схватился руками за голову и сел на диван.

— Я вспомнил, — сказал он. — «Желтая стрела» — это поезд, который идет к разрушенному мосту. Поезд, в котором мы едем.

10

— Ты сейчас помнишь, что с тобой было? — спросил Хан.

— Уже плохо, — сказал Андрей. — Только в общих чертах. Вроде ничего особенного и не произошло. Как меня зовут, я знал, из какого я купе — тоже. Но это как будто был совсем не я. Я себя очень странно чувствовал — словно есть разница, в каком вагоне ехать. Словно у всего происходящего появилось бы больше смысла, если бы скатерть в ресторане была чистой. Или если бы по телевизору показывали другие хари, понимаешь?

— Можешь не объяснять, — сказал Хан. — Ты просто стал на время пассажиром.

Андрей отвернулся от окна и поглядел на стену тамбура, где была панель с двумя пыльными циферблатами и надписью «проверять каждые...» (дальше был пропуск).

— Я и сейчас пассажир, — сказал он. — И ты тоже.

— Нормальный пассажир, — сказал Хан, — никогда не рассматривает себя в качестве пассажира. Поэтому, если ты это знаешь, ты уже не пассажир. Им никогда не придет в голову, что с этого поезда можно сойти. Для них ничего, кроме поезда, просто нет.

— Для нас тоже нет ничего, кроме поезда, — мрачно сказал Андрей. — Если, конечно, не обманывать самих себя.

Хан усмехнулся.

— Не обманывать самих себя, — медленно повторил он. — Если мы не будем обманывать самих себя, нас немедленно обманут другие. И вообще, суметь обмануть то, что ты называешь «самим собой», — очень большое достижение, потому что обычно бывает наоборот — это оно нас обманывает. А есть ли что-нибудь другое, кроме нашего поезда, или нет, совершенно не важно. Важно то, что можно жить так, как будто это другое есть. Как будто с поезда действительно можно сойти. В этом вся разница. Но если ты попытаешься объяснить эту разницу кому-нибудь из пассажиров, тебя вряд ли поймут.

— Ты что, пробовал? — спросил Андрей.

— Пробовал. Они не понимают даже того, что едут в поезде.

— Какой-то бред получается, — сказал Андрей. — Пассажиры не понимают того, что едут в поезде. Услышал бы тебя кто-нибудь.

— Но ведь они и правда этого не понимают. Как они могут понять то, что и так отлично знают? Они даже стук колес перестали слышать.

— Да, — сказал Андрей, — это точно. Это я на себе почувствовал. Я, когда в ресторан зашел, еще подумал — как тихо, когда нет никого.

— Вот именно. Тихо-тихо. Даже слышно, как ложечка в стакане звенит. Запомни, когда человек перестает слышать стук колес и согласен ехать дальше, он становится пассажиром.

— Нас никто не спрашивает, — сказал Андрей, — согласны мы или нет. Мы даже не помним, как мы сюда попали. Мы просто едем, и все. Ничего не остается.

— Остается самое сложное в жизни. Ехать в поезде и не быть его пассажиром, — сказал Хан.

Дверь в тамбур распахнулась, и вошел проводник. Андрей узнал своего соседа по столику в ресторане — только теперь он был в фуражке, а его китель с петлицами, на которых серебрились какие-то скрещенные молотки или разводные ключи, был расстегнут на выпуклом животе, и виднелась вязаная малиновая жилетка, надетая поверх форменной черной рубахи. Он рассеянно крутил вокруг ладони веревку с символом своей должности — ключом, маленьким никелированным цилиндром с крестообразной ручкой, который использовался в качестве кастета при общении с пьяными пассажирами или для открывания бутылок. Проводник тоже узнал Андрея, широко улыбнулся и приложил три сложенных щепотью пальца к козырьку.

— Чего это он скалится? — спросил Хан, когда проводник скрылся в вагоне.

— Так. За столом разговорились. А что делать, если это опять случится?

— Что? — спросил Хан. — Ты про проводника?

— Нет. Если я опять стану пассажиром.

— Надо просто перестать им быть, и все. Это со всеми нами иногда бывает.

— Что значит — со всеми нами? Нас что, здесь много?

— Я думаю, да, — сказал Хан. — Должно быть много, только мы друг друга не знаем. Раньше точно было много.

— Скажи, а от кого ты про все это первый раз узнал?

— Не знаю, — сказал Хан, — я их не видел.

— Как это? Как ты мог что-то узнать от тех, кого ты не видел?

— А вот так, — сказал Хан, и Андрей понял, что тот не собирается дальше развивать эту тему.

— Ну а где они сейчас? — спросил он.

— Я думаю, что они там, — сказал Хан и кивнул за окно, где плыло бесконечное поле, заросшее травой, по которой, как по воде, шли волны от ветра.

— Они умерли?

— Они сошли. Однажды ночью, когда поезд остановился, они открыли дверь и сошли.

— По-моему, ты что-то путаешь, — сказал Андрей. — «Желтая стрела» не останавливается никогда. Это все знают.

— Послушай, — сказал Хан, — опомнись. Пассажиры не знают, как называется поезд, в котором они едут. Они даже не знают, что они пассажиры. Что они вообще могут знать?

9

Как только Андрей открыл дверь, он понял, что в его вагоне что-то произошло. У входа в одно купе стояло несколько человек в темных костюмах; плакала пожилая женщина в черной шали. Радио не работало, зато из купе, где жил Авель, неслась тягостная музыка: играл маленький магнитофон. Андрей вошел к себе.

— Что случилось? — спросил он Петра Сергеевича.

— Соскин умер, — сказал Петр Сергеевич, откладывая книгу. — Сейчас похороны.

— Когда это?

— Вчера ночью. К Авелю теперь очередника подселяют.

— Вот он чего такой мрачный был, — сказал Андрей и посмотрел на книгу, которую читал Петр Сергеевич. Это был Пастернак, «На ранних поездах».

— Да, — сказал Петр Сергеевич, — верно. Не получилось у него. Он сюда брата хотел переселить. Ты же понимаешь, один черножопый зацепится где-нибудь, а потом всех своих тащит. А бригадир документы посмотрел и говорит — он и так в купейном едет, а у нас в общих и плацкарте очередников полно. Хотя что-то я не очень верю, что он сюда кого-нибудь из плацкарты вселит. Просто Авель сунул мало. Или не тому — вот ему прикурить и дали.

Андрей вспомнил, что так и не купил сигарет.

— Про что книжка? — спросил он.

— Так, — ответил Петр Сергеевич. — Про жизнь.

Он опять погрузился в чтение. Андрей вышел в коридор. Из купе уже выносили тело, и он остановился у окна — протискиваться мимо скорбящих было не принято. Впрочем, процедура обычно не затягивалась.

Из открытой двери показался бледный профиль усопшего над краем оргалитового листа, который держали два проводника. Оргалитовый лист, специально использовавшийся для этих случаев, был с обеих сторон покрашен красной краской, обведен по краю черной каймой и больше всего походил на траурное знамя, так что было загадкой, почему в народе его прозвали подстаканником.

Покойник был по горло прикрыт старым малиновым одеялом. Откуда-то взявшийся Авель засуетился у окна, открывая его, — оно не поддавалось, и пара мужиков пришла ему на помощь. Вместе они оттянули раму вниз, и образовался просвет сантиметров в сорок. Женщина в темной шали сразу же стала громко кричать, и ее под руки увели в купе. Проводники осторожно подняли подстаканник, выдвинули его край за окно и стали выталкивать покойника наружу — делали они это медленно, чтобы не оскорбить присутствующих суетливостью. Был момент, когда Соскин чуть было не застрял — зацепилось одеяло на груди.

Сквозь окно, возле которого стоял Андрей, была видна мертвая голова с бешено развевающимися на ветру волосами — она неслась в трех метрах над насыпью, и ее наполовину закрытые глаза были обращены к небу, которое постепенно затягивали высокие синие тучи. Отодвигаясь от желтой стены вагона, голова несколько раз дернулась и стала медленно клониться вниз. Потом за стеклом мелькнул малиновый край одеяла, и внизу глухо стукнуло. Еще через секунду мимо окна пролетели подушка и полотенце — по традиции их выбросили вслед за покойником.

Можно было идти за сигаретами, но Андрей все стоял и глядел в окно. Прошло несколько секунд. Вдруг зеленый склон оборвался, удары колес о стыки рельсов стали звонче, и мимо окна понеслись ржавые балки моста, за которыми была видна широкая голубая полоса неизвестной реки.

8

В ресторане играла музыка, та самая вечная кассета, где в конце был записан обрывающийся на середине «Bridge over Troubled Water». За одним из столиков Андрей заметил своего старого приятеля Гришу Струпина в модном твидовом пиджаке, к лацкану которого была прицеплена крылатая эмблема МПС — стоила она бешеных денег, но у Гриши они были. Еще при коммунистах он приторговывал по тамбурам сигаретами и пивом, а сейчас развернулся совсем широко. Напротив Гриши сидел какой-то коротко стриженный иностранец и ел из алюминиевой миски гречневую кашу с икрой. Заметив Андрея, Гриша призывно замахал руками, и через минуту Андрей втиснулся на свободное место рядом с ними. Гриша за последнее время стал еще более пухлым, веселым и кудрявым — или, может быть, так казалось, потому что он был уже немного пьян.

— Здорово, — сказал он. — Знакомьтесь. Андрей, друг зловещего детства. Иван, товарищ зрелых лет и партнер по бизнесу.

Это, значит, парень из эмигрантов, понял Андрей. Они молча пожали руки. Андрей огляделся по сторонам в поисках знакомых лиц. Их не оказалось, зато вокруг, как всегда по вечерам, было много пьяных финнов и арабов.

— Выпьем? — спросил Гриша. Андрей кивнул, и Гриша налил из графина три большие рюмки «Железнодорожной особой».

— За наш бизнес, — поднимая рюмку, сказал Иван.

— Точно, — сказал Гриша и подмигнул Андрею. — Что это такое — бизнес, догадываешься?

— Догадываюсь примерно, — сказал Андрей, чокаясь. — По звучанию. «Бить», «пизда» и «без нас». А вообще я последнее время много всяких слов слышу. Бизнес, гностицизм, ваучер, копрофагия.

— Кончай интеллектом давить, — сказал Гриша, — пей лучше.

— Да, Григорий, — сказал Иван, выпив и выдохнув, — совсем забыл. Слушай. Предлагают большую партию туалетной бумаги с Саддамом Хусейном. Она после войны осталась, а спрос упал. Очень дешево. Сколько она у вас может стоить?

— Стоить-то она может много, — сказал Гриша. — Но я тебе, Иван, могу сразу сказать, что заниматься этим нет мазы. Реальный рынок для туалетной бумаги очень маленький — только СВ. Из-за этого даже браться не стоит.

— А общие и плацкарта? — спросил Иван.

— В сидячих она вообще никогда не шла, а сейчас из-за инфляции плацкарта тоже на газеты переходит.

— Ну хорошо, — сказал Иван, — с плацкартой понятно. А купе? Ведь там тоже...

— Пока да, — ответил Гриша. — Но нам это без разницы. Никто новый, я тебе отвечаю, туда не втиснется.

— Почему? — спросил Иван. — А если ты дешевле продавать будешь?

— Да как же я смогу, Ваня? Ты бы «Файненшл таймс» пореже читал. Если я хоть один рулон дешевле продам, меня в окно живьем выбросят. Я говорю, мазы нет.

— Но нельзя же всю жизнь сигаретами и пивом заниматься, — закуривая, сказал Иван. — Надо на что-то крупнее переходить. Ты насчет алюминия выяснил?

— Да, — ответил Гриша. — Это, кажется, реально.

— Какая схема? — спросил Иван.

— Валюта-рубли-валюта-валюта-валюта, — сказал Гриша.

Иван на секунду сощурил веки, словно смотрел на что-то далекое и ослепительное.

— Ага, — сказал он, вынул из кармана маленький калькулятор и погрузился в вычисления.

— Это как? — тихо спросил Гришу Андрей. — Что за схема?

— Как, как. Платишь старшему проводнику, а он чайные ложки списывает. Это человек серьезный — берет только валютой. Условие такое — ложки надо переломать, потому что целые за пограntamбур не пропустят. И вообще, с ними проблемы могут быть. Стало быть, нужны ломщики. Берут они рублями, примерно десять процентов от того, что возьмет старший проводник. Эта часть называется валюта-рубли. И еще три раза надо валюту платить — в штабном вагоне, на пограntamбуре и рэкету.

— А как он считает? — прошептал Андрей, кивая на Ивана. — Откуда он знает, сколько кому надо платить?

— Так курс же печатают каждый день, — сказал Гриша. — Покупки и продажи. Ты вообще где живешь, а? У меня такое чувство, что ты из реального мира давно куда-то выпал. Тусуешься все с этим Ханом — это, кстати, кличка у него или имя?

— Имя, — сказал Андрей. — А кличка у него, если тебе интересно, Стоп-кран.

— Что это такое?

— Это такая штука на титане, — сказал Андрей, — чтобы пар выходил. Он раньше на титане работал, воду кипятил.

— Господи, — сказал Гриша, — на титане. Ты бы еще с официантом подружился.

Иван поднял голову.

— Нормально, — сказал он. — Будем делать. А как по латуни?

— Тяжелее, — ответил Гриша. — В принципе схема та же, но только все подстаканники на номерном учете. На каждый нужен отдельный акт по списанию. Это надо заместителю бригадира платить, а у меня на него прямого выхода нет. Я с одним его секретарем говорил, но он осторожный очень. Как про подстаканники услышал, сразу с базара съехал.

— По понятиям его провел? — спросил Иван.

— Нет пока. Он, похоже, ботаник.

— Ну хорошо, — сказал Иван. — С ложками начинай прямо завтра, а насчет латуни потом решим.

Он встал, вежливо попрощался и пошел к выходу. Гриша проводил его взглядом и повернулся к Андрею.

— Я у него в гостях был недавно, — сказал он. — Представляешь, в вагоне только три купе, и в каждом отдельная ванна. Уровень жизни, конечно...

— А что это такое, — спросил Андрей, — уровень жизни?

— Брось, Андрей, — поморщившись, сказал Гриша. — Чего я не люблю, так это когда ты дураком прикидываешься. Давай лучше накатим.

— Давай. Слушай, скажи мне, только честно, — тебе подстаканниками не страшно заниматься?

Гриша открыл было рот, чтобы ответить, но вдруг задумался и даже полуприкрыл глаза. Его лицо на несколько секунд стало неподвижным и мертвым — только кудрявые волосы шевелились в струе влетающего в открытое окно воздуха.

— Нет, не страшно, — сказал он наконец. — А чернуху, Андрюша, я от себя гоню.

7

— Хан, — сказал Андрей, — все-таки объясни мне. Как ты мог что-то узнать от тех, кого ты никогда не видел?

— Чтобы узнать что-то от человека, не обязательно его видеть. Можно получить от него письмо.

— Ты что, получил такое письмо?

Хан кивнул.

— Ты можешь мне его показать? — спросил Андрей.

— Могу, — сказал Хан. — Но это надо долго идти.

С каждым вагоном на восток коридоры плацкарты становились все запущеннее, а занавески, отделявшие набитые людьми отсеки от прохода, — все грязнее и грязнее. В этих местах было небезопасно даже утром. Иногда приходилось перешагивать через пьяных или уступать дорогу тем из них, кто еще не успел упасть и заснуть. Потом начались общие вагоны — как ни странно, воздух в них был чище, а пассажиры, попадавшиеся навстречу, — как-то опрятнее. Мужики здесь ходили в тренировочной затрапезе, а женщины — в застиранных бледных сарафанах; сиденья были отгорожены друг от друга самодельными ширмами, а на газетах, расстеленных прямо на полу, лежали карты, яичная скорлупа и нарезанное сало. В одном вагоне сразу в трех местах пели под гитару — и, кажется, одну и ту же песню, гребенщиковский «Поезд в огне», но разные части: одна компания начинала, другая уже заканчивала, а третья пьяно пережевывала припев, только как-то неправильно — пели «этот поезд в огне, и нам некуда больше жить» вместо «некуда больше бежать».

— Кстати, насчет писем, — сказал Хан, подныривая под очередную веревку с бельем. — Ты и сам много раз их получал. Можно даже сказать, что ты их получаешь каждый день. И все остальные тоже.

— Не понимаю, о чем ты, — сказал Андрей. — Лично я никаких писем не получал.

— Ты когда-нибудь думал, почему наш поезд называется «Желтая стрела»?

— Нет, — ответил Андрей. — Я тебе, знаешь ли, поверил на слово.

— Подумай.

Голоса за разноцветными занавесками постепенно изменялись, стал заметен южный акцент. После тюремного вагона, где мимо запертых дверей ходил вооруженный проводник в ватнике и фуражке, начались полупомойки-полутаборы в невероятно переполненных общих вагонах, кишащих грязными цыганскими детьми, а потом пошли пустые вагоны — говорили, что раньше и в них кто-то ехал, но теперь там остались только голые лавки, изрезанные перочинными ножами, и стены с дырами от пуль и следами огня. Половина стекол в них была перебита, из дыр бил холодный ветер, а полы были завалены мусором — старой обувью, газетами и осколками бутылок. Андрей хотел уже спросить, долго ли еще идти, когда Хан обернулся.

— Почти пришли, — сказал он, — следующий тамбур. Так почему наш поезд так называется?

— Не знаю, — сказал Андрей. — Наверно, это что-то мифологическое. Может быть, ночью, когда все его окна горят, он со стороны похож на летящую стрелу. Но тогда должен быть кто-то, кто увидел его со стороны, а потом вернулся в поезд.

— Он похож на стрелу не только со стороны.

Они вышли в тамбур. Хан шагнул влево и молча открыл дверку, за которой зиял черный зев ржавой печки и изгибалась труба с манометром, на котором висела окостеневшая сухая тряпка. В последних вагонах перед границей уже давно не было горячей воды, а эту печку, было похоже, не топили лет десять, с самого начала Перецепки.

— В углу, — сказал Хан, — на стене. Зажги спичку.

Андрей втиснулся в темное узкое пространство и зажег спичку. На стене была выцарапанная на краске надпись, очень старая и еле заметная. Это были несколько предложений, написанных крупными печатными буквами, столбиком, словно стихи:

ТОТ, КТО ОТБРОСИЛ МИР,
СРАВНИЛ ЕГО С ЖЕЛТОЙ ПЫЛЬЮ.

ТВОЕ ТЕЛО ПОДОБНО РАНЕ,
А САМ ТЫ ПОДОБЕН СУМАСШЕДШЕМУ.

ВЕСЬ ЭТОТ МИР —
ПОПАВШАЯ В ТЕБЯ ЖЕЛТАЯ СТРЕЛА.

ЖЕЛТАЯ СТРЕЛА, ПОЕЗД, НА КОТОРОМ
ТЫ ЕДЕШЬ К РАЗРУШЕННОМУ МОСТУ.

— Кто это написал? — спросил Андрей.

— Откуда я знаю, — сказал Хан.

— Но ты хотя бы догадываешься?

— Нет, — сказал Хан. — Да это и не важно. Я же говорю, писем вокруг полно — было бы кому прочесть. Например, слово «Земля». Это письмо с таким же смыслом.

— Почему?

— Подумай. Представь себе, что ты стоишь у окна и смотришь наружу. Дома, огороды, скелеты, столбы — ну, короче, как интеллигенты говорят, культара.

— Культура, — поправил Андрей.

— Да. А большая часть этой культуры состоит из покойников вперемешку с бутылками и постельным бельем. В несколько слоев, и трава сверху. Это тоже называется «земля». То, в чем гниют кости, и мир, в котором мы, так сказать, живем, называются одним и тем же словом. Мы все жители Земли. Существа из загробного мира, понимаешь?

— Понимаю, — сказал Андрей. — Как не понять. Слушай, а ты когда-нибудь думал, откуда мы едем? Откуда идет этот поезд?

— Нет, — сказал Хан. — Мне это не особо интересно. Мне интересно узнать, как с него сойти. Ты у проводников спроси. Они тебе объяснят, откуда он идет.

— Да, — задумчиво сказал Андрей, — они объяснят, это точно.

— Идем назад?

— Я здесь постою немного. Догоню тебя минут через пять.

Когда Хан вышел, Андрей повернулся к окну. В этих местах он был первый раз. Странно, но из-за того, что вокруг не было людей, ему в голову приходили необычные мысли, которые никогда не посещали его где-нибудь в ресторане, хотя все необходимое для их появления было и там.

То, что он видел в окне, когда смотрел назад, — участок насыпи, украшенный каким-нибудь уносящимся в прошлое кустом или деревом, — было точкой, где он находился секунду назад, и если бы вагон, в котором он ехал, был последним, то там осталась бы только пустота и покачивающиеся ветки по бокам от рельсов.

«Если бы все то, что существовало миг назад, не исчезало, — думал он, — то наш поезд и мы сами выглядели бы не так, как мы выглядим. Мы были бы размазаны в воздухе над шпалами. Мы были бы чем-то вроде переплетающихся друг с другом змей, а вокруг этих змей тянулись бы бесконечные ленты пластмассы, стекла и железа. Но все исчезает. Каждая прошлая секунда со всем тем, что в ней было, исчезает, и ни один человек не знает, каким он будет в следующую. И будет ли вообще. И не надоест ли Господу Богу создавать одну за другой эти секунды со всем тем, что они содержат. Ведь никто, абсолютно никто не может дать гарантии, что следующая секунда наступит. А тот миг, в котором мы действительно живем, так короток, что мы даже не в состоянии успеть ухватить его и способны только вспоминать прошлый. Но что тогда существует на самом деле и кто такие мы сами?»

Андрей увидел в стекле свое прозрачное отражение и попытался представить себе, как оно исчезает, а на его месте появляется другое, и так без конца.

«Я хочу сойти с этого поезда живым. Я знаю, что это невозможно, но я этого хочу, потому что хотеть чего-нибудь другого просто сумасшествие. И я знаю, что эта фраза — „я хочу сойти с поезда живым“ — имеет смысл, хотя слова, из которых она состоит, смысла не имеют. Я даже не знаю, кто такой я сам. Кто тогда будет выбираться отсюда? И куда?»

Он снова поглядел в окно. Уже почти стемнело. По краям пути иногда возникали белые километровые столбики, отчетливо видные в сумраке и похожие на маленьких каменных часовых.

6

Андрей развернул свежий «Путь» на центральном развороте, где была рубрика «Рельсы и шпалы», в которой обычно печатали самые интересные статьи. Через всю верхнюю часть листа шла жирная надпись:

ТОТАЛЬНАЯ АНТРОПОЛОГИЯ

Устроившись поудобнее, он перегнул газету вдвое и погрузился в чтение:

«Стук колес, сопровождающий каждого из нас с момента рождения до смерти, — это, конечно, самый привычный для нас звук. Ученые подсчитали, что в языках различных народов имеется примерно двадцать тысяч его имитаций, из которых около восемнадцати тысяч относится к мертвым языкам; большинство из этих забытых звукосочетаний даже невозможно воспроизвести по сохранившимся скудным, а часто и нерасшифрованным записям. Это, как сказал бы Поль Саймон, songs, that voices never share. Но и существующие ныне подражания, имеющиеся в каждом языке, конечно, достаточно разнообразны и интересны — некоторые антропологи даже рассматривают их на уровне метаязыка, как своего рода культурные пароли, по которым люди узнают своих соседей по вагону. Самым длинным оказалось выражение, используемое пигмеями с плато Каннабис в Центральной Африке, — оно звучит так:

„У-ку-лэ-лэ-у-ку-ла-ла-о-бэ-о-бэ-о-ба-о-ба".

Самым коротким звукоподражанием является взрывное „п", которым пользуются жители верховьев Амазонки. А вот как стучат колеса в разных странах мира:

В Америке — „джинджерэл-джинджерэл".

В странах Прибалтики — „па-дуба-дам".

В Польше — „пан-пан".

В Бенгалии — „чуг-чунг".

В Тибете — „дзог-чен".

Во Франции — „клико-клико".

В тюркоязычных республиках Средней Азии — „бир-сум", „бир-сом" и „бир-манат".

В Иране — „авдаль-халлаж".

В Ираке — „джалал-идди".

В Монголии — „улан-далай". (Интересно, что во Внутренней Монголии колеса стучат совсем иначе — „унгер-хан-хан".)

В Афганистане — „накшбанди-накшбанди".

В Персии — „карнак-зебуб".

На Украине — „тріх-тарарух".

В Германии — „вриль-шрапп".

В Японии — „додеска-дзен".

У аборигенов Австралии — „тулуп“.

У горских народов Кавказа и, что характерно, у басков — „дарлан-бичесын“.

В Северной Корее — „улду-чу-чхе“.

В Южной Корее — „дулду-кван-ум“.

В Мексике (особенно у индейцев уичотль) — „тональ-нагваль“.

В Якутии — „тыдын-тыгыдын“.

В Северном Китае — „цао-цао-тан-тиен“.

В Южном Китае — „дэ-и-чань-чань“.

В Индии — „бхай-гхош“.

В Грузии — „коба-цап“.

В Израиле — „таки-бац-бубер-бум“.

В Англии — „клик-о-клик“ (в Шотландии — „глюк-о-клок“).

В Ирландии — „бла-бла-бла“.

В Аргентине...»

Андрей перевел взгляд в самый низ страницы, где длинные столбцы перечислений заканчивались коротким заключительным абзацем:

«Но, конечно, красивее, задушевнее и нежнее всего колеса стучат в России — „там-там“. Так и кажется, что их стук указывает в какую-то светлую зоревую даль — там она, там, ненаглядная...»

В дверь постучали, и Андрей рефлекторно схватился за рукоять замка, чуть не свалившись с унитаза.

— Скоро ты там? — спросил голос в коридоре.

— Сейчас, — сказал Андрей и смял газету в неровный ком.

«Там-там, — стучали колеса под мокрым заплеванным полом, — там-там, там-там, там-там, там-там, там-там, там-там, там-там...»

В соседнем вагоне была пробка — там шли похороны. Мимо пропускали, но толпа двигалась очень медленно, подолгу застывая на месте.

— Бадасов умер, — сказал рядом чей-то голос.

Перед Андреем стояла неспокойная девочка с огромными грязными бантами в волосах. Стуча кулаком в стекло, она глядела в окно, иногда поворачиваясь к стоящей рядом матери, одетой в турецкий спортивный костюм.

— Мама, — спросила вдруг она, — а что там?

— Где там? — спросила мама.

— Там, — сказала девочка и ткнула кулаком в окно.

— Там-там, — с ясной улыбкой сказала мама.

— А кто там живет?

— Там животные, — сказала мама.

— А еще кто там?

— Еще там боги и духи, — сказала мама, — но их там никто не видел.

— А люди там не живут? — спросила девочка.

— Нет, — ответила мама, — люди там не живут. Люди там едут в поезде.

— А где лучше, — спросила девочка, — в поезде или там?

— Не знаю, — сказала мама, — там я не была.

— Я хочу туда, — сказала девочка и постучала пальцем по стеклу окна.

— Подожди, — горько вздохнула мать, — еще попадешь.

Пьяные проводники наконец управились с подстаканником, труп шмякнулся о землю, подпрыгнул и покатился вниз по откосу. Вслед полетели подушка, полотенце, два красных венка и мраморное пресс-папье — покойный, судя по всему, был человек заметный.

— Я хочу туда-а, — пропела девочка на несуществующий мотив, — там-там, там-там...

Мать дернула ее за руку, приложила палец к губам и, сделав страшные глаза, кивнула на толпу скорбящих. Заметив, что Андрей смотрит на девочку, она подняла на него глаза и чуть выгнула брови, как бы приглашая на вершину годов, прожитых неким абстрактным Вахтангом Кикабидзе, чтобы снисходительно улыбнуться оттуда трогательной детской наивности.

— Чего это вы на меня так смотрите, — сказал женщине Андрей, — я, может, тоже туда хочу.

— Это что, — спросила женщина, — в снежные люди, что ли?

Андрей вспомнил цепочку следов на снегу за окном, которую год назад видел из окна ресторана, — это явно были отпечатки ботинок, несколько десятков метров тянувшиеся вдоль пути, а затем совершенно неожиданно прервавшиеся, словно тот, кто их оставил, растворился в воздухе.

5

Над столом горела лампа, и Петр Сергеевич пил свой вечерний чай. Он подносил к губам аккуратно обмотанный вафельным полотенцем стакан, дул в него и громко чмокал губами. Чай он всегда пил с легким отвращением, словно целовался с женщиной, которую уже давно не любит, но не хочет обидеть невниманием.

— Судить их надо, — вдруг сказал он. — Судить надо этих сволочей, вот что я тебе скажу.

— Кого? — спросил Андрей. Он лежал на своем месте, заложив руки за голову, и глядел в потолок, по которому ползла какая-то живая черная точка.

— Всех, — сказал Петр Сергеевич и почему-то перешел на шепот. — Весь штабной вагон начиная с бригадира. Ты посмотри, что делается. Ложек уже нет, привыкли. Ладно. А теперь подстаканники. Где подстаканники, а? Скажи мне, где подстаканники?

— Украли, надо думать, — сказал Андрей.

— А воры кто? — вскричал Петр Сергеевич тоном Чацкого, устраивающего очередное разоблачение в тамбуре вагона Фамусовых. — Да и не просто воры уже.

Это раньше воровали. А теперь — знаешь, как это называется? Родиной торгуют, вот что.

— Да бросьте вы, — сказал Андрей. — Вы же не в подстаканнике родились. И не в ложке.

— Не в ложке. Да ты что думаешь, мне ложек твоих жалко? Мне девочек жалко, чистых наших девочек, ласточек этих синеглазых, которые в плацкарте себя всякой мрази продают, понял?

Андрей промолчал.

— Воруют нагло, — сказал Петр Сергеевич, успокаиваясь. — Ничего не боятся. Власть потому что ихняя.

— Такого, чтоб не воровали, тут никогда не было, — сказал Андрей. — Нынешние хоть в окна живыми никого не кидают.

В запертую дверь купе сильно постучали.

— Кто там? — спросил Андрей.

— Андрей, это я, — крикнул голос из-за двери. — Открой быстрее!

Голос был Гришин. Андрей вскочил на ноги, открыл дверь, и Гриша, скользнув внутрь, сразу же запер ее за собой. Его лицо было в крови, а пиджак испачкан в нескольких местах. Андрей заметил, что на его лацкане уже нет крылатой эмблемы МПС, а на ее месте зияет рваная дыра.

— Что случилось? — спросил он, усаживая Гришу на диван.

— Напали, — сказал Гриша. — Иду я, значит, из ресторана, один. Уже почти до дома дошел, и тут — представляешь? В переходе между вагонами. Четверо их было. Двое спереди и двое сзади. А у одного, сука, ложка заточенная.

— Много отняли-то?

— Много, — сказал он, — не спрашивай. Сегодня с Иваном расчет был — все забрали. Козлы. Ботаники.

Андрей намочил из графина вафельное полотенце и протянул его Грише.

— Что, — спросил он, — не заплатил вовремя?

— Да при чем тут это, — сказал тот, прикладывая полотенце к скуле. — Это урла какая-то залетная. Не знают, на кого наехали. Ну да я завтра всех тут на уши поставлю.

— Может быть, навел кто-нибудь?

— Ты что, — сказал Гриша. — Кроме Ивана, никто про это и не знал. А ему это незачем. Я же тебе говорю, просто урла.

Петр Сергеевич, до этого деликатно прятавший лицо за газетой, высунулся и сказал:

— Вот так, Андрей. Вот так. Говоришь, нынешние из окон не кидают? А надо кидать. Вот именно как раньше делали — руки-ноги вязать и головой вниз на шпалы. Публично. Тогда и чай будет сладкий, и вежливость в коридоре. И друга твоего никто тронуть не посмеет.

— А вы не боитесь, что вас самого выкинут? — спросил Андрей.

— Меня-то за что? Я всю жизнь честно работал. Ты пройди по купейным вагонам — половина дверей вот этими руками поставлена. Я при всякой власти нужен.

— Двери? — оживился Гриша. — Простите, вас как звать? Петр Сергеевич, очень приятно. А я Григорий Струпин, директор совместного предприятия «Голубой вагон».

Петр Сергеевич пожал протянутую ему руку, улыбнулся и поправил воротник.

— Извините за мой внешний вид, — сказал Гриша, широко улыбаясь разбитым ртом и косясь на свой изуродованный лацкан, — так обстоятельства сложились. Мне как раз нужна небольшая консультация насчет дверей. Понятно, не бесплатная — потом по договору проведем.

— Ну, если смогу, — проговорил Петр Сергеевич.

— Скажите, а замки на дверях действительно из никеля?

— Нет, — сказал Петр Сергеевич, — понимаете ли, никелевое только покрытие. А сами замки...

— Слышь, Гриша, — сказал Андрей. — Вы тут поговорите пока, а я по коридору пройдусь. Посмотрю на всякий случай, ждет тебя кто-нибудь или нет.

Он закрыл за собой дверь. Коридор был безлюден. Андрей дошел до его конца и выглянул в тамбур — там никого не оказалось. С другой стороны вагона было то же самое. Он вернулся к двери в свое купе и услышал за ней оживленный голос Гриши и уклончивое хмыканье Петра Сергеевича. Несколько секунд постояв у порога, он пошел по вагону дальше, остановился у плексигласового кармана на стене и вытащил из него неизвестную брошюру. На обложке была фотография автора, усатого мужчины, похожего на сильно похудевшего, поумневшего и протрезвевшего Ницше, а называлась брошюра «Путеводитель по железным дорогам Индии». В ней не хватало примерно половины страниц, вырванных с мясом со скрепок. Андрей остановился на освещенной площадке перед тамбуром, поставил ногу на треугольную крышку мусорного бака, прислонился плечом к окну и стал читать тот лист, которому предстояло покинуть книгу следующим:

«...советовал мне преподобный Шри Бававсенаху, я задал себе этот вопрос. Ответ пришел почти сразу — сколько я себя помню, больше всего в жизни я люблю подолгу стоять у открытого окна в коридоре, поставив ногу на треугольную крышку мусорного бака, высунув наружу локти и глядя на несущуюся мимо стену джунглей. Иногда приходится прижиматься плечом к стеклу, пропуская идущих в тамбур, и тогда я вспоминаю, что стою у окна мчащегося по Индии вагона, а все остальное время даже не очень понятно, что происходит и с кем. Не замечали ли вы, дорогой читатель, что, когда долго глядишь на мир и забываешь о себе, остается только то, что видишь: невысокий склон в густых зарослях конопли (которую, стоит поезду замедлить ход, рвут специальными палками из соседних окон), оплетенная лианами цепь пальм, отделяющая железную дорогу от остального мира, изредка река или мост в колониальном стиле или защищенная стальной рукой шлагбаума пустая дорога. Куда в это время деваюсь я? И куда деваются эти деревья и шлагбаумы в то время, когда на них никто не смотрит?

Да какая мне разница. Важно ведь совсем другое. Ближе всего к счастью — хоть я и не берусь определить, что это такое, — я бываю тогда, когда отворачиваюсь от окна и краем сознания — потому что иначе это невозможно — замечаю, что только что меня опять не было, а был просто мир за окном и что-то прекрасное и непостижимое, да и абсолютно не нуждающееся ни в каком „постижении“, несколько секунд существовало вместо обычного роя мыслей, одна из которых подобно локомотиву тянет за собой все остальные, обволакивает их и называет себя словом „я“. Опять слышен трубный клич далекого слона, вероятно белого, — счастлив ли...»

— Эй!

Андрей поднял глаза. Перед ним стоял Гриша.

— Ну чего? Кого-нибудь видел?

— Нет, — ответил Андрей. — Ты бы посидел еще полчаса на всякий случай.

— Нет, — сказал Гриша, — пойду. Сосед у тебя полезный мужик оказался. Я с ним завтра утром встречу назначил. Ну пока.

— Пока.

Гриша исчез за дверью тамбура. Андрей закрыл брошюру, сунул ее в карман и пошел к себе в купе.

Минут через пять, когда уже был выключен свет и он изо всех сил старался успеть заснуть до того момента, когда Петр Сергеевич начнет храпеть, тот вдруг прокашлялся и сказал:

— Слышь, Андрей. А чего это Григорий тебя мистиком называет? Шутит?

— Да, — сказал Андрей. — Конечно, шутит. Круче него тут мистиков нет.

4

Как всегда, Андрея разбудило радио — бескрайний баритон читал стихи:

> Петроградское небо мутилось дождем, в никуда уходил эшелон.
>
> Без конца взвод за взводом и вождь за вождем наполнял за вагоном вагон...

Петр Сергеевич еще храпел. Андрей поглядел в окно. Небо было низким и серым и, действительно, вовсю мутилось дождем, крошечные капли которого расшибались о стекло.

В дверь постучали.

— Да-да.

Вошел проводник с чаем. Поставив стаканы на стол, он прибрал сторублевку и закрыл за собой щелкнувшую никелированным замком дверь. От этого щелчка проснулся Петр Сергеевич. Странно, но вместо того, чтобы по обыкновению отвернуться к стене и заснуть еще часа на два, он, как на пружине, приподнялся на локте и посмотрел на Андрея совершенно безумным взглядом.

— Вы сегодня опять храпели, — сказал Андрей.

— Да? А ты свистел?

— Свистел, — ответил Андрей.

— А сколько времени? — спросил Петр Сергеевич.

— Половина десятого.

Петр Сергеевич выматерился, вскочил на ноги и принялся торопливо причесываться — оказалось, что он спал в костюме и даже с галстуком на шее.

— Вы куда так спешите? — спросил Андрей.

— Дела, — сказал Петр Сергеевич, зажал под мышкой потертую кожаную папку, с которой Андрей не видел его уже года три, и выскочил в коридор.

Андрей повернулся к стене и закрыл глаза. Стихи по радио кончились, и начались объявления. Андрей повернул ручку громкости против часовой стрелки до упора, но голоса все равно были явственно слышны.

«Каждому, каждому в лучшее верится, — пропел детский хор, — катится, катится голубой вагон». — «Фирма „Голубой вагон“, — сказало взволнованное контральто. — Наш поезд — действительно скорый».

Это была Гришкина реклама. В динамике что-то пискнуло, и жизнерадостный мужской голос продекламировал:

«Сигареты марки „Бой“. Покурил, и хрен с тобой». Потом была долгая пауза, и наконец объявили «Утренний кинозал».

— Сегодня мы поговорим о фильме японского кинорежиссера Акиры Куросавы «Додескаден», — гнусаво заговорил ведущий, — снятом в тысяча девятьсот семидесятом году по новелле писателя Акутагавы Рюноскэ «Под стук невидимых колес». Собственно говоря, само название фильма и является японской имитацией звука стучащих о рельсы колес. Итак, закройте глаза и представьте себе раннее утро в послевоенном японском вагоне купейного типа. Хлопают двери, в коридор выходят спешащие по своим делам люди. Сквозь закопченные недавними боями стекла уже светит знаменитое японское солнце. И вдруг в толпе появляется первый из героев, которого в вагоне называют «трамвайным сумасшедшим». Дело в том, что этот молодой человек воображает себя водителем невидимого маленького поезда — по-японски «трамвая», — который ездит взад-вперед по реальному вагону. Согласитесь, концепция непростая и требующая осмысления...

Андрей встал и начал быстро одеваться. Надев куртку, он плотно застегнул ее на все пуговицы, взял с верхней полки темные очки и кепку с козырьком, потом сунул в карман перчатки и маленький деревянный клин, который вынул из-под матраса. Пока он одевался, радио почти не было слышно, но, когда он на секунду замер у дверей, думая, все ли он взял, опять стал слышен вкрадчивый и гнусавый голос:

— Надо сказать, что герои фильма занимаются делами, которые с полным правом можно назвать важными и серьезными, — это мелкооптовая торговля, медленное умирание с голоду, воровство, деторождение и так далее. И вот, проводя параллель между жизнью этих людей и действиями «трамвайного сумасшедшего», который взад-вперед бегает по коридору вагона и кричит: «Додеска-дэн! додеска-дэн!», имитируя стук существующих только в его сознании колес отдельного маленького поезда, Куросава как бы стремится показать, что каждый из социально адекватных героев тоже, в сущности, едет по реальному вагону в своем собственном маленьком иллюзорном «трамвае». Но, однако, Куросава не намечает никаких путей выхода из показанного им бесприютного мира. Чего там, напугать людей просто, а вот...

В коридоре радио не работало. Андрею повезло довольно быстро — через два тамбура на восток он оказался в совершенно пустом вагоне. Судя по запаху, там морили тараканов, и пассажиры прятались от запаха дихлофоса за плотно закрытыми дверьми. Быстро пройдя по пыльной ковровой дорожке, Андрей замер возле двери служебного купе, где напевающий проводник, склонясь над огромной металлической раковиной, мыл пустые банки из-под пива (в соседнем вагоне их раскрашивали в национальном духе и продавали на Запад). Выждав момент, когда проводник отвернулся, Андрей проскользнул мимо двери и вошел в туалет. Закрывшись, он втиснул клин между дверью и рычагом замка и несколько раз ударил по нему ладонью — теперь проводник не смог бы отпереть дверь с той стороны даже своим ключом.

Окно открылось сразу. Андрей выглянул в образовавшийся просвет — все соседние окна были заперты. Он надел перчатки, кепку и очки, повернулся к окну спиной и заведенными назад руками уцепился за верхний край рамы. Потом уперся ногой в дюралевую ручку на стене, изогнулся и стал медленно и осторожно высовываться наружу.

Он уже давно мог повторить все необходимые движения с закрытыми глазами, но все равно каждый раз ему на несколько секунд становилось не по себе. В оккультных книгах, которые продавали в тамбуре у ресторана, эта процедура была описана очень запутанно и таинственно, со множеством иносказаний, — о ней явно писали люди, не понимавшие, про что они на самом деле рассказывают. Самым простым эвфемизмом происходящего было выражение «ритуальная смерть». В каком-то смысле так оно и было — то же самое происходило с умершим, которого выдвигали из окна, чтобы сбросить на насыпь. Но, конечно, это было единственным сходством, хотя процедура действительно была довольно рискованной. А что касалось темного подсознательного страха, то от него спасали только трезвость и чувство юмора — Андрей напоминал себе, что попросту лезет на крышу вагона.

Над окном был вогнутый карниз для стока воды. Андрей ухватился за его край и подтянулся вверх — теперь он сидел на краю окна, свесив ноги внутрь. Далеко впереди по ходу поезда показалась зеленая полоска кустов, и он полез быстрее, чтобы его не исхлестали ветки. Через несколько секунд он уже был наверху, на ребристой и непривычно широкой крыше вагона, покрытой облупившейся желтой краской и усеянной ржавыми грибами вентиляционных башенок. Встав на ноги, он осмотрелся.

Далеко на западе на крыше стояли люди, но отсюда никого нельзя было разглядеть. Перепрыгнув через несколько вагонных стыков, Андрей нашел вмятину, по которой он узнавал место, под которым было купе Хана, и постучал по ней ногой.

Хан появился минут через пять — на нем была брезентовая куртка с капюшоном и такие же очки, как у Андрея. Они молча пошли на запад, с разбега перепрыгивая пустоты над резиновыми сочленениями переходов.

Вскоре позади осталась скользкая крыша ресторана, вагон с пограньтамбуром, и те, кто стоял впереди, стали приветственно махать руками, Андрей узнал нескольких человек и помахал в ответ. В обычном смысле знаком он ни с кем не был — все общение с людьми, которых они с Ханом встречали наверху, сводилось к обмену приветственными жестами. Они миновали неподвижного старика в грязном ватнике и старой военной ушанке — как обычно, он сидел по-турецки в центре крыши и курил длинную трубку с крошечным металлическим чубуком (было непонятно, как он ухитряется зажигать ее на таком ветру). Дальше сидела компания в длинных темно-серых рясах — лица этих людей были скрыты капюшонами, так что нельзя было ничего сказать ни об их поле, ни о возрасте. Расположившись кружком, они изучали непонятную геометрическую фигуру, начерченную углем на крыше вагона. Фигура была та же, что и раньше, — круг с какими-то симметричными линиями, похожими на разомкнутую звезду. Андрей вспомнил, что и прошлым, и даже позапрошлым летом они были заняты тем же самым — было совершенно неясно, с какой целью они так долго смотрят на этот простой рисунок.

Вообще, Андрей сомневался, что люди, которых он встречает на крыше, лезут на нее с какой-нибудь определенной целью. У него самого такой цели никогда не было, и он ничего от этих прогулок не ждал. Правда, с Ханом он познакомился именно здесь. В тот раз они не перемолвились ни словом — здесь никто никогда ни с кем не говорил, — но узнали друг друга через день или два, столкнувшись в коридоре. Позже Хан сказал, что подниматься на крышу не только бесполезно, но, скорее, даже вредно, потому что там человек оказывается только дальше от возможности по-настоящему покинуть поезд, — но все равно они продолжали сюда лазить просто для того, чтобы хоть на время покинуть осточертевшее пространство всеобщей жизни и смерти. Ни начала, ни конца поезда видно не было — линия вагонов, несколько раз изгибаясь в поле зрения, доходила в обе стороны до горизонта, но все же локомотив где-то существовал, и этому, помимо множества внутривагонно-метафизических обоснований, были два прямых доказательства — толстый медный провод в полуметре над головой и иногда доносившийся неведомо откуда тихий протяжный гул.

Андрей почувствовал, как Хан дергает его за рукав, и посмотрел туда, куда тот указывал. На соседней крыше стояла довольно странная компания — четверо человек, одетых, словно музыканты, в какие-то преувеличенно латиноамериканские наряды. В следующую секунду Андрей увидел в их руках инструменты и понял, что это действительно музыканты. Из-за грохота колес музыки совсем не было слышно, но ясно было, что маленький оркестр выкладывается изо всех сил, — тот, что играл на флейте Пана, от напряжения даже чуть приседал на месте, а у гитаристов были такие исступленные лица, словно в руках у них были не гитары, а винтовки и они шли на штурм бронекупе самого Пабло Эскобара. Андрей перевел взгляд дальше и увидел странного человека с широкой соломенной шляпой за плечами — он стоял опасно близко к краю вагона, пританцовывал на месте и размахивал руками, как будто пытался согреться. Ни этого человека, ни музыкантов Андрей раньше никогда тут не встречал.

Поезд мчался к реке или, может быть, узкому ответвлению озера, над которым был перекинут странный мост — у него были очень низкие ограждения, еле доходившие до крыши поезда. Андрей подумал, что их, наверно, можно было бы перепрыгнуть, и в тот самый момент, когда ему в голову пришла эта мысль, человек с соломенной шляпой на шнурке сильно оттолкнулся от крыши, оторвался от вагона и перелетел над ограждением моста.

Несколько секунд Андрей не мог поверить, что это действительно произошло. Потом он упал на живот, подполз к краю крыши и свесился с нее, пытаясь хоть что-нибудь разглядеть. Вода под мостом была практически неподвижной; по ее поверхности расходились круги, в центре которых покачивалась похожая на огромную кувшинку соломенная шляпа. Прошло несколько долгих секунд, и над водой показался черный мячик головы. Человек поплыл к берегу, а потом все скрыла заросшая травой насыпь.

Андрей поднялся на ноги и поглядел на Хана. Тот восхищенно качал головой и, судя по движениям губ, что-то говорил. Все вокруг смотрели в сторону скрывшейся реки — даже непонятные люди в рясах, обычно не обращавшие никакого внимания на остальных, сейчас стояли на ногах и растерянно глядели на восток, где навсегда остался неизвестный. Только старик в ушанке все так же неподвижно сидел на своем обычном месте и пускал вдаль едва заметные на ветру струйки дыма —

было непонятно, то ли он просто ничего не заметил, то ли видел и не такое. Музыканты куда-то исчезли. Андрей поискал их взглядом и увидел несколько маленьких фигурок, прыгающих с вагона на вагон — они успели отойти уже довольно далеко на запад.

3

— Нравится? — спросил Антон. — Только честно.

— Что?

— Новая серия, — сказал Антон и кивнул на стол.

— Почему серия? — удивился Андрей. — Они же все одинаковые.

— В этом и концепт, — сказал Антон. — Они номерные, как литографии.

Андрей сидел на краю лавки, глядя на пивную банку в руках Антона. Тот тихо что-то мычал и водил по ней маленькой кисточкой, неестественно изогнув шею, чтобы не измазать в краске бороду — тем не менее на ней уже было несколько белых пятен, которые казались ранней сединой. Несколько готовых расписных банок стояло на столике — на всех был одинаковый рисунок: коридор вагона, по которому с чайными стаканами в руках идут румяные девушки в кокошниках и желтоволосые ребята в красных рубахах, все на одно лицо, похожее на вымя, — было это, как Андрей понял, сознательной и даже подчеркнутой цитатой из Гумилева, потому что из лиц торчали длинные коровьи соски, прыскающие струйками молока, а под рисунком славянской вязью было выведено:

> Остановите, вагоновожатый,
> Остановите сейчас вагон.

— Так что? — повторил Антон.

— По-моему, хорошо, — сказал Андрей. — Только уж очень социально. Все-таки «Будвейзер Господа моего» у тебя куда сильнее был.

— Не понимаю, — сказал Антон, — почему, что бы я ни нарисовал, все с «Будвейзером» сравнивают?

— Просто вспомнилось, — сказал Андрей. — Действительно гениальная вещь была.

Напротив Антона сидела его жена Ольга, которая мелкой шкуркой зачищала поверхность банок. Ее ноги были закрыты одеялом, потому что дверь в купе была снята с петель и по полу сильно дуло. На месте двери висело еще одно одеяло — оно не доставало до пола, и были видны ботинки и шлепанцы проходящих по коридору. Андрей поднял глаза на погнутые петли и покачал головой.

— Я понять не могу, как же вы им разрешили дверь снять? — спросил он. — Ведь никто права не имел, если вы не согласны.

— А нас никто не спрашивал, согласны мы или нет, — сказал Антон. — Пришли и сказали, что конверсия. Из купейных в плацкартные. Подписать что-то дали, и все. Ну хватит об этом. Ты кого-нибудь из наших видел?

— Гришу часто вижу, — сказал Андрей. — Он сейчас, как они выражаются, поднялся, то есть денег много. Еще Серегу видел недавно. Очень сильно изменился. Не пьет, не курит. Утризм принял.

— Это еще что?

— Это религия такая, очень красивая. Они верят, что нас тянет вперед паровоз типа «У-3» — они его еще тройкой называют, — а едем мы все в светлое утро. Те, кто верит в «У-3», проедут над последним мостом, а остальные — нет.

— Да? — сказал Антон. — Надо же. Не слышал никогда. А ты сам его часом не принял?

— Нет, не принял, — сказал Андрей. — У меня все по-прежнему. Вот книжку хорошую читаю. Называется «Путеводитель по железным дорогам Индии». Совершенно случайно ее нашел. Потом, если хочешь, дам.

— А о чем там? — спросил Антон, поднимая банку над головой и внимательно ее разглядывая.

— Даже трудно так сказать. Просто человек едет в поезде по Индии и пишет о том, что с ним происходит. Причем так и не ясно — то ли он действительно по Индии едет, то ли просто так себе представляет. Тебе понравится.

— Она у тебя с собой? — спросил Антон.

— Да, — сказал Андрей.

— Прочти кусочек, а? А то у меня руки в краске.

— Какой кусочек? — спросил Андрей.

— Любой.

— Тогда, — сказал Андрей, — я с того места начну, где сам читаю. Я тебе в двух словах скажу, что там раньше было, — сначала он пишет о том, что видит в окне, а потом начинает описывать тех, кто ему мешает возле этого окна стоять. Очень длинная и желчная классификация.

Андрей достал из кармана книжку, открыл ее на заложенной странице и начал читать вслух:

«Куда они все идут? Зачем? Разве они никогда не слышат стука колес или не видят голых равнин за окнами? Им все известно про эту жизнь, но они идут дальше по коридору, из сортира в купе и из тамбура в ресторан, понемногу превращая сегодня в очередное вчера, и думают, что есть такой Бог, который их за это вознаградит или накажет. Но если они не сходят с ума, значит все они знают какой-то секрет. Или это я знаю секрет, которого лучше не знать никому. Нечто такое, из-за чего я уже никогда в жизни не смогу вот так невинно и бессмысленно, белея глазными белками, идти себе по чуть покачивающемуся коридору и думать о том же, о чем думают они все. Но я ведь не знаю никакого секрета. Я просто вижу жизнь такой, как она есть, трезво и точно, и никогда не смогу принять этот грохочущий на стыках рельсов желтый катафалк за что-то другое. Мне нравится Индия, и поэтому сейчас я еду по Индии. А они просто сумасшедшие, пассажиры сумасшедшего поезда, и во всем, что они говорят, я слышу только стук колес. И оттого, что их много, а я почти один, не меняется ничего...»

Андрей услышал какое-то шуршание, поднял глаза и увидел, что жена Антона надевает сапоги. Антон вытирал руки измазанной в краске тряпкой.

— Извини, старик, — сказал он, — мы в театр идем. Ты прочти самую последнюю строчку. Чем там все кончается.

Андрей поколебался, открыл последнюю страницу и прочел:

«Милость беспредельна, и я точно знаю, что, когда поезд остановится, за его желтой дверью меня будет ждать белый слон, на котором я продолжу свое вечное возвращение к Неименуемому».

— Понятно, — сказал Антон. — Интересно, конечно. Только читать этого я не буду, спасибо.

— Тебе не понравилось?

— Я бы не сказал, что мне это понравилось или не понравилось, — ответил Антон. — Просто это не имеет отношения ко мне лично.

— Почему? А то, что ты рисуешь, — сказал Андрей и кивнул на расписанные банки, — это разве не то же самое на другом языке? Остановите вагон и так далее? Или ты это не всерьез? Неискренне?

— Что значит «не всерьез, неискренне», — сказал Антон. — Детские какие-то у тебя понятия. Есть жизнь, и есть там искусство, творчество. Соц-арт там, концептуализм там. Модерн там, постмодерн там. Я их уже давно с жизнью не путаю. У меня жена, ребенок скоро будет — вот это, Андрюша, всерьез. А рисовать там можно что угодно — есть всякие там культурные игры и так далее. Так что вагоны я только на пивных банках останавливаю, опять-таки потому, что о ребенке думаю, который вот в этом настоящем вагоне будет дальше ехать. Понимаешь?

Он слегка топнул в пол и показал рукой на стену.

— Антон, — сказал Андрей, — ты ничего сейчас не слышишь?

Антон замер и прислушался.

— Нет, — сказал он, — ничего. А что я должен слышать?

— Так. Показалось.

— Пора идти, — сказала Ольга, отдергивая висящее в дверном проеме одеяло, — опоздаем.

— А на что вы идете? — спросил Андрей.

— «Бронепоезд 116–511», — ответила Ольга. — Не пугайся, там авангардное прочтение.

— Чье прочтение? — спросил Андрей.

— «Театр на верхней полке», — сказала Ольга. — У них там все коллективно и анонимно, так что, чье там прочтение, никто там не знает. По секрету могу сказать, что декорации там рисовал Антон. Хочешь с нами? Там пройти можно.

— Нет, — сказал Андрей, — я еще к Хану зайду. Давно у него не был.

— Как он там, кстати, поживает? — спросил Антон. — Нашел себя?

— Да, — сказал Андрей, — и еще много другого. Ну пока.

— Пока. Привет там всем передавай.

2

На двери в купе Хана висел непонятно откуда взявшийся календарь с котятами, который закрывал знакомую царапину. Несколько секунд Андрей не мог понять, в чем дело, потом огляделся по сторонам, убедился, что не ошибся дверью, и постучал. Никто не ответил.

Андрей открыл дверь. В купе был неправдоподобный беспорядок — такой, какой возникает только при похоронах, родах и переездах. На диване Хана сидела пожилая полная женщина со следами былого безобразия на отечном лице — возраст уже благополучно эвакуировал ее из зоны действия эстетических характеристик. На полу перед ней стояло несколько чемоданов и накрытая платком корзина, источавшая густой запах колбасы. С верхней полки торчала крошечная детская ножка, обтянутая белым носком, которая чуть качалась в такт вагону.

— Здравствуйте, — сказал Андрей.

— День добрый, — ответила женщина, поднимая ничего не выражающие глаза.

— А где Хан?

— Таких тут не живет.

— Он что, переехал?

— Не знаю, — сказала она, — может, переехал, а может, умер. Мы не знаем. Мы очередники. Нас на площадь вселили. Вы у проводника спросите, он знает.

— А вещи? — спросил Андрей. — Вещи остались?

— Никаких вещей тут не было, — оживляясь, сказала женщина, — что это вы придумываете? Какие такие вещи?

— Да нет, — сказал Андрей, — вы не подумайте, что я с претензиями. Я спрашиваю просто.

— Пустой диван, — сказала женщина, — полка тоже пустая. Я чужого в жизни не возьму.

— Понятно, — сказал Андрей, повернулся и толкнул дверь вбок.

— А вы не Андрей? — спросила вдруг женщина.

— Андрей. А что?

— Тут письмо какое-то лежало. Написано — Андрею, а какому, непонятно. И от кого, непонятно. Может, это вам?

— Мне, — сказал Андрей, — давайте.

— Где-то оно здесь было, — забормотала женщина, шаря среди вываленного на стол белья. — Разбирать теперь все это полгода. Жизнь страшная стала. В коридоре давка, а сил нет. Ага, нашла. Вот оно. А точно вам? У вас билет ваш есть с собой?

— А я безбилетник, — развязно пошутил Андрей.

Женщина хмыкнула и протянула Андрею конверт.

— Девкам будешь голову морочить, — сказала она с некоторой игривостью. — Все. Больше никаких вещей нету.

— Спасибо, — сказал Андрей, убирая письмо в карман. — Большое спасибо.

— До свидания, — сказала женщина.

Выйдя из купе, Андрей чуть не столкнулся с идущим по вагону проводником, но ни о чем не стал его спрашивать.

Петр Сергеевич был пьян и весел. На столе перед ним стояла не обычная бутылка «Железнодорожной», а граненый флакон дорогого коньяка «Лазо» с пылающей паровозной топкой на этикетке. Рядом были развернуты какие-то чертежи и синьки — Андрей заметил на одной из них сильно увеличенную ручку дверного замка. Еще было несколько официального вида бумаг с печатями — в них, судя по масляным пятнам, был завернут сервелат, которым Петр Сергеевич успел хищно закусить — казалось, что разбросанные по столу ошметки клевал орел.

— Как дела?

— Нормально, — ответил Андрей, — а у вас?

Петр Сергеевич показал большой волосатый палец.

— Завтра меня весь день не будет, — сказал он, — с самого утра. И ночью тоже не приду. Ты за меня бельишко получишь?

— Хорошо, — сказал Андрей. — Вы только проводника предупредите. А что, уже тридцатое?

— Да, — сказал Петр Сергеевич, — тридцатое. Как время-то летит. Так и пожить не успеешь. Тебе налить?

Андрей помотал головой. Сняв ботинки, он улегся на свое место, повернулся лицом к стене и достал из кармана «Путеводитель по железным дорогам Индии», в который было вложено письмо. Поколебавшись секунду, он спрятал конверт назад в карман. «Завтра прочту», — подумал он и наугад раскрыл книгу.

«...В сущности, никакого счастья нет, есть только сознание счастья. Или, другими словами, есть только сознание. Нет никакой Индии, никакого поезда, никакого окна. Есть только сознание, а все остальное, в том числе и мы сами, существует только постольку, поскольку попадает в его сферу. Так почему же, думаю я снова и снова, почему же нам не пойти прямо к бесконечному и невыразимому счастью, бросив все остальное? Правда, придется бросить и себя. Но кто бросит? Кто тогда будет счастлив? И кто несчастлив сейчас?»

Андрею хотелось спать, и он плохо понимал написанное — слова налезали друг на друга и образовывали перед глазами сложные геометрические конструкции. Он закрыл книгу.

— Андрюх, — подал голос Петр Сергеевич, — ну чего ты мурыжишься? Махни стакан.

— Правда не хочу, — сказал Андрей, — спасибо.

— Как знаешь.

Андрей повернулся на спину и некоторое время изучал тусклый желтый плафон на потолке.

— Петр Сергеевич, — сказал он, — а вы когда-нибудь думали, куда мы едем?

— У тебя что, — спросил Петр Сергеевич сквозь пищу, — неприятности, да? Наплюй. Подумаешь там, одну бросил, другую нашел. В плацкарту сходи, там быстро развеешься. Знаешь, сколько там сучек этих? Там их вагон. Были бы деньги.

— Ну все-таки. Куда?

— Ты чего, сам не знаешь?

— Вам что, сказать трудно?

— Да нет, не трудно.

— Ну так скажите. Куда мы, по-вашему, едем?

— Куда, куда. Тебе что, услышать хочется лишний раз? Ясное дело, куда. К разрушенному мосту. Что ты себе смолоду такой херней голову забиваешь, Андрюха?

1

Утро было облачным — вместо неба вверху висела ровная серая поверхность, похожая на потолок в коридоре, только без вентиляционных дырочек. Петр Сергеевич уже ушел. На столе лежала записка для проводника и стояло два стакана с успевшим остыть чаем. Андрей оделся, вынул из кармана письмо и тут же сунул его назад. Потом он запер дверь и сел на стол. Петр Сергеевич терпеть этого не мог, а уж ног на своем диване не простил бы ни за что и никому, но сегодня его можно было не брать в расчет.

Андрей никогда не упускал возможности в одиночестве провести пару часов у окна купе. Это было совсем не то же самое, что стоять возле окна в коридоре, где постоянно приходилось пропускать идущий мимо народ и вообще множеством трудноуловимых способов взаимодействовать с окружающими. Андрей не особо верил автору индийского «Путеводителя», писавшему о том, что безмятежному созерцанию ландшафта можно предаваться и перед дверью набитого орущими людьми тамбура.

Сегодня день был не очень удачный — в нескольких метрах за окном неслась бесконечная стена деревьев. Обычно такие насаждения закрывали обзор на несколько часов, а иногда и дней, и оставалось только смотреть на полосу травы между поездом и деревьями, разглядывая предметы, выброшенные из когда-то пролетевших здесь вагонов «Желтой стрелы».

Сначала все внизу сливалось в однородное серо-зеленое месиво, но через несколько минут глаза привыкали, и становилось достаточно короткой доли секунды, чтобы идентифицировать искусственные вкрапления в пейзаж. Возможно, дело было не в натренированности взгляда, а в воображении, и он успевал не столько разглядеть проносящееся мимо окон, сколько домыслить и воссоздать то, что там должно находиться, пользуясь мельчайшими намеками, которые давал окружающий мир. Но насчет большинства объектов, лежавших на склонах насыпи, ошибиться было трудно.

Больше всего было, конечно, пустых бутылок. Зимой они яркими зелеными пятнами выделялись на снегу, а сейчас их можно было отличить от травы только по блеску. Более легкие пивные банки сносило потоком воздуха, и они обычно не отлетали от вагонов так далеко. Изредка попадались довольно странные предметы — например, в одном месте из небольшого болотца торчала свежевоткнувшаяся в грязь картина в огромной золотой раме (Андрею показалось, что это стандартная репродукция «Будущих железнодорожников» Дейнеки). В другом месте, примерно через километр после картины, мелькнул развалившийся при падении никелированный самовар. А недалеко от него лежал великолепный кожаный чемодан, на котором сидела большая жирная ворона. Повсюду белели яркие пятна использованных презервативов — впрочем, иногда презерватив можно было перепутать с небольшой костью вроде ключицы, а костей в траве валялось почти столько же, сколько бутылок. Особенно много было черепов — потому, наверно, что они оказывались слишком тяжелыми для мелких грызунов, а звери покрупнее боялись подходить близко к грохочущей желтой стене. Некоторые черепа, совсем старые, были до меловой белизны отполированы дождями и ветром, а на тех, что посвежее, еще оставались волосы и куски плоти. Особенно Андрея рассмешил один череп с блестящей дужкой очков, в которых, как показалось, даже сохранились стекла.

На кустах и деревьях было множество следов недавних похорон — разноцветные полотенца, одеяла и наволочки. Они развевались по ветру, как флаги, приветствуя новую жизнь, несущуюся вперед и мимо, — так, вспомнил Андрей, сказал, кажется, какой-то поэт, бросившийся потом головой вниз из окна вагона-ресторана. Подушек тоже было много — и совсем еще новых, и уже сгнивших под частыми в это лето дождями. Их хозяева обычно лежали неподалеку в самых разных позах и стадиях разложения; многие, правда, и на насыпи сохраняли строгий вид — ноги полусогнуты, одна рука подвернута под голову, а другая вытянута вдоль туловища. Объяснялось это просто — иногда проводники по просьбе родных особым образом перевязывали бечевкой конечности усопших, чтобы те выглядели после смерти пристойно; кроме того, это имело какое-то отношение к религии.

Андрей заметил, что в траве у насыпи стали все чаще попадаться засохшие белые цветы, которые он сперва принимал за презервативы. Он подумал, что они просто отцвели, но увидел, что многие из них завернуты в прозрачную пленку и лежат стеблями вверх. Потом стали появляться букеты, а потом — венки, все из увядших белых роз. Андрей понял, в чем дело, — недели две назад по телевизору показывали похороны американской поп-звезды Изиды Шопенгауэр (на самом деле, вспомнил Андрей, ее звали Ася Акопян). В газетах писали, что во время церемонии из окон выбросили две тонны отборных белых роз, которые покойная обожала больше всего на свете, — видно, это они и были. Андрей прижался к стеклу. Прошло две или три минуты — все это время белые пятна на траве густели, —

и он увидел лежащую в траве мраморную плиту со стальными сфинксами по краям, к которой золотыми цепями была приделана бедная Изида, уже порядком распухшая на жаре. На краях плиты была реклама — «Rolex», «Pepsi-cola» и еще какая-то более мелкая — кажется, товарный знак фирмы, производящей овощные шницели чисто американского вкуса. У плиты суетились две небольшие собаки; одна из них повернула морду к поезду и беззвучно залаяла. Вторая крутила хвостом; из пасти у нее свисало что-то синевато-красное и длинное.

«Мировая культура, — подумал Андрей, — доходит до нас с большим опозданием».

Стена деревьев за окном прервалась вечером, когда уже начало темнеть. Сначала они стали расти реже, между ними появились просветы, а потом вдруг открылось поле с пересекающей его дорогой. Возле дороги стояло несколько кирпичных домов с черными дырами окон — их ставни были широко распахнуты. Вдали медленно проплыла удивительно красивая, похожая на поднятую к небу руку, белая церковь с косым крестом — был виден только ее верх, а нижнюю часть закрывал лес.

Потом появилась длинная пустая платформа — в одном месте на ней Андрей успел заметить старую вставную челюсть, одиноко лежащую на голой бетонной плоскости. Рядом с челюстью торчал шест с пустым стальным прямоугольником, в котором когда-то была табличка с названием станции. Мелькнуло несколько плит бетонного забора, за которым громоздились какие-то решетчатые конструкции из ржавого железа, и все скрылось за вновь появившейся стеной плотно растущих деревьев — те, кто верил в снежных людей, считали, что эти деревья посажены ими, чтобы взгляды и мысли пассажиров не проникали слишком далеко в их мир.

В дверь постучали, и Андрей спрыгнул со стола.

— Кто это? — спросил он.

— Это Авэль, — проговорил бас за дверью. — Ты там? Выходи, там бэлье дают.

Когда Андрей решил наконец распечатать письмо, было уже темно, а за стеклом плыла все та же стена деревьев. Он отвернулся от окна, вынул из кармана конверт и оборвал его край. Внутри оказался клетчатый листок с аккуратным обрывом, на котором чернели ровные чернильные строки:

«В прошлое время люди часто спорили, существует ли локомотив, который тянет нас за собой в будущее. Бывало, что они делили прошлое на свое и чужое. Но все осталось за спиной: жизнь едет вперед, и они, как видишь, исчезли. А что в высоте? Слепое здание за окном теряется в зыби лет. Нужен ключ, а он у тебя в руках — так как ты его найдешь и кому предъявишь? Едем под стук колес, выходим пост скриптум двери».

Подписи не было. Андрей перечитал письмо, повертел его в пальцах, сложил и сунул назад в конверт. Потом он лег на свой диван, погасил лампочку над подушкой и повернулся к стене.

0

За окном творилось что-то странное — такого Андрей не видел еще никогда. Поезд шел через ночной город по низкой эстакаде, отделенной от улиц железной решеткой. За окном вагона горели бесчисленные огни — фонари на улицах, окна домов, фары автомобилей. Но самым странным было то, что внизу были люди, очень много людей. Они стояли у решетки эстакады; когда окно, за которым сидел Андрей, проплывало мимо, они начинали махать руками и что-то весело кричать. В городе, похоже, был праздник — все, кого он видел, выглядели до крайности беззаботно.

Наконец Андрею стало тяжело чувствовать на себе такое количество взглядов. Он встал и вышел в коридор. С другой стороны вагона за окнами тянулась обычная темная цепь деревьев, и Андрей почувствовал себя легче. Коридор выглядел как-то странно — пол был покрыт густым слоем пыли, двери всех купе были распахнуты, и в них виднелись голые железные каркасы диванов. Андрей сначала удивился и даже испугался, но вспомнил, что в поезде, кроме него, нет ни одного человека, и успокоился. Ему захотелось перечитать письмо, и он вытащил сложенный вдвое конверт из кармана. Текст, естественно, остался прежним:

ПРОШЛОЕ – ЭТО ЛОКОМОТИВ,
КОТОРЫЙ ТЯНЕТ ЗА СОБОЙ БУДУЩЕЕ.
БЫВАЕТ, ЧТО ЭТО ПРОШЛОЕ ВДОБАВОК ЧУЖОЕ.
ТЫ ЕДЕШЬ СПИНОЙ ВПЕРЕД
И ВИДИШЬ ТОЛЬКО ТО, ЧТО УЖЕ ИСЧЕЗЛО.
А ЧТОБЫ СОЙТИ С ПОЕЗДА, НУЖЕН БИЛЕТ.
ТЫ ДЕРЖИШЬ ЕГО В РУКАХ,
НО КОМУ ТЫ ЕГО ПРЕДЪЯВИШЬ?

Вглядываясь в эти ровные строчки, Андрей повернулся к двери в свое купе, положил ладонь на ручку замка и вдруг заметил в самом низу листа постскриптум, короткую приписку мелким почерком, которой он раньше не заметил — наверно, потому, что она располагалась за линией сгиба.

И в эту же секунду он понял, что не стоит в пустом коридоре поезда, а лежит на диване своего купе и видит сон. Он стал просыпаться, но за тот неуловимый миг, который заняло пробуждение, успел прочесть и запомнить постскриптум, точнее, запомнить слова, которые ему снились, — во сне они имели какой-то совсем другой смысл, который никак нельзя было протащить в обычный мир, но который он успел понять.

P. S. Все дело в том, что мы постоянно отправляемся
в путешествие, которое закончилось за секунду
до того, как мы успели выехать.

Андрей включил лампочку над подушкой, достал письмо и перечитал его — никакого постскриптума там не было. На том месте, где он увидел его во сне, было только несколько малозаметных царапин, словно кто-то водил по листу засохшей ручкой, пытаясь ее расписать.

Что-то было не так. Что-то случилось, пока он спал. Андрей поднялся с дивана, помотал головой и вдруг понял, что вокруг стоит оглушительная тишина. Колеса больше не стучали. Он поглядел в окно и увидел неподвижную ветку с большими черными листьями в квадратном пятне света, падавшего из окна. Поезд стоял.

Когда Андрей вышел в коридор, там все было как обычно — горел свет, пахло табаком. Но пол под ногами был совершенно неподвижен, и Андрей заметил, что чуть покачивается, шагая по нему. Дверь в служебное купе была открыта. Андрей заглянул туда и встретился взглядом с проводником, который неподвижно стоял у стола со стаканом чая в руке. Андрей открыл рот, собираясь спросить, что случилось с поездом, но понял, что проводник его не видит. Андрей подумал, что тот спит или впал в какое-то оцепенение, но тут его взгляд упал на стакан в руке проводника — в нем неподвижно висел кусок рафинада, над которым поднималась цепь таких же неподвижных пузырьков.

Он уже знал, что надо делать дальше. Шагнув к проводнику, он осторожно сунул руку в боковой карман его кителя и вынул оттуда ключ.

Выйдя в тамбур, он подошел к двери, сунул ключ в круглую скважину — он вошел неглубоко, потому что скважина была забита многолетним мусором, — и повернул его. Дверь со скрипом открылась, и на пол посыпались набитые в ее щели окаменелые окурки. Андрей подумал было, что надо вернуться в купе за вещами, но понял, что ни одна из тех вещей, которые остались в его лежащем под диваном чемодане, теперь ему не понадобится. Он встал на край рубчатой железной ступени и поглядел в темноту. Она была бесконечной и тихой; из нее прилетал теплый ветер, полный множества незнакомых запахов.

Андрей спрыгнул на насыпь. Как только его ноги ударились о гравий, которым были присыпаны шпалы, сзади раздалось шипение сжатого воздуха, а еще через секунду лязгнули растянувшиеся сочленения между вагонами. Поезд тронулся и стал медленно набирать ход. Андрей отошел на несколько метров в сторону и посмотрел на «Желтую стрелу».

Со стороны она действительно походила на сияющую электрическими огнями стрелу, пущенную неизвестно кем неизвестно куда. Андрей посмотрел в ту точку, откуда появлялись вагоны, а потом в ту, где они исчезали, — с обеих сторон не было видно ничего, кроме темной пустоты.

Он повернулся и пошел прочь. Он не особо думал о том, куда идет, но вскоре под его ногами оказалась асфальтовая дорога, пересекающая широкое поле, а в небе у горизонта появилась светлая полоса. Громыхание колес за спиной постепенно стихало, и вскоре он стал ясно слышать то, чего не слышал никогда раньше: сухой стрекот в траве, шум ветра и тихий звук собственных шагов.

МАКЕДОНСКАЯ КРИТИКА ФРАНЦУЗСКОЙ МЫСЛИ

> Любая концепция формирует основу для дуалистичного состояния ума, а это создает дальнейшую сансару.
>
> *Тулку Ургьен Ринпоче*

> Во всей вселенной пахнет нефтью.
>
> *Вильям Джеймс*

По социальному статусу Насых Нафиков, известный друзьям и Интерполу как Кика, был типичным «новым русским» эпохи первоначального накопления кармы. По национальности он, правда, не был русским, но назвать его «новым татарином» как-то не поворачивается язык. Поэтому лучше обойдемся без ярлыков и просто расскажем его жуткую и фантасмагорическую историю, которая заставила некоторых впечатлительных людей, знакомых с делом по таблоидам, окрестить его Жиль де Рецем нашего времени.

Нафиков родился в Казани, но вырос в Европе. Его ранние дни — время, когда формируется скелет личности, — проходили сначала в англоязычных садиках, а затем в космополитических школах для детей дипломатов. Кика на всю жизнь запомнил стишок, висевший в одном из таких заведений над умывальником:

We condemn in strongest terms
Dirty nails that harbour germs![1]

Неподконтрольные родителям впечатления детства сформировали Кику скорее европейцем, чем «евразийцем», как называл себя его отец, очень любивший этот термин и часто примерявший его на сына. Сыну

---

[1] Мы осуждаем в самых сильных терминах
Грязные ногти, дающие приют микробам.

же это дикое слово казалось обозначением человека, который, будучи в ударе, может сойти за азиата в Европе и за европейца в Азии. Сама же Евразия, о которой часто рассуждал отец, представлялась ему чем-то вроде виртуальной Атлантиды, утонувшей в портвейне задолго до его появления на свет.

В момент рождения сына Насратулла Нафиков был крупным партийным бонзой в Татарстане; в момент своей смерти — нефтяным магнатом, успешно обменявшим партийную ренту на природную. Он слег от удара, узнав о правительственном решении то ли сократить какие-то квоты, то ли поднять какие-то отчисления. Но ему не дали умереть своей смертью — прямо в палате больницы его добил снайпер. Шептались, что это был сам Александр Солоник, прозванный Шурой Македонским за свой необыкновенный талант к стрельбе по-македонски — с двух рук не целясь. Загуляв и поистратившись в Казани, он якобы взял халтурку, чтобы поправить дела. В пользу этой версии говорило то, что на чердаке соседнего с больницей дома нашли бельгийскую винтовку калибра 5,45, той самой модели, на которой знаменитый художник-ликвидатор всегда останавливал свой выбор в подобных обстоятельствах. Против нее говорило то, что Солоника убили в Афинах задолго до описываемых событий. Стоит ли говорить, что именно по последней причине народ в эту версию верил.

Кика Нафиков плохо понимал в российских реалиях и не до конца уяснил, что явилось настоящей причиной трагедии. По настоянию отца он изучал философию в Сорбонне, но имел и некоторую экономическую подготовку. Он мог разобраться во всем, касающемся отчислений и квот. Но, как объяснил печальный гонец с родины, причина на самом деле была в том, что отец «взял за яйца серую лошадку», чего делать не следовало, поскольку «крыша в углу кусается». Кика, пораженный колдовской силой русского языка, который он знал немного хуже английского с французским, не стал углубляться в подробности.

Нафикова-старшего многие жалели: при всей своей деловой оборотистости он был хорошим человеком — одним из тех странных советских идеалистов, причина появления которых в СССР навеки останется загадкой мироздания.

Смерть отца, которая совпала с завершением образования, сделала Нафикова-младшего богатым человеком — очень богатым по меркам любой страны. Поколесив по Европе, Кика осел во Франции, на Кап-Ферра, где покойный евразиец еще в советские времена ухитрился каким-то образом заевразировать небольшую виллу. Постройка в стиле «пуэбло» была кубом песчаного цвета с прозрачной крышей — она выглядела бы уместней где-нибудь в Альбукерке, Нью-Мексико. Высокая ограда скрывала ее от нескромных взглядов, и видна она была только со стороны моря. Семь бронзовых слоников работы Церетели, которых Нафиков-старший в ельцинскую эпоху установил на спуске к воде (самый большой весил столько же, сколько танк «тигр», это Кика помнил с детства), были утоплены в Средиземном море командой рабочих, получившей от сына щедрое вознаграждение за работу в ночное время. Дело было не в Кикином равнодушии к искусству. Он подозревал, что эти зверюшки были для отца чем-то вроде противотанковых ежей, призванных защитить от натиска реальности. Тем серьезней был повод уволить их за профнепригодность.

Трудно сказать наверняка, когда началась душевная болезнь Кики. Слухи о том, что он тронулся головой, впервые пошли из-за новшества, которое он ввел на своей вилле. В каждой комнате, даже в небольшом спортзале с покрытым пылью универсальным тренажером, похожим на уэллсовского марсианина, было установлено по телевизору, с утра до вечера крутившему детский канал немецкого телевидения «Кика», передававший в основном мультфильмы. Никаких других программ телевизоры не показывали. Многие считали, что именно этой странности Кика и обязан своим прозвищем.

Нафиков-младший не знал немецкого языка, и в подвальной комнатке было оборудовано место для синхрониста, который непрерывно переводил все, что показывал телеканал. К концу дня синхронист уставал и начинал сбиваться, но Кика не расстраивался по этому поводу, потому что ошибки иногда выходили смешными. Вскоре, однако, пришлось нанять второго переводчика и разбить вахту на две смены, потому что один синхронист не справлялся. Тогда приятель Кики придумал угощать переводчиков какими-то амстердамскими таблетками, вызывавшими у них путаницу в мыслях и сбивчиво-бредовое многословие. Перевод стал выходить очень потешным, и к Кике стали специально ездить в гости на этот номер. Синхронисты поняли, что от них требуется, и, выторговав прибавку за вредность производства, смирились. Обкуренные гости Кики называли одного синхрониста Урим, а другого Туммим — по аналогии с небесными камнями-переводчиками из мормонской библии.

По другим сведениям, прозвище «Кика» появилось у Нафикова значительно раньше, еще во время изучения философии в Париже. Эту кличку якобы дал ему научный руководитель, полагавший, что подлинное понимание философии пробуждается в ученике только тогда, когда он беззаветно принимает в себя пламя, пылающее в наставнике. Конкретная технология передачи священного огня показалась пришельцу из российской глубинки несколько неожиданной, но стремление к утонченному европейскому идеалу оказалось сильнее смущения и стыда. Так, во всяком случае, вспоминал Зураб (Зизи) Мердашвили, покойный философ, вместе с которым Нафиков обучался *любомудрию* (в сочинении, о котором пойдет речь ниже, Кика возводит этимологию этого термина не к выражению «любовь к мудрости», а к словам «любой мудак»).

Воспоминания покойного Зизи, нигде не задокументированные и дошедшие до нас только в устном пересказе, — слишком зыбкая опора для утверждений, которые могут иметь юридические последствия. Поэтому не будем называть профессора, у которого обучался Кика. Он еще жив, и его громкое имя известно не только в профессиональных кругах. Ограничимся намеком: речь идет о философе, которого в последние годы позиционируют в качестве секс-символа мыслящей французской женщины от сорока пяти до шестидесяти лет.

Повторим — мы не можем утверждать, что однокурсник Нафикова говорил правду. Но трудно не заметить, что его слова объясняют многое — и привязанность к телеканалу «Кика», и болезненную, с четким знаком «минус», одержимость Нафикова французской философией, обличение которой стало главной страстью его жизни. Хочется добавить: все это было бы смешно, когда бы не было так страшно. Но перед тем как перейти к страшной части этой истории, закончим со смешной — потому что одно перетекает здесь в другое постепенно и незаметно.

Кика полагал себя мыслителем, намного превзошедшим своих французских учителей. Это видно уже из названий его первых сочинений: «Где облажался Бодрияр», «Деррида из пруда» и тому подобное. Сказать что-нибудь по поводу этих текстов трудно — неподготовленному человеку они так же малопонятны, как и разбираемые в них сочинения великих французов. Отзывы же людей подготовленных туманны и многословны; напрашивается вывод, что без сорбоннского профессора с его инъекцией священного огня невозможно не только понять что-нибудь в сочинениях Нафикова, но даже и оценить их профессиональный уровень. «Гениальный недоумок», «звездное убожество» и прочие уклончивые эпитеты, которыми Нафикова награждали привлеченные Интерполом эксперты, не только не помогли следствию, а наоборот, совершенно его запутали, создав ощущение, что современные философы — это подобие международной банды цыган-конокрадов, которые при любой возможности с гиканьем угоняют в темноту последние остатки простоты и здравого смысла.

Название самой известной работы Кики — «Македонская критика французской мысли», — несомненно, отражает его семейную драму и намекает на Сашу Македонского, легендарного убийцу Нафикова-старшего. Это сочинение, которое становится по очереди воспоминаниями о детстве, интимным дневником, философским трактатом и техническим описанием, — странная смесь перетекающих друг в друга слоев текста, с первого взгляда никак не связанных друг с другом. Только при внимательном прочтении становится видна кошмарная логика автора и появляется возможность заглянуть в его внутреннее измерение — возможность уникальная, поскольку маньяки редко оставляют нам отчет о ходе своих мыслей.

Философская часть «Македонской критики» — это попытка низвергнуть с пьедестала величайших французских мыслителей прошлого века. Мишель Фуко, Жак Деррида, Жак Лакан и так далее — не обойдено ни одно из громких имен. Названием работа обязана методу, которым пользуется Кика, — это как бы стрельба с двух рук, не целясь, о чем он говорит в коротком предисловии сам. Достигается это оригинальным способом: Кика имперсонирует невежду, никогда в жизни не читавшего этих философов, а только слышавшего несколько цитат и терминов из их работ. По его мысли, даже обрывков услышанного достаточно, чтобы показать полную никчемность великих французов, и нет нужды обращаться к оригиналам их текстов, тем более что в них, как выражается Кика, «тупой ум утонет, как утюг в океане г-на, а острый утонет, как дамасский клинок».

При этом Кика стремится сделать свой пасквиль максимально наукообразным и точным, уснащая его цитатами и даже расчетными формулами. Подход был бы, возможно, интересен, если бы критик-невежда, которым притворяется Кика, не был таким отчетливым французским философом. Увы, неподготовленный читатель при знакомстве с философскими пассажами «Македонской критики» неизбежно почувствует себя чем-то вроде утюга в ситуации, упомянутой Нафиковым. Все претензии, которые Кика предъявляет французам, могут быть точно так же обращены к нему самому.

Вот, например, как он сравнивает двух философов, Бодрияра и Дерриду:

«Что касается Жана Бодрияра, то в его сочинениях можно поменять все утвердительные предложения на отрицательные без всякого ущерба для смысла. Кроме того, можно заменить все имена существительные на слова, противоположные по значению, и опять без всяких последствий. И даже больше: можно проделать эти операции одновременно, в любой последовательности или даже несколько раз подряд, и читатель опять не ощутит заметной перемены. Но Жак Деррида, согласится настоящий интеллектуал, ныряет глубже и не выныривает дольше. Если у Бодрияра все же можно поменять значение высказывания на противоположное, то у Дерриды в большинстве случаев невозможно изменить смысл предложения никакими операциями».

Бросается в глаза, что особое раздражение Кики во всех случаях вызывает Жан Бодрияр, часто называемый «Бодриякром» — по аналогии с термином «симулякр» (которым Кика чудовищно злоупотребляет в «Македонской критике», оговариваясь, правда, следующим образом: «Читатель понимает, что слово „симулякр“, как его употребляю я, есть всего лишь симулякр бодрияровского термина „симулякр“»). Раздражение легко объяснить — именно Бодрияр стоял у истоков открытия, которое сделало Кику преступником, но, как он полагал, поставило далеко впереди всех современных мыслителей.

Ненависть Нафикова к Бодрияру — это интеллектуальный эдипов комплекс. Он проявляется в желании уничтожить идейного предшественника, магически перенеся на него судьбу отца, испытавшего на себе всю мощь македонской критики. Дерриде с Соссюром пришлось отдуваться просто за компанию. Но здесь от смешного мы начинаем переходить к страшному.

Расколошматив своих идейных наставников из двух стволов, Кика задумчиво вопрошает: почему вообще существует французская философия? Его ответ таков — это интеллектуальная погремушка, оплачиваемая транснациональным капиталом исключительно для того, чтобы отвлечь внимание элиты человечества от страшного и позорного секрета цивилизации.

Кика полагал, что был первым, кто увидел этот секрет во всей его жуткой простоте. Зародыш, из которого родилась его мания, мирно дремал в книге Бодрияра «Символический обмен и смерть». Мы приведем эти роковые слова чуть позже: чтобы понять реакцию, которую они вызвали в Кике, надо представить себе гремучую смесь, находившуюся в его сознании к этому моменту. Сделать это несложно — в «Македонской критике» он уделяет воспоминаниям много места, предвкушая, видимо, внимание историков.

Начинает он с рассказа о том, какую роль сыграла в его жизни нефть. Еще мальчиком он понял, насколько от нее зависит благосостояние семьи, — и отреагировал по-детски непосредственно. На стене кабинета Нафикова-старшего долгие годы висел рисунок сынишки: некто зловещего вида, похожий не то на Синюю Бороду, не то на Карабаса-Барабаса, держит над запрокинутым лицом круглый сосуд с контурами материков, из которого в рот ему льется тонкая черная струйка. Снизу разноцветными шатающимися буквами было написано: «ПАПА ПЬЕТ КРОВЬ ЗЕМЛИ». Рядом висел другой интересный рисунок — сделанный из замерзшей нефти снеговик с головой Ленина (из-за того, что усы и борода Ильича были нарисованы белым по черному, снеговик больше походил на Кофи Аннана). Под снеговиком был стишок, написанный мамой:

Что за черный капитал
Все собою пропитал?
Он смешную кепку носит,
Букву «Р» не произносит!

Став постарше, Кика набросился на книги. Из многочисленных детских энциклопедий, которые покупал отец, выяснилось, что нефть — это не кровь земли, как он наивно полагал, а что-то вроде горючего перегноя, который образовался из живых организмов, в глубокой древности населявших планету. Он был потрясен, узнав, что динозавры, которых, как кажется, может воскресить только компьютерная анимация, не исчезли без следа, а существуют и в наше время — в виде густой и пахучей черной жидкости, которую добывает из-под земли его отец. Когда его впервые посетила эта мысль, он спросил отца: «Папа, а сколько динозавров съедает в час наша машина?» Эти слова, показавшиеся отцу ребячьим бредом, имели, как мы видим, достаточно серьезную подоплеку.

Естественно, маленького Кику интересовала не только нефть. Как и другие дети, он задавался великими вопросами, на которые не знает ответа никто из взрослых. Отец отвечал как мог, со стыдом чувствуя, что ничего не понимает про мир, в котором зарабатывает такие огромные деньги, — словом, все было как в обычной семье. Однажды Кика спросил, куда деваются люди после смерти.

Это случилось в промежутке между двумя загранпоездками; Кика временно ходил в казанский садик, где сидел на горшке рядом с внуком идеологического секретаря национальной компартии. Нафиков-старший, взобравшийся на вершину жизненного Олимпа исключительно благодаря своей интуиции, сделал стойку. Чутье подсказало ему, что надо быть очень и очень осторожным: именно из-за подобных мелочей бесславно завершилось множество карьер. Сославшись на головную боль, он велел Кике отстать, а сам попросил помощника срочно подготовить по этому вопросу взвешенную справку, в которой будет максимально внятно отражено все то, что говорит по этому поводу официальная идеология.

На следующий день потрясенный Кика узнал, что после смерти советский человек живет в плодах своих дел. Это знание вдохновило мальчика на новую серию жутковатых рисунков: подъемные краны, составленные из сотен схватившихся друг за друга рук; поезда, словно сороконожки, передвигающиеся на множестве растущих из вагонов ног; реактивные самолеты, из дюз которых смотрят пламенные глаза генерального конструктора, и так далее. Интересно, что всем этим машинам, даже самолетам, Кика подрисовывал рот, в который маршировали шеренги крохотных динозавров, похожих на черных ощипанных кур.

Если у Кики и состоялся обмен метафизическим опытом с соседями по горшку, он закончился без вреда для отцовской карьеры. Но объяснение тайны советского послесмертия засело в сознании ребенка так глубоко, что стало, можно сказать, фундаментом его формирующегося мировоззрения. Естественно, что эта тема вскоре оказалась в тени других детских интересов. Но через много лет, когда выросший Кика уже изучал философию в Сорбонне, началась российская приватизация, и прежний вопрос поднялся из темных глубин его ума.

Допустим, советские люди жили после смерти в плодах своих дел. Но куда, спрашивается, девались строители развитого социализма, когда эти плоды были обналичены по льготному курсу группой товарищей по удаче? То, что в эту группу входил его отец, делало проблему еще более мучительной, потому что она становилась личной. Где они теперь, веселые строители Магнитки и Комсомольска, отважные первопроходцы космоса и целины, суровые покорители ГУЛАГа и Арктики?

Ответ, что созданное их трудом сгнило и пропало, не устраивал Кику — он знал, что вещи переходят друг в друга, подобно тому как родители продолжают себя в детях: детали нового станка вытачивают на старом, а сталь переплавляется в сталь. Другой расхожий ответ — что все, мол, разворовано, продано и вывезено — был одинаково непродуктивен. Кику волновал не уголовно-имущественный, а философско-метафизический аспект вопроса. Можно было месяцами изучать бизнес-схемы и маршруты перетекания капитала, можно было наизусть заучить биографии олигархов — и декоративных, которые у всех на виду, и настоящих, о которых мало что знает доверчивый обыватель, — но от этого не делалось яснее, куда отправились миллионы поверивших в коммунизм душ после закрытия советского проекта. Этот вопрос ржавым гвоздем засел в сознании Кики и долгие годы ждал своего часа.

Однажды этот час пробил.

Предоставим слово Кике и «Македонской критике»:

«Был обычный осенний полдень, ясный и тихий. Я сидел у телевизора с книжкой; кажется, это был „Символический обмен и смерть" чудовищного Бодрияра. На экране мелькал какой-то мультфильм, за которым я следил краем глаза: пират в треуголке, радостно хохоча, танцевал вокруг сундука с сокровищами, время от времени нагибаясь над ним, чтобы запустить руки в кучу золотых пиастров... И вдруг крышка сундука обрушилась вниз, вычеканив из его головы монету вроде тех, что лежали внутри. Монета была еще живой — профиль на ней яростно моргал единственным сохранившимся глазом, но рот, похоже, склеился навсегда. Туммим, который в этот момент был на пике прихода, прекратил хихикать (таким образом он переводил смех пирата) и спросил непонятно кого — надо полагать, меня, потому что, кроме нас и охраны, на вилле никого не было:

— Интересно, а остальные монеты... Они что, типа тоже из голов, да? Типа другие пираты подходили, открывали, потом бам, и все, да? И за несколько веков, значит, набежал целый сундук...

Мой взгляд упал на страницу и выхватил из путаницы невнятных смыслов странное словосочетание: „работник, умерший в капитале“. И тайна денег в одну секунду сделалась ясна, как небо за окном».

Попробуем коротко изложить то, что Кика называл «тайной денег». Деньги, по его мнению, и есть остающаяся от людей «нефть», та форма, в которой их вложенная в труд жизненная сила существует после смерти. Денег в мире становится все больше, потому что все больше жизней втекает в этот резервуар. Отсюда Кика делает впечатляющий вывод: мировая финансовая клика, манипулирующая денежными потоками, контролирует души мертвых, как египетские маги в фильме «Мумия возвращается» с помощью чар управляют армией Анубиса (внимательный читатель «Македонской критики» заметит, что Кика чувствует себя немного увереннее, когда оперирует не категориями философии, а примерами из кинематографа).

Здесь и кроется разгадка посмертного исчезновения советского народа. Плезиозавр, плескавшийся в море там, где ныне раскинулась Аравийская пустыня, сгорает в моторе японской «хонды». Жизнь шахтера-стахановца тикает в бриллиантовых часах «Картье» или пенится в бутылке «Дом Периньон», распиваемой на Рублевском шоссе. Дальше следует еще более залихватский вираж: по мнению Кики, задачей ГУЛАГа было создать альтернативный резервуар жизненной силы, никак не сообщающийся с тем, который контролировали финансовые воротилы Запада. Победа коммунизма должна была произойти тогда, когда количество коммунистической «человеконефти», насильно экстрагированной из людей, превысит запасы посмертной жизненной силы, находящейся в распоряжении Запада. Это и скрывалось за задачей «победить капитализм в экономическом единоборстве». Коммунистическая человеконефть не была просто деньгами, хотя могла выполнять и эту функцию. По своей природе она была ближе к полной страдания воле, выделенной в чистом виде. Однако произошло немыслимое: после того как система обрушилась, советскую человеконефть стали перекачивать на Запад.

«По своей природе процесс, известный как „вывоз капитала“, — пишет Кика, — это не что иное, как слив инфернальных энергий бывшего Советского Союза прямо в мировые резервуары, где хранится жизненная сила рыночных демократий. Боюсь, что никто даже не представляет себе всей опасности, которую таит происходящее для древней западной цивилизации и культуры».

Эта опасность связана с тем, что Кика называет «серным фактором». Название взято им из нефтяного бизнеса. Знание технологических аспектов нефтяного дела, которое он обнаруживает в своих выкладках, неудивительно — надо полагать, об этих вопросах Нафиковы говорили за утренним чаем, так же как в других семьях беседуют о футболе и погоде. Просим прощения, если некоторые понятия, которыми оперирует Кика, покажутся слишком специальными, но цитата поможет лучше представить себе безумную логику «Македонской критики».

«Если полстакана „Red Label“ смешать с полстаканом „Black Label“, — пишет Нафиков, — получившееся виски будет лучше первого, но хуже второго. С нефтью то же самое. Продукт под названием „Urals“, который продает Россия, — это не один сорт, а смесь множества разных по составу нефтей, закачиваемых в одну трубу. При этом происходит усреднение качества. Поэтому те поставщики, нефть которых выше сортом и содержит меньше серы, получают компенсацию. Это так называемый серный фактор, рассчитываемый по формуле:

$$Сф = 3{,}68\ (s_2 - s_1) \text{ долларов за тонну}$$

Здесь s_2 — коэффициент, отражающий среднее содержание серы в смеси, а s_1 — ее содержание в нефти более высокого качества. Тот же принцип пересчета действует для североморской нефти Brent, сахарской смеси Saharan Blend, Arabian Light и так далее. Все это — коктейли из множества ингредиентов, которые значительно отличаются друг от друга. Символично, однако, что в нефти Urals значительно больше серы по сравнению с другими марками — что поэтически точно отражает специфику ее добычи и многие аспекты связанной с ней деятельности. Каждый, кто знаком с российским нефтяным бизнесом, знает этот незабываемый привкус серного фактора во всем — от первой утренней чашки кофе до последнего ночного кошмара. И чем ближе к трубе, тем сильнее пахнет серой. Отсюда и этот характерный для российской нефтяной элиты „бурильный“ взгляд — как на последних фотографиях Бодрияра.

Раз уж речь зашла о Бодрияре. Вот кого можно назвать *серным кардиналом* французской мысли...»

И пошло и поехало. Если в построении «Македонской критики» проглядывает какой-то принцип, он только в подобных прыжках от предмета к предмету. Забыв на время про нефть (а через абзац — и про Бодрияра), Кика устраивает блицпогром в лагере всего того, что он называет «концептуальным языкоблудием».

Он по-быстрому строит всех французских мыслителей в две шеренги, применяя принцип, который без ложной скромности называет «Бритва Нафикова».

В первую шеренгу попадают те, кто занят анализом слов; их Кика называет «лингвистическими философами». По его мысли, они похожи на эксгибиционистов, так глубоко нырнувших в свой порок, что им удалось извратить даже само извращение: «Дождавшись одинокого читателя, они распахивают перед ним свои одежды, но вместо срама, обещанного похотливым блеском их глаз, мы видим лишь маечку с вышитым словом „х-й“».

Во вторую шеренгу попадают «нелингвистические философы», то есть те, кто пытается заниматься чем-то еще, кроме анализа слов. Чтобы приведенная аналогия распространялась и на них, пишет Кика, достаточно представить, что «наш эксгибиционист является переодетой женщиной — и не просто женщиной, а девственницей, так и не научившейся прятать под непристойным словом на упругой груди свою веру в то, что детей находят в капусте».

Такая рельефная образность могла бы сделать честь нашему антигерою, если бы не информация Зизи Мердашвили, что Кику по этому вопросу консультировал другой парижский профессор, называть которого мы не будем по той же причине, что и первого: вряд ли кто-то захочет признать, что питал извращенный ум маньяка концепциями и силлогизмами. Намекнем, однако, что во втором случае речь идет о философе, которого позиционируют как символ всепобеждающего интеллекта на духовном горизонте француженки старше тридцати пяти, ведущие активную половую жизнь.

Трудно сказать, что именно Кика заимствовал у других, а до чего дошел сам. Но одну мысль из посвященной «концептуальному языкоблудию» части можно смело приписать лично ему безо всякого риска ошибиться. Вот она:

«Французы напрасно думают, что это они изобрели „деконструкцию“. Еще мальчиком в Казани я знал, что это такое, как знало до меня несколько поколений казанской урлы. Деррида просто перевел на французский татарское слово „разборка“, и все. Но если лингвистическая школа попробует вякнуть, что все сводится к словам, я скажу... Я скажу... Не дождетесь, чтобы Кика начал разборку. Кика лучше сделает деконструкцию. Он молча укажет пальцем на вашу маечку, забудет про вас навсегда и пойдет в каморку к Уриму и Туммиму на косячок амстердамской призовой». (В одном из вариантов «Македонской критики» вместо «разборка» стоит «перестройка».)

И так далее. Когда Кика наконец возвращается к вывозу капитала и серному фактору, редкий читатель еще помнит, что это такое. Но Кика чувствует себя непринужденно, словно и не отходил от темы:

«Если в трубу, занятую Западно-Техасской Кислой (WTS), начнет вдруг поступать смесь Urals с высоким серным фактором, перерабатывающие заводы получат сырье совершенно другого состава, для которого окажутся неверны все прежние технологические расчеты. Это поймет даже дурак. Но почему-то принято думать, что тридцать миллиардов долларов, которые каждый год вывозились из России, могут незаметно слиться с западным капиталом. Считается, что жизненная сила при трансфере полностью обезличивается, и деньги, выкачанные из России, ничем не отличаются от денег из военного бюджета Пентагона, личного состояния Билла Гейтса или внешнего долга Бразилии. Между тем сущности, о которых идет речь, настолько разнятся по своей природе, что их ни в коем случае нельзя смешивать, как нельзя это делать с Urals и Западно-Техасской Кислой».

Чуть дальше Кика делает очень интересное наблюдение:

«Кстати сказать, существует два сорта нефти, которые добываются в разных точках земного шара, но могут замещать друг друга, поскольку практически не отличаются по качеству и имеют один и тот же серный фактор. Жуткий и многозначительный символизм: речь идет о российской смеси Urals и иракской нефти Kirkuk. О Саддам! О Иосиф! Oh Ge-orge!»

В этом разделе Кика, не проявлявший интереса к духовным учениям и числившийся приверженцем ислама только номинально, вплотную приблизился к пониманию того, что самые продвинутые из мусульман называют кармой. Его мысль такова: особенности земного существования душ, превратившихся после смерти в деньги, отбрасывают тень на жизнь общества, пользующегося этими деньгами. Больше того, такая тень становится своего рода лекалом, по которому новые поколения «делают жизнь», даже не догадываясь о том, что именно служит им образцом, хотя постоянно держат этот «образец» в руках в самом прямом смысле. На предсознательном уровне догадки об этом возможны: именно этим объясняется иррациональное на первый взгляд стремление Британии сохранить фунт стерлингов (и весь связанный с ним загробный пантеон империи) после того, как объективные экономические причины для этого исчезли.

«Эхо прошлого, — пишет Кика, — настигает нас на пустыре духа в сумерках истории. Прошлое остается с нами, несмотря на попытки начать все заново, — и всегда оказывается сильнее. Мы не можем ни спрятаться, ни увернуться. Мы даже не в состоянии понять, как именно оно становится будущим. Лист доисторического дерева, отпечатавшийся на угольном сколе, различим в мельчайших деталях, хотя про него нельзя сказать, что он существует: никто не может взять его в руку или заложить между книжных страниц. Но его можно скопировать и даже сделать эмблемой на флаге вроде канадского. Точно так же отзвук прошлого, о котором мы говорим, нематериален и неуловим — но определяет все то, что случится с нами и нашими детьми».

Никаких детей у Кики, кстати, не было.

Что происходит, когда миллионы советских человекодней конвертируются в доллары и евро? По мысли Кики, это равносильно неощутимому и потому особо страшному вторжению армии голодных духов в кровеносную систему международной экономики — но чтобы увидеть это, нужны не придурковатые финансовые аналитики, которые не умеют предсказать рецессию даже через год после того, как она началась, а духовидец наподобие Сведенборга. Читатель, видимо, уже догадался, что таким духовидцем Кика полагает себя.

«Человек, наделенный способностью к духовному зрению, увидит гулаговских зэков в рваных ватниках, которые катят свои тачки по деловым кварталам мировых столиц и беззубо скалятся из витрин дорогих магазинов, — пишет он. — Смешение жизненной энергии двух бывших антиподов мироздания — безответственная и безумная акция, которая изменит лицо мира. Кризис, поразивший наиболее продвинутые экономики, и агрессивная военная паранойя их лидеров — только первое следствие этого эксперимента. Все беды, которые обрушились на западную цивилизацию в начале нового тысячелетия, объясняются тем, что серный фактор западной жизни стал значительно выше».

В России, по его мнению, происходит обратный процесс — экономическая катастрофа и обнищание сопровождаются не демонстрациями и баррикадными боями, как ожидали социологи, а все большей эйфорией и влюбленностью населения в руководство, ведущее народ от одного оврага к другому, — поскольку долларизация страны, сопровождающая это веселое путешествие, снижает серный фактор, и общая инфернальность русской жизни падает.

«Увы, — констатирует Кика, — международные финансовые хищники просчитались — вместо крови они высосали из России весь многовековой ядовитый гной, который теперь безуспешно пытаются переварить».

Это «увы» очень характерно. Многие западные таблоиды, в особенности французские, изображали Кику эдаким «мстителем за Россию», который сводил счеты с воображаемыми виновниками бед своей страны. Ничего не может быть дальше от истины, чем эта точка зрения. «Доказательства», которые приводят журналисты, смехотворны. Например, часто повторяется цитата, где Кика называет Францию «прекрасной скупщицей краденого». Но это вовсе не выражение презрения или ненависти. Напротив, это признание в любви. В кругу, где Кика рос и формировался, никто не стал бы использовать слова «скупщик краденого» в качестве оскорбления, как не стали бы этого делать сбытчики краденого. То же относится и к другим сентенциям Кики, которые выхвачены из контекста и изображают его совсем не тем, чем он был.

Например, утверждают, что Кика называл серным фактором поток несчастий, поразивший семьи олигархов, которые захватили созданные ГУЛАГом богатства. Но во всей «Македонской критике» лишь одна строчка дает повод для такого толкования:

«Предсмертное проклятие сталинских рабов не растворилось бесследно в морозном воздухе Сибири — отразившись в небесных зеркалах, оно нашло себе новых адресатов».

Серный фактор, про который Кика говорит в другом месте и по другому поводу, здесь ни при чем.

Глупо приписывать Кике антибуржуазный пафос, как это делают журналисты, мужественно поднимающие свой голос в защиту капитализма. Кика действительно приступил к осуществлению своего зловещего плана сразу после того, как посетил показ коллекции модельера Джона Галиано, где на подиум падал дождь из лепестков золотой фольги. Этот золотой дождь, к образу которого он возвращается несколько раз, стал для него окончательной метафорой человеконефти — жизненной силы мертвых, воплотившейся в деньгах. Но Кикой управляло вовсе не «омерзение к извращенцам, устраивающим похабные танцы под дождем из перебродившей крови», как писал один излишне проницательный московский обозреватель, путающий собственные чувства с чужими. Наоборот, им двигало стремление защитить хрупкую и утонченную европейскую культуру от опасности, которая, как он полагал, была видна ему одному.

Кика никогда не считал себя левым или правым и не отождествлял себя с какой-либо нацией. Что касается политических взглядов, то их у него просто не было. Он называл себя «мыслящим патриотом» — то есть таким, чей патриотизм распространяется на все места, где тепло и солнечно («История России показала, — писал Кика, — что люди, публично исповедующие иную точку зрения, как правило, просто лжецы, пробирающиеся в теплые и солнечные места окольным путем, причиняя при этом неисчислимые страдания ближним»). Дитя Европы, он имел, если так можно выразиться, среднюю для евротрубы identity[1], составленную из обрывков телепередач, комиксов и рекламных клипов, поглощенных им в разных европейских столицах. Вот как он говорит сам:

«Если сравнивать мою душу со зданием, то в ее стены легло лишь несколько вывезенных из России булыжников, которые из орудия пролетариата давно превратились во что-то вроде гадательных камней (мои внутренние Урим и Туммим), которые не делают меня

[1] Самоидентификация.

врагом западных ценностей — я люблю секс и деньги и не стыжусь в этом признаться, — но позволяют мне видеть то, чего не понимают наивные и доверчивые европейцы».

Вряд ли разумно объяснять действия Кики и сексуальными проблемами. Эта точка зрения опирается главным образом на то, что Кика заменяет все непристойные термины сокращениями с прочерком — по мысли некоторых склонных к психоанализу авторов, это отражает его половую несостоятельность. Но Кика проделывает ту же операцию и со словом «б-г», беря пример с еврейских священных текстов. Чем это вызвано — стремлением к особо изощренному богохульству или простым оригинальничаньем, — сказать сложно, и вопрос остается открытым. Вот как, например, выглядит пассаж, посвященный писателю Мишелю Уэльбеку, которого Кика причислил к ведомству современной французской мысли:

«Уэльбек, этот живой французский ум, обращает было свой взор к тайне мира, но уже через абзац или два срывается и барахтается — надо полагать, не без удовольствия — в очередной слепленной из букв п-де. Впрочем, не в ней ли главная тайна мира и главный его соблазн? Так спросил бы юный Бодрияр. На что Деррида заметил бы, что п-да и х-й, которые вместе с популярным изложением основ квантовой механики занимают в творчестве Уэльбека центральное место, есть не настоящие репродуктивные органы, а, скорее, их потемкинские симулякры на „холодном и бледном“ (Сартр) теле французского языка. А я, Кика, добавил бы вот что: в отличие от авторов, которые работают по справочникам и энциклопедиям, мне два или три раза в жизни действительно доводилось стоять лицом к лицу с п-дой, глядя прямо в ее тусклый немигающий глаз, поэтому эротические периоды Уэльбека кажутся мне несколько надуманными, умственными, показывающими блестящее знание теории, но обнажающими досадную нехватку практического опыта. Впрочем, б-г с ним. Я не стану упрекать его в том, что он эксплуатирует сексуальную фрустрацию французского обывателя. Но не потому, что нахожу главную ноту его романов безжалостно точной, а потому, что нет слов, какими я мог бы выразить, насколько мне по х-ю французский обыватель».

Как видно из последней фразы, о ненависти тут говорить не приходится. Мотивация его поступков не имела отношения к мести. Она была диаметрально противоположной. Кика полагал, что спасает Европу от потока грязной азиатской человеконефти, ставя на ее пути магический заслон. Для этого Нафикову пришлось совершить чудовищное по своему цинизму преступление, но цель, как он был уверен, оправдывала средства.

Кика решил помочь Европе с помощью магии. Если точно — симпатической магии, которая призвана воздействовать на большое через подобное ему малое. Суть его идеи сводилась к тому, что Европу можно спасти с помощью прививки, точно так же, как серьезную болезнь предотвращают, заставляя организм переболеть ею в легкой форме.

«Я знаю, что меня проклянут и поставят в один ряд с Джеком-Потрошителем, — пишет Кика, — но кто-то должен взять на себя этот неблагодарный труд. Когда-то варвар Теодорих встал на защиту Рима. Теперь, в наши равно пограничные времена, Теодорихом суждено стать мне».

Новый Теодорих начал свое служение древней европейской цивилизации с того, что снял на рю Сен-Оноре в Париже двухэтажный офис для совместного предприятия «Ойл Эве». Название объяснялось тем, что фирма была зарегистрирована на территории Эвенкского национального округа с целью максимального ухода от налогов — даже на дне шизофрении, как мы видим, потомственный нефтяник не терял деловой сметки.

А дальше Кика стал добывать нефть из французов и откачивать ее обратно в Россию.

Разумеется, речь здесь идет не о густой маслянистой жидкости черного цвета, а о ее виртуальном аналоге, который Кика называл «человеконефтью», — то есть деньгах, которыми становится человеческое страдание. Его выкладки и рассуждения на эту тему напоминают то рассказ Лавкрафта, то сочинения средневекового мистика; они приводят к схеме, где изощренная логика соседствует с разнузданным безумием. По плану Кики, чтобы восстановить нарушенный баланс энергий на европейском пространстве, следовало организовать обратный вывоз капитала из Европы в Россию, пусть даже символический. Но этот капитал обязательно должен был быть функцией человеческого страдания — только это гарантировало магической операции-прививке успех.

Выше мы говорили, что ненависть Кики к Бодрияру сродни эдипову комплексу, потому что Бодрияр был истинным отцом большинства его идей. Вот еще одно подтверждение: трудно не заметить, что весь оккультно-инженерный проект Кики — шизофреническая реакция на книгу «Символический обмен и смерть». Если точно, даже не на саму книгу, а на ту единственную ее часть, которая доступна заурядному уму, — название. Скорее всего, именно оно запало Кике в душу и стало руководством к действию.

«Ойл Эве» было странным предприятием. Его сотрудники набирались из одиноких людей; их огромная зарплата служила компенсацией за долгую командировку «в довольно малоинтересную местность», куда их отправляли вскоре после подписания контракта. Фирма пожирала огромное количество денег, производя смутный и совершенно невостребованный продукт под названием *«консультационно-посреднические и расчетно-технические услуги по инвестированию в разведку, освоение и разработку перспективных нефтяных месторождений в зонах взаимно оговоренного интереса»*. Консультационными услугами «Ойл Эве», как выяснилось впоследствии, пользовалось только одно предприятие — русско-немецкий консорциум «Айн Нене», зарегистрированный на территории Ненецкой Республики все с той же целью — попасть под налоговую льготу. Учредителем «Айн Нене» тоже был Кика.

Все это было просто ширмой от полиции и налоговых служб. В офисе на рю Сен-Оноре сидело пять-шесть секретарш, занятых «подготовкой технических условий» или «согласованием расчетных единиц» — речь всегда шла о немудреной технической работе, чуть более сложной, чем перекладывание бумаг из одной папки в другую. После того как «Ойл Эве» выполняло заказ «Айн Нене», деньги с франкфуртского счета Кики переводились на парижский.

Хотя оба предприятия были убыточными и просто транжирили Кикины средства, с технической точки зрения деньги на парижском счету были доходом от деятельности «Ойл Эве», с которого Кика платил налог, что делало его респектабельным бизнесменом. Поэтому никто до поры до времени не задавался вопросом, что это за «длительная командировка в малоинтересную местность», куда так доверчиво отправлялись сотрудники совместного предприятия после фуршета на рю Сен-Оноре.

Подозрения возникли после того, как одного из командированных стала разыскивать его бывшая подруга, которой он явился во сне в виде страдающего духа. Сначала в полиции отмахивались от назойливой посетительницы, сочтя ее ненормальной, но в конце концов вынуждены были начать расследование. Вскоре после этого поступило еще несколько заявлений об исчезновении сотрудников «Ойл Эве», и Кикой заинтересовались всерьез. За ним была установлена слежка, которая не дала никаких результатов.

Однажды, когда он выходил из ресторана «Нобу», к нему подошли двое сотрудников криминальной полиции и попросили сесть с ними в машину. Кика подчинился, но потребовал, чтобы на допросе присутствовал адвокат.

После прибытия адвоката Кика сказал, что хочет сделать заявление. Следователи включили свои диктофоны, адвокат — свой, после чего Кика залез на стол и на прекрасном французском языке произнес полуторачасовой монолог, главная мысль которого сводилась к тому, что сброшенные гадюками шкурки и следы сорок на речном песке должны рассматриваться в качестве элементов дискурса наравне с половыми сношениями, джазовыми фестивалями и авиационными бомбардировками.

Это произвело на полицейских такое сильное впечатление, что Кика был немедленно отпущен под подписку о невыезде даже без залога. Но на следующий день в полицию поступили новые заявления о пропажах людей, и информация просочилась в газеты. Был выписан ордер на арест Кики, но он к этому моменту уже скрылся в неизвестном направлении. Полиция отправилась на рю Сен-Оноре.

Документы в офисе «Ойл Эве» не содержали никакой прямой информации о судьбе пропавших. Но в сейфе Кикиного кабинета была обнаружена документация на мощную печь для сжигания мусора, недавно приобретенную фирмой. Никто из сотрудников ничего об этом не знал. Кроме того, были найдены заметки Кики и два его рисунка, чрезвычайно встревожившие следствие (впоследствии они были опубликованы в приложении к «Македонской критике»).

Первый набросок Кики изображал кирпичную трубу, окольцованную проводом, по которому пунктирной стрелочкой было показано движение денег. Из пометок под рисунком следовало, что по проводу осуществлялся банковский перевод в Россию. Отдельно был изображен защитный короб, в сечении похожий на гроб. В нем провод поднимался по трубе, делал петлю у ее жерла и сбегал вниз. Эту технически бессмысленную подробность Кика считал необходимой, чтобы соблюсти полную симметрию с нефтяным бизнесом: деньги должны были проходить «по трубе» и «через гроб», так и написано под чертежом. Но откуда и куда идет провод, из схемы не было ясно. Трубу на эскизе окружали несколько деревьев; с большой аккуратностью были прорисованы кирпичи, ведущие к жерлу скобы и дым. Рядом в воздухе застыла птица; под птицей — рукописный стишок:

Как-то раз восьмого марта
Бодрияр Соссюр у Барта.

Интересно, что это единственное упоминание Ролана Барта во всем теоретическом наследии Кики.

Второй рисунок своей туманной многозначностью произвел на следствие еще большее впечатление. Подпись гласила, что это — «треугольник Соссюра», вписанный в «треугольник Гудериана». Уже знакомого с предметом читателя не удивит, что треугольник Соссюра представлял собой фигуру с девятью углами, вершинами которой наряду с такими понятиями, как «знак» и «означаемое», служили циррозная гусиная печень «фуа гра», красное вино «Божоле» и тайные места человеческого тела.

Что касается треугольника Гудериана, то здесь имелся в виду прицел немецкого танка «тигр» — насечка на оптике, сквозь которую видел мир наводчик орудия. Она действительно представляла собой треугольник, окруженный тремя зубчатыми линиями — двумя горизонтальными и одной вертикальной. У следователей мурашки поползли по коже. Сначала никто не мог понять, при чем тут немецкий танковый стратег Гудериан. И только после того, как кто-то открыл энциклопедию, стало ясно, в чем дело: Гудериан был выпускником Казанского танкового училища, где обучался в тридцатых годах прошлого века.

Интерпол провел обыск в офисе «Айн Нене» во Франкфурте. Оказалось, что это предприятие, помимо составления заказов для парижской конторы, занималось крайне странным делом: строило на берегах уральских рек крохотные замки и разбивало там же карликовые теплицы-виноградники, лоза для которых доставлялась из Франции. Запрос, посланный в Россию, показал, что игрушечные постройки приобретались представителями того же Кики, которые использовали для оплаты покупок счет в московском «Дельта-кредите».

Кроме «Дельта-кредита», с Кикой сотрудничала еще одна московская финансовая структура — «Санбанк». Туда было переведено в общей сложности около тридцати миллионов долларов, дальнейшую судьбу которых следствие не смогло установить. Из обнаруженных документов не было ясно, откуда Кика переводил деньги, — удалось выяснить только балансовую цифру. Полицейские, возможно, поняли бы ее происхождение, будь у них возможность ознакомиться со следующей цитатой из «Македонской критики»:

«Расчеты показывают, что надо удерживать на российском счете-компенсаторе тридцать миллионов евродолларов, — (так Кика называет доллары, трансмутированные из страдания европейцев), — в течение трех лет. Тогда меч судьбы, занесенный над древними цивилизациями Европы, можно будет отразить...»

Но следователи ничего не знали об этом трактате. Им показалось странным, что трансфер осуществлялся суммами в 368 евро (причем каждый день проходило до тысячи переводов). Но в такой активности не было ничего незаконного.

В офисе «Айн Нене» обнаружилось несколько счетов за оплату помещения заброшенной башмачной фабрики под Парижем, которую фирма уже несколько месяцев снимала в аренду. Никто из сотрудников не имел представления о том, что это за фабрика и что там происходит, — все связанные с ней контракты заключал лично Кика. Получив новую информацию, парижская бригада в сопровождении спецназа помчалась по найденному адресу.

Фабрика состояла из нескольких складов и стоявшего особняком производственного цеха, похожего на ангар. К ангару примыкала пристройка, над которой дымила кирпичная труба; сотрудники полиции в бинокль разглядели на ней короб с проводом, в точности как на найденной схеме.

По внешнему периметру весь комплекс охраняли сотрудники частного парижского агентства; производственный цех с крематорием — жутковатого вида бритоголовые братки из Казани в цепях, татуировках и костюмах от Кардена. Там же нашлись два адвоката, которые попытались задержать следствие, требуя у полицейских то одну бумагу, то другую, так что спецназ оказался весьма кстати. Всю эту публику пришлось припугнуть и запереть в пустом складе, после чего спецназ с оружием наготове ворвался в производственный цех, готовясь увидеть самое страшное.

Но того, что открылось их глазам, не ожидал никто.

«Мне показалось, — описывал впоследствии свои впечатления один из полицейских, — что это какая-то эфиопская „Матрица“ или, может быть, съемочная площадка садомазохистского порноблокбастера. Или та часть ада, которую у Данте не хватило бесстыдства описать».

В помещении цеха было смонтировано тридцать семь одинаковых ячеек, напоминающих индивидуальное рабочее место в офисе, так называемый cubicle. Но на этом рабочем месте не было ни стола, ни даже стула. Находившиеся в ячейках люди были подвешены на специальных ремнях в позе, напоминающей положение животного в стойле. Их руки и ноги были пристегнуты кожаными лямками ко вбитым в бетонный пол костылям, так что побег был невозможен. Перед лицом каждого из них помещался жидкокристаллический экран, на котором в сложной последовательности высвечивались отрывки из текстов Лакана, Фуко, Бодрияра, Дерриды и других титанов мысли — не забыт был даже Мишель Уэльбек.

Все пленники были совершенно голыми (в помещении поддерживалась постоянная температура). Кабинки располагались в два параллельных ряда; над филейными частями пленников были проложены потолочные рельсы, по которым ездили два одинаковых промышленных робота, изготовленных по заказу Кики в Японии. Компьютерная система, которая переключала тексты на экранах, управляла и роботами. Программа была составлена таким образом, что в тот момент, когда перед кем-нибудь из несчастных страдальцев появлялся отрывок из книги Мишеля Фуко «Надзирать и наказывать», робот оказывался точно над ним и наносил хлесткий удар нейлоновыми розгами по его обнаженным ягодицам. Одновременно с этим компьютерная система осуществляла перевод суммы в 368 евро в Россию, на специальный счет московского «Санбанка» — по тому самому проводу, который делал петлю вокруг жерла трубы.

Кормлением пленников и уборкой помещения занимались две глухонемые афганки в паранджах, что впоследствии дало повод говорить о причастности к делу арабских террористов. Но это, конечно, просто утка, а что до известной фотографии, где Кика в майке с надписью «Je ne regrette rien»[1] стоит рядом с Усамой бен Ладеном, то это некачественная подделка, на которой

---

[1] «Я не жалею ни о чем» *(фр.)*.

при увеличении становятся видны швы от монтажа. Глухонемая обслуга нужна была Кике для того, чтобы уборщицы не жаловались на странности своей работы. Восточные женщины неприхотливы, а условия труда в производственном цехе были довольно тяжелы.

Тяжелы они были прежде всего потому, что там стояла невыносимая вонь — все пленники страдали расстройством желудка из-за своей диеты. Женщины в паранджах кормили их исключительно суши с фуа гра — это блюдо в огромном количестве готовил в соседней деревушке нанятый Кикой повар из парижского ресторана «Мэнрэй». Пили пленники только свежее «Божоле». Подаваемое к суши красное вино должно было, по мысли Кики, сделать их страдания невыносимыми.

Однако здесь он просчитался — циррозная гусиная печень, по мнению многих экспертов, вполне сочетается с молодым красным вином. Как заметил по этому поводу один парижский философ, пугаться самого сочетания слов «суши» и «красное», абстрагируясь от референций, к которым апеллируют эти знаки, означает попасть под влияние номинализма, чтобы не сказать лингвистического детерминизма в его самом примитивном воплощении. Вот тебе, Кика, вот тебе...

Следователи догадались, что еда и некоторые другие детали происходящего, которыми мы не будем смущать читателя, были вариацией на тему «треугольника Соссюра». «Треугольник Гудериана» тоже не был забыт: пол и поддерживающие потолок колонны покрывал орнамент из треугольничков и зигзагообразных линий. Глухие стены помещения украшала фреска-триптих под названием «Мишель Фуко получает от ЦРУ миллион долларов за клевету на СССР». Фуко был изображен три раза — напротив входа он получал во мраке ночи свои сребреники, а на двух боковых стенах бестрепетно и бесстыдно клеветал, делая вид, что не видит вокруг ни комбайнов, ни спутников, ни океанов пшеницы, ни мерцающих огнями новостроек. И над всем этим, заглушая голоса и делая дискурс невозможным, несся из мощных динамиков этнофутуристический хор Клауса Бадельта из фильма «Машина времени».

Следствие сделало несколько умных и точных интерпретаций. Во-первых, было объяснено происхождение суммы в 368 евро, которая переводилась в Россию при каждом ударе розог. Это был увеличенный на два порядка коэффициент из формулы для вычисления серного фактора, которая дважды встречается в «Македонской критике»:

$$Сф = 3{,}68\ (s_2 - s_1) \text{ долларов за тонну}$$

Однако иные предположения заходят, пожалуй, чересчур далеко. Например, высказывалась догадка, что макеты Эйфелевой башни и собора Василия Блаженного, стоявшие в разных концах производственного цеха, символизируют слагаемые в выражении $(s_2 - s_1)$, а роль минуса играет флагшток с русским и французским триколорами в центре помещения. По понятным причинам, это утверждение трудно поддается проверке.

Другая гипотеза касается количества пленников, которых, как мы уже говорили, было тридцать семь. Основываясь на том, что среди жертв было тридцать шесть французов и один бельгиец, следствие предположило, что это скрытая репрезентация числа 36,8 — увеличенный на порядок серный коэффициент 3,68. В пользу этого предположения говорит то, что число 36,8 как раз вписывается в ряд между 3,68 и 368. Но Кика, в отличие от следователя, которого посетила эта догадка, никогда не был шовинистом.

Пыточный цех функционировал без всяких сбоев поразительно долгое время. Многие задавались вопросом, как такое могло произойти в самом центре Европы. Но Кика оказался очень предусмотрительным безумцем — никто из вовлеченных в дело даже не подозревал, что на фабрике происходит что-то странное. Из здания никогда ничего не выносили. Все отходы жизнедеятельности пленников сжигались в той самой печи, документы на которую были обнаружены на рю Сен-Оноре — это по ее трубе проходил провод в гробообразном коробе. Возможно, кремация тоже играла какую-то роль в алхимических построениях Кики, но сейчас об этом бесполезно гадать.

Сотрудники парижского охранного агентства никогда не приближались к производственному цеху, охраняя только внешний периметр фабрики, а казанские братки, которые часто заходили внутрь и видели все, что там творилось, были введены в заблуждение Кикой, сказавшим, что в помещении фабрики «парятся его должники». Казанские ребята были уверены, что участвуют в нормальном бизнесе по получению долгов, и их шокировала правда, которая открылась им на следствии.

— Да если б мы знали, что это такой моральный урод, — сказал бригадир казанских Марат, — мы б его сами на ремнях подвесили.

Самым удивительным было то, что никто из потерпевших так и не стал предъявлять Кике уголовного иска, и это пришлось сделать государству. Подписанный потерпевшими контракт был составлен таким образом, что его можно было истолковать как согласие участников на проводимый эксперимент; разрывая его, они теряли право на свое более чем значительное вознаграждение. Поэтому громкого дела не получилось. Но у следствия накопилось столько вопросов к Кике, что и по сей день он остается в списке разыскиваемых Интерполом.

Ходили слухи, что Кика вернулся в Казань и даже написал для Татарского академического театра либретто — автобиографический балет «Непрошеный гость». Другие утверждали, что он поселился в Буэнос-Айресе. Третьи видели его в Малибу. Все эти слухи остались без подтверждения. Достоверно известно одно — спасаясь от отчуждения своей французской собственности, Кика передал виллу на Кап-Ферра в собственность Уриму и Туммиму.

Урим и Туммим поженились в Швеции и теперь мирно живут на вилле. С журналистами они общаются не очень охотно и вообще не любят шума вокруг себя. Тем не менее недавно они участвовали в берлинском love-параде. Достав из вод Средиземного моря бронзовых слоников Церетели, они вернули их на место, покрасив в розовый цвет. Теперь о Кике на вилле напоминает только его автограф на стене — выведенная черной краской надпись:

«Люди думают, что торгуют нефтью, а сами становятся ею».

Урим и Туммим говорят, что оставили ее на память. Фотография счастливой парочки возле розовых слонов, больше похожих на поросят, обошла все парижские журналы. Российский атташе по делам культуры выразил было по этому поводу вялый протест, но в защиту Урима с Туммимом выступил сам Вацлав Гавел, находившийся проездом во Франции, и дело замяли.

Что известно про Кику? Он жив; из нескольких сделанных им для печати заявлений следует, что он до сих пор уверен, что спас неблагодарную Европу от нового средневековья (нам, татарам, это не впервые, добавляет Кика). Но в деле, которое он считал главным, — разоблачении французских философов XX века, — он, на наш взгляд, потерпел полное фиаско. Чем яростнее он нападает на эти великие умы, тем сильнее чувствуется, насколько он им не ровня. Инсинуации Кики можно считать своего рода комплиментом: то, что безразлично, не атакуют с такой звериной яростью.

Философия — темный для непосвященного предмет, поэтому мы говорим не о сути его нападок. Дело в интонации, которая каждый раз выдает его с головой, — как, например, в пассаже, которым кончается «Македонская критика французской мысли»:

«В знаменитых французских комедиях — „Высоком блондине“, „Великолепном“, „Такси-2“ и других — встречается следующая тема: немолодой и явно не спортивный человек кривляется перед зеркалом или другими людьми, смешно пародируя приемы кунг-фу, причем самое уморительное в том, что он явно не умеет правильно стоять на ногах, но тем не менее имитирует запредельно продвинутый, почти мистический уровень мастерства, как бы намечая удары по нервным центрам и вроде бы выполняя энергетические пассы, и вот эта высшая и тайная техника, которую может оценить только другой достигший совершенства мастер, и то разве что во время смертельного поединка где-нибудь в Гималаях, вдруг оказывается изображена перед камерой с таким самозабвенным всхлипом, что вспоминается полная необязательность для истинного мастера чего бы то ни было, в том числе и умения правильно стоять на ногах; отвислое брюшко начинает казаться вместилищем всей мировой энергии ци, волосатые худенькие ручки — каналами, по которым, если надо, хлынет сверхъестественная мощь, и сознание несколько секунд балансирует на пороге того, чтобы поверить в эту буффонаду. Именно возможность задаться, пусть только на миг, вопросом: „А вдруг правда?!“ — и делает происходящее на экране так невыразимо смешным.

Скромное обаяние современной французской мысли основано, в сущности, на том же самом эффекте».

Эссе

ЗОМБИФИКАЦИЯ

Опыт сравнительной антропологии

> Зомбификация всегда казалась мне страшнейшей из судеб.
>
> *Уэйд Дэвис*

Джеймс Бонд

Обнаженный Бонд вышел в коридор и разорвал несколько упаковок. Чуть позже, уже в белой рубашке и темно-синих брюках, он прошел в гостиную, придвинул стул к письменному столу возле окна и открыл «Дерево путешествий» Патрика Лэя Фермора.

Эту удивительную книгу рекомендовал ему сам М.

«Парень, который ее написал, знает, о чем говорит, — сказал тот, — и не забывай, что то, о чем он пишет, происходило на Гаити в тысяча девятьсот пятидесятом году. Это не средневековая черномагическая белиберда. Это практикуется каждый день».

Бонд дошел до середины раздела, посвященного Гаити.

«Следующим шагом, — прочел он, — является обращение к зловещим духам вудуистского пантеона — таким, как Дон Педро, Китта, Мондонг, Бакалу и Зандор — с целью причинения вреда, для знаменитой, пришедшей из Конго, практики превращения людей в зомби и их дальнейшего использования в качестве рабов, для пагубных проклятий и уничтожения врагов. Эффект заклятия, внешней формой которого может быть изображение намеченной жертвы, миниатюрный гроб или жаба, часто усиливается одновременным использованием яда. Отец Косм дополняет этот перечень верованиями, согласно которым обладающие определенными силами люди превращаются в змей, некие

„Лу-Гару“ могут летать ночью в виде летучих мышей-вампиров и сосать детскую кровь, а еще кто-то способен уменьшать себя до крохотных размеров и кататься по сельской местности в тыквах-горлянках. Впечатляет перечисление уголовно-мистических тайных обществ с кошмарными именами — „Макандаль“ (названо в честь гаитянского героя-отравителя), „Зобоп“ (члены которого практикуют грабеж), „Мазанца“, „Капорелата“ и „Винбиндинг“. Это, по его словам, таинственные секты, чьи боги требуют — вместо петуха, голубя, собаки или свиньи, что входит в нормальные ритуалы вуду, — жертвоприношения „безрогого козла“. Выражение „безрогий козел“, разумеется, обозначает человека...»

Бонд перелистывал страницы, и случайные отрывки складывались в его воображении в необычную картину темной религии с ужасающими ритуалами...

Герою романа Яна Флеминга «Live and Let Die» («Живи и дай умереть») еще только предстоит помериться силами с мистером Бигом — огромным седым негром-зомби, работающим на Смерш и МВД, чьих связников он принимает в расположенном в центре Гарлема вудуистском храме, куда заходит отдохнуть от дел и поговорить по-русски.

Отметим странную связь между тайными гаитянскими культами и сталинской контрразведкой, возникшую в сознании — или подсознании — известного английского писателя, и, пока Джеймс Бонд открывает свежую пачку «Честерфилда» и поправляет «Беретту» двадцать пятого калибра в подплечной замшевой кобуре, перенесемся на Гаити, чтобы выяснить, так ли верны слова насчет «темной религии».

Вуду

В 1982 году этноботаник Уэйд Дэвис отправился на Гаити. Целью его поездки было изучение сообщений о случаях зомбификации — магического убийства с последующим воскрешением жертвы и использованием ее в качестве рабочей силы. Дэвису удалось то, что не удавалось ни одному из ученых, занимавшихся до него этой проблемой, — он раскрыл тайну зомбификации, дав ей убедительное естественнонаучное объяснение.

Другим результатом его исследований стала замечательная книга «Змей и Радуга», в которой он описал свои приключения. Для того чтобы получить ответы на интересующие его вопросы, Дэвису пришлось изучить местные культы и чуть ли не вступить в одно из тайных обществ, в чем ему помог мудрый колдун-священник, с которым ему удалось наладить контакт. (Журнал «People» отмечает сходство работы Дэвиса с ранними книгами Карлоса Кастанеды: оно действительно есть, но носит несколько пародийный характер, эта книга хороша по-своему.)

Феномен зомбификации, ассоциирующийся обычно с религией вуду, не занимает в ней центрального места и существует как бы на ее периферии, служа одним из ее практических подтверждений — тем самым «критерием истины», которого так не хватает многим другим учениям.

Вуду действительно можно назвать религией, если вспомнить, что сам термин «религия» происходит от латинского слова «связь». Эта система верований не сводится к какому-то отдельному культу, а является скорее сложным мистическим видением мира, «связывающим» воедино человека, природу и сверхъестественные — то есть надприродные, лежащие вне знакомой реальности — силы. В архаических обществах, отзвуком культуры которых является вуду, святое и магическое тесно переплетено с повседневностью, поэтому попытка дать более-менее полное описание таких религиозных систем в конечном счете приводит к описанию всего образа жизни. Мы ограничимся только самым общим обзором и необходимыми для нашей темы деталями.

Духовная культура Гаити, стержнем которой служит вуду, возникла как амальгама верований жителей множества африканских районов (в течение долгого срока поставлявших рабов для французских плантаторов острова) и европейских влияний — в том числе католицизма. Образованию такого необычного сплава способствовала уникальная история страны, в течение ста лет бывшей единственной, кроме Либерии, независимой «черной» республикой. Официальным вероисповеданием элиты острова был католицизм, но его влияние практически не ощущалось за границами городов. И если городская жизнь была по духу близка к европейской — богатые негритянки Порт-о-Принса щеголяли в парижских туалетах, говорили со своими образованными и тонкими мужьями по-французски и отправляли детей учиться за границу (словом, тропический Санкт-Петербург, населенный неграми), — то сельские общины, где рождалась народная культура, оставались осколками Африки, перенесенными к берегам другого континента. Историческая родина мало-помалу становилась мифом, и потомки выходцев из самых разных племен превращались в собственном сознании в «ti guinin» — «Детей Гвинеи», еще одного варианта обетованной страны, куда после смерти уносилась душа.

На этом культурном фоне и возникла новая религия. Конечно, не новая — новых религий не бывает, — а весьма интересная и необычная смесь элементов старого. Многие этнологи прослеживают связи вудуистских традиций с другими, часто очень далекими культурами. Например, церемония Ghede близка к ритуалу возрождения Озириса, отраженному в древнеегипетской Книге Мертвых. Но любопытней все же то, что выделяет вуду.

Прежде всего — глубокий демократизм этой религии, можно сказать, народность. Если в католицизме священник является «посредником» между верующими и Всевышним, то в вудуизме божества доступны любому, и духовная реальность не просто доступна — она в прямом смысле нисходит на человека, когда в его тело вселяется дух. То, что в других религиях называется «одержанием», в вуду является практической целью, достигаемой с помощью различных ритуалов. Как говорят об этом сами жители Гаити: «Католик идет в церковь, чтобы разговаривать о боге, вудуист танцует во дворе храма, чтобы стать богом».

Роль священника — унгана — заключается не только в объяснении духовной реальности, гадании и проведении церемоний, но и в сохранении этических и социальных норм, передаче знания. Многообразие его функций делает его фактическим лидером общины.

Существование зомби не кажется обитателям острова чем-то странным или особенно интересным, это нечто не совсем ясное, но привычное с детства, как, скажем, отечественное понятие «ударник» — все знают, что они где-то были, кто-то их даже видел, но редко кому приходит в голову вдруг взять и заговорить на эту тему.

Homo Vodoun

Концепция человека в вуду служит основанием всех магических процедур, и выполняемые бокором (колдуном) ритуалы, строго подчиненные представлению о реальной человеческой природе, могут показаться экзотической импровизацией только представителю другой культуры. Для вудуиста они точны, как действия хирурга.

С точки зрения вуду, человек представляет собой несколько тел, наложенных друг на друга, из которых обычному восприятию доступно только одно — физическое, выразительно называемое *corps cadavre*. Следующее — *n'ame* — нечто вроде энергетического дубликата тела, позволяющего ему функционировать, «дух плоти». Он не является индивидуальным и после смерти медленно вытекает из тела, переходя к живущим в почве организмам — полностью этот процесс занимает 18 месяцев. То, что называется душой, по вудуистским представлениям, состоит из двух компонент, называемых *ti bon ange* и *gros bon ange* — «маленький добрый ангел» и «большой добрый ангел». «Большой добрый ангел», подобно «духу плоти», является чисто энергетическим, но более тонким и после смерти немедленно возвращается в бесконечный энергетический резервуар, питающий все живое. «Маленький добрый ангел» — индивидуализированная часть души, источник всего личного. Он способен легко отделяться от тела и возвращаться назад. Это происходит во время сновидений, сильного испуга или во время «одержимости» — когда он временно замещается *лоа* (внешними духами). Именно «маленький добрый ангел» является мишенью магических операций и объектом магической защиты (в некоторых случаях *унган* может помещать его в специальный глиняный кувшин, *канари*, откуда тот продолжает одушевлять тело).

Как правило, после шестнадцати успешных инкарнаций «маленький добрый ангел» вливается в Джа — космическое дыхание, охватывающее всю вселенную.

Последний духовный компонент — *z'etoile* — находится на небе и связан не с телом человека, а с его судьбой, это личная «звезда», аллегорически представляемая в виде тыквы-горлянки, вмещающей надежды и «заказы» на будущую жизнь, автоматически формируемые действиями и мыслями индивида, — словом, то, что в Индии с удивительной меткостью называют кармой.

Исследователи вудуизма давно предполагали существование особого яда, «порошка зомби», — но было неизвестно, что входит в его состав. Еще в 1938 году американский этнограф Зора Херстон, занимавшаяся изучением этой проблемы и видевшая одну женщину-зомби, пыталась дать естественнонаучное объяснение зомбификации.

«Мы заключили, — (речь идет о ее беседе с доктором госпиталя, где содержалась женщина-зомби), — что дело здесь не в воскрешении из мертвых, а в видимости смерти, вызываемой особым наркотиком, действие которого известно ограниченному кругу лиц. Видимо, какой-то секрет был вывезен из Африки и передавался из поколения в поколение. Люди знают, как действуют наркотики и антидот. Ясно, что он разрушает ту часть мозга, которая ведает речью и силой воли. Жертва может двигаться и что-то делать, но не в состоянии сформулировать мысль. Двое докторов хотели раскрыть эту тайну, но не смогли».

Между тем сами жители Гаити никогда не отрицали существования особого «яда зомби» — больше того, о нем даже идет речь в местном уголовном кодексе, и за некоторую сумму денег вполне можно заказать порцию препарата у одного из многочисленных колдунов. Другое дело, что изготовленный им на продажу состав вряд ли подействует. Кроме того, с точки зрения самих колдунов, порошки вовсе не являются главным оружием их магического арсенала.

Основные виды применяемого ими вредоносного воздействия легко поддаются классификации.

Во-первых, это *coup l'aire* — «воздушный удар», способ, которым насылают различные чары, способные вызвать несчастье и болезнь. Духовно сильный человек может сопротивляться их действию и преодолеть его; по ошибке чары могут пасть на кого-нибудь другого.

В связи с недостатком места мы не описываем технологию этой процедуры, незначительно отличающуюся от отечественных аналогов.

Во-вторых, это *coupe n'ame* — «удар по душе», магический способ, с помощью которого похищается «маленький добрый ангел».

В-третьих, это *coupe poudre* — «удар порошком», использование порошка, способного вызвать болезнь или смерть. Именно этот третий способ и применяется при зомбификации — точнее, при получении так называемого *zombi cadavre*, зомби физического тела.

Состав порошка меняется от колдуна к колдуну, в него могут входить ингредиенты с такими необычными названиями, как «разрежь-вода», «сломай-крылья» и т. д. Обязательной составной частью являются человеческие останки — как правило, хорошо растертые кости черепа. Кроме того, используются различные виды ящериц, жаб, рыб и растений.

Уэйду Дэвису удалось получить образцы настоящего «порошка зомби» и полный комплект его составных частей, в который, помимо прочего, входили широко известная галлюциногенная жаба bufo marinus и рыбы sphoeroides testudineus и diodon hystrix. Образцы были сданы им на анализ в одну из американских лабораторий. Интересно, что в его рассказе о результатах исследований тоже появляется Джеймс Бонд — на этот раз из романа «From Russia with love».

Итак, Уэйд Дэвис приходит в лабораторию, куда были отданы привезенные с Гаити образцы, и обращается к проводившему анализ специалисту:

— Так что в них содержится?

— О боже, а я-то думал, что вы специалист по наркотикам. Похоже, вы не очень знакомы с литературой.

Должно быть, я выглядел сконфуженно.

— «Джеймс Бонд». Последняя сцена в «Из России с любовью», один из величайших моментов в ихтиотоксикологии. Английский агент ноль-ноль семь, совершенно беспомощный, парализованный и потерявший сознание от крохотной ранки, нанесенной спрятанным ножом.

Он встал и оглядел свою книжную полку — каким-то образом ему удалось сохранить академический вид, даже когда он вытащил книжку в бумажной обложке из толщи неизвестных научных журналов.

— Помню, что она была где-то здесь. Ага, вот.

Он процитировал:

«Мелькнул ботинок с крохотным металлическим язычком. Бонд почувствовал острую боль в своей правой икре... Онемение поползло по его телу... Дышать стало тяжело... Бонд медленно повернулся на пятках и повалился на пол цвета красного вина».

Книга вернулась на полку.

— У агента ноль-ноль семь не было ни одного шанса, — сказал он с горечью. — А Флеминг чертовски умен. Надо прочесть следующую книгу, чтобы понять, в чем тут дело. Лезвие было отравлено тетродотоксином. Об этом написано в первой главе «Доктора Но».

— А что это такое?

— Нервный токсин, — ответил он. — И нет ничего сильнее.

Фугу

Итак, благодаря усилиям Уэйда Дэвиса тайна «порошка зомби» была наконец раскрыта — активно воздействующей частью этого препарата является тетродотоксин, сильнейший яд, блокирующий передачу нервных импульсов путем «запирания» клеток для ионов натрия. Это вещество содержится во многих животных, в том числе в рыбе фугу — близком родственнике рыб, используемых для приготовления порошка. Фугу в Японии считается деликатесом — особым образом приготовленная, она вполне съедобна. Тем не менее каждый год бывают сотни случаев смертельного отравления — а фугу продолжают готовить. Но не потому, что это крайне вкусно и дает яркое и свежее воспоминание о рискованном приключении, как пишут авторы нескольких мелькнувших в отечественной печати публикаций, пробовавшие фугу в японских ресторанах.

Дело в том, что в небольших концентрациях тетродотоксин действует как наркотик, вызывая эйфорию и приятные физические ощущения, и задачей повара (лицензию на право приготовления фугу получить крайне сложно) является не полное удаление тетродотоксина, а понижение его концентрации до требуемого уровня.

Когда повар все же ошибается, с отравленным происходит следующее — сначала возникает ощущение покалывания в руках и ногах, затем наступает онемение всего тела и паралич, глаза приобретают стеклянный блеск. Наступает смерть (так в 1975 году погиб Мицугора Бандо VIII, артист театра Кабуки, объявленный правительством Японии живым национальным сокровищем) или видимость смерти, вводящая иногда в заблуждение самых опытных врачей. Несмотря на почти полную остановку всех жизненных функций, отравленный продолжает осознавать происходящее.

Вот описание случая отравления фугу, сделанное японским специалистом:

«Один житель Ямагучи отравился фугу в Осака. Было решено, что он умер, и его тело было послано в крематорий в Сенничи. Когда тело стаскивали с тележки, человек пришел в себя, встал и пошел домой... Он помнил все, что с ним происходило».

Трудно сказать, продолжил ли пострадавший свои гастрономические изыскания в области блюд из фугу. Японцы говорят по этому поводу следующее: «Те, кто ест фугу, глупы. Но те, кто не ест фугу, тоже глупы».

Психический фон

Открытие Уэйда Дэвиса объясняет физическую сторону зомбификации — втертый в тело порошок вызывает своеобразный транс, внешне почти неотличимый от смерти, в ночь после похорон могила зомбифицированного раскапывается, и он с помощью специальной процедуры приводится в себя. Но дело здесь не только в яде и, может быть, не столько в нем, сколько в психологическом механизме, который распространен настолько, что даже получил у антропологов специальное название — «вуду-смерть».

Химический яд совершенно одинаково подействует на представителя любой культуры. Но каждая культура формирует свой собственный «психический фон», свой комплекс ожиданий и реакций, более-менее общий для всех ее представителей, который определяет не только социальное поведение людей, но и их психическое и физическое состояние. Причем этот «психический фон» существует не где-то вне людей, а исключительно в их сознании.

Например, западный антрополог, занятый полевой работой в австралийской пустыне, и толпящиеся вокруг него аборигены находятся, несмотря на пространственную близость, в совершенно разных мирах. Пояснить это можно на простом примере. Австралийские колдуны-аборигены носят с собой кости гигантских ящериц, выполняющие роль магического жезла. Стоит колдуну произнести смертный приговор и указать этим жезлом на кого-нибудь из своих соплеменников, как тот заболевает и умирает. Вот антропологическое описание действия такой «команды смерти»:

«Ошеломленный абориген глядит на роковую указку, подняв руки, словно чтобы остановить смертельную субстанцию, которая в его воображении проникает в тело. Его щеки бледнеют, а глаза приобретают стеклянный блеск, лицо ужасно искажается... он старается закричать, но обычный крик застревает у него в горле, а изо рта показывается пена. Его тело начинает содрогаться, он пятится и падает на землю, корчась, словно в смертельной агонии. Через некоторое время он становится очень спокоен и уползает в свое убежище. С этого момента он заболевает и чахнет, отказывается от пищи и не участвует в жизни племени».

Но если колдун попытается сделать то же самое с кем-нибудь из европейцев, хотя бы с тем же антропологом, вряд ли у него что-нибудь выйдет. Европеец просто не поймет значительности происходящего — он увидит перед собой невысокого голого человека, махающего звериной костью и бормочущего какие-то слова. Будь это иначе, австралийские колдуны давно правили бы миром.

Все известные случаи зомбификации — той же природы. Если европеец (или человек любой другой культуры) подвергнется действию «порошка зомби», то на него подействует только тетродотоксин, и он либо умрет, либо на время впадет в глубокую кому. А вот на сельского жителя Гаити подействует именно «порошок зомби», и, заметив, что он лежит в гробу и не дышит, он поймет, что кто-то из врагов продал его колдуну, который отделил его «маленького доброго ангела» от тела с помощью магической ловушки.

Магия существует, она чрезвычайно эффективна — но только в своем собственном измерении. Чтобы она действовала на человека, необходимо существование «психического фона», делающего ее возможной. Необходим набор ожиданий, позволяющий определенным образом перенаправить психическую энергию — именно перенаправить, потому что магические воздействия основаны не на мощных внешних влияниях, а на управлении внутренними процессами жертвы, на запуске психических механизмов, формируемых культурой и существующих только в ее рамках.

Этот «психический фон» постепенно меняется — словно кто-то перенастраивает наши «приемники» с одной радиостанции на другую. Мы давно перестали видеть водяных и леших, зато научились видеть летающие тарелки, раньше чудеса творили колдуны — теперь этим занимаются какие-то подозрительные «экстрасенсы», но дело здесь не столько в них, сколько в нашей неосознанной готовности или осознанном нежелании участвовать в их камланиях, основанных на использовании ими же создаваемого «психического» фона.

Почти выкорчевав религию (которая в свое время с такой же непримиримостью вытеснила магию), мы с радостным изумлением узнали, что о наших душах и телах могут позаботиться некие «целители». И чем больше мы в это верим, чем больше к этому готовы, тем больше их будет. Но австралийский абориген, попавший на сеанс такого «целителя», вряд ли осознал бы значительность ситуации — скорее всего, он увидел бы невысокого одетого человека, бубнящего какие-то слова и делающего странные пассы руками.

Homo советский

Австралийскими аборигенами очень легко управлять. Но управлять нами до недавнего времени было немногим сложнее. Попробуем перенестись на четверть века назад и увидеть принципы формирования уже полузабытого сейчас «психического фона» глазами антрополога.

Магия преследует нас с детства. Сначала нас украшают маленькой пентаграммой из красной пластмассы с портретом кудрявого покровителя всей малышни. При этом мы получаем первое из магических имен — «октябрята» и узнаем, что «так назвали нас не зря — в честь победы Октября». Интересно, что первая магическая инициация проводится в таком же возрасте только, пожалуй, у индейцев хиваро (восточный Эквадор), когда ребенка угощают специальным составом, называемым маикуа, и отправляют на поиски своей души.

Эта первая инициация (имеется в виду прием в октябрята) не несет в себе ничего угрожающего и является игрой в будущее. Вторая инициация уже сложнее — подросших детей обучают начаткам ритуала («салют», «честное пионерское») и символике — вручаются новый значок (пылающая пентаграмма из металлического сплава) и неравнобедренный треугольник из красной материи (его концы символизируют отца, сына и старшего брата), который завязывается узлом в районе горлового центра и обеспечивает симпатическую связь с Красным знаменем (поэтому значок просто вручается, а галстук как бы доверяется, и хоть он свободно продается за семьдесят копеек вместе с носками и мылом, но, купленный, становится сакральным объектом и требует особого отношения). Дается второй магический статус — «пионер», и в сознание впервые внедряется страх потерять его. Исключение из пионеров — практически не встречающаяся процедура, но само ее упоминание рождает в детской душе страх оказаться парией. Этот страх начинает использоваться административно-педагогическим персоналом с целью «воспитания» и контроля:

— А ну, кто там курит в туалете? Кто там хочет расстаться с галстуком на совете дружины?

И откуда-то сверху, приминая к земле, несется грозно-загадочное:

— Будь готов!!!

— Всегда готов! — повторяем мы, давая самим себе то, что телегипнотизеры позже назовут установкой. Причем происходит это в детстве, когда психика крайне восприимчива. Потом, когда мы вырастаем, выясняется, что мы и правда готовы ко многому.

Третья массовая инициация — прием в комсомол, совмещенный по времени с половым созреванием. К этому времени участие в многочисленных и малозаметных магических процедурах подготавливает нас к следующей, очень важной ступени — интериоризации внешних структур.

Еще в качестве «пионеров» мы внутренне воспроизводили ритуалы, в которых нас заставляли участвовать, — например, давая друг другу «честное пионерское». Произнесение этого заклинания было надежной гарантией правдивости информации — примерно так в уголовной среде «дают зуб», только «дающий зуб» и нарушающий слово лишается зуба, а дающий «честное пионерское» и нарушающий его оказывается наедине с разгневанной «пионерской совестью» — социальной функцией, интериоризованной с помощью магии.

Интериоризация — длительный процесс, завершающийся формированием так называемого «внутреннего парткома», с успехом заменяющего внешний у различного рода чиновников, редакторов и т. п. Работа внутреннего парткома протекает либо в форме визуализации — человек, обдумывая требующую решения ситуацию, представляет себе нечто вроде заседания, на котором обсуждается его выбор (или визуализирует начальника и его реакцию), либо, на более глубокой стадии, в форме физических ощущений — сосания под ложечкой, прилива крови к голове и т. д. («Семен, нутром чую — не наш он!») Интериоризация превращает наблюдателя в участника.

Новый магический статус комсомольца — вещь уже серьезная. Он не приносит ощутимых выгод, но в состоянии принести ощутимые неприятности. На этом этапе символика переходит с индивидуального уровня на групповой: возникают различные «треугольники» и «пятерки» (так называют магических кураторов производственных подразделений и заместителей секретаря крупной комсомольской организации). То же касается и ритуала — он не отмирает, а утончается и становится эзотерическим, то есть передаваемым непосредственно. Комсомольские работники определяют фасоны своих усиков и костюмов, опираясь не на какие-то тексты или инструкции, а руководствуясь чутьем. То же чутье определяет их манеры и лексику. Комплект правил, которыми они руководствуются, невозможно сформулировать — тем не менее почти любой комсомолец в состоянии заметить, соблюдаются эти правила или нет.

Здесь впервые проявляется чисто вудуистский феномен — постоянно практикуемое «одержание». Представим себе нескольких молодых людей, идущих по коридору, обсуждая последний футбольный матч, баб и вообще жизнь. Все они настроены друг к другу вполне дружелюбно. Но вот они доходят до таблички с надписью «Комитет ВЛКСМ», открывают дверь, входят внутрь и рассаживаются по местам.

Обсуждается персональное дело комсомольца Сидорова, три минуты назад бывшего просто Василием. Меняется все — выражение лиц, манера говорить, даже тембр голоса. Причем людей, произносящих не своим голосом не свои мысли, пробирает дрожь неподдельной искренности — они вовсе не лукавят, просто их «маленькие добрые ангелы» временно замещаются «партийными телами».

Выше мы говорили о концепции души в вуду. Но и у советского человека, помимо физического, имелось несколько тонких тел, как бы наложенных друг на друга: бытовое, производственное, партийное, военное, интернациональное и депутатское. С гибелью физического тела они распадались, за исключением производственного: после смерти советский человек некоторое время жил, как учила м.-л. философия, в плодах своих дел.

Партийное тело начинало формироваться еще в детском саду, укреплялось в процессе магических инициаций и представляло собой интериоризированную партийно-государственную парадигму. Оно существовало и у большинства беспартийных — именно эту компоненту души прославлял лозунг «Да здравствует советский человек — строитель коммунизма!».

Вот пример группового одержания партийными телами, полностью вытесняющими все человеческое (он взят из книги Е. Боннэр «Постскриптум»):

«Я ехала дневным поездом... В купе, кроме меня, были еще две женщины средних лет и один мужчина. Одна из женщин спросила: „...Вы жена Сахарова?“ — „Да, я жена академика Андрея Дмитриевича Сахарова“. Тут вмешался мужчина: „Какой он академик. Его давно гнать надо было. А вас вообще...“ Что „вообще“ — он не сказал.

Потом одна из женщин заявила, что она советская преподавательница и ехать со мной в одном купе не может. (Мы знаем, что после прибытия духа он называет себя, при этом меняются голос и манеры медиума. — *В. П.*) Другая и мужчины стали говорить что-то похожее. Кто-то вызвал проводницу. Уже все говорили громко, кричали. Проводница сказала, что раз у меня билет, то она выгнать меня не может. Крик усилился, стали подходить и включаться люди из других купе, они плотно забили коридор вагона, требовали остановки поезда и чтобы меня вышвырнуть. Кричали что-то про войну и про евреев... Мы протискивались мимо людей, и я прямо ощущала физические флюиды ненависти...»

Происходящее на комсомольском собрании практически не отличается от одержания духом — участники точно так же предоставляют свои тела некой силе, не являющейся их нормальным «я», разница только в том, что здесь мы имеем дело с групповым одержанием системой. Смысл провозглашавшегося когда-то «воспитания нового человека» — сделать это одержание индивидуальным и постоянным.

Следующая ступень инициации — партия. То, что происходит в комсомоле, — только подготовка к ней, комсомольцы играют в партию точно так же, как пионеры играют в комсомол, а октябрята — в пионеров. Об интенсивности происходящих в партии процессов можно судить по известному анекдоту о каннском фестивале фильмов ужасов, где разные «Челюсти» и «Механические апельсины» уступают все призы советской ленте «Утеря партбилета». Здесь в полной мере проявляется феномен «вуду-смерти» (многочисленные инфаркты, вызванные совершенно нематериальными партийными взысканиями) и действуют различные «воздушные удары» *(coupe l'air)* — с занесением и без.

Племя алгонкин (северо-восток Северной Америки) использует дурман (местное название — виссокан) в ритуале инициации. Подростки запираются в специальных длинных строениях, где на протяжении двух-трех недель едят исключительно дурман; выходя оттуда, они уже не помнят, что это такое — быть детьми, зато знают, что стали взрослыми. Но вряд ли они понимают, что то, что с ними было, является инициацией с ритуальным употреблением психотропа, — это понимаем только мы. Индейцы просто растут и превращаются из мальчиков в охотников и воинов, «психический фон» их культуры делает процедуру инициации естественным и необходимым процессом. Точно так же и мы не осознаем нашего постепенного затягивания в зубчатый механизм магии и вспоминаем не этапы деформации нашего сознания, а майский ветер, теребящий концы свежевыглаженного галстука, или бледное лицо комсомольского функционера, интересующегося фамилией любимого литературного героя при «прохождении» райкома. Мы глядим на магию изнутри, мы там все вместе, и мы уже не помним, что это такое — быть где-то еще.

Лексическая шизофрения

В далеких друг от друга культурах действуют одинаковые законы, культуры отражаются друг в друге, выявляют свою общность — и мы начинаем понимать, что в действительности с нами происходит. Иначе мы можем просто не ощутить этого — так, как не слышим жужжания холодильника до того момента, когда он выключается. («Музыка стихла — вернее, стало заметно, что она играла».)

Но культура отражается и в себе самой. Все заметные девиации «психического фона» тут же, как фотокамерой, фиксируются языком. Мы живем среди слов и того, что можно ими выразить. Словарь любого языка одновременно является полным каталогом доступных восприятию этой культуры феноменов — когда изменяется лексика, изменяется и наш мир, и наоборот.

Попробуем очень коротко описать механику этого процесса. Язык содержит «единицы смысла» (термин Карлоса Кастанеды), используемые в качестве строительного материала для создания лексического аппарата, соответствующего культуре психической деятельности. Эти «единицы смысла» уже есть — они сформированы в далекой древности и, как правило, соответствуют корням слов. Лексика, отвечающая новому «психическому фону», возникает как результат переработки имеющихся смысловых единиц и формирования их новых сочетаний.

Полная неконтролируемость этого процесса делает его удивительно точным зеркалом реальной природы нового состояния сознания. Одновременно само это новое сознание формируется возникающей лексической структурой, дающей ему уже упоминавшуюся «установку».

Любое слово, каким-то образом соединяющее единицы смысла, подвергается подсознательному анализу. Происходит внутреннее расщепление слов, каждое из которых становится элементарной гипнотической командой. Это свойственно и устоявшимся лексическим конструкциям, но энергия связи смысловых единиц (ее можно сравнить с энергией химической связи), существующая в них, как раз и поддерживает то, что называют национальным менталитетом, формируя ассоциативные ряды, общие для всех носителей языка.

Здесь могут существовать два извращения — либо конструкции, которые можно назвать «бинарным лексическим оружием» (деструктивное и шизофреническое сочетание безвредных по отдельности смысловых единиц), либо «неслова» — хаотические и непривычные сочетания букв и звуков, дырявящие прежний «психический фон», одновременно замещая его элементы (то же делает с клеткой вирус). Поэтому носители нового «психического фона» как бы заражают им остальных, распространяя шизолексику: им важно не «реорганизовать Рабкрин» или «отмобилизовать электорат», а повлиять на чужую психику, проделав в ней как можно больше брешей.

Посмотрим, какие пилюли каждый день глотала наша душа.

Рай-со-бес. Рай-и-с-полком. Гор-и-с-полком (или, если оставить в покое Древний Египет, гори-с-полком). Об-ком (звонит колокол?). Рай-ком. Гор-ком. Край-ком. Знаменитая Индус-три-Али-за-ция. (Какой-то индийско-пакистанский конфликт, где на одного индийца приходится три мусульманина.) Парторг (паром, что ли, торгует?). Первичка (видимо, дочь какой-то певички и Пер Гюнта).

Мы ходили по улицам, со стен которых на нас смотрели МОСГОРСОВЕТ, ЦПКТБТЕКСТИЛЬПРОМ, МИНСРЕДНЕТЯЖМАШ, МОСГОРТРАНС (!), французские мокрушники ЖЭК, РЭУ и ДЭЗ, плотоядное ПЖРО и пантагрюэлистически-фекальное РЖУ-РСУ № 9. А правил всеми этими демонами Цэкака Пээсэс, про который известно, что он был «ленинский» и мог являться народу во время плена ума (пленума).

Это не какие-то исключения, а просто первое, что вспоминается. Любой может проверить степень распространенности лексической шизофрении, вспомнив названия мест своей работы и учебы (тех-ни-кум, пэтэу, МИИГАИК). И это только эхо лексического Чернобыля первых лет советской власти.

Все эти древнетатарско-марсианские термины рождают ощущение какой-то непреклонной нечеловеческой силы — ничто человеческое не может так называться, Это, если вспомнить гаитянскую терминологию, «лексический удар», настигавший любого, кто хоть изредка поднимал взгляд на разноцветные вывески советских учреждений. Впрочем, демонические имена смотрели на нас и с крышек люков под ногами.

Существует также шизофрения словосочетаний (*товарищ командующий* и прочие оксюмороны) и предложений (почти любой лозунг на крышах домов — «Слава КПСС!», «Бери от жизни все!» и тому подобное). Есть даже шизофрения кавычек: газета «Правда», газета «Известия», газета «Коммерсант», газета «Завтра».

Теперь вспомним Зору Херстон: «Ясно, что он (порошок зомби) разрушает ту часть мозга, которая ведает речью и силой воли». (Магические инициации приводят к замещению свободной воли многочисленными «так надо»-комплексами.)

Разумеется, в любой культуре существует некоторое количество оксюморонов и «неслов» — как в каждом организме присутствуют бактерии и вирусы. Но, кроме нашей культуры, на оксюморонах не основана ни одна, разве что дзен-буддизм. (Кстати, целью в обоих случаях служит одно и то же — разрушение старого психического уклада, но в одном случае ищут озарения, в другом — вызывают принудительное «отемнение»: идя вперед и пятясь назад, мы делаем одинаковые движения.)

Мы приводили названия гаитянских уголовно-мистических обществ и имена местных злых духов, напугавшие Патрика Лэй Фермора. Эта кошмарность, довольно, впрочем, музыкальная для нашего уха, функциональна — она является одним из многих элементов, создающих «психический фон», который делает возможным зомбификацию. Страх перед непонятным и ощущение присутствия некой злой и могущественной силы, в любой момент способной поглотить каждого, — ее непременные условия, та «дверь», через которую и проходит «удар по душе», кто бы его ни направлял — Китта с Мондонгом, кэгэбэ с муром или эффективные менеджеры со своими пиар-директорами.

Зомбилизация

Говоря о своих зомбифицированных знакомых, жители Гаити употребляют очень характерную идиому: «пройти через землю» или «пройти под землей». Мы уже знаем, что физиологический аспект зомбификации объясняется применением тетродотоксина, но мы не говорили о том, как трактует эту процедуру культура вуду.

С точки зрения вудуиста, зомбификация требует двух условий: неестественной смерти и магической церемонии на кладбище. Магическая сила бокора вызывает «смерть» жертвы, ее хоронят (лузеры-зомби гибнут при этом от удушья), а на следующую ночь откапывают. Человека, уже получившего сильнейшую психическую травму, избивают, связывают, кладут перед крестом, чтобы дать ему новое имя, затем опять избивают. После крещения его заставляют принять большую дозу дурмана (гаитянское название последнего — «зомбический огурец» — связано, видимо, с формой корня). Дурман вызывает у жертвы потерю ориентации и амнезию. Затем зомбифицированного увозят куда-то в ночь.

Теперь вспомним, как в тридцатые годы проходил арест «врага народа» (типичный пример негативного магического статуса). Человек возвращается с работы, ужинает под блеяние радиоприемника и ложится спать. И вдруг посреди ночи — они всегда приходили ночью — в его жилище врывается банда каких-то оперуполномоченных, посланцев райотдела (Рай от дел?) Энкавэдэ. Предъявление ордера, несколько суровых фраз, короткий обыск, конвоирование. От гаитянской эту процедуру отличает в основном то, что в ночь увозят раньше, чем избивают (бьют во время допроса) и дают новое имя (что-нибудь вроде Щ-5842), — впрочем, как и на Гаити, многие погибают до зомбификации.

Другим мощным зомбификатором является служба в армии. После зомбилизации человека бреют, переодевают и дают ему официальный статус «рядового». Одновременно он получает неофициальный, но куда более существенный для дальнейшего статус «салаги». «Салага» подвергается частым ночным избиениям со стороны старослужащих, стирает их белье, выполняет унизительные операции вроде чистки сортирного пола зубной щеткой. Затем он поучает промежуточный статус «черпака» и «деда» (на этой стадии он начинает принимать участие в ритуалах зомбификации новобранцев, внешней атрибутикой является сильно выгнутая пряжка ремня и сапоги «гармошкой»). Последняя стадия — «дембель» — непосредственно предшествует дезомбилизации. Интересно, что в армии сосуществует формальная (политзанятия, ритуалы) и неформальная (неуставные отношения) социально-магические структуры, которые дополняют друг друга и обеспечивают глубину и интенсивность зомбифицирования.

Один из бывших начальников СССР в промежутке между двумя инсультами отметил: «Армия — великая школа жизни». Сейчас уже трудно узнать, что именно он понимал под жизнью. Но то, что в армии в символической форме усваиваются основные принципы функционирования зомбического общества, несомненно.

Механизм зомбификации многократно проявляется в наших жизнях и в более мягкой форме. Даже существует калька гаитянской идиомы — «пройти под землей». Вступая в комсомол, мы «проходили» райком, подписывая характеристику, мы «проходили» различные пятерки и треугольники, а сейчас, сжимая Си-Ви в дрожащих руках, «проходим» интервью. Много раз повторенная микрозомбификация дает зомби, не уступающих лучшим зарубежным образцам, полученным в результате однократной процедуры.

Бульдозер

Точный культурный дубликат нашего общества найти невозможно. Можно проводить более-менее удачные параллели с империей инков, с древнешумерскими государствами и вообще с любой архаичной культурой. Но наша социально-магическая структура слишком эклектична, чтобы хоть одна из этих аналогий была полной. Может показаться (некоторым действительно кажется), что в двадцатые годы работала какая-то секретная комиссия, отбиравшая самые иррациональные ритуалы из магического наследия прошлого, придавая им новую форму. Но, видимо, все было проще.

Представим себе небольшое село, стоящее на холме, — некоторые дома уже очень стары, другие, наоборот, построены по самым последним проектам, а большинство — нечто среднее между первым и вторым. Бок о бок стоят полузаброшенная церковь и недостроенный клуб. В одних окнах мигает керосиновая лампа, в других горит электричество, где-то чуть слышно играет балалайка, которую перекрывает радиомузыка со столба. Словом, обычная жизнь, остатки нового и старого, переплетенные самым причудливым образом.

Теперь представим себе бульдозериста, который, начитавшись каких-то брошюр, решил смести всю эту отсталость и построить новый поселок на совершенно гладком месте. Сырой октябрьской (апрельской, августовской) ночью он садится в бульдозер и в несколько приемов срезает всю верхнюю часть холма с деревней и жителями. И вот, когда бульдозер крутится в грязи, разравнивая будущую стройплощадку, происходит нечто совершенно неожиданное: машина вдруг проваливается в подземную пустоту — вокруг оказываются какие-то полусгнившие бревна, человеческие и лошадиные скелеты, черепки и куски ржавчины. Бульдозер оказался в могиле. Ни бульдозерист, ни авторы вдохновивших его брошюр не учли, что, когда они сметут все, что, по их мнению, устарело, обнажится то, что было под этим, то есть нечто куда более древнее.

Психика человека точно так же имеет множество культурных слоев. Если срезать верхний слой психической культуры, объявив его набором предрассудков, заблуждений, классово чуждых или экономически неэффективных точек зрения, обнажится темное бессознательное с остатками существовавших раньше психических образований. Все преемственно, вчерашнее вложено в сегодняшнее, как матрешка в матрешку, и тот, кто попробует снять с настоящего стружку, чтобы затем раскрасить его под будущее, в результате провалится в очень далекое прошлое.

Именно это и происходит раз за разом. Психический котлован, вырытый в душах с целью строительства «нового человека» на месте неподходящего старого, приводит к оживлению огромного числа архаичных психоформ и их остатков, относящихся к разным способам виденья мира и эпохам, а эти древности, чуть припудренные языковыми заимствованиями и неологизмами, занимают место разрушенной картины мира. Трудно увидеть что-нибудь новое в советском государственном рабовладении, полном обесценивании человеческой жизни, воскрешении «курултая» в качестве высшего органа власти (так у татаро-монголов назывался «съезд» — на одном из таких курултаев и было принято решение о набеге на Русь). Точно так же трудно увидеть новизну в зомбическом воскрешении вороватого Московского царства, обижаемого то «Литвой», то «Неметчиной», то боярами-заговорщиками. Как и в случае с шизолексикой, нет необходимости специально подыскивать примеры — их полно вокруг. Наша культура похожа на гаитянскую — это такой же сплав архаики с современностью, но эксгумированные из бессознательного психоформы считаются результатами то коммунистического, то рыночного воспитания (хотя в некотором смысле все именно так и обстоит).

«Безрогие козлы» и «Серые свиньи»

Во всем надо искать экономическую основу, учил нас марксизм. Попробуем рассмотреть зомбификацию как социальный процесс.

Секретные общества Гаити, несмотря на свою секретность, контролируют практически всю территорию острова. Их названия, изменяющиеся от одной части страны к другой, включают уже знакомые нам имена: Зобоп, Бизанго, Макандаль, «Серые свиньи» и пр. Для того чтобы вступить в тайное общество, требуется приглашение («мы тут посоветовались и думаем — пора тебе, Ваня, в серые свиньи...») и инициации. Общества строго иерархичны, в них принимают мужчин и женщин. Существуют членские билеты, тайные пароли, униформы и ритуалы: особые танцы, исполняемые хором песни («разрушим до основанья, а затем...»), особые барабанные ритмы и прочая метросексуальность. Важнейшая роль, по оценке гаитянского антрополога Мишеля Лягера, отводится ритуалам, призванным «сплотить ряды» тайного общества, — это сборища, проводимые исключительно ночью (совсем как заседания Политбюро при Сталине), начинающиеся вызовом духов и завершающиеся торжественным шествием позади священного гроба, известного как *секей модуле*. Впрочем, иногда все кончается просто банной оргией с девушками из ближнего Подмосковья.

Согласно Мишелю Лягеру, тайные общества являются мощной квазиполитической силой вудуистской культуры. Их происхождение восходит к временам борьбы за независимость, после победы революции они сохранили свою секретность и влияние. Это как бы параллельная структура власти, о которой известно только то, что она существует.

Теперь вернемся к зомбификации. В глазах городской интеллигенции Гаити зомбификация — преступная деятельность, которую следует как можно скорей разоблачить и уничтожить. Но с точки зрения вудуиста из сельских районов, зомбификация — социальный регулятор, так как ей подвергаются только нарушители установившихся норм и только по приговору тайных обществ. Последние контролируют приготовление ядов, их применение и саму процедуру. А о том, что происходит с зомби, можно судить по истории одного из них, приведенной в книге Дэвиса.

«Нарцисс рассказал, что отказался продать свою часть наследства, и его брат в припадке злобы организовал его зомбификацию. Немедленно после своего воскрешения из могилы он был избит, связан и увезен группой людей на север страны, где в течение двух лет работал в качестве раба вместе с другими зомби. В конце концов хозяин зомби был убит, и они, освободившись от державшей их силы, разбрелись...

Вместе со многими другими зомби он работал в поле от зари до зари, останавливаясь только для приема пищи один раз в день. Пища была обычной, за исключением того, что соль была под строгим запретом. Он осознавал, что с ним произошло, помнил потерю семьи, друзей и своей земли, помнил желание вернуться. Но его жизнь была подобна странному сну — события, восприятия и объекты взаимодействовали сами по себе и полностью вне его контроля. Фактически никакой власти над происходящим не было. Решения не имели смысла, и сознательное действие было невозможным».

Существует множество описаний психического состояния заключенных лагеря — они очень похожи. Многие зомбифицированные были членами Союза писателей, так что зомби описаны снаружи и изнутри. Для вудуиста *зомби кадавр* (зомби физического тела) — это все составляющие человека, кроме «маленького доброго ангела». Классическое определение зомби — «тело без характера и воли». Это идеальный труженик, которому не нужны даже ежедневные стакан водки и час игры на гармони.

Представим себе, что какое-нибудь из тайных обществ Гаити, например «Серые свиньи», вдруг пришло бы к власти и заметило, что все остальное население острова варварски нарушает принятые у «серых свиней» ритуалы и нормы социального поведения, а также живет неизвестно зачем.

Видимо, результатом была бы массовое превращение населения в «безрогих козлов». Следующим этапом было бы движение к высшей фазе зомбификации — обработка всего населения, начиная с младенчества. При этом применяемые процедуры стали бы более мягкими, незаметными и растянутыми во времени. Одним из зомбификаторов стала бы культура — появятся зомбический реализм и как бы полузапрещенный зомбический постмодернизм, зомбическая философия, зомбическая экономика и зомбическая мифология. Газеты, радио и телевидение стали бы средствами массовой дезинформации и использовались бы для формирования стиснутого осознания, делающего возможным зомбификацию.

Единственная слабость этой системы в том, что из-за поголовной зомбификации у власти тоже рано или поздно окажутся зомби. С этого момента начинается разброд, хаос и стагнация — с уходом Хозяина исчезает магическая сила, поддерживающая описанное Нарциссом состояние. У ветеранов зомбификации это вызовет ностальгию по когда-то направляющей их руке и «порядку», к другим могут вернуться их «маленькие добрые ангелы», и они опять станут людьми.

Зомби могут освободиться только после смерти колдуна. Но, как известно, хитрый колдун может не только долго скрывать свою смерть, но и делать вид, что его вообще никогда не существовало на свете.

ГКЧП КАК ТЕТРАГРАММАТОН

Сначала скажу несколько слов о божественном. «В начале было слово», — гласит Библия.

Опираясь на эту фразу из Библии, каббала — основа западного оккультизма — учила, что слово есть основа всего сотворенного, а раз слова состоят из букв, то и каждая буква может рассматриваться как обладающая реальным могуществом активная сила, которая соответствует особому проявлению божества. Считалось, что, комбинируя буквы и соответствующие им числа, можно не только узнать будущее, но и повлиять на него.

В основе каббалы лежали 22 буквы древнееврейского алфавита, которые вместе с первыми десятью цифрами считались теми элементами, из которых строится мироздание. А одной из высших тайн каббалы была область знания, связанная с так называемым тетраграмматоном, или четырехбуквенником, состоявшим из букв «йот — хе — вау — хе», которые составляли имя Бога.

Этому сочетанию приписывалась непостижимая сила, и, манипулируя различными комбинациями букв тетраграмматона, можно было по-разному именовать Бога и производить всяческие чудеса. Связанные с тетраграмматоном знания охранялись очень тщательно — всякая передача сведений о его практическом использовании могла быть только устной, говорить об этом могли только два человека, и ни в коем случае не допускалось участие в процедурах женщин.

В Средние века идеи каббалы получили широкое распространение в Европе. Мистика каббалы оказала влияние на многих отечественных мыслителей, в том числе, например, на Владимира Соловьева. А практическая сторона каббалы проявилась с особой отчетливостью в деятельности партии большевиков.

В русском алфавите, как известно, букв намного больше, чем в древнееврейском, так что возможности для практической каббалистики открываются самые широкие. Может быть, именно более широкое знаковое поле привело к тому, что число букв в магических комбинациях, которыми коммунисты пытались воздействовать на реальность, варьировалось и их не всегда было именно четыре.

Первый успешный акт красной магии был связан с гептаграмматоном РСДРП. Активизированных им сил оказалось достаточно, чтобы разрушить крупнейшую империю со сверхмощным карательным аппаратом. Вслед за этим появились классические тетраграмматоны РКПБ и ВКПБ, а также усеченные, но чрезвычайно могущественные буквосочетания ВЧК и ГПУ, с помощью которых были уничтожены все потенциальные противники красных магов. Крайняя действенность этих каббалистических конструкций доказывает, что подбор букв был безошибочным и профессиональным.

Для выполнения сложных специфических чудес приходилось увеличивать число букв. Так, благодаря действию гексаграмматона ГОЭЛРО над Россией разлилось тусклое, но довольно устойчивое желтоватое сияние. Это один из немногих созидательных успехов — отчего-то каббалистическая магия оказалась бессильной перед экономическими задачами, что доказывает полный провал чудес, которые предполагалось совершить с помощью заклинаний типа ВСНХ, ВДНХ и тому подобных. Зато все, связанное с причинением страданий и зла, получалось великолепно — достаточно упомянуть НКВД, МГБ и КГБ.

Но действие каббалистических заклинаний не вечно. После того как последние каббалисты во главе с Никитой Хрущевым были насильственно убраны с советской политической сцены, прямая передача тайного знания от генсека к генсеку прервалась. Долгое время продолжали действовать самые мощные из созданных тетраграмматонов — КПСС и СССР. Но когда скрытая в них сила иссякла, оказалось, что составить новое заклинание уже некому. И тогда, в августе 1991 года, была сделана последняя отчаянная попытка воздействовать на историю с помощью каббалы.

Представим себе возможный механизм действий заговорщиков. Видимо, от старых сотрудников ЦК они слышали о древней коммунистической магии, с помощью которой генсеки былых времен одолевали врагов и убеждали народ в том, что он сыт. Возможно, какой-нибудь дряхленький современник легендарных наркомов из идеологического отдела объяснил им, что, комбинируя определенные буквы и соответствующие внутренние волевые акты, можно вмешаться в историю, поскольку каждой вибрации снизу, создаваемой человеком, обязательно должна ответить божественная вибрация сверху. И вот после долгих раздумий был составлен тетраграмматон ГКЧП, который его создатели и прокричали в небо со Спасской башни в ночь на 19 августа.

Чтобы проанализировать тетраграмматон ГКЧП, надо представить себе логику его авторов. Толком не зная правил составления каббалистических заклинаний, они вынуждены были руководствоваться самыми общими принципами и решили, видимо, воспользоваться фрагментами тетраграмматонов прошлого. Буквы «Г» и «П» были взяты из сочетания ОГПУ, буквы «Ч» и «К» — из ВЧК. Кроме того, буквы «К» и «П» дают аббревиатуру словосочетания «командный пункт». Видимо, нечто подобное и представлялось заговорщикам — командный пункт, где восседает нечто среднее между ЧК и ГПУ. Но составители заклинания совершенно не подумали о том, что в созданном ими сочетании букв имеются неучтенные комбинации ГК, то есть «гинекологическая клиника», и ПК, то есть «пожарный кран». Этот грубый просчет и сорвал всю операцию. На три дня испортилась погода, мелькнули на улицах танки, и путчистам пришел конец. Кстати сказать, несостоятельность составленного в Кремле заклинания была интуитивно подмечена народом — говорили, что путч провалился, потому что никто не мог выговорить «ГКЧП».

Пользуясь методикой Симона бен Иохаи, известного также под именем Моисея Лионского, несложно составить тетраграмматон, который привел бы к желаемому результату. Это слово будет звучать так: ОКЧП. Здесь гинекологическая клиника исчезает, но присутствует такой же командный пункт, а действие пожарного крана нейтрализуется американизмом «ОК», который намекает на поддержку Запада. Кроме того, введение буквы «О», которая является скрытым нулем, позволяет, как и в примере с ГОЭЛРО, обратиться к стихии света через посредство нулевого или, что то же самое, двадцать первого аркана, соответствующего букве «шин». Но, впрочем, это уже детали, интересные только специалистам. А для широких масс букву «О» можно было бы расшифровать как «общесоюзный» — вполне достойная замена слова «государственный».

Возникает еще один вопрос: каким образом огромное число людей, на долгие годы попавших в сферу практической каббалистики, переносит ее разрушительное влияние? Ответ на него достаточно прост. Во-первых, действие каббалистических эманаций нейтрализуется алкоголем, во-вторых, для подавления каббалистической магии в русском языке существует один очень простой, но чрезвычайно действенный триграмматон, который легко прочитать на стенке любого российского лифта. И наверняка действие этих проверенных народных средств преодолеет влияние всех тетраграмматонов будущего, а их у нас впереди, судя по всему, еще немало.

ДЖОН ФАУЛЗ
И ТРАГЕДИЯ РУССКОГО ЛИБЕРАЛИЗМА

Хорошим книгам, выходящим в России, часто приходится мимикрировать и маскироваться под пошлость. Роман Джона Фаулза «Коллекционер» при первом появлении на русском языке был назван в предисловии «эротическим детективом». В каком-то смысле это был обман читателя: под видом щей из капусты ему пытались подсунуть черепаховый суп. Это достаточно старая книга — она первый раз вышла в Лондоне в 1963 году, — но точно такая же могла быть написана в современной Москве.

Это история банковского клерка, влюбленного в молодую художницу Миранду. Выиграв много денег в тотализатор, клерк покупает загородный дом, превращает его подвал в тюрьму, похищает девушку и запирает ее в подвале, где она через некоторое время умирает от болезни.

Все время своего заточения Миранда ведет дневник. На первом месте в нем вовсе не ее похититель, которого она называет Калибаном в честь одного из героев Шекспира, а ее прежний мир, из которого ее неожиданно вырвала тупая и безжалостная сила.

Вот что, к примеру, пишет Миранда в своем дневнике:

«Ненавижу необразованных и невежественных. Ненавижу весь этот класс новых людей. Новый класс с их автомобилями, с их деньгами, с их телевизионными ящиками, с этой их тупой вульгарностью и тупым, раболепным, лакейским подражанием буржуазии... „Новые люди“ — те же бедные люди. Это лишь новая форма бедности. У тех нет денег, а у этих нет души... Доктора, учителя, художники — нельзя сказать, что среди них нет подлецов и отступников, но если есть какая-то надежда на лучшее на свете, то она связана только с ними».

Так вот, читая этот дневник, я никак не мог отделаться от ощущения, что уже видел где-то нечто подобное. Наконец я понял где — на последней странице «Независимой газеты», где в то время из номера в номер печатали короткие эссе, в которых российские интеллигенты делились друг с другом своими мыслями о новой жизни. Эти эссе бывали совершенно разными — начиная от стилистически безупречного отчета о последнем запое и кончая трагическим внутренним монологом человека, который слышал в шуме «мерседесов» и «тойот» чуть ли не топот монгольской конницы.

Главное ощущение от перемен было одно: отчаяние вызывала не смена законов, по которым приходилось жить, а исчезновение самого психического пространства, где раньше протекала жизнь. Люди, которые годами мечтали о глотке свежего воздуха, вдруг почувствовали себя золотыми рыбками из разбитого аквариума. Так же как Миранду в романе Фаулза, тупая и непонятная сила вырвала их из мира, где были сосредоточены все ценности и смысл, и бросила в холодную пустоту. Выяснилось, что чеховский вишневый сад мутировал, но все-таки выжил за гулаговским забором, а его пересаженные в кухонные горшки ветви каждую весну давали по нескольку бледных цветов. А теперь изменился сам климат. Вишня в России, похоже, больше не будет расти.

Этот взгляд на мир из глубин советского сознания изредка перемежался взглядом снаружи — лучшим примером чего стала статья Александра Гениса «Совок». Собственно, героями Гениса стали именно его соседи по рубрике «Стиль жизни» в «Независимой газете». Проанализировав историю становления термина «совок» и различные уровни смысла этого слова, Генис мимоходом коснулся очень интересной темы — метафизического аспекта совковости.

«Освобожденные от законов рынка, — пишет он, — интеллигенты жили в вымышленном, иллюзорном мире. Внешняя реальность, принимая облик постового, лишь изредка забредала в эту редакцию, жившую по законам „Игры в бисер". Здесь рождались странные, зыбкие, эзотерические феномены, не имеющие аналогов в другом, настоящем мире».

Александр Генис часто употребляет такие выражения, как «подлинная жизнь», «реальность», «настоящий мир», что делает его рассуждения довольно забавными. Получается, что от совков, так подробно описанных в его статье, он отличается только тем набором галлюцинаций, которые принимает за реальность сам.

Если понимать слово «совок» не как социальную характеристику или ориентацию души, то совок существовал всегда. Типичнейший совок — это Василий Лоханкин, особенно если заменить хранимую им подшивку «Нивы» на «Архипелаг ГУЛАГ». Классические совки — Гаев и Раневская из «Вишневого сада», которые не выдерживают, как сейчас говорят, столкновения с рынком. Только при чем тут рынок? Попробуйте угадать, откуда взята следующая цитата: «Уезжая из Москвы, проезжая по ней, я почувствовал то, что чувствовал уже давно, с особенной остротой: до чего я человек иного времени и века, до чего я чужд всем ее „пупкам" и всей той новой твари, которая летает по ней в автомобилях!»

Это из «Несрочной весны Ивана Бунина», написанной в Приморских Альпах в 1923 году. Тут даже текстуальное совпадение с Фаулзом, чья героиня ненавидит «новый класс» именно «со всеми его автомобилями». Только герой Бунина называет этот новый класс «новой тварью» и имеет в виду красных комиссаров. Еще один «совок» — сэлинджеровский Холден Колфилд, который мучает себя невнятными вопросами вместо того, чтобы с ослепительной улыбкой торговать бананами у какой-нибудь станции нью-йоркского сабвея. Кстати, и он отчего-то проходится насчет автомобилей, говоря о «гнусных типах... которые только и знают, что хвастать, сколько миль они могут сделать на своей дурацкой машине, истратив всего один галлон горючего...»

Миранда и ее друзья из романа Фаулза, совки Александра Гениса, Васисуалий Лоханкин и Холден Колфилд — явления одной природы, но разного качества. Совок — вовсе не советский или постсоветский феномен. Это попросту человек, который не принимает борьбу за деньги или социальный статус как цель жизни. Он с брезгливым недоверием взирает на суету лежащего за окном мира, не хочет становиться его частью и, как это ни смешно звучит в применении к Васисуалию Лоханкину, живет в духе, хотя и не обязательно в истине.

Такие странные мутанты существовали во все времена, но были исключением. В России это надолго стало правилом. Советский мир был настолько подчеркнуто абсурден и продуманно нелеп, что принять его за окончательную реальность было невозможно даже для пациента психиатрической клиники. И получилось, что у жителей России (кстати, не обязательно даже интеллигентов) автоматически — без всякого их желания и участия — возникал лишний, нефункциональный психический этаж, то дополнительное пространство осознания себя и мира, которое в естественно развивающемся обществе доступно лишь немногим. Для жизни по законам игры в бисер нужна Касталия. Россия недавнего прошлого как раз и была огромным сюрреалистическим монастырем, обитатели которого стояли не перед проблемой социального выживания, а перед лицом вечных духовных вопросов, заданных в уродливо-пародийной форме. Совок влачил свои дни очень далеко от нормальной жизни, но зато недалеко от Бога, присутствия которого он не замечал. Живя на самой близкой к Эдему помойке, совки заливали портвейном «Кавказ» свои принудительно раскрытые духовные очи, пока их не стали гнать из вишневого сада, велев в поте лица добывать свой хлеб.

Теперь этот нефункциональный аппендикс советской души оказался непозволительной роскошью. Миранда пошла защищать Белый дом и через некоторое время оказалась в руках у снявшего комсомольский значок Калибана, который перекрыл ей все знакомые маршруты непроходимой стеной коммерческих ларьков.

В романе Фаулза Миранда погибает, так что параллель выходит грустная. Но самое интересное в том, что Фаулз через два года возвращается к этой же аллюзии из Шекспира в романе «Маг», и там Миранда оказывается вовсе не Мирандой, а Калибан — вовсе не Калибаном. И все остаются в живых, всем хватает места.

Хотелось бы верить, что точно так же в конце концов хватит его и в России — и для долгожданного Лопахина, которого, может быть, удастся наконец вывести путем скрещивания Бендера с Лоханкиным, и для совков, поглощенных переживанием своей тайной свободы в темных аллеях вишневого сада. Конечно, совку придется потесниться, но вся беда в том, что на его место приходит не homo faber[1], а темные уголовные пупки, которых можно принять за средний класс только после пятого стакана водки. Кроме того, большинство идеологических антагонистов совка никак не в силах понять, что мелкобуржуазность — особенно восторженная — не стала менее пошлой из-за краха марксизма.

Остается только надеяться, что осознать эту простую истину им поможет замечательный английский писатель Джон Фаулз.

---

[1] Человек производящий.

ИКСТЛАН – ПЕТУШКИ

Про Кастанеду написано очень многое, но особой ясности ни у кого до сих пор нет. Одни считают, что Кастанеда открыл миру тайны древней культуры тольтеков. Другие полагают, что он просто ловкий компилятор, который собрал гербарий цитат из Людвига Витгенштейна и журнала «Psychedelic Review», а потом перемешал их с подлинным антропологическим материалом. Но в любом случае книги Кастанеды — это прежде всего первоклассная литература, что признают даже самые яростные его критики. Пожалуй, самое занимательное из его сочинений — «Путешествие в Икстлан».

Помимо подробного описания мексиканской ветви магического экзистенциализма, «Путешествие в Икстлан» содержит удивительную по красоте аллегорию жизни как путешествия. Это история одного из учителей Кастанеды, индейского мага дона Хенаро, рассказанная им самим.

Однажды дон Хенаро возвращался к себе домой в Икстлан и встретил безымянного духа. Дух вступил с ним в борьбу, в которой победил дон Хенаро. Но перед тем как отступить, дух перенес его в неизвестную горную местность и бросил одного на дороге. Дон Хенаро встал и начал свой путь назад в Икстлан. Навстречу ему стали попадаться люди, у которых он пытался узнать дорогу, но все они или лгали, или пытались столкнуть его в пропасть. Постепенно дон Хенаро стал догадываться, что все, кого он встречает, на самом деле нереальны. Это были фантомы — но вместе с тем обычные люди, одним из которых был и он сам до своей встречи с духом. Поняв это, дон Хенаро продолжил свое путешествие.

Дослушав эту странную историю, Кастанеда спросил, что произошло потом, когда дон Хенаро вернулся в Икстлан. Но дон Хенаро ответил, что он так и не достиг Икстлана. Он до сих пор идет туда, хотя знает, что никогда не вернется. И Кастанеда понял, что Икстлан, о котором говорит дон Хенаро, — не просто место, где тот когда-то жил, а символ всего, к чему стремится человек в своем сердце, к чему он будет идти всю свою жизнь и чего он никогда не достигнет. А путешествие дона Хенаро — это просто иносказание, рассказ о вечном возвращении к месту, где человек когда-то был счастлив.

Конечно, история, которую пересказал Кастанеда, не нова. Другой латиноамериканец, Хорхе Луис Борхес, вообще утверждал, что новых историй нет и в мире их существует всего четыре. Первая — это история об укрепленном городе, который штурмуют и обороняют герои. Вторая — это история о возвращении, например, об Улиссе, плывущем к берегам Итаки, или, в нашем случае, о доне Хенаро, направляющемся домой в Икстлан. Третья история — это разновидность второй, рассказ о поиске. И четвертая история — рассказ о самоубийстве Бога.

Эти четыре архетипа путешествуют по разным культурам и в каждой обрастают, так сказать, разными подробностями. Упав на мексиканскую почву, история о вечном возвращении превращается в рассказ о путешествии в Икстлан. Но российское массовое сознание очень близко к латиноамериканскому — мы не только

Третий Рим, но и второй Юкатан. И поэтому неудивительно, что отечественная версия истории о вечном возвращении оказывается очень похожей на рассказ мексиканского мага.

Поэма Венедикта Ерофеева «Москва – Петушки» была окончена за год или два до появления «Путешествия в Икстлан», так что всякое заимствование исключается. Сюжет этого трагического и прекрасного произведения прост. Венечка Ерофеев, выйдя из подъезда, куда его прошлым вечером бросила безымянная сила, начинает путешествие в свой Икстлан, на станцию Петушки. Вскоре он оказывается в электричке, где его окружает целый рой спутников. Сначала они кажутся вполне настоящими, как и люди, которых встречает на своем пути дон Хенаро, – во всяком случае, они охотно выпивают вместе с Венечкой и восторженно следят за высоким полетом его духа. Но потом, после какого-то сбоя, который дает реальность, они исчезают, и Венечка оказывается один в пустом и темном вагоне. Вокруг него остаются лишь вечные сущности вроде Сфинкса и неприкаянные души вроде понтийского царя Митридата с ножиком в руке. А электричка уже идет в другую сторону, прочь от недостижимых Петушков.

Но только поверхностному читателю может показаться, что речь и правда идет о поездке в электропоезде. Приведу только одну цитату: «Я шел через луговины и пажити, через заросли шиповника и коровьи стада, мне в поле кланялись хлеба и улыбались васильки... Закатилось солнце, а я все шел. „Царица небесная, как далеко еще до Петушков! — сказал я сам себе. — Иду, иду, а Петушков все нет и нет. Уже и темно повсюду...“ — „Где же Петушки?“ — спросил я, подходя к чьей-то освещенной веранде... Все, кто был на веранде, расхохотались и ничего не сказали. Странно! Мало того, кто-то ржал у меня за спиной. Я оглянулся — пассажиры поезда „Москва — Петушки“ сидели по своим местам и грязно улыбались. Вот как? Значит, я все еще еду?»

Русский способ вечного возвращения отличается от мексиканского в основном названиями населенных пунктов, мимо которых судьба проносит героев, и теми психотропными средствами, с помощью которых они выходят за границу обыденного мира. Для мексиканских магов и их учеников это галлюциногенный кактус пейот, грибы-псилоцибы и сложные микстуры, приготовляемые из дурмана. Для Венечки Ерофеева и многих тысяч адептов его учения это водка «Кубанская», розовое крепкое и сложные коктейли из лака для ногтей и средства от потливости ног. Кстати, в полном соответствии с практикой колдунов, каждая из этих смесей служит для изучения особого аспекта реальности. Мексиканские маги имеют дело с разнообразными духами, а Венечке Ерофееву являются какой-то подозрительный господь, весь в синих молниях, смешливые ангелы и застенчивый железнодорожный сатана. Видимо, дело здесь в том, что речь идет не столько о разных духовных сущностях, сколько о различных традициях восприятия сверхъестественного в разных культурах.

Столкновение с духом изменило идею мира, которая была у дона Хенаро, и он оказался навсегда отрезанным от остальных людей. То же, в сущности, произошло и с Венечкой, который заканчивает свое повествование словами: «И с тех пор я не приходил в сознание и никогда не приду».

Но самое главное, что похожи не только способ путешествия и его детали, но и его цель. Петушки, в которые стремится Венечка, и Икстлан, в который идет дон Хенаро, — это, можно сказать, города-побратимы. Про них известно только то, что туда направляется герой. О Петушках Венечка много раз повторяет на страницах своей поэмы следующее: «Там птичье пение не молкнет ни ночью, ни днем, там ни зимой, ни летом не отцветает жасмин». А для того чтобы передать, чем был Икстлан для дона Хенаро, Кастанеда цитирует «окончательное путешествие» Хуана Рамона Хименеса:

> ...И я уйду.
> Но птицы останутся петь,
> И останется мой сад со своим зеленым деревом,
> Со своим колодцем.

Не правда ли, похоже?

Дон Хенаро бродит вокруг Икстлана, иногда почти достигая его в своих чувствах, подобно тому как Венечка Ерофеев после шестого глотка «Кубанской» почти угадывает в клубах ночного московского тумана очертания петушковского райсобеса.

Но между путешествиями в Икстлан и Петушки есть, помимо множества общих черт, одно очень большое различие. Оно заключается в самих путешествиях. Для героев Кастанеды жизнь, несмотря ни на что, остается чудом и тайной. А Венечка Ерофеев полагает ее минутным окосением души. Это различие можно было бы счесть определяющим, если бы не одно обстоятельство. Дело в том, что, по мнению другого учителя Кастанеды — дона Хуана, у всех дорог, где бы они ни пролегали — в мокром осеннем Подмосковье или в горах вокруг пустыни Сонора, — есть одна общая черта: все они ведут в никуда.

MY MESCALITO TRIP

Ont of the terms that came into modern English from the Russian in the wake of «gulag» and «pogrom» was «samizdat». It is usually defined as a system of clandestine publication of anti-Soviet texts in the countries of the former Eastern bloc. This definition somewhat implies that «samizdat» meant Solzhenitsyn. In fact, «samizdat» meant Castaneda. The explanation is simple: When you live in a gulag from the day of your birth, reading a book about gulag in your free time feels a bit too patriotic. You want something different.

Castaneda wasn't officially forbidden in the pre-perestroika Soviet Union. Neither was he permitted. Getting caught with Castaneda's pirate translation might have led you into mild trouble, comparable to the consequences of drunk driving or urinating in a public place, but never landed you in jail. It was a problem of possessing samizdat, not Castaneda — an issue of form rather than content. And this samizdat form transformed Castaneda into something quite unpredictable.

Castaneda's most beautiful trick was based on the popular belief in the existence of fiction and nonfiction. This belief takes it for granted that there is a qualitative difference between two books if the first one tells a success story that never happened to a fictitious character, and the second one tells a success story that will never happen to you. In a way, this difference does exist. But it is not a difference between two books, it is a difference between two settings of the reader's mind. Here lies the real magic that makes the four Gospels either a dull specimen of ancient postmodernism or the Truth that proves itself as it unfolds in front of your eyes. Never mind the text. What matters is the legend, or, to be precise, your willingness to kindle this legend with life.

Castaneda capitalized on this psychic phenomenon — which, by the way, he described in his books — with the ease and brilliance no other modern prophet was able to match, at least in business terms. His work was considered nonfiction, though later his publishers unobtrusively moved it to the arcane «Arkana» category. But if the mass-market production of Castaneda's books in the West firmly placed Don Juan among the phenomena of the '60s — '70s pop culture, in the Soviet Union he was a mystery known to the selected few even a decade later. If some of his Western readers perceived the term «nonfiction» as a maneuver to increase the sales, this kind of thinking was totally alien to us. At that time the notion of a best-seller didn't exist in our culture. The dust-covered volumes of Brezhnev's pensive prose that filled every bookstore were not best-sellers, they were best-printers. As far as we were concerned, there was only one indecent marketing trick that led to multimillion-print runs. It was to be a Politburo member. And Castaneda was not. So we didn't have any serious motive for suspicion.

The samizdat incarnation of a Castaneda book was a photocopy of the typewritten translation. That was the reason why your access to a Xerox machine could drastically improve your position in the esoteric hierarchy. The quality of your Castaneda sheets showed your proximity to the mysterious center of occult knowledge: There were copies of copies, copies of copies of copies, and thus to eternity. Sometimes the letters were so dim that when you were finally able to finish the page, you felt like an Egyptologist who had managed to understand the inscription on a badly damaged obelisk.

The translations were technically correct, but the style was more field notes than literary text – which doubled the feeling of authenticity. Sometimes you were given a book «till tomorrow» and had to read it overnight. Sometimes you would hear, «If you get in trouble, I didn't give it to you, okay?» It wasn't a mere nonfiction anymore, it was a non-nonfiction where a combination of factors created a cumulative effect of such force that some Castaneda readers saw lucid dreams an hour after they had read about the art of dreaming. And some were able to put into practice Don Juan's motto that knowledge is power.

There was a place in Moscow called Bird Market – a flea market where you could buy pets, plants and many other things. Once, when I was in my early 20s, I went there to look for something I needed. Passing by a long table with plants, I saw a strange bald cactus with a tag that read, *Lophophora williamsii*. That sounded familiar. I remembered where I had seen these words – in the introduction to a Castaneda book. Then I remembered the meaning. It was the Latin name for a power plant that Don Juan used to call Mescalito. Mescalito was both a plant and a spirit.

The next few weeks were a confusing period of time for the cactus collectors of Moscow. It seemed that a big new player entered their tight little universe. He was operating on a scale unheard of in the past, and disappeared without a trace after exhausting the entire Moscow stock of a particular cactus known mostly for its beautiful flower and complete absence of thorns.

Speak, memory. Some peyote plants were big, mature and dark, some were light green and tiny. Some grew from the gray sand, some were implanted in another cactus, forming together with it a strange gibbous monster. I remember the floor of my room, transformed by the twilight and the power of my intent into a barren expanse of the Sonora desert where I had been so many times with Don Juan and Carlos during their promenades. Walking in the desert required your entire attention, as its surface was covered with plastic flowerpots of various forms and colors arranged in an orderly pattern, like an army prepared for a battle. And, as history shows, when there's an army prepared for a battle, it is only a matter of time when this battle starts.

Unfortunately, Mescalito just said no. This plant needs a lot of sun radiation and a special kind of soil to produce the amount of mescaline sufficient to summon his noble spirit. So, despite the fact that the number of buttons I ate would have made Don Juan whistle in respectful disbelief, the result was nil, or very close to it: a kind of perceptual distortion that you might not even notice if you don't expect it to happen, or something that you start to feel only because you wait for it to begin. I walked in the forest, looked at the sunset. There was nothing special apart from the squeaking of sand on my teeth. However, my Mescalito trip had one curious side effect. Two days after it, perestroika began.

Which takes me back to Castaneda. I know about all the vitriol that his books attracted, and in many cases it was well-grounded. My own problem with Castaneda's metaphysical model is even deeper than all the criticism I heard. It is not only my problem. Talking about Castaneda's books with a Buddhist monk in a Korean monastery once, I said, «There's a concept I can't digest. A place where Castaneda says that awareness is a bluish glow that surrounds the Eagle's emanations.» «Absolutely,» said the monk. «If this is so, who's aware of this bluish glow then?»

Yet I love him even with the bluish glow. He is much like this gibbous monster cactus, which doesn't have a holographic certificate of being the genuine authentic Peyote™, and doesn't really take you high, and perhaps can't even be called a cactus at all. But it gives you a little side effect that suddenly makes the side center and the center side. With all his tricks and failures, he shines high above the blurred crowd of many a «distinctive voice of his/her own» on the steep road from obscurity to oblivion. No matter what faults his books might have, they possess a very rare quality, the most important in the universe, that is hard to define otherwise but in Castaneda's own terms: They have heart.

МОЙ МЕСКАЛИТОВЫЙ ТРИП

Одним из терминов, пришедших в современный английский язык из русского вслед за «гулагом» и «погромом», был «самиздат». Обычно так называли систему публикации антисоветских текстов в странах бывшего Восточного блока. Исходя из этого определения, можно подумать, что речь шла о Солженицыне. На деле же речь шла о Кастанеде. Объяснение этому простое: когда живешь в ГУЛАГе с самого рождения, читать о ГУЛАГе в свое свободное время — это некий патриотический перебор. Хочется чего-нибудь совсем другого.

В доперестроечном Советском Союзе Кастанеду официально не запрещали — но и не разрешали. Будучи пойманы с пиратским переводом Кастанеды, вы бы отделались сравнительно легко (сравнительно, скажем, с потенциальными последствиями вождения в нетрезвом виде или справления естественной нужды в общественном месте), и тюремный срок вам не грозил бы. Вопрос был не в Кастанеде, но в самом факте обладания самиздатом — проблема скорее формы, чем содержания. А в форме самиздата Кастанеда обернулся чем-то совершенно непредсказуемым.

Самый красивый трюк Кастанеды эксплуатировал широко распространенную веру в то, что литература делится на художественную и документальную. Верующие в это принимают за данность, будто есть качественное отличие между двумя книгами, если в одной вымышленному персонажу рассказывается история успеха, которого никогда не было, а в другой вам рассказывается история успеха, которого у вас никогда не будет. В некотором смысле, отличие и вправду есть. Но отличие это не между двумя книгами, а между двумя разными типами читательского восприятия. Это и есть подлинная магия, которая обращает четыре Евангелия то в скучный образец древнего постмодернизма, то в Истину с большой буквы, разворачивающуюся у вас на глазах и не требующую больше доказательств. Текст совершенно ни при чем. Главное — легенда или, точнее, — ваша готовность вдохнуть в легенду жизнь.

Кастанеда использовал этот психический феномен — к слову сказать, описанный им же самим в своих книгах — с изяществом и блеском, недостижимым для других современных пророков, по крайней мере в их деловой ипостаси. Его работы выпускались как научно-популярная литература, хотя позже издатели ненавязчиво переместили их в раздел «Эзотерика». Но если на Западе «карманные» издания Кастанеды однозначно ассоциировались с поп-культурой шестидесятых-семидесятых, в Советском Союзе учение дона Хуана и десятилетие спустя оставалось известно лишь горстке избранных. На Западе причисление книг Кастанеды к разряду «документальных» воспринималось как маркетинговый ход, призванный повысить продажи, тогда как советской культуре подобное мышление было совершенно чуждо. Многотомники Брежнева, пылившиеся на полках книжных магазинов, не были бестселлерами в обычном смысле слова: никто эти бесчисленные экземпляры не покупал, но эти бесчисленные экземпляры — печатали. С нашей точки зрения, чтобы напечататься многомиллионным тиражом, можно было выкинуть лишь один бесстыдный маркетинговый трюк: стать членом Политбюро. Кастанеда же членом Политбюро явно не был. Так что мы ничего не подозревали.

В самиздатовском воплощении книга Кастанеды представляла собой фотокопию с машинописного перевода. Вот почему доступ к множительной технике позволял вам серьезно подняться в эзотерической иерархии. Качество этих «печаток» демонстрировало вашу близость к таинственному центру оккультного знания, поскольку делались копии копий, копии копий копий, и так до бесконечности. Иногда буквы настолько расплывались, что, дочитав страницу, вы ощущали себя египтологом, расшифровавшим надпись на полуразрушенном обелиске.

Фактических ошибок в этих переводах не было, но по стилю они больше напоминали полевые заметки, чем художественный текст, что лишь усиливало ощущение подлинности. Иногда вам давали книгу «до завтра», и прочитать ее требовалось за ночь. Иногда вам говорили: «В случае чего, я тебе этого не давал, хорошо?» Это была уже не просто документальная проза, а документальная в квадрате, и сочетание различных факторов порождало эффект такой кумулятивной силы, что некоторые читатели видели осознанные сны буквально через час после того, как прочли у Кастанеды об искусстве сновидения. А некоторым удавалось на практике применить девиз дона Хуана, гласивший, что знание является силой.

Было в Москве место под названием Птичий рынок — барахолка, где торговали домашними животными, растениями и много чем еще. Однажды, когда мне было чуть за двадцать, я отправился туда по какой-то надобности и, проходя мимо длинного стола с растениями в горшках, заметил странный лысый кактус, подписанный *Lophophora williamsii*. Надпись показалась знакомой. Я вспомнил, где уже встречал эти слова, —

в предисловии к книжке Кастанеды. А потом вспомнил, что они значат. Это была латинская номенклатура того «растения силы», которое дон Хуан называл «мескалито». Кактус мескалито был растением и в то же время духом.

Следующие несколько недель московские коллекционеры кактусов запомнили надолго. Казалось, в их уютном мирке появился новый крупный игрок. Действовал он в масштабах, неслыханных доселе, и растворился без следа, когда истощил все московские запасы одного определенного кактуса, известного тем, что очень красиво цветет, и полным отсутствием иголок.

Память, говори. Одни пейоты были огромные, темные, уже в летах, другие — крошечные, светло-зеленые. Одни росли на сером песке, другие были привиты к иному кактусу, образуя с ним вместе диковинное горбатое чудовище. Я помню, как сумерками и силой моего намерения моя комната преображалась в пустыню Сонора, в это безжизненное и бескрайнее пространство, куда меня столько раз уводили гулять дон Хуан и Карлос. Бродя по пустыне, нельзя было отвлечься ни на миг, поскольку она была плотно заставлена пластиковыми горшками всех форм и расцветок, выстроенными в строгом порядке, как армия перед битвой. А история учит нас, что если армия готова к битве, рано или поздно битва непременно начнется.

К сожалению, мескалито просто сказал «нет». Этому растению нужно много солнца и специальная почва, чтобы выработать достаточное количество мескалина — достаточное для пробуждения его благородного духа. Так что, хоть я и сжевал столько «пуговиц», что сам дон Хуан присвистнул бы с уважительным недоверием, результат был нулевой или почти нулевой: некое искажение восприятия, которого и не заметишь, если бы не ждал чего-то подобного, некое смутное ощущение, регистрируемое лишь потому, что на него рассчитывал. Я гулял по лесу, я смотрел на закат. Ничего особенного, только песок скрипел на зубах. Впрочем, один любопытный побочный эффект от моего мескалитового трипа все же был. Через два дня началась перестройка.

В этой связи опять вспоминается Кастанеда с его книгами. Я знаю, сколько яда было вылито на них критиками, и порой вполне заслуженно. Но мои претензии к его метафизической модели гораздо глубже. И претензии эти не только мои. Как-то в Корее, беседуя о Кастанеде с одним монахом в буддистском монастыре, я сказал:

— Есть у него одно место, которое я никак не могу уложить в голове. Когда он говорит, что сознание — это голубое свечение вокруг эманаций Орла.

— Совершенно верно, — кивнул монах. — Если все так, кто тогда осознает это голубое свечение?

И все же я люблю Кастанеду даже с голубым свечением. Он похож на тот чудовищный горбатый кактус, который не имеет голографического сертификата подлинности «Пейот™», не приносит кайфа и, возможно, даже не вправе зваться кактусом. Но есть у него один странный побочный эффект: центр и периферия вдруг меняются местами. Невзирая на все свои трюки и провалы, Кастанеда сияет высоко над безликой толпой авторов с «индивидуальным голосом», бредущей крутым маршрутом от неизвестности к забвению. И книги его, сколько бы не было в них огрехов, обладают одним редчайшим свойством, самым важным во вселенной и определимым лишь словами самого Кастанеды: у них «есть сердце».

(Перевод с английского А. Гузмана)

МОСТ, КОТОРЫЙ Я ХОТЕЛ ПЕРЕЙТИ

В одном романе Милан Кундера называет вопрос мостом понимания, перекинутым от человека к человеку. Это сравнение работает в обе стороны. Вопрос похож на мост, а мост похож на вопрос, обращенный человеком ко времени и пространству, — что на другой стороне? Но бывают мосты, больше похожие на ответы.

Когда мне было двенадцать лет, я каждый день садился на велосипед и ехал по шоссе к каналу, когда-то построенному зэками ГУЛАГа. Дойдя до канала, шоссе перепрыгивало через него, превращаясь в мост, который держали две металлических дуги — мост был похож на лук, повернутый тетивой вниз. Под ним была полоса желтого речного песка, которая и была моей целью. Я строил из песка дома, которые разрушались каждый раз, когда мимо проходил речной теплоход или большая баржа. Часами лежа на берегу, я видел отблеск солнца в стеклах с той стороны канала, далекие деревянные заборы, пыльную зелень фруктовых садов. Странно, но я никогда не пересекал этот мост, хотя иногда хотел.

Через пятнадцать лет я снова оказался на этом шоссе — и опять на велосипеде. Я вспомнил мост, который собирался когда-то пересечь. Мысль о том, что я сделаю это сейчас, наполнила меня неожиданной радостью. Я понял: сделав это, я пересеку границу между собой нынешним и собой прошлым, и это будет значить, что тот мальчик и я — один и тот же человек. Это было бы самым настоящим алхимическим актом. Предвкушая его, я поехал медленно. Уже почти добравшись до цели, я заметил странность: шоссе расширялось и уходило вправо от того места, где лежало раньше. А потом я увидел новый бетонный мост, по которому оно теперь шло. Старый стоял в сотне метров слева — он не изменился, только участки дороги перед ним были разрушены, и с обеих сторон он обрывался в пустоту. Это было хорошим ответом.

Но у меня есть подозрение, что Лета — это не те воды, в которые мы вступаем после смерти, а река, через которую мы переправляемся при жизни. Мост у нас под ногами. Но есть ли берега? Границы, от которой я иду, я не помню. Границы, к которой приближаюсь, не вижу. Можно ли говорить, что я иду откуда-то или куда-то? И все же меня утешает сходство жизни с прогулкой по мосту, который я отчаялся пересечь. В сущности, думаю я иногда, я ведь не делал в жизни ничего иного, а только мерил шагами этот висящий в пустоте отрезок дороги — мост, который я так хотел перейти.

ПСИХИЧЕСКАЯ АТАКА

Сонет

«Я вывожу страниц своих войска...»
В. Маяковский

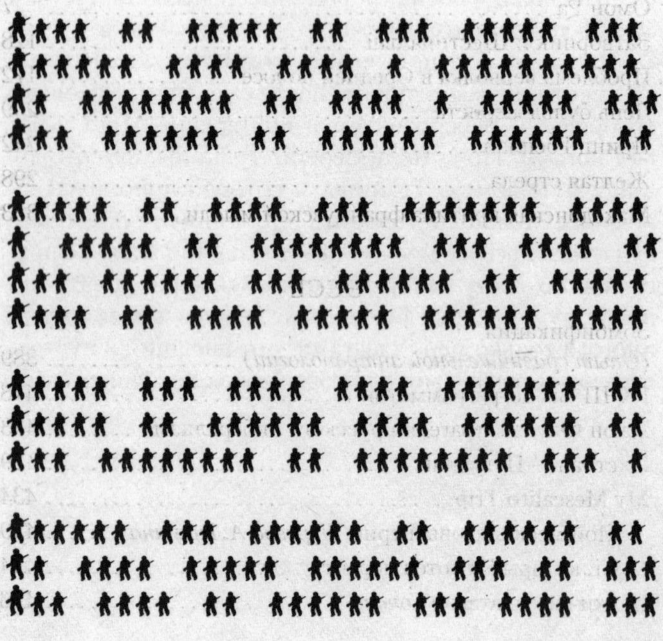

Петр Пустота

СОДЕРЖАНИЕ

ПОВЕСТИ

ЭССЕ

Литературно-художественное издание

ВИКТОР ПЕЛЕВИН

ЖЕЛТАЯ СТРЕЛА

Ответственный редактор Александр Гузман
Художественный редактор Валерий Гореликов
Технический редактор Татьяна Раткевич
Компьютерная верстка Михаила Львова
Корректор Нина Тюрина

Главный редактор Александр Жикаренцев

Подписано в печать 17.11.2022. Формат издания 75 × 100 $^{1}/_{32}$.
Печать офсетная. Тираж 3000 экз. Усл. печ. л. 19,74. Заказ № 6360/22.

Знак информационной продукции
(Федеральный закон № 436-ФЗ от 29.12.2010 г.): 18+

ООО «Издательская Группа „Азбука-Аттикус“» —
обладатель товарного знака АЗБУКА®
115093, г. Москва, ул. Павловская, д. 7, эт. 2, пом. III, ком. № 1

Филиал ООО «Издательская Группа „Азбука-Аттикус“»
в Санкт-Петербурге
191123, г. Санкт-Петербург, Воскресенская наб., д. 12, лит. А

Отпечатано в соответствии с предоставленными материалами
в ООО «ИПК Парето-Принт».
170546, Тверская область, Промышленная зона Боровлево-1, комплекс № 3А.
www.pareto-print.ru

ПО ВОПРОСАМ РАСПРОСТРАНЕНИЯ ОБРАЩАЙТЕСЬ:

В Москве: ООО «Издательская Группа „Азбука-Аттикус“»
Тел.: (495) 933-76-01, факс: (495) 933-76-19
E-mail: sales@atticus-group.ru; info@azbooka-m.ru

В Санкт-Петербурге: Филиал ООО «Издательская Группа „Азбука-Аттикус“»
Тел.: (812) 327-04-55, факс: (812) 327-01-60. E-mail: trade@azbooka.spb.ru

Информация о новинках и планах на сайтах:
www.azbooka.ru, www.atticus-group.ru

Информация по вопросам приема рукописей и творческого сотрудничества
размещена по адресу: www.azbooka.ru/new_authors/

Y-VAK-19785-06-R